JN046529

Basic Grammar in Use

マーフィーの ケンブリッジ英文法

（初級編）第4版

Raymond Murphy 著

William R. Smalzer, Joseph Chapple 執筆協力

渡辺 雅仁・田島 祐規子・ドナルドソン 友美 訳

CAMBRIDGE UNIVERSITY PRESS

CAMBRIDGE
UNIVERSITY PRESS

University Printing House, Cambridge CB2 8BS, United Kingdom

One Liberty Plaza, 20th Floor, New York, NY 10006, USA

477 Williamstown Road, Port Melbourne, VIC 3207, Australia

314–321, 3rd Floor, Plot 3, Splendor Forum, Jasola District Centre, New Delhi – 110025, India

103 Penang Road, #05-06/07, Visioncrest Commercial, Singapore 238467

Cambridge University Press is part of the University of Cambridge.

It furthers the University's mission by disseminating knowledge in the pursuit of education, learning and research at the highest international levels of excellence.

www.cambridge.org

This Japan bilingual edition is based on
Basic Grammar in Use with Answers, Fourth edition

ISBN 978-1-316-64674-8 first published by Cambridge University Press in 2017.

© Cambridge University Press 2021

First published 2021

20 19 18 17 16 15 14 13 12 11 10 9 8 7 6 5 4 3

Printed in Malaysia by Vivar Printing

ISBN 978-4-889969-45-0 paperback with answers Japan bilingual edition

Illustration credits: Adz, Paul Boston, Christopher Flint, John Goodwin, Katie Mac, Martina – KJA artists, Lucy Truman

Design and layout: Q2A Media Services Pvt. Ltd.

Audio Production: The Soundhouse, Ltd.

目次

現在形

過去形

現在完了形

受動態

動詞の形

未来表現

法助動詞と命令文

本書の巻末 (p. 257) には「診断テスト」が用意されています。
まず「診断テスト」を受けて、自分の学習すべきユニットを見つけてください。

本書の巻末(p. 257)には「診断テスト」が用意されています。
まず「診断テスト」を受けて、自分の学習すべきユニットを見つけてください。

本書の巻末 (p. 257) には「診断テスト」が用意されています。
まず「診断テスト」を受けて、自分の学習すべきユニットを見つけてください。

v

句動詞

本書の巻末（p. 257）には「診断テスト」が用意されています。
まず「診断テスト」を受けて。自分の学習すべきユニットを見つけてください。

日本語版出版にあたって

本書『マーフィーのケンブリッジ英文法（初級編）』は、2017 年に出版された *Basic Grammar in Use* fourth edition（アメリカ英語版）に基づいた「日英バイリンガル第 4 版」です。本書の刊行に先立って、*Grammar in Use Intermediate* fourth edition（アメリカ英語版）に基づいて、『マーフィーのケンブリッジ英文法（中級編・新訂版）』が 2018 年に刊行されています。

レイモンド・マーフィー (Raymond Murphy) による Grammar in Use シリーズは、1985 年に刊行された *English Grammar in Use* (イギリス英語版) 以来、四半世紀にわたって世界の英語学習者からコミュニケーションに「使える」実用文法書として高い評価を得てきました。

現在、Grammar in Use シリーズは、イギリス英語版とアメリカ英語版、さらに初級・中級・上級の分化とともに、各国の学習者の母国語で解説を記述するバイリンガル版の刊行等を通じてますます読者が増えています。

Grammar in Use シリーズの最大の特長は、以下の 4 点に集約されます。
1　統一された「見開き2ページ構成」によって、辞書を引くように学習したい文法項目がすぐに見つかる。
　　実用性の高い多様な文法事項が、すべて左ページに「文法解説と例文」、右ページに「練習問題」といった共通のレイアウトによって配置されている。
2　「文法解説」より「例文」が豊富
　　学習者による、より主体的な文法学習を奨励するために専門用語に依存した文法解説は最小限にとどめ、直感による理解を推進するイラストや、中学校卒業程度の英語力があれば十分理解できる平易な例文を多数配置している。
3　コミュニケーションにおける実用性の高い例文
　　「文法解説」および「練習問題」中の「例文」は、大半が1つのピリオドや疑問符で終わる単文ではなく、自然な文脈や会話を構成する複数の文の中に置かれている。これにより、文法を英語が実際に使われる場面や会話の中で学ぶことができる。

「日英バイリンガル版」シリーズにおいても、オリジナルの Grammar in Use シリーズ同様、左ページに「文法解説と例文」、右ページに「練習問題」という統一レイアウトを用いています。

「初級編」の特長
オリジナルの *Basic Grammar in Use* は、次の特長を持っています。
1　「中級編」とほぼ同じ文法項目が、より平易な記述と例文によって解説されていて、英文法の基礎を全般的に学習できる。
2　学習した文法事項を用いて、学習者が自分自身のことについて、他の学習者と会話したり短い文で表現したりする「自己表現活動」が強化されている。

「バイリンガル版」の特長
「日英バイリンガル版」シリーズでは、すぐれた例文をできるだけ多く読みながら文法理解の確認ができるように、以下の原則に基づいて解説の日本文を作成しました。
1　学習者が自問自答しながら、自らの理解度を確認できるような質問事項とその答えを配置した。
2　学習者がなるべく多くの例文を自分の力で読みこなせるように、本文中の例文の全訳は行わない。日本語訳を行う場合には、例文中でポイントとなる部分についてのみ訳出した。
3　原著に準じて、文法の専門用語はなるべく用いないで解説を行った。一方、原著には登場するが日本の中学校や高校で学習英語には登場しない文法用語については、必要に応じて解説を加えて訳出した。

本書は「日英バイリンガル版」ですが、すべて英語で記述されている「オリジナル版」と同様、イラストや例文主体の学習は欠かすことができません。本書を通じて英文法のより深い直感的な学習が可能になり、ひとりでも多くの学習者の方がコミュニケーションに「使える」英文法力を獲得されることを願っています。

訳者

学習者の皆さんへ

学習者の対象レベル

本書は、初級から中級に入ったレベルの学習者を対象に書かれています。「中学校で学ぶ程度の英語の初級文法は終えたものの、英語で会話をしたり自分自身のことについて話したりすることができない。初級レベルの文法や表現を用いて、もっと英語を使ってみたい」と考えている学習者を対象としています。本書では、英語を実際に使う時に必要な文法事項を多数取り上げています。

本書の構成と使い方

本書は「1つのユニットに1つの文法事項」を原則として、113 ユニットで構成されており，巻頭の「目次」から学習項目の全体について概観できます。

本書は、最初から最後までのユニットを1つずつ学習する必要はありません。あなたが「難しい、よくわからない」と感じる文法項目を選んで学習してください。例えば、I have been や He has done といった「現在完了形」について自信が持てない場合は、ユニット16 ～ 19を学習してください。

■ 目次と索引 「目次」（iii～vi ページ）や「索引」（272～275 ページ）から学習すべきユニットを探します。「目次」には，それぞれのユニットで取り上げられている文法項目が簡潔にまとめられています。「索引」には，それぞれのユニットの文法項目に関連して登場する重要な語句や文法用語がまとめられています。

■ 診断テスト 本書の巻末には「診断テスト」（257～269 ページ）が用意されています。まず、この「診断テスト」を受けてください。「診断テスト」は全て選択式問題となっており1 時間程度で終了します。このテストでは設問ごとに関連するユニットが指定されています。正解できなかった設問を確認することで、十分に理解していないユニットが明らかになります。

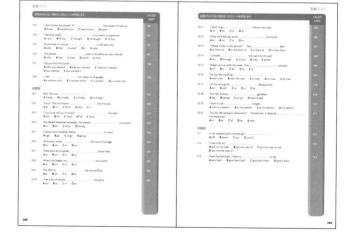

■ 見開き 2 ページ構成　すべてのユニットが左ページに
「文法解説と例文」、右ページに「練習問題」を配置した2
ページ構成となっています。左ページの文法解説と例文を
学習した後、右ページの練習問題で理解度を確認してくだ
さい。左ページの日本語は参考のために表示されていて、
英p語の直訳ではない場合があります。

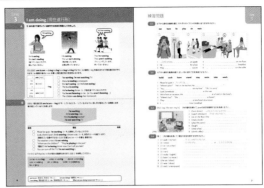

文法解説だけを拾い読みするのではなく、例文やイラスト
が表す状況について理解しましょう。例文は、中学校レベル
の英語力があれば十分理解できる平易な語句や構文で記
述されています。練習問題は単純に正解／不正解を確認す
るのではなく、なぜそのような答えとなるのかを左のペー
ジの文法解説と照らし合わせながら解答してください。間
違えた問題は後で復習できるよう問題番号をメモしたり、
練習問題を行わずに、左のページの文法解説を目次や索
引から参照してもよいでしょう。

■ 練習問題の解答は、別冊解答集に収録しています。

■ 付録　巻末の「付録」(229〜237 ページ) では、能動態
と受動態・不規則動詞・短縮形・つづり・句動詞の文法事項
が、7 項目に分けてまとめられています。

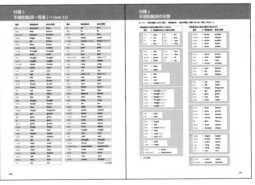

■ 補足練習問題　巻末に「補足練習問題」(238〜256 ペ
ージ) が用意してあります。冒頭の補足練習問題のリスト
(238ページ) から、どのような文法項目が取り上げられて
いるかを確認してください。

「補足練習問題」は, 関連する複数のユニットをまとめた
より広い出題範囲の中から作られています。
各ユニットを学習した後で補足練習問題に取り組めば、ユ
ニットを超えた幅広い範囲で、短時間に文法の理解ができ
るようになります。

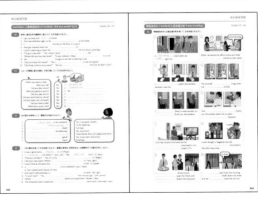

■ 本文中の記号
　☆ 文法について考えるべきポイントです。ポイントに
　　ついて自分の理解を確認してから読み始めます。
　● あなた自身のことを発話する問題です。
　⇒ 解釈の難しい構文の理解を助けるヒントです。例文の単純な日本語訳ではありません。
　⇔ 左右の構文を比較し、どのように異なるかを考えます。
　× 文法上正しくない構文を表します。なぜ正しくないかを考えます。
　= 左右の語句 (構文) が同じであることを表します。
　→ 参照すべきユニットを表します。

先生方へ

本書の特徴

本書は次のような特徴を持っています。

■ 文法書であり、文法以外の英語の特徴や性質について解説するものではありません。

■ 初級から中級に入ったレベルの学習者を対象に書かれています。通常このレベルで取り上げられない文法事項は含まれていません。

■ 練習問題付きですが、辞書のように必要な文法項目を選択して参照する参考図書です。学習者のレベルに応じて題材を配置した教科書（コースブック）ではありません。

■ 英語学習者を対象とした文法書で、自学自習できるように編集されています。

本書の構成

■ ユニット 本書は全 113 ユニットで構成され、それぞれのユニットで 1 つの具体的な文法事項を解説しています。ユニットで扱う文法事項は、時制・疑問文・冠詞といった文法上の分類に応じてまとめられており、「易しいものから難しいものへ」のような難易度に応じて並べられてはいません。したがって、学習者に必要な項目を適宜選択しなければなりません。本書については、巻頭から巻末まですべての項目を学習しなければならないということはありません。本書でどのような文法事項が取り上げられているかについては「目次」で確認してください。また、巻末の「索引」には、ユニットの文法事項に関連して登場する重要な語句や文法用語がまとめられています。学習事項を選択する際に「目次」と「索引」を活用してください。すべてのユニット は見開き 2 ページの統一されたレイアウトで構成されています。左ページには「文法解説と例文」、右ページには「練習問題」が配置されています。

■ 付録 巻末には「付録」（229〜237 ページ）があり、能動態と受動態・不規則動詞・短縮形・つづり・句動詞の文法事項が 7 項目に分けてまとめられています。適宜、学習者に付録を参照させてください。

■ 補足練習問題 巻末には「補足練習問題」（238〜256ページ）があり、総合的な復習が可能となるよう動詞の形に関する学習項目を中心に出題しています。補足練習問題は全 35 項目からなり、238 ページに全問題の項目リストがあります。

■ 診断テスト 257〜269ページには「診断テスト」があります。「診断テスト」を行うことによって、学習者が学ぶべきユニットが明らかになります。

■ 練習問題の解答は、別冊解答集に収録しています。

レベル

本書は、初級から中級に入った学習者を対象としています。具体的には、中学校程度の英語の初級文法は終えた学習者を対象としていて、英語について予備知識をまったく持たない小学生や中学生の入門者は対象としていません。また、教師の視点から「英語はある程度読めるものの、英語で会話をしたり自分のことを話したりする時に必要な文法についてわかっていない」「中学や高校で学んだ文法について十分理解していないと思われる項目を復習させたい」などのように考えている学習者にも用いられます。
文法解説は初級者でも理解できるよう、単純かつ簡潔なものにしています。例文や練習問題中にも初級者に理解できる語彙が使われています。

使用方法

本書は、初級から中級に入った学習者を対象とした文法書ですが、「学習者の皆さんへ」の項目にもあるように自習書として利用できるほか、学校の授業の補助教材としても利用できます。本書は文法事項を新しく導入し直ちに定着させることができるほか、一定の期間後に復習したり弱い部分に焦点を当てて強化したりする際にも役立ちます。また、一斉授業においてクラス全体で使用することも、学習者に応じて個別学習させることも可能です。学習者によっては、左ページの文法解説を教員が説明したほうが良い場合もあります。

教員から説明を行う場合は、本書がもともと自学自習を目的として編集されている点に注意してください。授業で学習者に望ましい方法で文法解説を行う場合でも、練習問題については課題として学習者に自習させることが本書のより適切な使い方です。学習者にとって左のページは授業で学んだことの記録となり、授業の後も繰り返して参照できます。また、左ページの日本語は参考のために表示されていて、英p語の直訳ではない場合があります。

授業では本書を使わず、授業の復習や補完する目的で本書を利用することもできます。その場合には、教員が自学自習すべきユニットを選択して学習者に指示するのが良いでしょう。

Basic Grammar in Use

マーフィーの
ケンブリッジ
英文法
（初級編）第4版

CAMBRIDGE
UNIVERSITY PRESS

am/is/are (be 動詞の肯定文、否定文)

A ● Anna のように、自分のことを am/is/are を用いて話してみましょう。

My father **is** a doctor, and my mother **is** a journalist.
私の父は医者です。…ジャーナリストです。

My favorite color **is** blue.
私の好きな色は青です。

I'**m** a student.
私は学生です。

My favorite sports **are** tennis and swimming.
私の好きなスポーツは…

I'**m** American. I'**m** from Chicago.
私はアメリカ人です。…シカゴ出身です。

I'**m** 22.
私は 22 歳です。

I'**m** interested in art.
私は美術に興味があります。

My name **is** Anna.
私の名前はアンナです。

I'**m not** interested in politics.
政治には興味がありません。

ANNA

B 《形と語順》 am/is/are (be 動詞)は主語に応じて使い分けます。否定文は、これらの be 動詞の後ろに not を置いて作ります。am/is/are は短縮形で用いられることが多く、否定の短縮形には 2 種類ありますが意味上の違いはありません。

肯定

I	am	(I'**m**)
he		(he'**s**)
she	**is**	(she'**s**)
it		(it'**s**)
we		(we'**re**)
you	**are**	(you'**re**)
they		(they'**re**)

短縮形

否定

I	am not	(I'**m not**)		
he		(he'**s not**	*or*	he **isn't**)
she	**is not**	(she'**s not**	*or*	she **isn't**)
it		(it'**s not**	*or*	it **isn't**)
we		(we'**re not**	*or*	we **aren't**)
you	**are not**	(you'**re not**	*or*	you **aren't**)
they		(they'**re not**	*or*	they **aren't**)

短縮形

《意味》 肯定形は「…である、…がある」を表します。
- ◯ I'**m** tired, but I'**m not** hungry.
- ◯ I'**m** 32 years old. My sister **is** 29.
- ◯ Alex **is** scared of dogs.
- ◯ Jane **is** Australian. She **isn't** American.
- ◯ These flowers **are** nice, and they **aren't** expensive.
- ◯ It'**s** 10:00. You'**re** late again.
- ◯ I'**m** cold. Can I close the window?

I'm scared of dogs.
「犬は苦手なんだ」

Woof !!!!

《意味》 否定形は「…ではない、…がない」を表します。
- ◯ James **isn't** a teacher. He'**s** a student.
- ◯ Anna and I **are** good friends.
- ◯ Paris **is** a beautiful city.
- ◯ Our house **is** near downtown.
- ◯ Tom **isn't** here. He'**s** at work.
- ◯ Your keys **are** on the table.

hot/warm/cold/sunny/dark などは it'**s** と共に使用します。
- ◯ It'**s** sunny today, but it **isn't** warm.

I'm cold. Can I close the window?

C 短縮形*: that、there、here を主語にした次のような短縮形もよく用いられます。

that'**s** = that **is**   there'**s** = there **is**   here'**s** = here **is**
- ◯ Thank you. That'**s** very nice of you.
    (⇒ ありがとう。ご親切にどうも)
- ◯ Look! There'**s** Chris. (⇒ あっ! クリスだ)
- ◯ "Here'**s** your key." "Thank you."
    (⇒ 「鍵をどうぞ」—「ありがとう」)

Here's your key.

Thank you.

*短縮形: アポストロフィーを使って短縮された英単語やフレーズ

am/is/are (疑問文) ➡ Unit 2	there is/are ➡ Unit 35	it's … ➡ Unit 37	a/an ➡ Unit 63	(at) home ➡ Unit 106

短縮形 ➡ 付録 4

練習問題

1.1 she's / we aren't などの短縮形を答えなさい。

1 she is ......she's...................... 3 it is not .... 5 I am not ....
2 they are .... 4 that is .... 6 you are not ....

1.2 am、is、are のいずれかを空所に入れなさい。

1 The weather ......is......... nice today. 5 Look! There .... Rachel.
2 I .... not rich. 6 My brother and I .... good tennis players.
3 This bag .... very heavy. 7 Amy .... at home. Her children .... at school.
4 These bags .... very heavy. 8 I .... a taxi driver. My sister .... a nurse.

1.3 例にならって文を完成させなさい。

1 Matt is sick. ......He's............... in bed.
2 I'm not hungry, but .... thirsty.
3 Mr. Thomas is a very old man. .... 98.
4 These chairs aren't beautiful, but .... comfortable.
5 The weather is nice today. .... warm and sunny.
6 "................................ late." "No, I'm not. I'm early!"
7 Catherine isn't at home. .... at work.
8 "................................ your coat." "Oh, thank you very much."

1.4 🔊 セクション 1A に書かれている Anna の文を参考にして、自分のことを述べる文を作りなさい。

1 (名前は?) My .... 5 (好きな色は?)
2 (出身は?) I .... My ....
3 (年齢は?) I .... 6 (興味のあることは?)
4 (職業は?) I .... I ....

1.5 以下の語を用いて、それぞれのイラストの内容に合う文を作りなさい。

| angry | cold | hot | hungry | scared | ~~thirsty~~ |

1 ......She's thirsty............ 3 He .... 5 ....
2 They .... 4 .... 6 ....

1.6 🔊 例にならい ( ) 内の語句と is/isn't または are/aren't を用いて、自分のことなどを述べる文を作りなさい。

1 (it / hot today) ......It isn't hot today.............. or ......It's hot today.......
2 (it / windy today) It ....
3 (my hands / cold) My ....
4 (Brazil / a very big country) ....
5 (diamonds / cheap) ....
6 (Quebec / in the United States) ....

🔊 (   ) 内の語句と I'm / I'm not を用いて、自分のことを述べる文を作りなさい。

7 (tired) ......I'm tired.............. or ......I'm not tired......
8 (hungry) I ....
9 (in bed) ....
10 (interested in politics) ....

am/is/are (be 動詞の疑問文)

● イラストのように am/is/are を用いて英語で質問してみましょう。

《形と語順》 am/is/are (be 動詞) の疑問文は、be 動詞を主語の前に置いて作ります。

肯定			疑問	
I	am		am	I?
he she it	is		is	he? she? it?
we you they	are		are	we? you? they?

What's your name?
あなたの名前は？

David.

Are you married?
あなたは既婚者ですか？

No, I'm not.

How old **are you**?
あなたの年齢は？

25.

Are you a student?
あなたは学生ですか？

Yes, I am.

○ "**Am I** late?" "No, **you're** on time."
○ "**Is your mother** home?" "No, **she's** out."
○ "**Are your parents** home?" "No, **they're** out."
○ "**Is it** cold in your room?" "Yes, a little bit."
○ **Your shoes are nice. Are they** new?

疑問文を作る際には主語の前に be 動詞を置きます。主語以外の要素の前には置けません。

○ **Is she** home? / **Is your mother** home? (× Is home your mother?)
○ **Are they** new? / **Are your shoes** new? (× Are new your shoes?)

Where(どこ) / **What**(何) / **Who**(誰) / **How**(どのように) / **Why**(なぜ) などの語は文頭に置きます。

○ **Where is** your mother? Is she home? [場所]
○ "**Where are** you from?" "Canada." [出身 (出身はどちらですか)]
○ "**What color is** your car?" "It's red." [色]
○ "**How old is** Joe?" "He's 24." [年齢]
○ "**How are** your parents?" "They're fine." [状態 (お元気ですか)]
○ These shoes are nice. **How much are** they? [値段]
○ This hotel isn't very good. **Why is** it so expensive? [理由]

is と結び付いた次のような短縮形もよく用いられます。

what**'s** = what **is**   who**'s** = who **is**   how**'s** = how **is**   where**'s** = where **is**

○ **What's** your phone number?   ○ **Who's** that man?
○ **Where's** Emily?   ○ **How's** your father?

ショートアンサー*：主語に応じて be 動詞の形が変わります。否定には 2 つの短縮形があります。

Yes,	I	am.	No,	I'm	not.	No,		
	he she it	is.		he's she's it's			he she it	isn't.
	we you they	are.		we're you're they're			we you they	aren't.

That's my seat.

No, it **isn't**.

○ "**Are you** tired?" "Yes, I am."
○ "**Are you** hungry?" "No, I'm not, but I'm thirsty."
○ "**Is your friend** Japanese?" "Yes, he is."
○ "**Are these** your keys?" "Yes, they are."
○ "**That's** my seat." "**No, it isn't.**" (「私の席です」──「違いますよ」)

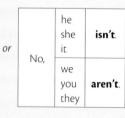

*ショートアンサー：与えられた質問に対し、過不足なく必要な情報のみを与える答え方。

am/is/are (肯定文、否定文) → Unit 1   疑問文 → Unit 42   what/which/how → Unit 45   (at) home → Unit 106

2.1 それぞれの質問に対する答えとしてふさわしいものを選びなさい。

1	Where's the camera?	A	Toronto.	1	*G*
2	Is your car blue?	B	No, I'm not.	2	
3	Is Nicole from London?	C	Yes, you are.	3	
4	Am I late?	D	My sister.	4	
5	Where's Megan from?	E	Black.	5	
6	What color is your bag?	F	No, it's black.	6	
7	Are you hungry?	G	In your bag.	7	
8	How is Christopher?	H	No, she's American.	8	
9	Who's that woman?	I	Fine.	9	

2.2 ( ) 内の語句を正しい語順に並べ替えて、適切な疑問文を作りなさい。

1 (is / home / your mother)   *Is your mother home* ?
2 (your parents / are / how)   *How are your parents* ?
3 (interesting / is / your job)   ?
4 (the stores / are / open today)   ?
5 (from / where / you / are)   ?
6 (interested in sports / you / are)   ?
7 (is / near here / the train station)   ?
8 (at school / are / your children)   ?
9 (you / are / late / why)   ?

2.3 What ... / Who ... / Where ... / How ... で始めて、右側の文が答えとなるような疑問文を作りなさい。

1 .... *How are* .... your children?   They're fine.
2 .... the bus stop?   At the end of the block.
3 .... your children?   Five, six, and ten.
4 .... these oranges? $1.50 a pound.
5 .... your favorite sport?   Skiing.
6 .... the man in this photo?   That's my father.
7 .... your new shoes?   Black.

2.4 Eric の答えに適した疑問文を作りなさい。

ERIC

1 (name?)   *What's your name?*   Eric
2 (Australian?)   No, I'm Canadian.
3 (how old?)   I'm 30.
4 (a teacher?)   No, I'm a lawyer.
5 (married?)   Yes, I am.
6 (wife a lawyer?)   No, she's a teacher.
7 (from?)   She's from Mexico.
8 (her name?)   Ana.
9 (how old?)   She's 27.

2.5 ● それぞれの質問に対して、**Yes, I am.** / **No, he isn't.** のようなショートアンサーで答えなさい。

1 Are you married?   *No, I'm not.*   4 Are your hands cold?
2 Are you thirsty?   5 Is it dark now?
3 Is it cold today?   6 Are you a teacher?

I am doing (現在進行形)

A ● 身の周りで進行している動作や出来事を英語にしてみましょう。

I'm eating.

We're running.

She**'s eating**.
She **isn't reading**.
(食べているところです。
読んではいません)

It**'s raining**.
The sun **isn't shining**.
（雨が降っています。
太陽は照っていません）

They**'re running**.
They **aren't walking**.
（ランニングしています。
歩いてはいません）

《形と語順》**am/is/are** + do**ing**/eat**ing**/runn**ing**/writ**ing** のように、be 動詞と -ing を組み合わせて現在進行形が作られます。be 動詞の後ろに not を置くと現在進行形の否定形になります。

I	**am** (not)	
he she it	**is** (not)	**-ing**
we you they	**are** (not)	

○ I**'m working**. I**'m not watching** TV.
○ Maria **is reading** a newspaper.
○ She **isn't eating**. (*or* She **'s not eating**.)
○ The bus **is coming**.
○ We**'re having** dinner. (⇒ 夕食を食べているところです)
○ You**'re not listening** to me. (*or* You **aren't listening** ...)
○ The children **are doing** their homework.

B 《意味》現在進行形 **am/is/are** + **-ing** は「今…しているところ、…している」のように、話し手が話をしている瞬間に出来事が起こっていることを表します。

I**'m working**
She**'s wearing** a hat
They**'re playing** baseball
I**'m not watching** TV

過去 —————————————————————— 現在 —————————————————————— 未来

○ Please be quiet. I**'m working**. (⇒ 今、仕事をしているところです)
○ Look, there's Sarah. She**'s wearing** a brown coat. (⇒ 今、茶色のコートを着ています)
　〔着替えている最中ではないことに注意〕put on 〜（〜を着る、着替える）
○ The weather is nice. It**'s not raining**.
○ "Where are the children?"　"They**'re playing** in the park."
○ 〔電話で〕We**'re having** dinner now. Can I call you later?
○ You can turn off the TV. I**'m not watching** it.

《つづり》以下のようにつづりが変わる動詞もあります。**付録 5** を参照してください。

com**e** → com**ing**	writ**e** → writ**ing**	danc**e** → danc**ing**
ru**n** → run**ning**	si**t** → sit**ting**	swi**m** → swim**ming**
li**e** → l**ying**		

---

am/is/are (肯定文、否定文) → Unit 1　　**are you doing?** (疑問文) → Unit 4
I am doing (現在進行形) と **I do** (単純現在形) → Unit 8　　**What are you doing tomorrow?** → Unit 24

練習問題

3.1 以下から適切な動詞を選び、それぞれのイラストの内容に合う文を作りなさい。

~~eat~~	have	lie	play	sit	wait

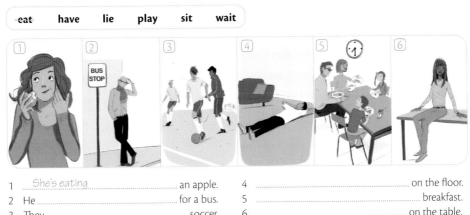

1 *She's eating* .... an apple.
2 He .... for a bus.
3 They .... soccer.
4 .... on the floor.
5 .... breakfast.
6 .... on the table.

3.2 以下から適切な動詞を選び、正しい形に変えて文を完成させなさい。

build	cook	leave	stand	stay	swim	take	~~work~~

1 Please be quiet. I ...*'m working*... .
2 "Where's John?" "He's in the kitchen. He ...."
3 "You .... on my foot." "Oh, I'm sorry."
4 Look! Somebody .... in the river.
5 We're here on vacation. We .... at a hotel on the beach.
6 "Where's Sue?" "She .... a shower."
7 They .... a new hotel downtown.
8 I .... now. Goodbye!

3.3 She's -ing / She isn't -ing に( )内の語句を続けて、Janeの状況を説明する文を完成しなさい。.

JANE

1 (have dinner)   *Jane isn't having dinner.*
2 (watch television) *She's watching TV.*
3 (sit on the floor) She ....
4 (read a book) ....
5 (play the piano) ....
6 (laugh) ....
7 (wear a hat) ....
8 (drink coffee) ....

3.4 ❾ ( )内の語句を用いて、現在の状況を表す文を作りなさい。

1 (I / wash / my hair)   *I'm not washing my hair.*
2 (it / snow)   *It's snowing.* or *It isn't snowing.*
3 (I / sit / on a chair)   ....
4 (I / eat)   ....
5 (it / rain)   ....
6 (I / study / English)   ....
7 (I / listen / to music)   ....
8 (the sun / shine)   ....
9 (I / wear / shoes)   ....
10 (I / read / a newspaper)   ....

are you doing? (現在進行形の疑問文)

● 身の周りで進行している動作や出来事について質問してみましょう。

《形と語順》現在進行形の疑問文は、**am/is/are** (be 動詞) を主語の前に置いて作ります。

What **are** you **doing**?
「何をしているの?」

肯定

I	am	
he
she
it	is	doing
working
going
staying
など
we
you
they	are	

疑問

am	I	
is	he
she
it	doing?
working?
going?
staying?
など
are	we
you
they	

○ "**Are** you **feeling** OK?"　"Yes, I'm fine, thanks."
○ "**Is** it **raining**?"　"Yes, take an umbrella."
○ Why **are** you **wearing** a coat? It's not cold. (⇒ なぜコートを着ているの?)
○ "What**'s** Eric **doing**?"　"He**'s studying** for his exams."
○ "What **are** the children **doing**?"　"They**'re watching** TV."
○ Look, there's Emily! Where**'s** she **going**?
○ Who **are** you **waiting** for? **Are** you **waiting** for Sue?

《形と語順》疑問文は「 **is/are** + 主語 + **-ing** 」の語順で構成されます。where/what/when/how/why などの語は必ず文頭に置きます。

	is/are	+ 主語 +	**-ing**
	Is	he	**working** today?
	Is	Ben	**working** today? (× Is working Ben today?)
Where	**are**	they	**going**?
Where	**are**	those people	**going**? (× Where are going those people?)

ショートアンサー:主語に応じて be 動詞の形が変わります。be 動詞の疑問文と同じ形を用います。

Yes,	I	**am.**
	he
she
it	**is.**
	we
you
they	**are.**

No,	I'm	**not.**
	he**'s**
she**'s**
it**'s**	
	we**'re**
you**'re**
they**'re**	

or

| No, | he
she
it | **isn't.** |
|---|---|---|
| | we
you
they | **aren't.** |

○ "**Are** you **leaving** now?"　"**Yes, I am.**"
○ "**Is** Ben **working** today?"　"**Yes, he is.**"
○ "**Is** it **raining**?"　"**No, it isn't.**"
○ "**Are** your friends **staying** at a hotel?"　"**No, they aren't.** They're staying with me."

I am doing (現在進行形) → Unit 3　　What are you doing tomorrow? → Unit 24　　疑問文 → Units 42–45

練習問題

4.1 イラストを参考にして、会話が成り立つように疑問文を作りなさい。

① (you / watch / it?) _Are you watching it?_
No, you can turn it off.

② (you / leave / now?) _____
Yes, see you tomorrow.

③ (it / rain?) _____
No, not right now.

④ (you / enjoy / the movie?) _____
Yes, it's really funny.

⑤ (that clock / work?) _____
No, it's broken.

⑥ (you / wait / for a bus?) _____
No, for a taxi.

4.2 以下から適切な動詞を選び、イラストの状況に合うように疑問文を完成させなさい。

| cry | eat | go | laugh | look at | ~~read~~ |

① What _are you reading_ ?

② Where _____ she _____ ?

③ What _____ ?

④ Why _____ ?

⑤ What _____ ?

⑥ Why _____ ?

4.3 ( ) 内の語句を正しい語順に並べ替えて、適切な疑問文を作りなさい。

1 (is / working / Ben / today) _Is Ben working today_ ?
2 (what / the children / are / doing) _What are the children doing_ ?
3 (you / are / listening / to me) _____ ?
4 (where / your friends / are / going) _____ ?
5 (are / watching / your parents / TV) _____ ?
6 (what / Jessica / is / cooking) _____ ?
7 (why / you / are / looking / at me) _____ ?
8 (is / coming / the bus) _____ ?

4.4 ◐ それぞれの質問に対して、事実に合うように **Yes, I am. / No, it isn't.** のようなショートアンサーで答えなさい。

1 Are you watching TV? _No, I'm not._
2 Are you wearing a watch? _____
3 Are you eating something? _____
4 Is it raining? _____
5 Are you sitting on the floor? _____
6 Are you feeling all right? _____

I do/work/like など (単純現在形)

A 🔵 自分自身や周りの人について、単純現在形で説明してみましょう。

They have a lot of books.
(⇒ 本をたくさん所有している)
They **read** a lot. (⇒ 一般的に本を多く読む)

He's eating an ice cream cone.
(⇒ 今、食べているところ)
He **likes** ice cream. ⇒ 一般的に…が好き)

《形と語順》They **read** / he **likes** / I **work** などの形は単純現在形と呼ばれます。単純現在形では、主語によって動詞の形が変化します。

I/we/you/they	read	like	work	live	watch	do	have
he/she/it	read**s**	like**s**	work**s**	live**s**	watch**es**	do**es**	ha**s**

he work**s** / **she** live**s** / **it** rain**s** などのように、主語が **he** / **she** / **it** の場合には動詞の語尾に **-s** が付きます。

- ⬜ **I work** in an office. **My brother works** in a bank. (× My brother work)
- ⬜ **Emily lives** in Houston. **Her parents live** in Chicago.
- ⬜ **It rains** a lot in the winter.

I **have** → he/she/it **has** のように、動詞 **have** は **has** に変化します。

- ⬜ **John has** lunch at home every day.

*単純形:単純現在形の「単純」とは「進行形ではない形」を意味します。

《つづり》以下のような動詞の場合には注意が必要です。(付録 5 を参照)

-s / **-sh** / **-ch** の場合は語尾に **-es** を付ける:	pass → pass**es** finish → finish**es** watch → wat**ch**es
-y の場合は y を i に変えて語尾に **-ies** を付ける:	study → stud**ies** try → tr**ies**
do や **go** には語尾に **-es** を付ける:	do → do**es** go → go**es**

B 《意味》単純現在形は「普段/よく/つねに…する、…である」のように、現在時に限定されない習慣的な動作や出来事を表します。

- ⬜ I **like** big cities.
- ⬜ Your English is good. You **speak** very well.
- ⬜ Tom **works** very hard. He **starts** at 7:30 and **finishes** at 8:00 at night.
- ⬜ The earth **goes** around the sun.
- ⬜ We **do** a lot of different things in our free time.
- ⬜ It **costs** a lot of money to build a hospital.

C **always**(いつも…する) / **never**(決して…ない) / **often**(よく…する) / **usually**(たいてい…する) / **sometimes**(ときどき…する) のような頻度を表す語は、単純現在形の動詞の前に置きます。

- ⬜ Sue **always gets** to work early. (× Sue gets always)
- ⬜ I **never eat** breakfast. (× I eat never)
- ⬜ We **often sleep** late on weekends.
- ⬜ Mark **usually plays** tennis on Sundays.
- ⬜ I **sometimes walk** to work, but not very often.

I don't ... (否定文) → Unit 6   **Do you ...?** (疑問文) → Unit 7   **I am doing** (現在進行形)と **I do** (単純現在形) → Unit 8
always/usually/often など(頻度を表す副詞の語順) → Unit 92

練習問題

5.1 主語に応じて、それぞれの動詞に **-s** または **-es** を付けなさい。

1　(read)　she ....reads......................　3　(fly)　　it ....　5　(have)　she ....
2　(think)　he ....　4　(dance)　he ....　6　(finish)　it ....

5.2 以下の動詞を用いて、それぞれのイラストの内容に合う文を作りなさい。

| eat | go | live | ~~play~~ | play | sleep |

1　....He plays............ the piano.
2　They .... in a very big house.
3　................................... a lot of fruit.
4　................................... tennis.
5　................................... to the movies a lot.
6　................................... seven hours a night.

5.3 以下から適切な動詞を選び、正しい形に変えて文を完成させなさい。

| boil | close | cost | cost | like | like | meet | open | ~~speak~~ | teach | wash |

1　Maria ......speaks...... four languages.
2　Banks usually .... at 9:00 in the morning.
3　The art museum .... at 5:00 in the afternoon.
4　Jessica is a teacher. She .... math to young children.
5　My job is very interesting. I .... a lot of people.
6　Mike's car is always dirty. He never .... it.
7　Food is expensive. It .... a lot of money.
8　Shoes are expensive. They .... a lot of money.
9　Water .... at 100 degrees Celsius.
10　Julia and I are good friends. I .... her, and she .... me.

5.4 (　) 内の語句を正しい語順に並べ替えて、文を完成させなさい。動詞は **arrive** や **arrives** などのように適切な形にすること。

1　(always / early / Sue / arrive) ....Sue always arrives early.......................
2　(to the movies / never / I / go) ....
3　(work / Hannah / hard / always) ....
4　(like / chocolate / children / usually) ....
5　(Julia / parties / enjoy / always) ....
6　(often / people's names / I / forget) ....
7　(TV / Nick / watch / never) ....
8　(usually / dinner / we / have / at 6:30) ....
9　(Jenn / always / nice clothes / wear) ....

5.5 ● (　) 内の語句と **always/never/often/usually/sometimes** のいずれかを組み合わせて、自分のことを述べる文を作りなさい。

1　(watch TV in the evening) ....I usually watch TV in the evening.......................
2　(read in bed) I ....
3　(get up before 7:00) ....
4　(go to work/school by bus) ....
5　(drink coffee in the morning) ....

I don't ... (単純現在形の否定文)

A

🔴 自分の生活や習慣について、**don't/doesn't** を用いて述べましょう。

She **doesn't drink** coffee.
(⇒ 普段、コーヒーは飲まない)

He **doesn't like** his job.
(⇒ 仕事が好きではない)

《形と語順》単純現在形の否定文は「主語 + **don't/doesn't** + 動詞の原形」の語順で作ります。

肯定

I we you they	**work** **like** **do** **have**
he she it	**works** **likes** **does** **has**

否定

I we you they	**don't** (**do not**)	**work** **like** **do** **have**
he she it	**doesn't** (**does not**)	

《意味》単純現在形の否定文は「普段…しない、…ではない」のように現在時に限定されない習慣的な動作や出来事を表します。

◯ I **drink** coffee, but I **don't drink** tea.
◯ Sue **drinks** tea, but she **doesn't drink** coffee.
◯ You **don't work** very hard.
◯ We **don't watch** TV very often.
◯ The weather is usually nice. It **doesn't rain** very often.
◯ Matt and Nicole **don't know** many people.

B

《形と語順》I/we/you/they が主語の場合は don't を、he/she/it の場合は doesn't を動詞の前に置いて否定文を作ります。

I/we/you/they	**don't** ...
he/she/it	**doesn't** ...

◯ **I don't** like football.
◯ **He doesn't** like football.

◯ **I don't** like Josh, and **Josh doesn't** like me. (× Josh don't like)
◯ **My car doesn't** use much gas. (× My car don't use)
◯ Sometimes he is late, but **it doesn't** happen very often.

C

否定文では、don't **like** / doesn't **speak** / doesn't **do** などのように、**don't/doesn't** の後には動詞の原形* が入ります。

◯ I **don't like** to wash the car. I **don't do** it very often.
◯ Sarah **speaks** Spanish, but she **doesn't speak** Italian. (× doesn't speaks)
◯ Bill **doesn't do** his job very well. (× Bill doesn't his job)
◯ Maria **doesn't** usually **have** breakfast. (× doesn't ... has)

*動詞の原形: I/we/you/they が主語の時に用いる動詞の単純現在形のこと。主語が he/she/it になっても否定文においては形は変わりません。

I do/work/like など(単純現在形) → Unit 5　　Do you ... ? (単純現在形の疑問文) → Unit 7

練習問題

6.1 次の文を否定文に変えなさい。

1　I play the piano very well.　　_I don't play the piano very well._
2　Anna plays the piano very well.　Anna ....
3　They know my phone number.　They ....
4　We work very hard.　　　　　　..
5　Mike has a car.　　　　　　　..
6　You do the same thing every day.　..

6.2 以下の情報をもとに **like** を用いた文を作りなさい。

Do you like … ?

BILL AND ROSE　CAROL　YOU

	BILL AND ROSE	CAROL	YOU
1　classical music?	yes	no	**?**
2　boxing?	no	yes	
3　horror movies?	yes	no	

1　_Bill and Rose like classical music._
　Carol ....
　I .... classical music.
2　Bill and Rose ....
　Carol ....
　I ....
3　..
　..
　..

6.3 **I never … / I … a lot / I don't … very often** と（　）内の語句を組み合わせて、自分についての文を作りなさい。

1　(watch TV)　　_I don't watch TV very often._　or　_I never watch TV._　or
　　　　　　　　I watch TV a lot.
2　(go to the theater)　..
3　(ride a bike)　　　..
4　(eat in restaurants)　..
5　(travel by train)　　..

6.4 以下から適切な動詞を選び、「**don't/doesn't** + 動詞の原形」で否定文を完成させなさい。

cost	go	know	~~rain~~	see	use	wear

1　The weather here is usually nice. It _doesn't rain_ a lot.
2　Andy has a car, but he .... it very often.
3　Dan and his friends like movies, but they .... to the movies very often.
4　Amanda is married, but she .... a ring.
5　I .... much about politics. I'm not interested in it.
6　The Regent Hotel isn't expensive. It .... much to stay there.
7　David lives near us, but we .... him very often.

6.5 （　）内の動詞を肯定形または否定形にして文を完成させなさい。

1　Lauren _speaks_ four languages – English, Korean, Arabic, and Spanish. (speak)
2　I _don't like_ my job. It's very boring. (like)
3　"Where's David?"　"I'm sorry. I ...." (know)
4　Sue is a very quiet person. She .... very much. (talk)
5　Andy .... a lot of coffee. It's his favorite drink. (drink)
6　That's not true! I .... it! (believe)
7　That's a very beautiful picture. I .... it a lot. (like)
8　John is a vegetarian. He .... meat. (eat)

Unit 7

Do you ... ? (単純現在形の疑問文)

A ● 「あなたは…しますか?」のように、日常の行動について単純現在形の疑問文で質問しましょう。

《形と語順》単純現在形の疑問文は、主語の前に **do/does** を置き、動詞は原形にして作ります。

肯定

I we you they	**work** **like** **do** **have**
he she it	**works** **likes** **does** **has**

疑問

do	I we you they	**work?** **like?** **do?** **have?**
does	he she it	

Do you **play** the guitar?
「ギターを弾きますか」

B 《形と語順》疑問文は「**do/does** + 主語 + 動詞の原形」の語順で作ります。where/what/when/how/why などの語は必ず文頭に置きます。

	do/does	+ 主語 +	動詞の原形	
	Do	you	**play**	the guitar?
	Do	your friends	**live**	near here?
	Does	Chris	**work**	on Sundays?
	Does	it	**rain**	a lot here?
Where	**do**	your parents	**live**?	
How often	**do**	you	**wash**	your hair?
What	**does**	this word	**mean**?	
How much	**does**	it	**cost**	to fly to Puerto Rico?

疑問文で **always**(いつも…する)/ **usually**(たいてい…する)を用いる場合は、主語と動詞の原形の間に置きます。

	Does	Chris	**always**	**work**	on Sundays?
What	**do**	you	**usually**	**do**	on weekends?

《意味》**What do** you **do**? = What's your job?

「何をしているのか」ではなく、「仕事は何か」を意味します。

◯ "**What do** you do?" "I work in a bank."

C 《形と語順》I/we/you/they が主語の場合は **do** を、he/she/it の場合は **does** を主語の前に置いて疑問文を作ります。

do I/we/you/they ...
does he/she/it ...

◯ **Do they** like music?
◯ **Does he** like music?

D ショートアンサー:主語に応じて、肯定では **do/does**、否定では **don't/doesn't** のように形が変わります。

Yes,	I/we/you/they	**do.**
	he/she/it	**does.**

No,	I/we/you/they	**don't.**
	he/she/it	**doesn't.**

◯ "**Do you** play the guitar?" "**No, I don't.**"
◯ "**Do your parents** speak English?" "**Yes, they do.**"
◯ "**Does Ryan** work hard?" "**Yes, he does.**"
◯ "**Does your sister** live in Vancouver?" "**No, she doesn't.**"

14

I do/work/like など(単純現在形)→ Unit 5　　I don't ...(否定文)→ Unit 6　　疑問文 → Units 42–45

7.1 例にならって、**Do ... ?** または **Does ... ?** の疑問文を作りなさい。

1 I like chocolate. How about you?   *Do you like chocolate* ?
2 I play tennis. How about you?   .... you .... ?
3 You live near here. How about Emily?   .... Emily .... ?
4 Tom plays tennis. How about his friends?   .... ?
5 You speak English. How about your brother?   .... ?
6 I do yoga every morning. How about you?   .... ?
7 Sue often travels on business. How about Eric?   .... ?
8 I want to be famous. How about you?   .... ?
9 You work hard. How about Anna?   .... ?

7.2 (   ) 内の語句を正しい語順に並べ替え、**do** または **does** を使って疑問文を作りなさい。

1 (where / live / your parents)   *Where do your parents live* ?
2 (you / early / always / get up)   *Do you always get up early* ?
3 (how often / TV / you / watch)   .... ?
4 (you / want / what / for dinner)   .... ?
5 (like / you / football)   .... ?
6 (your brother / like / football)   .... ?
7 (what / you / do / in your free time)   .... ?
8 (your sister / work / where)   .... ?
9 (breakfast / always / you / have)   .... ?
10 (what / mean / this word)   .... ?
11 (in the winter / snow / it / here)   .... ?
12 (go / usually / to bed / what time / you)
    .... ?
13 (how much / to call Mexico / it / cost)
    .... ?
14 (you / for breakfast / have / usually / what)
    .... ?

7.3 以下から適切な動詞を選び、右側の文が答えとなるような疑問文を完成させなさい。

~~do~~   **do**   **enjoy**   **get**   **like**   **start**   **teach**   **work**

1 What .... *do you do* .... ?   I work in a bookstore.
2 .... it?   It's OK.
3 What time .... in the morning?   At 9:00.
4 .... on Saturdays?   Sometimes.
5 How .... to work?   Usually by bus.
6 And your husband? What .... ?   He's a teacher.
7 What .... ?   Science.
8 .... his job?   Yes, he loves it.

7.4 🔊 以下の質問に対して、**Yes, he does. / No, I don't.** のようなショートアンサーで答えなさい。

1 Do you watch TV a lot?   *No, I don't.*   or   *Yes, I do.*
2 Do you live in a big city?   ....
3 Do you ever ride a bike?   ....
4 Does it rain a lot where you live?   ....
5 Do you play the piano?   ....

➔ 補足練習問題 **4–7** (pp. 239–240)

I am doing と I do
（現在進行形と単純現在形）

A

🔵 自分のことを現在進行形と単純現在形で述べてみましょう。

Jack is watching television.
He is *not* playing the guitar.
Jack は今テレビを見ています。
今、ギターは弾いていません。
But Jack has a guitar.
He plays it a lot, and he plays very well.
しかしJack はギターを持っていて、ギターを
よく弾きます。しかもとても上手です。
Jack **plays** the guitar,
but he **is not playing** the guitar now.
つまり Jack はギターを習慣的に弾きますが、
今弾いているわけではありません。

疑問文とショートアンサー：現在進行形と単純現在形では、疑問文もショートアンサーも形が異なります。
Is he playing the guitar?　**No, he isn't.**　〔現在進行形〕
Does he play the guitar?　**Yes, he does.**　〔単純現在形〕

B

《意味》現在進行している動作や出来事は、現在進行形 (**I am doing**) を用いて表します。現在時より少し前から始まり、その動作や出来事が現在も継続していることを示します。このような場合には単純現在形は用いません。

I'm doing

過去	現在	未来

○　Please be quiet. I**'m** work**ing**. (× I work)
○　Tom **is** tak**ing** a shower at the moment. (× Tom takes)
○　Take an umbrella with you. It**'s** rain**ing**.
○　You can turn off the TV. I**'m** not watch**ing** it.
○　Why are you under the table? What **are** you do**ing**?

C

《意味》時に限定されない現在の習慣的な事柄は、単純現在形 (**I do**) を用いて表します。

I do

過去	現在	未来

○　Tom **takes** a shower every morning.
○　It **rains** a lot there in the winter.
○　I **don't watch** TV very often.
○　What **do** you usually **do** on weekends?

D

以下の動詞は現在進行形 (**I am -ing**) では用いません。

like	**want**	**know**	**understand**	**remember**
prefer	**need**	**mean**	**believe**	**forget**

このような動詞は単純現在形 (I **want** / **do** you **like**? など) でのみ使用されます。
○　I'm tired. I **want** to go home. (× I'm wanting)
○　"**Do** you **know** that girl?"　"Yes, but I **don't remember** her name."
○　I **don't understand**. What **do** you **mean**?

現在進行形 → Units 3–4　　単純現在形 → Units 5–7　　未来を表す現在形 → Unit 24

練習問題

8.1 イラストを見て質問に答えなさい。

Does he take photographs? _Yes, he does._
Is he taking a photograph? _No, he isn't._
What is he doing?
  He's taking a bath.

Is she driving a bus? ....
Does she drive a bus? ....
What is she doing?
....

Does he wash windows? ....
Is he washing a window? ....
What is he doing?
....

Are they teaching? ....
Do they teach? ....
What do they do?
....

8.2 **am/is/are** または **do/don't/does/doesn't** を空所に入れて、文を完成させなさい。

1 Excuse me, ..._do_...... you speak English?
2 "Where's Kate?" "I .... know."
3 What's so funny? Why .... you laughing?
4 "What .... your sister do?" "She's a dentist."
5 It .... raining. I .... want to go out in the rain.
6 "Where .... you come from?" "Canada."
7 How much .... it cost to stay at this hotel? Is it expensive?
8 Steve is a good tennis player, but he .... play very often.

8.3 ( )内の語句を現在進行形 (**I am doing**) または単純現在形 (**I do**) にして、文を完成させなさい。

1 Excuse me, ..._do you speak_...... (you/speak) English?
2 "Where's Tom?" " ......_He's taking_...... (he/take) a shower."
3 ......_I don't watch_...... (I / not/watch) TV very often.
4 Listen! Somebody .... (sing).
5 Sarah is tired. .... (she / want) to go home now.
6 How often .... (you / use) your car? Every day?
7 "Excuse me, but .... (you / sit) in my seat." "Oh, I'm sorry."
8 I'm sorry, ... (I / not/understand). Can you speak more slowly?
9 It's late. .... (I / go) home now. ....
   (you/come) with me?
10 What time .... (your father / finish) work every day?
11 You can turn off the radio. .... (I / not / listen) to it.
12 "Where's Eric?" "In the kitchen. .... (he / cook) something."
13 Josh .... (not / usually / drive) to work. He
   .... (usually / walk).
14 Sue .... (not/like) coffee. .... (she/prefer) tea.

→ 補足練習問題 8–9 (p. 241) **17**

Unit 9

I have ... と I've got ...

●自分が今持っている物について、I have ... と I've got ... の2通りで説明出来ますか。

《形と語順》**I've got**... と **he's got** ... は、それぞれ **I have got** ... と
he has got ... の短縮形です。短縮形は主語が代名詞のときに用いられます。
「私／彼は…を持っている、ある」という意味を持ちます。

I've got a headache.
「頭が痛い」

I we you they	**have**	*or*	I we you they	**have got**	(I**'ve got**) (we**'ve got**) (you**'ve got**) (they**'ve got**)
he she it	**has**	*or*	he she it	**has got**	(he**'s got**) (she**'s got**) (it**'s got**)

短縮形

《意味》have/has と have got / has got の間に意味の違いはありません。have got / has got は「have + 過去分詞」
の現在完了形ですが、現在完了の意味はありません。

- ◯ I **have** blue eyes. *or* I**'ve got** blue eyes.
- ◯ Tom **has** two sisters. *or* Tom **has got** two sisters.
- ◯ Our car **has** four doors. *or* Our car **has got** four doors.
- ◯ Sarah isn't feeling well. She **has** a headache. *or* She**'s got** a headache.
- ◯ They like animals. They **have** a horse, three dogs, and six cats. *or* They**'ve got** a horse ...

《形と語順》I have ... / He has ...の否定文は I **don't have** ... / He **doesn't have** ...となり、I've got ... / He's got ...の
否定文は I **haven't got** ... / He **hasn't got** ... になります。

I/you/we/they	**don't**	**have**	*or*	I/you/we/they	**haven't**	**got**
he/she/it	**doesn't**			he/she/it	**hasn't**	

- ◯ I **don't have** a car. *or* I **haven't got** a car.
- ◯ They **don't have** any children. *or* They **haven't got** any children.
- ◯ It's a nice house, but it **doesn't have** a garage. *or* ... it **hasn't got** a garage.
- ◯ Mariko **doesn't have** a job right now. *or* Mariko **hasn't got** a job right now.

《形と語順》You have ... / He has ... の疑問文は、**Do** you **have** ... ? / **Does** he **have** ... ?となり、You've got ... /
He's got ... の疑問文は **Have** you **got** ... ? / **Has** he **got** ... ?になります。

do	I/you/we/they	**have**	*or*	**have**	I/you/we/they	**got**
does	he/she/it			**has**	he/she/it	

- ◯ "**Do** you **have** a camera?" "No, I **don't**." *or*
"**Have** you **got** a camera?" "No, I **haven't**."
- ◯ "**Does** Jennifer **have** a car?" "Yes, she **does**." *or*
"**Has** Jennifer **got** a car?" "Yes, she **has**."
- ◯ What kind of car **does** she **have**? *or* ... **has** she **got**?
- ◯ How many children **do** they **have**? *or* ... **have** they **got**?

---

had / didn't have (過去形) → Units 11–12   **have breakfast / have a headache** など → Unit 56   **some** と **any** → Unit 74

練習問題

9.1 以下の文を **have/has** または **don't have / doesn't have** を使って書き換えなさい。両文とも意味は同じです。

1 They have got two children. — *They have two children.*
2 She hasn't got a key. — *She doesn't have a key.*
3 He has got a new job. — ....
4 Have you got an umbrella? — ....
5 We have got a lot of work to do. — ....
6 I haven't got your phone number. — ....
7 Has your father got a car? — ....
8 How much money have we got? — ....

9.2 以下の文を **got** を使って書き換えなさい。両文とも意味は同じです。

1 Do you have any money? — *Have you got any money?*
2 I don't have many clothes. — I..
3 Does Tom have a brother? — ....
4 How many children do they have? — ....
5 Do you have any questions? — ....
6 Sam doesn't have a job. — ....

9.3 以下の質問と答えを読んで、Mark についての文を作りなさい。

1	Do you have a car?	No.
2	Do you have a bike?	Yes.
3	Do you have a dog?	No.
4	Do you have a cell phone?	Yes.
5	Do you have a watch?	No.
6	Do you have any brothers or sisters?	Yes, two brothers and a sister.

MARK

1 *He doesn't have a car.*
2 He ....
3 ....
4 ....
5 ....
6 ....

🖐 **I have** または **I don't have** を用いて、自分のことを述べなさい。

7 (a dog) ....
8 (a bike) ....
9 (brothers/sisters) ....

9.4 空所に **have / has / don't have / doesn't have** のいずれかを用いて文を完成させなさい。

1 Sarah *doesn't have* a car. She goes everywhere by bike.
2 They like animals. They *have* three dogs and two cats.
3 Matt isn't happy. He .... a lot of problems.
4 They are always busy. They .... much free time.
5 "What's wrong?" "I .... something in my eye."
6 "Where's my pen?" "I don't know. I .... it."
7 Melissa wants to go to the concert, but she .... a ticket.

9.5 以下の語句と、**have/has** または **don't have / doesn't have** を組み合わせて文を完成させなさい。

a lot of friends	much time	~~a headache~~	six legs	a job	a key

1 I'm not feeling well. I *have a headache.*
2 Everybody likes Tom. He ....
3 She can't open the door. She ....
4 Hurry! We ....
5 An insect ....
6 I'm unemployed. I ....

→ 補足練習問題 5–7 (p. 240)

was/were（be 動詞の過去形）

●自分のことを was/were を用いて説明出来ますか。

昨夜　　　　　　　　現在

Robert **is** at work now.
Robert は今仕事中です。

At midnight last night,
he **wasn't** at work.
しかし昨日の深夜は仕事をしていませんでした。

He **was** in bed.
He **was** asleep.
彼はベッドに入っていました。彼は寝ていました。

《形》be 動詞の変化（現在形 → 過去形）
am/is（現在形）→ **was**（過去形）
- ○ I **am** tired.（現在）　　　　　　I **was** tired **last night**.
- ○ Where **is** Kate?（現在）　　　　Where **was** Kate **yesterday**?
- ○ The weather **is** nice today.　　The weather **was** nice **last week**.

are（現在形）→ **were**（過去形）
- ○ You **are** late.（現在）　　　　　You **were** late **yesterday**.
- ○ They **aren't** here.（現在）　　　They **weren't** here **last Sunday**.

《形と語順》was/were の後ろに not を置いて否定文を、was/were を主語の前に置いて疑問文を作ります。

肯定			否定			疑問	
I he she it	**was**		I he she it	**was not** (**wasn't**)		**was**	I? he? she? it?
we you they	**were**		we you they	**were not** (**weren't**)		**were**	we? you? they?

- ○ Last year Rachel **was** 22, so she **is** 23 now.
- ○ When I **was** a child, I **was** scared of dogs.
- ○ We **were** hungry after the trip, but we **weren't** tired.
- ○ The hotel **was** comfortable, but it **wasn't** expensive.

- ○ **Was** the weather nice when you **were** on vacation?
- ○ Your shoes are nice. **Were** they expensive?
- ○ Why **were** you late this morning?

ショートアンサー：主語に応じて動詞の形が変わります。

Yes,	I/he/she/it	**was.**	No,	I/he/she/it	**wasn't.**
	we/you/they	**were.**		we/you/they	**weren't.**

- ○ "**Were you** late?" "**No, I wasn't.**"
- ○ "**Was Tom** at work yesterday?" "**Yes, he was.**"
- ○ "**Were Sue and Jim** at the party?" "**No, they weren't.**"

am/is/are ➡ Units 1-2　　I was doing ➡ Unit 13

練習問題

10.1 イラストの人物は、昨日の午後 3 時にどこにいましたか？

DAN　　JACK　KATE　　SUE　　MR. AND MRS. HALL　　BEN

1　Dan was in bed.
2　Jack and Kate ....
3　Sue ....
4　..
5　..
6　And you? I ....

10.2 **am/is/are**（現在形）または **was/were**（過去形）を入れて文を完成させなさい。

1　Last year she ......was...... 22, so she ......is...... 23 now.
2　Today the weather .... nice, but yesterday it .... very cold.
3　I .... hungry. Can I have something to eat?
4　I feel fine this morning, but I .... very tired last night.
5　Where .... you at 11:00 last Friday morning?
6　Don't buy those shoes. They .... very expensive.
7　I like your new jacket. .... it expensive?
8　This time last year I .... in Paris.
9　"Where .... Sam and Joe?"　"I don't know. They .... here a few minutes ago."

10.3 **was/were** または **wasn't/weren't** を入れて文を完成させなさい。

1　We weren't happy with the hotel. Our room ......was...... very small, and it ......wasn't...... clean.
2　Nick .... at work last week because he .... sick. He's better now.
3　Yesterday .... a holiday, so the banks .... closed. They're open today.
4　"........................... Kate and Bill at the party?"　"Kate .... there, but Bill ...."
5　Where are my keys? They .... on the table, but they're not there now.
6　You .... home last night. Where .... you?

10.4 （　）内の語句と **was/were** を用いて、右側の文が答えとなるような疑問文を作りなさい。

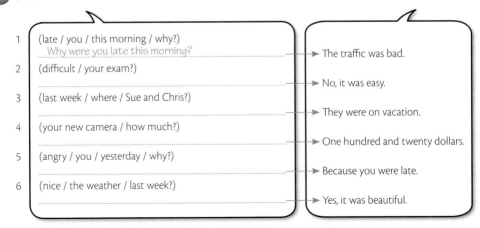

1　(late / you / this morning / why?)
　　Why were you late this morning?　　→　The traffic was bad.
2　(difficult / your exam?)
　　..　　→　No, it was easy.
3　(last week / where / Sue and Chris?)
　　..　　→　They were on vacation.
4　(your new camera / how much?)
　　..　　→　One hundred and twenty dollars.
5　(angry / you / yesterday / why?)
　　..　　→　Because you were late.
6　(nice / the weather / last week?)
　　..　　→　Yes, it was beautiful.

worked/got/went など（単純過去形）

🔵 自分の過去の行動について、単純過去形で述べてみましょう。

They **watch** TV every night.
(⇒ 毎晩テレビを見ます)
〔単純現在形〕

They **watched** TV last night.
(⇒ 昨夜テレビを見ました)
〔単純過去形〕

《形と語順》**watched** のような動詞を単純過去形と呼びます。
単純過去形は主語によって変化しません。

I/we/you/they	**watched**
he/she/it	

《形》以下のように、語尾に **-ed** を付けて単純過去形を作る動詞は、規則動詞と呼ばれます。

work → **worked**   dance → **danced**
clean → **cleaned**   stay → **stayed**
start → **started**   need → **needed**

- ○ I brush my teeth every morning. This morning I **brushed** my teeth.
- ○ Tony **worked** in a bank from 2005 to 2011.
- ○ Yesterday it **rained** all morning. It **stopped** at lunchtime.
- ○ We **enjoyed** the party last night. We **danced** a lot and **talked** to a lot of people.
  The party **ended** at midnight.

単純過去形で、**just** を以下のように使うと「ちょうど〜したところだ」という意味の文になります。
- ○ "Is Tom here?" "No, he **just left**."
- ○ I'm not hungry. I **just had** dinner.

《つづり》以下のような動詞に **-ed** を付ける場合はつづりが変化します。付録 **5** を参照してください。

try → tr**ied**   study → stud**ied**   copy → cop**ied**
stop → sto**pped**   plan → pla**nned**

《形》以下のように，語尾が **-ed** で終わらない動詞があります。このような動詞は不規則動詞と呼ばれます。(付録 **2-3** を参照)

begin	→	**began**	fall	→	**fell**	leave	→	**left**	sell	→	**sold**
break		**broke**	find		**found**	lose		**lost**	sit		**sat**
bring		**brought**	fly		**flew**	make		**made**	sleep		**slept**
build		**built**	forget		**forgot**	meet		**met**	speak		**spoke**
buy		**bought**	get		**got**	pay		**paid**	stand		**stood**
catch		**caught**	give		**gave**	put		**put**	take		**took**
come		**came**	go		**went**	read		**read** [red]*	tell		**told**
do		**did**	have		**had**	ring		**rang**	think		**thought**
drink		**drank**	hear		**heard**	say		**said**	win		**won**
eat		**ate**	know		**knew**	see		**saw**	write		**wrote**

*[red] と同様の発音

- ○ I usually get up early, but this morning I **got** up at 9:30.
- ○ We **did** a lot of work yesterday.
- ○ Megan **went** to the movies three times last week.
- ○ James **came** into the room, **took** off his coat, and **sat** down.

---

was/were（be 動詞の過去形）→ Unit 10   **I didn't / Did you … ?**（単純過去形の否定文と疑問文）→ Unit 12
ago → Unit 18

練習問題

11.1 以下から適切な動詞を選び、単純過去形に変えて文を完成させなさい。

~~brush~~	die	end	enjoy	happen	open	rain	start	stay	want

1　I .....brushed..... my teeth three times yesterday.
2　It was hot in the room, so I .... the window.
3　The movie was very long. It .... at 7:15 and .... at 10:00.
4　When I was a child, I .... to be a doctor.
5　The accident .... last Sunday afternoon.
6　The weather is nice today, but yesterday it .... all day.
7　We .... our vacation last year. We .... at a very nice place.
8　Anna's grandfather .... when he was 90 years old.

11.2 空所に入る語句を適切な形に変え、イラストを参考にしながら Liz のマドリード旅行について文を完成させなさい。

Last Tuesday, Liz (1) .....flew..... from Los Angeles to Madrid.
She (2) .... up at 6:00 in the morning and (3) .... a cup
of coffee. At 7:15 she (4) .... home and (5) .... to the
airport. When she (6) .... there, she (7) .... the car,
(8) .... to the terminal, and (9) .... in. Then she
(10) .... breakfast at an airport café and (11) .... for
her flight. The plane (12) .... on time and (13) .... in
Madrid 13 hours later. Finally, she (14) .... a taxi from the airport
to her hotel downtown.

fly
get, have
leave, drive
get, park
walk, check
have, wait
depart, arrive
take

11.3 **yesterday / last week** などの過去に起こった出来事を述べる文を作りなさい。

1　James always goes to work by car. Yesterday, ...he went to work by car.....
2　Rachel often loses her keys. She .... last week.
3　Kate meets her friends every night. She .... last night.
4　I buy a newspaper every day. Yesterday, I ....
5　We often go to the movies on weekends. Last Sunday, we ....
6　I eat an orange every day. Yesterday I ....
7　Tom always takes a shower in the morning. This morning, he ....
8　Our friends often come to see us. They .... last Friday.

11.4 それぞれのイラストの内容に合うように、**just** を使って文を完成させなさい。

1　.....They just arrived.....　　　　　3　They ....
2　He ....　　　　　4　The race ....

I didn't ...   Did you ... ?
（単純過去形の否定文と疑問文）

A 《形と語順》単純過去形の否定文には **did not (didn't)**、疑問文には **did** を使います。いずれも動詞は原形です。

原形		肯定		否定			疑問	
play	I	**played**	I		play	I		play?
start	we	**started**	we		start	we		start?
watch	you	**watched**	you		watch	you		watch?
have	they	**had**	they	**did not**	have	**did**	they	have?
see	he	**saw**	he	**(didn't)**	see		he	see?
do	she	**did**	she		do		she	do?
go	it	**went**	it		go		it	go?

B 《形》単純過去形の否定文と疑問文では、**do/does** が **did** に変化します。

- ◯ I **don't** watch TV very often.
  I **didn't** watch TV **yesterday**.

- ◯ **Does** she go out often?
  Did she go out **last night**?

C 《形》**did/didn't** を用いる単純過去形の疑問文／否定文では、動詞を原形（**watch/play/go** など）に変えます。

肯定		否定／疑問	
I **watched**	*but*	I **didn't watch**	(× I didn't watched)
they **went**		**did** they **go**?	(× did they went?)
he **had**		he **didn't have**	
you **did**		**did** you **do**?	

- ◯ I **played** tennis yesterday, but I **didn't win**.
- ◯ "**Did** you **do** your homework?" "No, I **didn't have** time."
- ◯ We **went** to a nice restaurant, but we **didn't enjoy** the meal.

D 《形と順》疑問文は「did + 主語 + 動詞の原形」の語順で作ります。where/what/when/how/why などの疑問詞は文頭に置きます。

	did + 主語	+	動詞の原形	
	Did	your sister	**call**	you?
What	**did**	you	**do**	last night?
How	**did**	the accident	**happen**?	
Where	**did**	your parents	**go**	on vacation?

E ショートアンサー： 主語に関係なく、肯定文は did、否定文は didn't で終わります。

肯定			否定		
Yes,	I/we/you/they he/she/it	**did**.	No,	I/we/you/they he/she/it	**didn't**.

- ◯ "**Did you** see Joe yesterday?" "**No, I didn't.**"
- ◯ "**Did it** rain on Sunday?" "**Yes, it did.**"
- ◯ "**Did Emma** come to the party?" "**No, she didn't.**"
- ◯ "**Did your parents** have a good trip?" "**Yes, they did.**"

---

worked/got/went など（単純過去形）→ Unit 11

練習問題

12.1 空所に動詞の否定形を入れ、文を完成させなさい。

1　I saw Rachel, but I ____didn't see____ Jenn.
2　They worked on Monday, but they .... on Tuesday.
3　We went to the post office, but we .... to the bank.
4　She had a pen, but she .... any paper.
5　Jack did some work in the yard, but he .... any work in the house.

12.2 例にならって、**Did ... ?** から始まる疑問文を作りなさい。

1　I watched TV last night. How about you?　____Did you watch TV last night____ ?
2　I enjoyed the party. How about you?　.. ?
3　I had a nice vacation. How about you?　.. ?
4　I finished work early. How about you?　.. ?
5　I slept well last night. How about you?　.. ?

12.3 ● ( ) 内の語句を使って、昨日の自分の行動について肯定文または否定文で述べなさい。

1　(watch TV)　____I watched TV.____ **or** ____I didn't watch TV.____
2　(get up before 7:00)　I ....
3　(take a shower)　..
4　(buy a magazine)　..
5　(eat meat)　..
6　(go to bed before 10:30)　..

12.4 それぞれの会話が成り立つように、以下から適切な語句を選び、疑問文を作りなさい。

cost	get to work	go	go to bed late	happen	have a nice time	~~stay~~	win

1　A: We went to Chicago last month.
　B: Where ____did you stay____ ?
　A: With some friends.

2　A: I was late for the meeting.
　B: What time .... ?
　A: 9:30.

3　A: I played tennis this afternoon.
　B: .... ?
　A: No, I lost.

4　A: I had a nice vacation.
　B: Good. Where .... ?
　A: To the mountains.

5　A: We came home by taxi.
　B: How much .... ?
　A: Twenty dollars.

6　A: I'm tired this morning.
　B: .... ?
　A: No, but I didn't sleep very well.

7　A: We went to the beach yesterday.
　B: .... ?
　A: Yes, it was great.

8　A: The window is broken.
　B: How .... ?
　A: I don't know.

12.5 ( ) 内の動詞を、肯定文・否定文・疑問文に応じて適切な形に変え、文を完成させなさい。

1　We went to the movies, but the film wasn't very good. We ____didn't enjoy____ it. (enjoy)
2　Tom .... some new clothes yesterday – two shirts, a jacket, and a sweater. (buy)
3　".. yesterday?"　"No, it was a nice day." (rain)
4　We were tired, so we .... long at the party. (stay)
5　It was very warm in the room, so I .... a window. (open)
6　"Did you call Chris this morning?"　"No, I .... time." (have)
7　"I cut my hand this morning."　"How .... that?" (do)
8　"Why weren't you at the meeting yesterday?"　"I .... about it." (know)

→ 補足練習問題 10–13 (p. 242)

I was doing（過去進行形）

A

● 昨日の朝、昼、夜のそれぞれの時間に、自分がしていたことを過去進行形で述べてみましょう。

過去 (4:00)　　　　　　現在 (6:00)

It is 6:00 now. Rob **is** home.
　　He **is watching** TV.
今、6 時です。Rob は自宅でテレビを見ています。
　　At 4:00 he **wasn't** at home.
　　He **was** at the gym.
（2時間前の）4時には、Rob は家にはおらず、ジムにいました。
　　He **was swimming** in the pool.
　　He **wasn't watching** TV.
（その時はプ）ールで泳いでいて、テレビは見ていませんでした。
《意味》「… していた」のように、過去のある時点で進
行していた動作は過去進行形で表します。

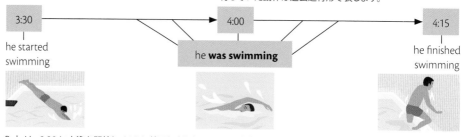

3:30		4:00		4:15
he started swimming		he **was swimming**		he finished swimming

Rob は、3:30 に水泳を開始し 4:15 に終了しました。4:00 の時点では泳いでいる最中でした。

B

《形と語順》「**was/were + -ing**」の形は過去進行形と呼ばれます。was/were の後ろに not を置いて否定文、was/were を主語の前に置いて疑問文を作ります。

肯定

I he she i t	was	doing watching playing swimming living など
we you they	were	

否定

I he she it	was not (**wasn't**)	doing watching playing swimming living など
we you they	were not (**weren't**)	

疑問

was	I he she it	doing? watching? playing? swimming? living? など
were	we you they	

○ What **were** you **doing** at 11:30 yesterday? **Were** you **working**?
○ "What did he say?"　"I don't know. I **wasn't listening**."
○ It **was raining**, so we didn't go out.
○ In 2009 we **were living** in Japan.
○ Today she's wearing a skirt, but yesterday she **was wearing** pants.
○ I woke up early yesterday. It was a beautiful morning. The sun **was shining**, and the birds **were singing**.

《つづり》-ing 形は動詞の語尾に -ing をつけて作りますが、liv**e** → liv**ing** / ru**n** → ru**nning** / l**ie** → l**ying** などのように、つづりが変化する動詞もあります。(付録 **5** を参照)

C

《形》過去進行形では、be 動詞を過去形にします。am/is/are + -ing（現在進行形）→ was/were + -ing（過去進行形）

現在進行形
○ I**'m working** (now).
○ It **isn't raining** (now).
○ What **are** you **doing** (now)?

過去進行形
○ I **was working** at 10:30 last night.
○ It **wasn't raining** when we went out.
○ What **were** you **doing** at 3:00?

26

was/were (be 動詞の過去形) → Unit 10　　I was doing（過去進行形）と I did（単純過去形）→ Unit 14

練習問題

13.1 イラストに描かれている人物が、昨日の午後3時にどこで何をしていたか、2つの文で説明しなさい。

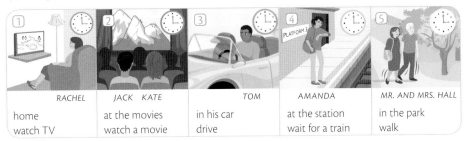

	RACHEL	JACK KATE		TOM	AMANDA	MR. AND MRS. HALL
	home	at the movies		in his car	at the station	in the park
	watch TV	watch a movie		drive	wait for a train	walk

1 _Rachel was home. She was watching TV._
2 Jack and Kate .... They ....
3 Tom ....
4 ....
5 ....
6 And you? I ....

13.2 昨日の Sarah の行動がイラストに描かれています。それぞれの時間に Sarah が何をしていたか過去進行形で説明しなさい。

1 At 8:45 _she was washing her car._
2 At 10:45 she ....
....
3 At 8:00 ....
....
4 At 12:10 ....
....
5 At 7:15 ....
....
6 At 9:30 ....
....

13.3 それぞれの会話が成り立つように（　）内の語句を用いて「 was/were + –ing 」の過去進行形の疑問文を作りなさい。
必要に応じて **what/where/why** から適切なものを選び付け加えなさい。

1 (you / live) _Where were you living_ .... in 2012?
2 (you / do) .... at 2:00?
3 (it / rain) .... when you got up?
4 (Sue / drive) .... so fast?
5 (Tom / wear) .... a suit yesterday?

In Brazil.
I was asleep.
No, it was sunny.
Because she was late.
No, a T-shirt and jeans.

13.4 昨日の午後、あなたは街で Joe を見かけました。（　）内の語句を用いて、Joe の様子を肯定文または否定文で述べなさい。

Hi. I'm going shopping.

1 (wear / a jacket) _He wasn't wearing a jacket._
2 (carry / a bag) ....
3 (ride / a bike) ....
4 (go / home) ....
5 (wear / a hat) ....
6 (carry / an umbrella) ....
7 (go / to the dentist) ....
8 (eat / an ice cream cone) ....

JOE

27

Unit 14

I was doing と I did
（過去進行形と単純過去形）

A

以下のように、1 から 5 の順序で動作や出来事が進みます。

1 Jack **began** reading.

Hello.

2 Jack **was reading** a book. 3 His phone **rang**. 4 He **stopped** reading. 5 He **answered** his phone.

動作や出来事の時間関係は、次のように表せます。数字は上の文の番号と対応します。

What **happened**? His phone **rang**.〔⇒ 3. 単純過去形〕

What **was** Jack **doing** *when* his phone **rang**?
He **was reading** a book. 〕〔⇒ 2. 過去進行形〕

What **did** he **do** *when* his phone **rang**?
He **stopped** reading *and* **answered** his phone. 〕〔⇒ 4. 単純過去形 *and* 5. 単純過去形〕

Jack **began** reading *before* his phone **rang**.〔⇒ 1. 単純過去形 *before* 3. 単純過去形〕
So *when* his phone **rang**, he **was reading**.〔⇒ *when* 3. 単純過去形, 2. 過去進行形〕

1 から 5 の動作や出来事を時系列で表すと、次のようになります。

1 he **began** reading.　　3 his phone **rang**.　　4 he **stopped** reading.　　5 he **answered** his phone.

2 he **was reading** a book.

☆ 単純過去形は「過去のある時点でその動作が完了していること」を表し、過去進行形は「過去のある時点でその動作が継続していたこと」を表します。

B

《意味》単純過去形は、始まりと終わりが明確な動作を表します。

☐　A: What **did** you **do** yesterday morning?
　　B: We **played** tennis. (from 10:00 to 11:30)

動作の開始　　　　　　　動作の終了
10:00　　　　　　　　　　11:30

we **played**
テニスは 10 時に始まり 11 時半に終わった。

☐ Jack **read** a book yesterday.
（⇒ 本は読み終えた）
☐ **Did** you **watch** the game on TV last night?
☐ It **didn't rain** while we were on vacation.

《意味》過去進行形は、過去のある時点で 継続している動作を表します。

☐　A: What **were** you **doing** at 10:30?
　　B: We **were playing** tennis.

動作の開始　　　　過去のある時点
10:00　　　　　　　　10:30

we **were playing**
テニスは 10 時半の時点ではまだ継続していた。

☐ Jack **was reading** a book when his phone rang. (⇒ 本は読み終っていない)
☐ **Were** you **watching** TV when I called you?
☐ It **wasn't raining** when I got up.

☐ I **started** work at 9:00 and **finished** at 4:30. At 2:30 **I was working**.
☐ It **was raining** when we **went** out. (⇒ 外出する前から雨は降っていた)
☐ I **saw** Emily and Sam this morning. They **were waiting** at the bus stop.
☐ Grace **fell** asleep while she **was reading**. (⇒ 本を読みながら眠ってしまった)

28

I did（単純過去形）→ Units 11–12　　I was doing（過去進行形）→ Unit 13　　while → Unit 103

練習問題

14.1 ( ) 内の動詞を過去進行形または単純過去形に変えて、イラストの状況を説明する文を作りなさい。

1

Emily ......broke...... (break) her arm last week.
It .... (happen) when
she .... (paint) her
room. She .... (fall)
off the ladder.

2

ADRIANA

Hi, Adriana!

The train .... (arrive)
at the station, and Adriana ....
(get) off. Two friends of hers, Jon and Rachel,
.... (wait) to meet her.

3

Hello, James!

I'm going to the station.

SUE

Yesterday Sue .... (walk)
down the street when she .... (meet)
James. He .... (go)
to the station to catch a train, and he
.... (carry) a bag.
They .... (stop) to
talk for a few minutes.

14.2 ( ) 内の動詞を過去進行形または単純過去形に変えて、対話を完成させなさい。

1 A: What was the weather like when you ......got...... (get) up this morning?
   B: It ......was raining...... (rain).

2 A: Was Emma busy when you went to see her?
   B: Yes, she .... (study).

3 A: .... (Eric/call) you this morning?
   B: Yes, he .... (call) while I .... (have) breakfast.

4 A: Was Natalie at work today?
   B: No, she .... (not/go) to work. She was sick.

5 A: How fast .... (you/drive) when the police
      .... (stop) you?
   B: I'm not sure, but I .... (not/drive) very fast.

6 A: .... (your team/win) the baseball game yesterday?
   B: No, the weather was very bad, so we .... (not/play).

7 A: How .... (you/break) the window?
   B: We .... (play) baseball. I .... (hit) the ball
      and it .... (break) the window.

8 A: .... (you/see) Jenny last night?
   B: Yes, she .... (wear) a very nice jacket.

9 A: What .... (you/do) at 2:00 this morning?
   B: I .... (sleep).

10 A: I .... (lose) my key last night.
    B: How .... (you/get) into your apartment?
    A: I .... (climb) in through a window.

→ 補足練習問題 **14–15** (pp. 243–244)

Unit 15

I used to + 動詞の原形

A

数年前の Dave

I work in a factory.

現在の Dave

I work in a supermarket.
I **used to work** in a factory.

Dave は以前、工場で働いていました。現在はスーパーマーケットで働いています。
Dave **used to work** in a factory. Now he **works** in a supermarket.
つまり、Dave が工場で働いていたのは過去のことであり、現在は工場では働いていません。
Dave **worked** in a factory before, but he **doesn't work** there now.

☆ 現在の習慣や状態について述べる場合は単純現在形、過去の習慣や状態については「used to + 動詞の原形」を用います。

he **used to** work	he works
過去	現在

B

《形と語順》「**主語 + used to + 動詞の原形**」の語順で用います。used to は主語が何人称であっても変化しません。

I/you/we/they he/she/it	used to	be work have play など

I used **to have** very long hair.
「前はロングヘアーだったの」

- ○ When I was a child, I **used to like** chocolate.
- ○ I **used to read** a lot of books, but I don't read much these days.
- ○ Liz has got short hair now, but it **used to be** very long.
- ○ They **used to live** on the same street as us, so we **used to see** them a lot. But we don't see them much anymore.
- ○ Allison **used to have** a piano, but she sold it a few years ago.

否定文は「**主語 + didn't + use to + 動詞の原形**」の語順で作ります。
- ○ I **didn't use to like** tomatoes, but I like them now.

疑問文は「**Did + 主語 + use to + 動詞の原形**」の語順で作ります。
- ○ Where **did** you **use to live** before you came here?

C

《形》「**used to + 動詞の原形**」は過去においてのみ用いられます。「use to + 動詞の原形」のような現在形はありません。
- ○ I **used to play** tennis. Now I **play** golf.　(× I use to play golf)
- ○ We **used to get up** early.　(× We use to get up early)

練習問題

15.1 「**used to** + 動詞の原形」を用いて、イラストの状況を説明しなさい。

① This is me a few years ago.

She used to have long hair.

② When I was younger . . .

He .... soccer.

③ I'm a hairdresser now.

A FEW YEARS AGO

.... a taxi driver.

④ We live in New York City now.

OUR HOUSE IN THE COUNTRY 20 YEARS AGO

.... in the country.

⑤ This is me 20 years ago. I never wear glasses now.

⑥ NOW

HOTEL

HOTEL
A LONG TIME AGO

This building ....

15.2 最近の Amanda は、仕事が忙しいため自由な時間がほとんどありません。しかし、数年前はそうではありませんでした。

数年前の Amanda

Do you play any sports? → Yes, I swim every day, and I play volleyball.

Do you go out much? → Yes, three or four nights a week.

Do you play a musical instrument? → Yes, the guitar.

Do you like to read? → Yes, I read a lot.

Do you travel much? → Yes, I take two or three trips a year.

現在の Amanda

I work very hard at my job. I don't have any free time.

数年前の Amanda の状況を「**used to** + 動詞の原形」を用いて述べなさい。

1 She used to swim every day.
2 She .... volleyball.
3 ....
4 ....
5 ....
6 ....

15.3 「**used to** + 動詞の原形」または単純現在形 (**I play** / **he lives** など) を用いて、文を完成させなさい。

1 I ....used to play.... tennis. I stopped playing a few years ago.
2 "Do you play any sports?" "Yes, I ....play.... basketball."
3 "Do you have a car?" "No, I .... one, but I sold it."
4 Kevin .... a waiter. Now he's the manager of a hotel.
5 "Do you go to work by car?" "Sometimes, but most days I .... by train."
6 When I was a child, I never .... meat, but I eat it now.
7 Hannah loves to watch TV. She .... TV every night.
8 We .... near the airport, but we moved downtown a few years ago.
9 Normally I start work at 7:00, so I .... up very early.
10 Where .... you .... before you came to this company?

31

Have you ... ?
（現在完了形：現在までの経験）

A

🔵 イラストのように、現在完了形を用いて過去の経験について質問し、肯定または否定で答えてください。

Have you been to Mexico City?

Yes, I have. Many times.

Have you ever been to Japan?

No, **I've never been** to Japan.

「… に行ったことがありますか？」—「はい/いいえ」

《形と語順》「**have/has ＋ 過去分詞**」の形は現在完了形と呼ばれます。否定文は have/has の後ろに not を置き、疑問文はhave/has を主語の前に置いて作ります。

肯定／否定				疑問		
I we you they	**have ('ve)** **have not (haven't)**	**played** **lived** **visited** **read**	**have**	I we you they	**played?** **lived?** **visited?** **read?**	} 規則動詞
he she it	**has ('s)** **has not (hasn't)**	**lost** **been** **driven**	**has**	he she it	**lost?** **been?** **driven?**	} 不規則動詞

規則動詞　語尾に **-ed** を付けて過去分詞を作る動詞は規則動詞と呼ばれます。単純過去形と同じ形です。

> play → I have play**ed**　　live → I have liv**ed**　　visit → she has visit**ed**

不規則動詞　過去分詞の語尾が **-ed** で終わらない場合は不規則動詞と呼ばれます。
単純過去形と同じ形になる場合があります。

> buy → I **bought** / I have **bought**　　have → he **had** / he has **had**

過去分詞が単純過去形と異なる形になる場合があります。

> break → I **broke** / I have **broken**　　see → you **saw** / you have **seen**

B

《意味》現在完了形には「（今までに）… したことがある」のように、過去から現在に至るまでの間に、出来事が起きたかどうかを伝える役割があります。出来事が起きた時期は重要ではありません。

過去	**Have you (ever) been to Japan?**	現在
	過去から現在に至るまで	

○ "**Have** you **been** to France?"　"No, I **haven't**."
○ I**'ve been** to Canada, but we I **haven't been** to Alaska.
○ Mary is an interesting person. She **has had** many different jobs and **has lived** in many different places.
○ I**'ve seen** that woman before, but I can't remember where.
○ How many times **has** Brazil **won** the World Cup?
○ "**Have** you **read** this book?"　"Yes, I**'ve read** it twice." (**twice** ⇒ two times, 二度)

C

ever と never は現在完了形の文中でよく使われます。ever は疑問文で使われ「今まで … したことがありますか」という意味になり、never は否定文で使われ「一度も … ない」という意味になります。どちらも過去分詞の前に置きます。

○ "**Has** Michelle **ever been** to Australia?"　"Yes, once." (**once** ⇒ one time, 一度)
○ "**Have** you **ever played** golf?"　"Yes, I play a lot."
○ My sister **has never traveled** by plane.
○ I**'ve never ridden** a horse.
○ "Who is that man?"　"I don't know. I**'ve never seen him** before."

現在完了形 → Units 17–18　　現在完了形と単純過去形 → Unit 19　　不規則変化動詞 → 付録 2-3

練習問題

16.1 （　）内の語句を用いて、Lauren の答えに適した **Have you ever ... ?** の疑問文を作りなさい。

LAUREN

1 (be / Montreal?)
2 (play / golf?)
3 (be / South Korea?)
4 (lose / your passport?)
5 (fly / in a helicopter?)
6 (win / a race?)
7 (be / Peru?)
8 (drive / a bus?)
9 (break / your leg?)

Have you ever been to Montreal?
Have you ever played golf?
Have ....
....
....
....
....
....
....

No, never.
Yes, many times.
Yes, once.
No, never.
Yes, a few times.
No, never.
Yes, twice.
No, never.
Yes, once.

16.2 （　）内の語句を用いて、現在完了形で Lauren についての文を作りなさい。16.1 の内容を参考にしなさい。

1 (be / Peru)   She's been to Peru twice.
2 (be / South Korea) She ....
3 (win / a race) ....
4 (fly / in a helicopter) ....

🔊（　）内の語句を用いて、現在完了形で自分自身についての文を作りなさい。

5 (be / New York) I ....
6 (play / tennis) ....
7 (drive / a truck) ....
8 (be / late for work or school) ....

16.3 Mary は現在 65 歳です。彼女の経験について現在完了形で文を作りなさい。

MARY

~~have~~	be
do	write
travel	meet

all over the world	a lot of interesting things
~~many different jobs~~	a lot of interesting people
10 books	married three times

1 She has had many different jobs.
2 She ....
3 ....
4 ....
5 ....
6 ....

16.4 （　）内の語句を用いて、現在完了形の文を完成させなさい。

1 I've seen (I / see) that woman before, but I can't remember her name.
2 " Have you ever played (you / ever / play) golf?" "Yes, I play golf a lot."
3 ".. (you / ever / write) a poem?" "Yes, in high school."
4 "Does Emma know Sam?" "No, ... (she / never / meet) him."
5 Amanda and Josh have lots of books, and .... (they / read) all of them.
6 .... (I / never / be) to Australia, but ....
   (my brother / be) there twice.
7 Danielle's favorite movie is *Only Tomorrow*. .... (she / see) it five
   times, but .... (I / never / see) it.
8 .... (I / travel) by plane, bus, and train. Someday, I want to take a trip by boat.

Unit 17

How long have you ... ?
（現在完了形：現在までの動作や状態の継続）

A

💬 イラストのように、**How long ... ? / for / since** を用いて、自分自身の経験について述べてください。

Rachel は休暇でブラジルに来ています。今もブラジルにいます。
　Rachel is on vacation in Brazil. She is there now.
彼女は月曜日にブラジルに到着しました。今日は木曜日です。
　She arrived in Brazil on Monday.
　Today is Thursday.
彼女は何日間ブラジルに滞在していますか？
　How long **has she been** in Brazil?
月曜日から、ブラジルにいます。
3 日間、ブラジルにいます。

She **has been** in Brazil ⎰ **since Monday.**
　　　　　　　　　　　⎱ **for three days.**

How long **have you been** in Brazil?

Since Monday.

RACHEL

☆ 現在形* の **is** が現在のみを表すのに対し、現在完了形の **has been** は過去のある時点から現在に至るまでの期間を表します。

She **is** in Brazil **now**.

is: 現在形

She **has been** in Brazil ⎰ **since Monday.**
　　　　　　　　　　　⎱ **for three days.**

has been: 現在完了形

過去のある時点　　　　　　　　　　　現在
月曜日　　　　　　　　　　　　　　木曜日

* 現在完了形・現在形：「単純現在完了形」と「現在完了進行形」をまとめて「現在完了形」と呼びます。同様に、「単純現在形」と「現在進行形」をまとめて「現在形」と呼びます。

B

《意味》単純現在完了形（進行形ではない現在完了形）は「今までずっと … である」という継続を表します。単純現在形とは表す期間が異なるため、単純現在形にすると文法上誤りとなる場合があります。

単純現在形	単純現在完了形 (**have been / have lived / have known** など)
Dan and Kate **are** married.	They **have been** married **for five years**. (× They are married for five years.)
Are you married?	**How long have** you **been** married? (× How long are you married?)
Do you **know** Lisa?	**How long have** you **known** her? (× How long do you know her?)
I **know** Lisa.	I've **known** her **for a long time**. (× I know her for …)
Vera **lives** in Brasília.	**How long has** she **lived** in Brasília?
	She **has lived** there **all her life**.
I **have** a car.	**How long have** you **had** your car?
	I've **had** it **since April**.

現在進行形	現在完了進行形 (**have been + -ing**)
I'm **studying** German.	**How long have** you **been studying** German?
	(× How long are you studying German?)
	I've **been studying** German **for two years**.
David **is watching** TV.	**How long has** he **been watching** TV?
	He's **been** (= He **has been**) watching TV **since 5:00**.
It's **raining**.	It's **been** (= It **has been**) **raining all day**.

現在完了進行形は「今までずっと … し続けている」という意味を持ち、動作の継続を表します。動作は継続中で、現時点で完了していません。この場合も、単純現在形にすると文法上誤りとなる場合があります。

34

for と since → Units 18, 102

練習問題

17.1 現在完了形（単純現在完了形または現在完了進行形）を用いて文を完成させなさい。

1 Rachel is in Brazil. She ......*has been*...... there since Monday.
2 I know Lisa. I ......*have known*...... her for a long time.
3 Amy and Jason are married. They .... married since 2005.
4 Matt is sick. He .... sick for the last few days.
5 We live on Main Street. We .... there for a long time.
6 Catherine works in a bank. She .... in a bank for five years.
7 Nick has a headache. He .... a headache since he got up this morning.
8 I'm studying English. I .... English for six months.

17.2 左側の情報を参考に、**How long ... ?** の疑問文を作りなさい。

1	Emily is on vacation.	How long has she been on vacation ?
2	Dan and Megan are in Brazil.	How long .... ?
3	I know Emma.	How long .... you .... ?
4	Rachel is studying Italian.	.... ?
5	My brother lives in Seattle.	.... ?
6	I'm a teacher.	.... ?
7	It is raining.	.... ?

17.3 以下から適切な語句を選び、それぞれのイラストの内容に合う文を作りなさい。

for 10 minutes	all day	all her life
~~for 10 years~~	since he was 20	since Sunday

1 They have been married for 10 years.
2 She ....
3 They ....
4 The sun ....
5 She ....
6 He ....

17.4 文法的に正しい方を下線部から選びなさい。

1 Ryan ~~lives~~ / has lived in Canada since April. (has lived が正しい)
2 Olivia and I are friends. I know / I've known her very well.
3 Olivia and I are friends. I know / I've known her for a long time.
4 A: Sorry I'm late. How long are you waiting / have you been waiting?
　B: Not long. Only five minutes.
5 John works / has worked in a hotel now. He likes his job a lot.
6 Amanda is reading a newspaper. She is reading / She has been reading it for two hours.
7 "How long do you live / have you lived in this house?" "About 10 years."
8 "Is that a new coat?" "No, I have / I've had this coat for a long time."
9 Tom is / has been in Seattle right now. He is / He has been there for the last three days.

for since ago

A | **for** と **since**: **for** は「〜の間」、**since** は「〜から（今まで）」を意味します。いずれも動作が継続する期間を表します。

○ Rachel is in Brazil. She **has been** there { **for three days**. **since Monday**.

《形と語順》**for** の後ろには、**three days / two years** などの期間を表す名詞句が入ります。期間に現在が含まれる場合には現在完了形を用います。

《形と語順》**since** の後ろには、**Monday/9:00** などの開始時を表す名詞句や、we arrived のような節が入ります。「〜から（今まで）」を指しているため、必ず現在完了形とともに用います。

開始時 月曜日
↓

期間 3 日間 **for three days**		
Monday	Tuesday	Wednesday

Monday	月曜日から今まで **since Monday**

過去　　　　　　　　　　　　現在　　　過去　　　　　　　　　　　　　現在

for	
three days	10 minutes
an hour	two hours
a week	four weeks
a month	six months
five years	a long time

since	
Monday	Wednesday
9:00	12:30
July 4th	my birthday
January	I was 10 years old
2000	we arrived

○ David has been in Canada **for six months**. (× since six months)

○ We've been waiting **for two hours**. (× since two hours)

○ I've lived in Chicago **for a long time**.

○ David has been in Canada **since January**. (⇒ 1 月から今まで)

○ We've been waiting **since 9:00**. (⇒ 9 時から今まで)

○ I've lived in Chicago **since I was 10 years old**.

B | **ago**: ago は期間を表す名詞句の後ろに置き「（今から）〜前に」という意味を持ちます。
○ Anna started her new job **three weeks ago**. (⇒ 今から 3 週間前に)）
○ "When did Tom leave?" "**Ten minutes ago**." (⇒ 今から 10 分前に)
○ I had dinner **an hour ago**.
○ Life was very different **a hundred years ago**.
ago は **started/did/had/was** などの単純過去形とともに用います。

☆ **ago** は過去を「点」で表すのに対し、**for** は過去から現在に至るまでの「期間」を表します。〜 **ago** や **for** 〜 は、When did ... ? How long have/has ... ? などの疑問文に対する答えとして用いられます。

○ **When did** Rachel **arrive** in Brazil?
She **arrived** in Brazil **three days ago**.
○ **How long has** she **been** in Brazil?
She **has been** in Brazil **for three days**.

現在完了形 + for/since ➜ Unit 17　　from/until/since/for ➜ Unit 102　　for と during ➜ Unit 103

18.1 空所に **for** または **since** を入れて、文を完成させなさい。

1 Rachel has been in Brazil ......*since*...... Monday.
2 Rachel has been in Brazil ......*for*...... three days.
3 My aunt has lived in Australia .... 15 years.
4 Jennifer is in her office. She has been there .... 7:00.
5 Mexico has been an independent country .... 1821.
6 The bus is late. We've been waiting .... 20 minutes.
7 Nobody lives in those houses. They have been empty .... many years.
8 Michael has been sick .... a long time. He has been in the hospital .... October.

18.2 🔊 自分のことについて、**ago** を使って以下の質問に答えなさい。

1 When was the last time you ate?   *Three hours ago.*
2 When was the last time you were sick?   ....
3 When was the last time you went to the movies?   ....
4 When was the last time you were in a car?   ....
5 When was the last time you went on vacation?   ....

18.3 **for** または **ago** と（ ）内の語句を組み合わせて、文を完成させなさい。

1 Rachel arrived in Brazil ......*three days ago.*...... (three days)
2 Rachel has been in Brazil ......*for three days.*...... (three days)
3 Stephanie and Robert have been married .... (20 years)
4 Stephanie and Robert got married .... (20 years)
5 Dan arrived .... (an hour)
6 I bought these shoes .... (a few days)
7 Ana has been studying English .... (six months)
8 Have you known Allison ....? (a long time)

18.4 **for** または **since** を用いて、（ ）内の状況をまとめた文を完成させなさい。

1 (Rachel is in Brazil – she arrived there three days ago)
   Rachel has been in Brazil for three days.
2 (Jack is here – he arrived on Tuesday)
   Jack has ....
3 (It's raining – it started an hour ago)
   It's been ....
4 (I know Sue – I met her in 2008)
   I've ....
5 (Emily and Matthew are married – they got married six months ago)
   Emily and Matthew have ....
6 (Liz is studying medicine – she started three years ago)
   Liz has ....
7 (David plays the piano – he started when he was seven years old)
   David has ....

18.5 🔊 以下の語句を文頭に、自分のことを述べる文を作りなさい。

| I've lived ... | I've been ... | I've been studying ... | I've known ... | I've had ... |

1 .....I've lived in this town for three years.
2 ....
3 ....
4 ....
5 ....

Unit 19

I have done と I did
（現在完了形と単純過去形）

A 🔵 イラストを参考にして、自分に関する最近の出来事を単純過去形と現在完了形で表してみましょう。

> I've made some coffee.
> Would you like some?

現在進行形
Kate はコーヒーをいれているところです。
Kate is making some coffee.

現在完了形
Kate はコーヒーをいれたところです。
Kate **has made** some coffee.

Kate **has made** some coffee = she made some coffee and the coffee is ready now
（⇒ Kate はコーヒーをいれたところ ＝ コーヒーをいれ終えたので、今飲める状態にある）

《意味》現在完了は「…した、…し終えた（だから今は〜）」という意味を持ち、現在に結果を見ることができる過去の動作を表します。

B 以下のように **have done / has made** などの現在完了形を用いて、新しい情報について述べることができます。
- ○ "I**'ve decided** to quit my job." "Really? Why?"
- ○ We**'ve sold** our car. Now we take the bus every day.
- ○ They're having a party next week, but they **haven't invited** me.
- ○ I'm looking for Amy. **Have** you **seen** her?

I **decided** / we **sold** などは、以下の例文のように単純過去形で用いることもできます。現在完了形との間に違いはありません。
- ○ I **decided** to quit my job.

過去と現在を比較して変化が見られる場合などには、以下のように **has changed** を用いることができます。
- ○ Her English **has improved**. It's pretty good now.
- ○ The city **has changed** a lot. It's very different now.

C 現在完了形は、**last year / yesterday** などのような現在とつながりのない過去の時期を表す語句とともに用いることはできません。この場合は単純過去形を用います。
- ○ They **arrived yesterday**. (× have arrived)
- ○ Where **were** you **on Sunday**? (× Where have you been)
- ○ We **didn't take** a vacation **last year**. (× haven't taken)
- ○ A: **Did** you **go** out **last night**?
  B: No, I **stayed** home.
- ○ William Shakespeare **lived from 1564 to 1616**. He **was** a writer. He **wrote** many plays and poems.

> yesterday
> last year
> six months ago
> at 3:00
> in 2011
> 過去を表す語

過去 ──────── 現在

また、**When ...?** または **What time ...?**（いつ / 何時に … したのか）のような疑問文では、現在完了形ではなく単純過去形を使います。
- ○ **When did** you **sell** your car? (× When have you sold)
- ○ **What time did** Andy **go** out? (× What time has)

D **yet** は現在完了形の否定文と疑問文で用いられ、否定文中では「いまだに … してない」、疑問文中では「もうすでに … したかどうか」を意味します。**yet** は通常、文末に置きます。
- ○ A: Does James know that you're going away?
  B: No, I **haven't told** him **yet**. (⇒ まだ言っていない)
- ○ A: **Have** Sarah and Nick **arrived yet**?
  B: No, not yet, but they'll be here soon. (⇒ まだ来ていない)
- ○ A: **Has** Nicole **started** her new job **yet**?
  B: No, she's starting next week.
- ○ Silvia has bought a new dress, but she **hasn't worn** it **yet**. (⇒ まだ着ていない)

yet は単純過去形の文でも用いることができます。
- ○ Did Nicole **start** her new job **yet**?

現在完了形 ➡ Units 16–18　　単純過去形 ➡ Units 11–12　　**yet** ➡ Unit 93

練習問題

19.1 以下の動詞を使って現在完了形（**I've made** など）で文を完成させなさい。

change	decide	finish	fix	go up	invite	~~make~~	see	stop

1 I _'ve made_ some coffee. Would you like some?
2 The wedding is in June. We .... 50 people.
3 I can't find my glasses. .... you .... them anywhere?
4 The weather .... It's colder now.
5 What are your plans? What .... you .... to do?
6 Food prices .... a lot. Everything is more expensive now.
7 .... you .... the book you were reading?
8 There was a problem with the car, but I .... it. It's OK now.
9 It .... raining. We can go out now.

19.2 例にならって下線部に誤りがあれば訂正しなさい。

1 Where <u>have you been</u> on Sunday?   _Where were you on Sunday?_
2 I'm looking for Amy. <u>Have you seen</u> her?   _OK_
3 <u>I've washed</u> all the clothes. Everything is clean.   ....
4 Vicky <u>has bought</u> some clothes yesterday.   ....
5 <u>I've decided</u> to try to learn Japanese.   ....
6 Last year <u>I've decided</u> to try to learn Japanese.   ....
7 The weather <u>hasn't been</u> good last weekend.   ....
8 Steve's grandmother <u>has died</u> six months ago.   ....

19.3 イラストの状況に合うように、**They haven't … yet / She hasn't … yet** などのように、**yet** を使って否定文を作りなさい。

1 a few minutes ago / now
(she / go / out)
She hasn't gone out yet.

2 a few minutes ago / now
(the train / leave)

3 a few minutes ago / now
(he / open / it)

4 a few minutes ago / now
(the / movie / start)

19.4 現在完了形と **yet** を使って疑問文を完成させなさい。

1 Your friend has a new job. Maybe she has started it.
  You ask her: _Have you started your new job yet?_
2 Your friend has some new neighbors. Maybe he has met them.
  You ask him: .... you ....
3 Your friend is going on a trip soon. Maybe she has booked her flight.
  You ask her: ....
4 Some people (not you) are having a meeting at work. Maybe the meeting has finished.
  You ask a colleague: ....

➔ 補足練習問題**19–23** (pp. 246–248)

is done　was done
（受動態 1）

A

オフィスは毎日誰かが掃除をしているのでとてもきれいです。
オフィスは毎日掃除されます。
　　The office **is cleaned** every day.
オフィスは昨日掃除されました。
　　The office **was cleaned** yesterday.

☆「〜が…される、…された」のように、受け身の意味を持つ構文は受動態と呼ばれます。一方で「〜が…をする」のように、人が行動を起こしている構文は能動態と呼ばれます。

能動態の目的語を受動態の主語にし、動詞を「be 動詞 + 過去分詞」に変えて受動態を作ります。

Somebody **cleans** the office every day.	〔能動態、現在形〕
The office **is cleaned** every day.	〔受動態、現在形〕
Somebody **cleaned** the office yesterday.	〔能動態、過去形〕
The office **was cleaned** yesterday.	〔受動態、過去形〕

B

《形と語順》受動態の動詞は「 be 動詞 + 過去分詞」で作られます。

	be 動詞				過去分詞	
単純現在形	**am/is/are**	(not)	+		**cleaned**	**done**
単純過去形	**was/were**				**invented**	**built**
					injured	**taken** など

clean**ed**/invent**ed** などのように、語尾に **-ed** を付けて過去分詞にする動詞は、規則動詞と呼ばれます。
また、**done/built/taken** などのように、過去分詞の語尾が -ed で終わらない動詞は不規則動詞と呼ばれます。
（付録 **2-3** を参照）

単純現在形の受動態：「普通/いつも … される」のように、一般的・習慣的な出来事を表します。

- Butter **is made** from milk.
- Oranges **are imported** into Canada.
- How often **are** these rooms **cleaned**?
- I **am** never **invited** to parties.

単純過去形の受動態：「… された」のように、過去のある時点において成立した出来事を表します。

- This house **was built** 100 years ago.
- These houses **were built** 100 years ago.
- When **was** the telephone **invented**?
- We **weren't invited** to the party last week.
- "**Was** anybody **injured** in the accident?"
  "Yes, two people **were taken** to the hospital."

C

was/were born：「生まれた」という表現は単純過去形のみで用います。am/is/are born という単純現在形はありません。

- I **was born** in Colombia in 1995.　(×I am born)
- "Where **were** you **born**?"　"In Cairo."

D

受動態 + by：「〜によって … された」という表現で、動作を行った人や動物などが by の後ろに入ることがあります。

- The telephone was invented **by Alexander Graham Bell** in 1876.　(⇒ Bell によって発明された)
  (= Alexander Graham Bell invented it) 〔能動態〕
- I was bitten **by a dog** a few days ago.
- Do you like these paintings? They were painted **by a friend of mine**.

is being done / has been done → Unit 21　　不規則動詞 **→** Unit 23, 付録 **2-3**　　by **→** Unit 109　　能動態と受動態 **→** 付録 1

練習問題

20.1 ( ) 内の語句を用いて受動態の文を作りなさい。必要に応じて疑問文にしなさい。

1〜7 は単純現在形。

1 (the office / clean / every day)　　The office is cleaned every day.
2 (how often / these rooms / clean?)　　How often are these rooms cleaned?
3 (glass / make / from sand)　　Glass ....
4 (the windows / wash / every two weeks) ....
5 (this word / not / use / very often) ....
6 (we / allow / to park here?) ....
7 (how / this word / pronounce?) ....

8〜15 は単純過去形。

8 (the office / clean / yesterday)　　The office was cleaned yesterday.
9 (the house / paint / last month)　　The house ....
10 (my phone / steal / a few days ago) ....
11 (three people / injure / in the accident) ....
12 (when / this bridge / build?) ....
13 (I / not / wake up / by the noise) ....
14 (how / these windows / break?) ....
15 (you / invite / to Jon's party last week?) ....

20.2 それぞれの文について誤りのある部分を○で囲み、正しい形に書き直しなさい。

1 This house built 100 years ago.　　This house was built
2 Soccer plays in most countries of the world. ....
3 Why did the email send to the wrong address? ....
4 A movie studio is a place where movies make. ....
5 Where are you born? ....
6 How many languages are speaking in Switzerland? ....
7 Somebody broke into our house, but nothing stolen. ....
8 When was invented the bicycle? ....

20.3 以下から適切な動詞を選び、単純現在形または単純過去形の受動態に変えて文を完成させなさい。

~~clean~~	damage	find	give	invite	make	make	show	steal	~~take~~

1 The room ......is cleaned...... every day.
2 I saw an accident yesterday. Two people ......were taken...... to the hospital.
3 Paper .... from wood.
4 There was a fire at the hotel last week. Two of the rooms ....
5 "Where did you get this picture?" "It .... to me by a friend of mine."
6 Many British programs .... on American TV.
7 "Did Jim and Sue go to the wedding?" "No. They ...., but they didn't go."
8 "How old is this movie?" "It .... in 1985."
9 My car .... last week, but the next day it .... by the police.

20.4 それぞれの人はどこで生まれましたか？

1 (Haruka / Tokyo)　　Haruka was born in Tokyo.
2 (Isabela / São Paulo)　　Isabela ....
3 (her parents / Rio de Janeiro)　　Her ....
4 (you / ???)　　I ....
5 (your mother / ???) ....

41

is being done   has been done
(受動態 2)

A

is/are + being + 過去分詞：現在進行形の受動態
☆ イラストのドアは今、ペンキが塗られているところです。ペンキはまだ塗り終わっていません。

The door is **being painted**.
ドアにペンキが塗られています。

この受動態は、以下のようにして能動態から作られました。
Somebody **is painting** the door .　〔能動態〕

The door **is being painted**.　　〔受動態〕

☆「is/are+ being + 過去分詞」の形は現在進行形の受動態を表します。この形は「〜は、今〜されているところ」のように、受け身の意味を持つ動作が進行中で、完了していないことを表します。

○ My car is at the garage. It **is being repaired**. (⇔ somebody is repairing it)
○ Some new houses **are being built** across from the park. (⇔ somebody is building them)

現在進行形の受動態の動作は完了していません。一方、単純現在形の受動態では動作が習慣的に繰り返されていることを表します。

○ The office **is being cleaned** right now. (⇒ 今、掃除されているところ)〔現在進行形の受動態〕
　The office **is cleaned** every day. (⇒ 毎日掃除される)〔単純現在形の受動態〕
○ Football games **are** usually **played** on weekends, but no big games **are being played** next weekend.

現在進行形と単純現在形の違いは、**Units 8, 24** を参照してください。

B

has/have + been + 過去分詞：現在完了形の受動態
☆ 白かったドアは、ペンキが塗られて緑色になりました。ペンキは塗り終わっています。

以前　　　　　現在

WET PAINT

The door **has been painted**.
ドアにペンキが塗られました。

この受動態は、以下のようにして能動態から作られました。
Somebody **has painted** the door .　〔能動態〕

The door **has been painted**.　　〔受動態〕

☆「has/have + been + 過去分詞」の形は現在完了形の受動態を表します。この形は「〜は … された」のように、受け身の意味を持つ動作が完了したことを表します。完了した動作の結果は現在も確認することができます。

○ My key **has been stolen**. (= somebody has stolen it)
○ My keys **have been stolen**. (= somebody has stolen them)
○ I'm not going to the party. I **haven't been invited**. (= nobody has invited me)
○ **Has** this shirt **been washed**? (= has somebody washed it?)

現在完了形の受動態の動作は、その結果を現在も確認することができます。一方、単純過去形では現在との接点が不透明なため、確認できません。

○ The room isn't dirty any more. It **has been cleaned**. (⇒ 掃除されたので、今もきれいだ)〔現在完了形の受動態〕
　The room **was cleaned** yesterday. (⇒ 昨日掃除されたが、今もきれいかどうかは不明)〔単純過去形の受動態〕
○ I can't find my keys. I think they**'ve been stolen**. (⇒ 鍵が盗まれた。今も行方不明)〔現在完了形の受動態〕
　My keys **were stolen** last week. (⇒ 先週鍵が盗まれた。今は見つかったのかもしれない)〔単純過去形の受動態〕

現在完了形と単純過去形の違いは **Unit 19** を参照してください。

is done / was done (受動態 1) → Unit 20　　能動態と受動態 → 付録 1

練習問題

21.1 それぞれのイラストで、進行中の動作を表す受動態の文を完成させなさい。

1 The car _is being repaired._   3 The windows ....

2 A bridge ....   4 The grass ....

21.2 （　）内 の語句を用いて状況を説明する文を作りなさい。イラストの動作が進行中の場合は、現在進行形の受動態（**is/are** + **being** + 過去分詞）、完了している場合は現在完了形の受動態（**has/have** + **been** + 過去分詞）を使用しなさい。

1 (the office / clean)   _The office is being cleaned._ ....

2 (the shirts / iron)   _The shirts have been ironed._ ....

3 (the window / break)   The window ....

4 (the roof / repair)   The roof ....

5 (the car / damage) ....

6 (the houses / tear / down) ....

7 (the trees / cut / down) ....

8 (they / invite / to a party) ....

21.3 （　）内の語句を用いて、受動態の文を完成しなさい。（この練習問題を解く前に **Unit 20** を学んでいること）

1 I can't use my office right now. _It is being painted_ (paint).

2 We didn't go to the party. We _weren't invited_ (not / invite).

3 The washing machine was broken, but it's OK now. It .... (repair).

4 The washing machine .... (repair) yesterday afternoon.

5 A factory is a place where things .... (make).

6 How old are these houses? When .... (they / build)?

7 A: .... (the photocopier / use) right now?

    B: No. You can use it.

8 I've never seen these flowers before. What .... (they / call)?

9 My sunglasses .... (steal) at the beach yesterday.

10 The bridge is closed. It .... (damage) last week, and

    it .... (not / repair) yet.

➜ 補足練習問題 24–27 (pp. 249–250)   **43**

Unit 22

be/have/do
（現在形と過去形における助動詞*）

A　進行形: be 動詞 (am/is/are/was/were) + -ing (cleaning/working など)

現在進行形
《形》am/is/are + -ing
《意味》「今、…しているところ」

→ Units 3–4, 24

- ◯ Please be quiet. I'm working.
- ◯ It isn't raining right now.
- ◯ What are you doing tonight?

過去進行形
《形》was/were + -ing
《意味》「…していた」

→ Unit 13

- ◯ I was working when she arrived.
- ◯ It wasn't raining, so we didn't need an umbrella.
- ◯ What were you doing at 3:00?

B　受動態: be 動詞 (am/is/are/was/were) + 過去分詞 (cleaned/made/eaten など)

単純現在形の受動態
《形》am/is/are + 過去分詞
《意味》「いつも／習慣的に …される」

→ Unit 20

- ◯ I'm never invited to parties.
- ◯ Butter is made from milk.
- ◯ These offices aren't cleaned every day.

単純過去形の受動態
《形》was/were + 過去分詞
《意味》「…された」

→ Unit 20

- ◯ The office was cleaned yesterday.
- ◯ These houses were built 100 years ago.
- ◯ How was the window broken?
- ◯ Where were you born?

C　現在完了形: have/has + 過去分詞 (cleaned/lost/eaten/been など)

現在完了形
《形》have/has + 過去分詞
《意味》「(今まで) …している、…したことがある」

→ Units 16–17, 19

- ◯ I've lived in this house for 10 years.
- ◯ Tom has never ridden a horse.
- ◯ Kate hasn't been to South America.
- ◯ What countries have you visited?

D　疑問文と否定文: do/does/did + 動詞の原形 (clean/like/eat/go など)

単純現在形の否定文と疑問文
《形》否定文 (主語 + don't/doesn't +
　　　　動詞の原形)
　　　疑問文 (Do/Does + 主語 + 動詞の原形 + ?)
《意味》否定文 (…しない)
　　　　疑問文 (…しますか)

→ Units 6–7

- ◯ I like coffee, but I don't like tea.
- ◯ Chris doesn't go out very often.
- ◯ What do you usually do on weekends?
- ◯ Does Gabriela live alone?

単純過去形の否定文と疑問文
《形》否定文 (主語 + didn't + 動詞の原形)
　　　疑問文 (Did + 主語 + 動詞の原形 + ?)
《意味》否定文 (…しなかった)
　　　　疑問文 (…しましたか)

→ Unit 12

- ◯ I didn't watch TV yesterday.
- ◯ It didn't rain last week.
- ◯ What time did Eric and Nicole go out?

---

* 助動詞 (auxiliary verb) は、動詞だけでは表現できない意味を補足する役割があり、必ず動詞の前に置きます。助動詞は主語が何人称でも形は変わりません。

不規則変化動詞 → Unit 23, 付録 2–3

練習問題

22.1 is/are/do/does の中から適切なものを選び、疑問文を完成させなさい。

1 ....*Do*.... you work at night?
2 Where ....*are*.... they going?
3 Why .... you looking at me?
4 .... Bill live near you?
5 .... you like to cook?
6 .... the sun shining?
7 What time .... the stores close?
8 .... Maria working today?
9 What .... this word mean?
10 .... you feeling all right?

22.2 am not/isn't/aren't/don't/doesn't の中から適切なものを選び、否定文を完成させなさい。

1 Tom ....*doesn't*.... work at night.
2 I'm very tired. I .... want to go out tonight.
3 I'm very tired. I .... going out tonight.
4 Josh .... working this week. He's on vacation.
5 My parents are usually at home. They .... go out very often.
6 Nicole has traveled a lot, but she .... speak any foreign languages.
7 You can turn off the television. I .... watching it.
8 Liz has invited us to her party next week, but we .... going.

22.3 was/were/did/have/has の中から適切なものを選び、文を完成させなさい。

1 Where ....*were*.... your shoes made?
2 .... you go out last night?
3 What .... you doing at 10:30?
4 Where .... your mother born?
5 .... Anna gone home?
6 What time .... she leave?
7 When .... these houses built?
8 .... Mike arrived yet?
9 Why .... you go home early?
10 How long .... they been married?

22.4 is/are/was/were/have/has の中から適切なものを選び、文を完成させなさい。

1 Joe ....*has*.... lost his passport.
2 This bridge .... built 10 years ago.
3 .... you finished your work yet?
4 This town is always clean. The streets .... cleaned every day.
5 Where .... you born?
6 I .... just made some coffee. Would you like some?
7 Glass .... made from sand.
8 This is a very old photograph. It .... taken a long time ago.
9 David .... bought a new car.

22.5 以下から適切な動詞を選び, 正しい形に変えて文を完成させなさい。

damage	rain	enjoy	go	pronounce	eat
listen	use	open	go	understand	

1 I'm going to take an umbrella with me. It's ....*raining*.... .
2 Why are you so tired? Did you ....*go*.... to bed late last night?
3 Where are the chocolates? Have you .... all of them?
4 How is your new job? Are you .... it?
5 My car was badly .... in the accident, but I was OK.
6 Chris has a car, but he doesn't .... it very often.
7 Mary isn't at home. She has .... away for a few days.
8 I don't .... the problem. Can you explain it again?
9 Tony is in his room. He's .... to music.
10 I don't know how to say this word. How is it .... ?
11 How do you .... this window? Can you show me?

A **規則動詞**

動詞の語尾に **–ed** を付けて、単純過去形と過去分詞を作る動詞は規則動詞と呼ばれます。

clean → clean**ed**　　live → liv**ed**　　paint → paint**ed**　　study → studi**ed**

規則動詞の単純過去形 （→ **Unit 11**）

- ☐ I **cleaned** my room yesterday.
- ☐ Nick **studied** engineering in college.

規則動詞の過去分詞

現在完了形: **have/has** + 過去分詞 （→ **Units 16-17, 19**）

- ☐ I **have lived** here for 10 years.
- ☐ The city **has changed** a lot.

受動態: **be** 動詞 (**is/are/were/has been** など) + 過去分詞 （→ **Units 21-23**）

- ☐ These rooms **are cleaned** every day.
- ☐ My car **was damaged** in the accident.

B **不規則動詞**

動詞の語尾に **–ed** が付かず、不規則な変化をする動詞は不規則動詞と呼ばれます。

	make	break	cut
単純過去形	**made**	**broke**	**cut**
過去分詞	**made**	**broken**	**cut**

不規則動詞はいくつかのタイプに分けられます。

1 単純過去形と過去分詞が同じもの

	make	find	buy	cut
単純過去形 過去分詞	**made**	**found**	**bought**	**cut**

- ☐ I **made** a cake yesterday. 〔単純過去形〕
- ☐ I **have made** some coffee. 〔現在完了形の過去分詞〕
- ☐ Butter **is made** from milk. 〔現在形受動態の過去分詞〕

2 単純過去形と過去分詞が異なるもの

	break	know	begin	go
単純過去形	**broke**	**knew**	**began**	**went**
過去分詞	**broken**	**known**	**begun**	**gone**

- ☐ Somebody **broke** this window last night. 〔単純過去形〕
- ☐ Somebody **has broken** this window. 〔現在完了形の過去分詞〕
- ☐ This window **was broken** last night. 〔単純過去形受動態の過去分詞〕

練習問題

23.1 それぞれの動詞の単純過去形と過去分詞を答えなさい。(以下の動詞は、単純過去形と過去分詞の形が同じです。)

1	make	_made_	6	enjoy	11	hear
2	cut	_cut_	7	buy	12	put
3	say		8	sit	13	catch
4	bring		9	leave	14	watch
5	pay		10	happen	15	understand

23.2 それぞれの動詞の単純過去形と過去分詞を答えなさい。

1	break	_broke_ _broken_	8	come	
2	begin		9	know	
3	eat		10	take	
4	drink		11	go	
5	drive		12	give	
6	speak		13	throw	
7	write		14	get	

23.3 (　)内の動詞を正しい形に変えて文を完成させなさい。

1　I ___washed___ my hands because they were dirty. (wash)
2　Somebody has ___broken___ this window. (break)
3　I feel good. I .... really well last night. (sleep)
4　We .... a really good movie yesterday. (see)
5　It .... a lot while we were on vacation. (rain)
6　I .... my bag. Have you .... it? (lose / see)
7　Laura's bike was .... last week. (steal)
8　I .... to bed early because I was tired. (go)
9　Have you .... your work yet? (finish)
10　The shopping mall was .... about 20 years ago. (build)
11　Anna .... to drive when she was 16. (learn)
12　I've never .... a horse. (ride)
13　Julia is a good friend of mine. I've .... her for a long time. (know)
14　Yesterday I .... and .... my leg. (fall / hurt)
15　My brother .... in the Boston Marathon last year. Have you ever ....
　　in a marathon? (run / run)

23.4 以下から適切な動詞を選び、正しい形に変えて文を完成させなさい。

cost	drive	fly	~~make~~	meet	sell
speak	swim	tell	think	wake up	win

1　I have ___made___ some coffee. Would you like some?
2　Have you .... John about your new job yet?
3　We played basketball on Sunday. We didn't play very well, but we .... the game.
4　I know Josh, but I've never .... his wife.
5　We were .... by loud music in the middle of the night.
6　Stephanie jumped into the river and .... to the other side.
7　"Did you like the movie?"　"Yes, I .... it was very good."
8　Many different languages are .... in the Philippines.
9　Our vacation .... a lot of money because we stayed in an expensive hotel.
10　Have you ever .... a very fast car?
11　All the tickets for the concert were .... very quickly.
12　A bird .... in through the open window while we were having our dinner.

Unit 24

What are you doing tomorrow?
（未来を表す be + -ing）

A

🔵 カレンダーや予定表などに書き込んだ自分の予定を、現在進行形で表してください。

現在進行形 1: 2人は今、テニスをしています。

未来を表す be+ -ing 2: 今日は日曜日です。予定では明日、テニスをすることになっています。

They **are playing** tennis (**now**).

I'm playing tennis tomorrow.

He **is playing** tennis **tomorrow**.

《意味 1》 **am/is/are** + **-ing** (現在進行形) は「…している」のように、現在進行中の動作を表します。
- ⬜ "Where are Sue and Amanda?"   "They**'re playing** tennis in the park."
- ⬜ Please be quiet. I**'m working**.

《意味 2》 **am/is/are** + **-ing** は「…することになっている」のように、明日や来週などの未来の予定を表すこともできます。
- ⬜ Andrew **is playing** tennis tomorrow.
- ⬜ I**'m** not **working** next week.

B

《意味》 **I am doing something tomorrow** は、すでに周囲との調整や準備が完了し、計画されている未来の予定を表します。
- ⬜ Sophie **is going** to the dentist on Friday.
  (⇒ 歯医者に行くことになっている〔すでに予約を入れている〕)
- ⬜ We**'re having** a party next weekend.
- ⬜ **Are** you **meeting** your friends tonight?
- ⬜ What **are** you **doing** tomorrow night?
- ⬜ I**'m** not **going** out tonight. I**'m staying** home.

I'm going to a concert tomorrow. 「明日、コンサートに行くの」 (⇒すでにチケットを手に入れている)

未来の予定は「 be 動詞 + going to + 動詞の原形」でも表すことができます。(→ Unit 25)

C

調整や準備が完了した未来の予定は、現在進行形 (**I'm staying/are you coming** など) で表します。
- ⬜ I**'m staying** home tomorrow. (× I stay)
- ⬜ **Are** you **going** out tonight? (× Do you go)
- ⬜ Lisa **isn't coming** to the party next week. (× Lisa doesn't come)

バス・映画・授業のように、スケジュールに基づいて起きる未来の出来事には単純現在形(start, arrivesなど)を用います。
- ⬜ Our plane **arrives** in New York at 7:30 tomorrow morning.   (⇒ 明朝 7:30 に到着します)
- ⬜ What time **does** the movie **end** tonight?

☆ 現在進行形は、一般的に人を主語とし、ある程度変更可能な未来の予定を表します。一方で単純現在形は、スケジュールされている事柄を主語とし、個人の都合では簡単に変更できない予定を表します。

現在進行形(⇒ 主語は人)
- ⬜ I**'m going** to a concert tomorrow.
- ⬜ What time **are** you **leaving**?

単純現在形(⇒ 主語はスケジュールされている事柄)
- ⬜ The concert **starts** at 7:30.
- ⬜ What time **does** your plane **leave**?

練習問題

24.1 イラストの人物は、次の金曜日に何をする予定ですか？

①	②	③	④	⑤
ANDREW	DAN	RACHEL	KAREN	SUE AND TOM

1 _Andrew is playing tennis._
2 Dan .... to the movies.
3 Rachel ....
4 .... lunch with Will.
5 ....

24.2 ( )内の語句を用いて、未来の予定について質問しなさい。

1 (you / go / out / tonight?)   _Are you going out tonight?_
2 (you / work / next week?)   ....
3 (what / you / do / tomorrow night?)   ....
4 (what time / your friends / come?)   ....
5 (when / Liz / go / on vacation?)   ....

24.3 🕑 今後、自分が予定していることについて文を作りなさい。

1 _I'm staying home tonight._
2 _I'm going to the theater on Monday._
3 ....
4 ....
5 ....
6 ....

24.4 ( )内の語句を用いて、現在進行形 (**he is leaving** など) または単純現在形 (**the train leaves** など) を使って文を完成させなさい。

1 " _Are you going_ (you / go) out tonight?" "No, I'm too tired."
2 _We're going_ (we / go) to a concert tonight. _It starts_ (it / start) at 7:30.
3 Listen to this! .... (Karen / get) married next month!
4 A: My parents .... (go) on vacation next week.
   B: Oh, that's nice. Where .... (they / go)?
5 Ana is taking an English course this semester. The course ....
   (end) on Friday.
6 There's a party tomorrow night, but .... (I / not / go).
7 .... (I / go) out with some friends tonight. Why don't you come,
   too? .... (we / meet) at John's house at 8:00.
8 A: How .... (you / get) home after the party tomorrow? By taxi?
   B: No, I can go by bus. The last bus .... (leave) at midnight.
9 A: Do you want to go to the movies tonight?
   B: Yes, what time .... (the movie / begin)?
10 A: What .... (you / do) tomorrow afternoon?
   B: .... (I / work).

I'm going to + 動詞の原形

A 🔵「…するつもり」のように、自分の未来や将来についてすでに決定していることはありますか。

今、朝です。新聞のテレビ欄から、彼女は今夜見たい番組を見つけました。今夜テレビを見るつもりです。

I'm going to watch TV tonight.

朝 　　　　　　　　今夜

She **is going to watch** TV tonight.

《形と語順》「**be** 動詞 (**am/is/are**) + **going to** + 動詞の原形」には、人を主語にして「…するつもり」という意味があり、未来の予定を表すことができます。否定文は、going の前に not を置いて作ります。

I	**am**		do …
he/she/it	**is**	(not) **going to**	drink …
we/you/they	**are**		watch …

疑問文は、be 動詞を主語の前に置いて作ります。

am	I		buy … ?
is	he/she/it	**going to**	eat … ?
are	we/you/they		wear … ?

B 《意味》**I am going to do something**…は、「…するつもり」のように、すでに決定している未来の出来事を表します。決定したのは過去のことですが、その意志は現在も変わっていません。

I decided to do it ──────────────▶ **I'm going to do it**

過去（…を決心した） 　　　　　　　　　現在（…するつもり） 　　　　未来

- ○ **I'm going to buy** some books tomorrow. (⇒ 明日、本を買うつもり)
- ○ Sarah **is going to sell** her car.
- ○ **I'm not going to have** breakfast this morning. I'm not hungry.
- ○ What **are** you **going to wear** to the wedding next week?
- ○ "Your hands are dirty." "Yes, I know. **I'm going to wash** them."
- ○ **Are** you **going to invite** Matt to your party?

現在進行形（**I am doing**）は「…することになっている」のように、すでに準備や周囲との調整が完了し、計画されている未来の予定を表します。(→ **Unit 24**)

- ○ I **am playing** tennis with Julia tomorrow. (⇒ 明日、Julia とテニスをするつもり)

C 《意味》「Something **is going to happen**」は、イラストのように現在の状況から確実に予測できる未来の事柄を表します。

- ○ Look at the sky! It**'s going to rain**.
  （今、黒い雲が見える ⇒ 間もなく雨が降る）
- ○ Oh, no! It's 9:00, and I'm not ready.
  I'm going to be late.
  （現在 9 時だが準備ができていない ⇒ 確実に遅刻する）

It**'s going to rain**.
「雨になりそうだ」

練習問題

25.1 イラストの人物が話していることを記述しなさい。

25.2 以下から **going to** に続く適切な動詞を選び、文を完成させなさい。

do	eat	give	lie down	stay	walk	~~wash~~	watch	~~wear~~

1 My hands are dirty. *I'm going to wash* them.
2 What *are you going to wear* to the party tonight?
3 It's a nice day. I don't want to take the bus. I ....
4 Ryan is going to San Diego next week. He .... with some friends.
5 I'm hungry. I .... this sandwich.
6 It's Megan's birthday next week. We .... her a present.
7 Sue says she's feeling very tired. She .... for an hour.
8 The president's speech is on TV tonight. .... you .... it?
9 What .... Rachel .... when she finishes school?

25.3 イラストを見て、予測できる出来事について記述しなさい。

1 ......*It's going to rain.*..
2 The shelf ....
3 The car ....
4 He ....

25.4 ● 自分自身の今日または明日の予定について、自由に文を作りなさい。

1 I'm ....
2 ....
3 ....

will

A

● 周りの人の未来について、「…だろう」のように予測してください。

SARAH

Sarah goes to work every day. She is always there from 8:30 until 4:30.
Sarah は毎日仕事に出かけます。職場にはいつも 8:30 から 4:30 までいます。

It is 11:00 now. Sarah **is** at work.
現在：現在、11:00 です。Sarah は仕事中です。

At 11:00 yesterday, she **was** at work.
過去：昨日の11:00 は、Sarah は仕事中でした。

At 11:00 tomorrow, she **will be** at work.
未来：明日の11:00 には、Sarah は仕事をしているでしょう。

《形と語順》「**will** (not) + 動詞の原形」(**will be** / **will win** / **will come**など)で肯定文／否定文を作ります。疑問文は、**will**を主語の前に置いて作ります。

I/we/you/they he/she/it	**will** (**'ll**) **will not** (**won't**)	**be** **eat** **come** など

will	I/we/you/they he/she/it	**be**? **eat**? **come**? など

will は通常、主語と結び付いて I**'ll** / you**'ll** / she**'ll** などのような短縮形になり、**will not** の短縮形は **won't** となります。

B

《意味》**will** は、明日・来週などの未来に起きるであろう出来事について「…だろう」と予測します。この予測は主観的なものです。

○ Sue travels a lot. Today she is in Los Angeles. Tomorrow she**'ll be** in Mexico City. Next week she**'ll be** in New York.

○ Leave the old bread in the yard. The birds **will eat** it.

○ We**'ll** probably **go** out tonight.

○ I don't think it **will rain** this afternoon.

○ **Will** you **be** home tomorrow morning?

○ I **won't be** here tomorrow. (I will not be here)

○ Don't drink coffee before you go to bed. You **won't sleep** well.

C

以下のように **I'll** … (**I will**) を使って、申し出や決心を表すことができます。

○ "My suitcase is heavy." "**I'll carry** it for you."

○ "**I'll call** you tomorrow, OK?" "OK, bye."

○ I can't decide what to have for dinner. I know! **I'll make** spaghetti.

物事を決心した時、**I think I'll** … (…するつもり)や **I don't think I'll** … (…しません)などのように、will は I think …や I don't think … の内部でよく用いられます。

○ It's a nice day. **I think I'll sit** outside.

○ It's raining. **I don't think I'll go** out.

このように申し出や決心を表す場合は、以下のような単純現在形 (**I go** / **I call** など)は使えません。

○ I**'ll call** you tomorrow, OK? (×I call you)

○ I think I**'ll go** to bed early. (×I go to bed)

My suitcase is heavy.
私のスーツケースはとても重いんです。

I'll carry it for you.
私がお運びしますよ。

D

「**will** + 動詞の原形」は、以前から計画していたり決心したりしている事柄には使えません。(→ **Units 24–25**)

○ We**'re going** to the movies on Saturday. Do you want to come with us? (× We will go)

○ I don't want my car anymore. I**'m going to sell** it. (× I'll sell)

○ **Are** you **doing** anything tomorrow night? (× do you do)

What are you doing tomorrow? → Unit 24   I'm going to + 動詞の原形 → Unit 25

練習問題

26.1 Hannah は南アメリカを旅行しています。空所に **she was,**
she's, she'll be のいずれかを入れて文を完成させなさい。

1　Yesterday ......*she was*...... in Rio de Janeiro.
2　Tomorrow .... in Bogotá.
3　Last week .... in Santiago.
4　Next week .... in Caracas.　*HANNAH*
5　Right now .... in Lima.
6　Three days ago .... in Buenos Aires.
7　At the end of her trip .... very tired.

26.2 空所に **will ('ll)** または **won't** を入れて文を完成させなさい。

1　Don't drink coffee before you go to bed. You ....*won't*....... sleep well.
2　"Are you ready yet?"　"Not yet. I .... be ready in five minutes."
3　You don't need to take an umbrella, it .... rain.
4　It's a good movie. I think you .... like it.
5　I'm sorry I was late this morning. It .... happen again.
6　It's Ben's birthday next Monday. He .... be 25.

26.3 **I'll (I will)** に続く適切な動詞を以下から選び、文を完成させなさい。

~~carry~~　　do　　eat　　have　　show　　sit　　stay

1　My suitcase is very heavy.　　　　　　　......*I'll carry*...................................... it for you.
2　Did you call Jen?　　　　　　　Oh no, I forgot. .... it now.
3　What would you like to drink?　　　　...................................... some tea, please.
4　Do you want a chair?　　　　　No, it's OK. .... on the floor.
5　I don't want this banana.　　　　Well, I'm hungry. .... it.
6　Are you coming with me?　　　　No, I don't think so. .... here.
7　How do you use this camera?　　Give it to me, and .... you.

26.4 **I think I'll ...** または **I don't think I'll ...** に続く適切な動詞を以下から選び、文を完成させなさい。

buy　　**buy**　　~~go~~　　**have**　　**play**

1　It's cold today. ...*I don't think I'll go*... out.
2　I'm hungry. I .... something to eat.
3　I feel very tired. .... tennis.
4　I like this hat. .... it.
5　This camera is too expensive. .... it.

26.5 文法的に正しい方を下線部から選びなさい。必要に応じて Units 24–25 をこの演習問題を解く前に学ぶこと。

1　~~I call~~ / I'll call you tomorrow, OK? (I'll call が正しい)
2　I haven't done the shopping yet. I do / I'll do it later.
3　I like sports. I watch / I'll watch a lot of sports on TV.
4　I think your aunt will lend / is lending us some money. She's very rich.
5　Why are you putting on your coat? Will you go out / Are you going out?
6　I don't know where I am / I'll be two years from now.
7　Gerry is going to buy / will buy a new car. He told me last week.
8　Do you think Emily passes / is passing / will pass the driving test?
9　A:　Do you have any plans for tonight?
　　B:　Yes, I meet / I'm meeting / I'll meet some friends.

→ 補足練習問題 28–31 (pp. 250–253)　　　　　　**53**

A

⬤ 起こりそうな出来事について「 might + 動詞の原形」で述べてみましょう。

He **might go** to Costa Rica.
(⇒ コスタリカに行くかもしれない)
(= it is possible that he will go to Costa Rica)

It **might rain**.
(⇒ 雨が降るかもしれない)
(= it is possible that it will rain)

《形と語順》「**might** (not) + 動詞の原形」(**might go** / **might be** / **might rain** など)で肯定文／否定文を作ります。

		be
I/we/you/they he/she/it	**might** (not)	go play **come** など

B

《意味》**I might**は「私は…かもしれない／おそらく…だろう」のように、はっきりしない未来の事柄について説明します。
- ◯ I **might go** to the movies tonight, but I'm not sure.
  (⇒ 今夜、映画に行くかもしれない。= it is possible that I will go)
- ◯ A: When is Rebecca going to call you?
  B: I don't know. She **might call** this afternoon.
- ◯ Take an umbrella with you. It **might rain**.
- ◯ Buy a lottery ticket. You **might be** lucky. (⇒ 運良く当たるかもしれない)
- ◯ A: Are you going out tonight?
  B: **I might.** (⇒出かけるかもしれない= I might go out)

「might + 動詞の原形」と現在形(現在進行形や「be 動詞 + going to + 動詞の原形」)が表す未来とでは、「おそらく …するかもしれない」と「きっと …する」のように、出来事が起きる可能性の度合いが異なります。
- ◯ I'**m playing** tennis tomorrow. (⇒ テニスをすることになっている〔きっとする〕)
  I **might play** tennis tomorrow. (⇒ テニスをするかもしれない〔おそらくする〕)
- ◯ Rebecca **is going to call** later. (⇒ 後で電話をするつもりだ〔きっとする〕)
  I might not は「私は…しないかもしれない」を表します。

C

《意味》「**might not** + 動詞の原形」は「〜が …ないかもしれない ／ …しないかもしれない」を表します。
- ◯ I **might not go** to work tomorrow.
  (⇒ 明日、仕事に行かないかもしれない = It is possible that I will not go …)
- ◯ Sue **might not come** to the party.
  (⇒ Sue はパーティーに来ないかもしれない = It is possible that she will not come …) (n

D

may + 動詞の原形:「**I might**と同様に「…かもしれない」という意味を表します。両者の間に大きな違いはありません。
- ◯ I **may go** to the movies tonight. (= I might go)
- ◯ Sue **may not come** to the party. (= Sue might not come)

May I … ? は「…しても良いですか?」のように、相手に許可を求めます。意味的には Is it OK … ? や Can I … ? と同様です。
- ◯ **May I** ask a question? (= is it OK to ask? / can I ask?)
- ◯ "**May I** sit here?" "Sure."

27.1 might を使った文に書き換えなさい。

1 (it's possible that I'll go to the movies) ..... I might go to the movies.
2 (it's possible that I'll see you tomorrow) I ....
3 (it's possible that Sarah will forget to call) ....
4 (it's possible that it will snow today) ....
5 (it's possible that I'll be late tonight) ....

might not を使った文に書き換えなさい。

6 (it's possible that Tony will not be here next week) ....
7 (it's possible that I won't have time to go out) ....

27.2 あなたは友人に予定を尋ねられましたが、何をするかまだ決まっていません。以下の語句を使って、I might で始まる文を作りなさい。

| fish | ~~Italy~~ | Monday | a new car | a trip | a taxi |

1 Where are you going for your vacation?   I'm not sure. I might go to Italy.
2 What are you doing this weekend?   I don't know. I ....
3 When will you see Kate again?   I'm not sure. ....
4 What are you going to have for dinner?   I don't know. ....
5 How are you going to get home tonight?   I'm not sure. ....
6 I hear you won some money. What are you going to do with it?   I haven't decided yet. ....

27.3 あなたは Ben に明日の予定を尋ねましたが、決まっていることと、そうでないことがあるようです。

1 Are you playing tennis tomorrow?   Yes, in the afternoon.
2 Are you going out tomorrow evening?   Possibly.
3 Are you going to get up early?   Maybe.
4 Are you working tomorrow?   No, I'm not.
5 Will you be at home tomorrow morning?   Maybe.
6 Are you going to watch TV?   I might.
7 Are you going out in the afternoon?   Yes, I am.
8 Are you going shopping?   Maybe. I'm not sure.

BEN

Ben の明日の予定を述べなさい。Ben に確信がない場合には might を、確信がある場合には現在形を用います。

1 ..... He's playing tennis tomorrow afternoon.
2 ..... He might go out tomorrow evening.
3 He ....
4 ....
5 ....
6 ....
7 ....
8 ....

27.4 🔊 あなたの明日の予定について、might を使って自由に文を作りなさい。

1 ....
2 ....
3 ....

can と could

A

> I **can play** the piano.
> 能力：「私はピアノが弾けます」

> **Could** you **open** the door, please?
> 依頼：「ドアを開けていただけますか」

He can play the piano

《形と語順》「**can/cannot** + 動詞の原形」（**can do** / **can play** / **can come**など）で肯定文／否定文を作ります。can を主語の前に置くと疑問文になります。

I/we/you/they/ he/she/it	**can** **can't** (**cannot**)	**do** **play** **see** **come** など

can	I/we/you/they/ he/she/it	**do?** **play?** **see?** **come?** など

B

《意味》「 **I can** do something は「私は…できる」のように身に付けた能力や、何かが起こりうる可能性を表します。
「 **cannot** + 動詞の原形」は「…できない、あり得ない」のように能力や可能性がないこ とを表します。

能力　◯ I **can play** the piano. My brother **can play** the piano, too.
　　　　（⇒ ピアノが弾けます〔身に付けた能力〕）
　　　◯ Sarah **can speak** Italian, but she **can't speak** Spanish.
　　　　（⇒ スペイン語は話せない〔能力がない〕）
　　　◯ A: **Can** you **swim**?
　　　　B: Yes, but I'm not a very good swimmer.
可能性◯ A: **Can** you **change** a twenty-dollar bill?
　　　　B: I'm sorry, **I can't**.
　　　　（⇒ 両替可能ですか）
　　　◯ I'm having a party next week, but Eric and Rachel **can't come**.
　　　　（⇒ 来週のパーティーに Eric と Rachel は来られない〔可能性がない〕）

C

《意味》「…できた／ …できなかった、あり得なかった」のように過去における能力や可能性は、**could/couldn't** を用いて表します。

能力　◯ When I was young, I **could run** very fast. (⇒ 若い頃は速く走れた)
　　　◯ Before Maria came to the United States, she **couldn't understand** much English.
　　　　Now she **can understand** everything.
可能性◯ I was tired last night, but I **couldn't sleep**. (⇒ 昨夜は眠れなかった)
　　　◯ I had a party last week, but Eric and Rachel **couldn't** come.

D

Can you … ? / Could you … ? は「…してください」と人に依頼する時に用いられます。can と could の間に大きな違いはありません。could は過去の意味を持たず、can と同様に現在のことを指します。

　　　◯ **Can you** open the door, please? *or* **Could you** open the door, please?
　　　◯ **Can you** wait a minute, please? *or* **Could you** wait … ?

Can I have … ? / Could I have … ? は「…をもらえますか」と人に尋ねる時に用いられます。
　　　◯ 〔お店で〕 **Can I have** a glass of water, please? *or* **Could I have** … ?

Can I … ? / Could I … ? は「…して良いですか」と相手に許可を求める時に用いられます。
　　　◯ **Can I** sit here?
　　　◯ Tom, **could I** borrow your umbrella?

May I … ? → Unit 27

練習問題

28.1 イラストに描かれていることができるかどうか Andy に質問しなさい。

YOU   ANDY

① chess

③

1 ___Can you swim?___
2 _____
3 _____
4 _____
5 _____
6 _____

10 kilometers

🔵 **I can** または **I can't** を用いて、あなたがイラストに描かれていることができるかどうか述べなさい。

7 I ....   10 ....
8 ....   11 ....
9 ....   12 ....

28.2 **can** または **can't** に続く動詞を以下から選び、文を完成させなさい。

| ~~come~~   **find**   **hear**   **see**   **speak** |

1 I'm sorry, but we .....*can't come*..... to your party next Saturday.
2 I like this hotel room. You .... the mountains from the window.
3 You are speaking very quietly. I .... you.
4 Have you seen my suitcase? I .... it.
5 Catherine got the job because she .... five languages.

28.3 **can't** または **couldn't** に続く動詞を以下から選び、文を完成させなさい。

| **decide**   **eat**   **find**   **go**   **go**   ~~sleep~~ |

1 I was tired, but I .....*couldn't sleep*..... .
2 I wasn't hungry yesterday. I .... my dinner.
3 Kate doesn't know what to do. She ....
4 I wanted to speak to Dan yesterday, but I .... him.
5 James .... to the concert next Saturday. He has to work.
6 Catarina .... to the meeting last week. She was sick.

28.4 イラストの状況に合うように、（　）内の動詞と **can** または **could** を用いて人に依頼する文を作りなさい。

① (open / door)   ② (pass / salt) ....   ③ (have / postcards)

Could you open
the door, please?

④ (turn off / radio)   ⑤ (borrow / newspaper)   ⑥ (use / pen)

Unit 29   must

A

🔵 「〜は…であるに違いない」のように、確実に推測できる事柄を述べてみましょう。

Lauren is not at work today.
今日Lauren は職場に来ていません。

いつもは会社のデスクで仕事をしています。仕事を休む人ではないので、次のように推測できます。

She **must be** sick.
彼女は病気に違いない。

《形と語順》「**must** / must not + 動詞の原形」(**must be** / **must know**など)で肯定文／否定文を作ります。

I/we/you/they/he/she/it	must (not)	be know have live など

《意味》「**must** + 動詞の原形」は、「…であるに違いない／きっと …だろう」のように確信がある場合に用います。
- ⬜ It's evening, and you haven't eaten anything all day. You **must be** hungry. (⇒ 何も食べていない、きっと空腹だろう)
- ⬜ My brother has worked at your company for years. You **must know** him.
- ⬜ My friends have the same zip code as you. They **must live** near you.
- ⬜ 〔電話で〕This isn't John? I'm sorry. I **must have** the wrong number.

《意味》「**must not** + 動詞の原形」は、「…ではないに違いない／きっと …ではないだろう」のように否定的に確信できる場合に用います。
- ⬜ The phone rang eight times and Megan didn't answer. She **must not have** her phone with her.
- ⬜ Miguel takes the bus everywhere. He **must not have** a car. (⇒ きっと車を持っていないのだろう)
- ⬜ The Silvas are always home on Fridays. They **must not work** then.

B

《意味》You **must do** somethingで「…しなければならない」のように、must には意義や必要性を表す異なる意味もあります。規則として記されていたり、立場が上の者が下の者へ命令する場合などに多く用いられます。
- ⬜ You **must eat** well if you want to be healthy.
- ⬜ They're in a dangerous situation. They **must be careful**.
- ⬜ Workers **must wear** safety glasses at this machine.
- ⬜ In the United States, you **must be** 18 to vote.
- ⬜ You **must have** a passport to travel outside your country.

《形》「…しなければならなかった」のような過去の出来事については
「**had to** + 動詞の原形」を用います。must は用いません。
- ⬜ They were in a dangerous situation.
  They **had to be** careful.
  (× They must be careful.)
- ⬜ We **had to wear** safety glasses when we visited the factory last week.
  (× We must wear)

《意味》You **must not do** somethingは「…してはいけない」という禁止を表します。
- ⬜ Bicyclists **must not ride** on the sidewalk.
  (= they must ride in the street)
- ⬜ You **must not be** late for school again!
  (⇒ 二度と遅刻しないように!：先生から生徒へ)

58 | I have to + 動詞の原形 ➜ Unit 31

練習問題

29.1　**must be** に続く語句を以下から選び、文を完成させなさい。

for you	good	~~hungry~~	in the kitchen	tired	very happy

1　It's evening, and you haven't eaten anything all day. You ....*must be hungry*........... .
2　Mariana worked 10 hours today. She ....
3　It's the most popular restaurant in town, so the food ....
4　"I got the job." "You did? You ...."
5　The phone's ringing. I know it's not for me. It ....
6　My keys aren't in the living room, so they ....

29.2　**must** に続く動詞を以下から選び、文を完成させなさい。

drink	have	~~know~~	like	work

1　My brother has worked at your company for years. You .....*must know*........... him.
2　Jessica wears something blue every day. She .... the color blue.
3　The Hills have six children and three dogs. They .... a big house.
4　Mrs. Lee bought three gallons of milk at the store. Her children .... a lot of milk.
5　I know Mrs. Romo has a job, but she's always home during the day. She .... at night.

29.3　空所に **must** または **must not** を入れて文を完成させなさい。

1　〔電話で〕This isn't John? I .....*must*......... have the wrong number.
2　Miguel takes the bus everywhere. He .....*must not*......... have a car.
3　Brandon is very thin. He .... eat very much.
4　I never see my neighbor in the morning. He .... leave for work very early.
5　I always have to repeat things when I talk to Emma. She .... hear very well.
6　Jim wears the same clothes every day. He .... have many clothes.
7　You have a cold and a fever? Poor thing! You .... feel awful.

29.4　空所に **must** または **must not** を入れて文を完成させなさい。

1　We .....*must not*......... forget to send Sam a birthday card.
2　We .....*must*......... wear safety glasses when we visit the factory.
3　The city .... do something about the traffic. It's a big problem.
4　Members of the club .... disobey the rules.
5　Keep these papers in a safe place. You .... lose them.
6　Bicyclists .... follow the same traffic rules as drivers.
7　Everyone .... wait in line for their turn.

29.5　以下の動詞と **must / must not / had to** のいずれかを組み合わせて文を完成させなさい。

~~be~~	be	feed	go	know	miss	take	wear

1　In most of the United States, you .....*must be*......... at least 16 to get a driver's license.
2　In my last job, all employees .... both English and Spanish.
3　People in the front seat of a car .... a seat belt.
4　Students who want good grades .... class often.
5　This highway was closed. Drivers .... a different road.
6　A tennis player .... very good to play professionally.
7　You .... the animals in the zoo.
8　There was no food in the house. We .... to the supermarket.

should

🍃「…すべきである」と周りの人に助言してみましょう。

You **shouldn't watch** TV so much.

娘は学校から帰ってきてからずっとテレビを見ているので、母は少し心配しています。

You **shouldn't watch** TV so much.
そんなにテレビを見るべきじゃないわ。
《形と語順》「**should**/shouldn't + 動詞の
原形」(**should do / should watch** など)で肯定
文／否定文を作ります。

I/we/you/they/ he/she/it	**should** **shouldn't**	**do** **stop** **go** **watch** など

《意味》You **should do** somethingは「…すべき／…したほうがよい」という意味で、相手に助言する場合に用います。
- ☐ Tom doesn't study enough. He **should study** harder.
- ☐ It's a good movie. You **should go** and see it.
- ☐ When you play tennis, you **should** always **watch** the ball.

《意味》You **shouldn't do** somethingは「…すべきではない／しないほうがよい」という意味で、相手に助言する場合に用います。

shouldn't = should *not* の短縮形
- ☐ Tom **shouldn't go** to bed so late.
- ☐ You watch TV all the time. You **shouldn't watch** TV so much.

《形》**I think … should 〜**(〜すべきだと思う)という表現のように、should は I think … の内部で多く用いられます。
- ☐ **I think** Rachel **should buy** some new clothes.
  - (⇒ 新しい服を買うべきだと思う)

Do you think I **should** buy this hat?
「この帽子、買ったほうがいいかしら?」

- ☐ It's late. **I think** I **should go** home now.

「…すべきではないと思う」という不定文は、**I don't think … should 〜**
となります。I think … shouldn't 〜 という表現はありません。
- ☐ **I don't think** you **should work** so hard.

(= I don't think it is a good idea.)

Do you think … should … ?(〜すべきだと思いますか)のように、
相手に助言を求める疑問文もよく用いられます。
- ☐ **Do you think** I **should buy** this hat?

should は「…すべきだ」という意味ですが、「**have to** + 動詞の原形」は「…しなければならない」という意味で義務や必要性を表します。should には自主的な行動の選択も認められますが、have to にはそれがなく、強い強制力があります。
- ☐ I **should** study tonight, but I think I'll go to the movies. (⇒ 勉強すべきではあるが映画に行く)
- ☐ I **have to** study tonight. I can't go to the movies. (⇒ 勉強しなければならないので映画には行けない)

「…すべきですか／…したほうが良いですか」と相手に意見を求める場合は、**Should I / Should we** … ? で質問します。
- ☐ It's very warm in this room. **Should I open** the window?
- ☐ "**Should I call** you tonight?" "OK."
- ☐ It's a nice day. **Should we go** for a walk?
- ☐ What **should we have** for dinner?

Should の代わりに **Shall** を用いる場合がありますが、意味に違いはありません。
- ☐ "**Shall I call** you tonight?" "OK."
- ☐ It's a nice day. **Shall we go** for a walk?

must ➜ Unit 29   I have to + 動詞の原形 ➜ Unit 31

練習問題

30.1 you should に続く適切な動詞を以下から選び、文を完成させなさい。

eat	go	read	visit	~~watch~~	wear

1 When you play tennis, ...*you should watch*............ the ball.
2 It's late, and you're very tired. .... to bed.
3 .... plenty of fruit and vegetables.
4 If you have time, ... the Science Museum. It's very interesting.
5 When you're driving, ... a seat belt.
6 It's a very good book. .... it.

30.2 He / She shouldn't ～ so ... を用いて、イラストの人物について述べる文を作りなさい。

① You watch TV too much.	② You eat too much.	③ You work too hard.	④ You drive too fast.

1 ......*She shouldn't watch TV so much.*............   3 .... hard.

2 He..   4 ....

30.3 自分が迷っていることについて **Do you think I should ... ?** を用いて、友人に意見を求めなさい。

1 You are in a store. You are trying on a jacket. (buy?)
  You ask your friend: ......*Do you think I should buy this jacket?*............
2 You can't drive. (learn?)
  You ask your friend: Do you think ....
3 You don't like your job. (get another job?)
  You ask your friend: ....
4 You are going to have a party. (invite Ryan?)
  You ask your friend: ....

30.4 ( ) 内の語句を使って **I think ... should ～** または **I don't think ... should ～** の文を作りなさい。

1 We have to get up early tomorrow. (go home now) ......*I think we should go home now.*............
2 That coat is too big for you. (buy it) ......*I don't think you should buy it.*............
3 You don't need your car. (sell it) ....
4 Amanda needs a change. (take a trip) ....
5 Nicole and Dan are too young. (get married) ....
6 You're still sick. (go to work) ....

30.5 Kathy に対して適切な Anne の発言を選び、対話を完成させなさい。

KATHY

1	It's very warm in this room.
2	Should I wait here?
3	Should we have a party?
4	It's dark in this room.
5	Do you have any bread?
6	Should we go out?

ANNE

A	If you want. Where should we go?
B	Yes, who should we invite?
C	No, should I go and get some?
D	Should I open the window?
E	Should I turn on the light?
F	No, come with me.

1 ...*D*...
2 ....
3 ....
4 ....
5 ....
6 ....

Unit
31　I have to + 動詞の原形

A

●「…しなくてはならない」のように、自分や周りの人がすべきことを述べてみましょう。

> This is my medicine. **I have to take** it three times a day.

薬には three times a day（1日3回服用）と明記されています。

I have to take it three times a day.
私は、1日に3回薬を飲まなければなりません。

《形と語順》**I have to** do something で肯定文を作ります。

I/we/you/they	**have**	to do to work
he/she/it	**has**	to go to watch など

《意味》「**have/has to** + 動詞の原形」は、話し言葉で用いられることが多く、周囲の状況から「…しなければならない」のように動作を行うことが求められている場合に用いられます。

- ◯ I'll be late for work tomorrow. I **have to go** to the dentist.
- ◯ Megan starts work at 7:00, so she **has to get up** at 6:00.
- ◯ You **have to pass** a test before you can get a driver's license.

B

《形》「…しなければならなかった」という過去形は「**had to** + 動詞の原形」で表します。

- ◯ I was late for work yesterday. I **had to go** to the dentist.
- ◯ We **had to walk** home last night. There were no buses.

C

《形と語順》疑問文は、**do/does**（現在形）や **did**（過去形）を主語の前に置いて作り、否定文は don't/doesn't（現在形）や didn't（過去形）を have to の前に置いて作ります。

疑問文

現在形	**do**	I/we/you/they	**have to … ?**
	does	he/she/it	
過去形	**did**	I/we/you/they/ he/she/it	**have to … ?**

否定文

現在形	I/we/you/they	**don't**	**have to …**
	he/she/it	**doesn't**	
過去形	I/we/you/they/ he/she/it	**didn't have to …**	

《意味》疑問文は「…しなければなりませんか（現在形）／なりませんでしたか（過去形）」を表します。

- ◯ What time **do you have to go** to the dentist tomorrow?
  （⇒ 明日、何時に歯医者に行かなくてはなりませんか。）
- ◯ **Does** Megan **have to work** on Saturdays?
- ◯ Why **did** they **have to leave** the party early?

《意味》I **don't have to** (do something) で表される否定文は「…しなくてもよい（現在形）／よかった（過去形）」を意味します。自主的に行動を選択できます。

- ◯ I'm not working tomorrow, so I **don't have to get** up early.　（⇒ 早起きしなくてもよい）
- ◯ Mike **doesn't have to work** very hard. He's got an easy job.
- ◯ We **didn't have to wait** very long for the bus – it came in a few minutes.

D

must:「have to + 動詞の原形」と同じように「…しなければならない」を表します。

- ◯ You **must** pass a test before you can get a driver's license.　*or*　You **have to pass** a test …
- ◯ In many countries, men **must** do military service.　*or*　… men **have to do** …

話し言葉では、**must** より「**have to** + 動詞の原形」をより多く用います。話し言葉の must には、母親が子供に命令する時のように、周囲の状況とは関係なく話し手の権威を相手に示す働きがあります。

must → Unit 29

練習問題

31.1 have to または has to に続く適切な動詞を選び、文を完成させなさい。

| hit | read | speak | take | travel | ~~wear~~ |

1 My eyes are not very good. I ....have to wear.... glasses.
2 At the end of the course all the students .... a test.
3 Sarah is studying literature. She .... a lot of books.
4 Alberto doesn't understand much English. You .... very slowly to him.
5 Kate is not at home much. She .... a lot for her job.
6 In tennis you .... the ball over the net.

31.2 have to または had to に続く適切な動詞を選び、文を完成させなさい。

| answer | buy | change | go | take | wake | ~~walk~~ |

1 We ....had to walk.... home last night. There were no buses.
2 It's late. I .... now. I'll see you tomorrow.
3 I went to the store after work yesterday. I .... some food.
4 This train doesn't go all the way downtown. You .... at First Avenue.
5 We took a test yesterday. We .... six questions out of ten.
6 I'm going to bed. I .... up early tomorrow.
7 Amy and her cousin can't go out with us tonight. They .... care of Amy's little brother.

31.3 以下の答えに対する疑問文を、現在形または過去形で完成させなさい。

1 I have to get up early tomorrow. — What time ...do you have to get up... ?
2 John had to wait a long time. — How long .... ?
3 Liz has to go somewhere. — Where .... ?
4 We had to pay a lot of money. — How much .... ?
5 I have to do some work. — What exactly .... ?
6 They had to leave early. — Why .... ?
7 Jim has to go to Moscow. — When .... ?

31.4 don't/doesn't/didn't have to を用いて、文の続きを完成させなさい。

1 Why are you going out? You ...don't have to go out... .
2 Why is Sue waiting? She ....
3 Why did you get up early? You ....
4 Why is Alex working so hard? He ....
5 Why do you want to leave now? We ....
6 Why did they tell me something I already know? They ....

31.5 自分(または友人や家族)がしなければならないこと、しなければならなかったことを例にならって書きなさい。「have/had to + 動詞の原形」を用いること。

1 (every day) I have to drive 50 miles to work every day.
2 (every day) ....
3 (yesterday) ....
4 (tomorrow) ....
5 (last week) ....
6 (when I was younger) ....

Unit 32

Would you like … ?   I'd like …

A

● **Would you like** … ? を用いて「…はいかがですか」と相手に物を勧めてみましょう。勧められたら **Yes, thanks.** / **Yes, please.** / **No, thank you.** などで答えましょう。

《形》**Would you like** … ? 「… はいかがですか」

☐ A: **Would you like** some coffee?
B: No, thank you.
A: コーヒーはいかがですか。
B: いいえ、結構です。

☐ A: **Would you like** a piece of candy?
B: Yes, please.
A: キャンディーはいかがですか。
B: はい、頂きます。

☐ A: Which **would you like**, tea or coffee?
B: Tea, please.
A: 紅茶にしますか、コーヒーにしますか。
B: 紅茶をお願いします。

> Would you like a piece of candy?
>
> Yes, please.

《形》**Would you like to…?** は「…しませんか」という相手を誘う表現です。

☐ **Would you like to go** for a walk? (⇒ 散歩に行きませんか)

☐ A: **Would you like to come for** dinner on Sunday?
B: Yes, **I'd love to**. (= I would love to have dinner with you)

☐ What **would you like to do** tonight?

B

《形》**I'd like …/ I'd like to …** は「…がほしい／…したい」を意味します。「I want … / I want to + 動詞の原形」と意味は変わりませんが、より丁寧な印象を相手に与えます。

☐ I'm thirsty. **I'd like** a drink.

☐ 〔旅行代理店で〕 **I'd like** some information about hotels, please.

☐ I'm feeling tired. **I'd like to stay** home tonight.

C

Would you like … ? と **Do you like … ?**

《意味》**Would you like … ?** は「…はいかがで すか／…しませんか」と、その場で相手に勧めます。

> Would you like some coffee?
>
> Yes, please.

☐ A: **Would you like** to go to the movies tonight?
(⇒ 今夜、映画を見に行きませんか)
B: Yes, I'd love to.

☐ **I'd like** an orange, please.
(⇒ オレンジをください〔店で〕)

☐ What **would you like** to do next weekend?

《意味》**Do you like … ?** は「…は好きですか」という意味で、相手の一般的な好き嫌いを尋ねます。

> Do you like coffee?
>
> Yes, I do.
>
> Would you like some now?
>
> No, thank you. Not now.

☐ A: **Do you like** to go to the movies?
(⇒ 映画はお好きですか〔一般的な好き嫌い〕)
B: Yes, I go to the movies a lot.

☐ **I like** oranges.
(⇒ オレンジが好きです。〔一般的な好き嫌い〕)

☐ What **do you like** to do on weekends?

like to do と like -ing → Unit 50   I would do something if … → Unit 98

32.1 イラストの人物たちは何を勧めていますか? **Would you like ... ?** で記述しなさい。

① Would you like a piece of candy?

②

③

④

⑤ sandwiches

⑥

32.2 **Would you like to...?** で疑問文を作り、Sueに質問しなさい。

1 You want to go to the movies tonight. Perhaps Sue will go with you. (go)
 You ask: _Would you like to go to the movies tonight?_

2 You want to play tennis tomorrow. Perhaps Sue will play, too. (play)
 You ask: ....

3 You have an extra ticket for a concert next week. Perhaps Sue will come. (come)
 You ask: ....

4 It's raining and Sue is going out. She doesn't have an umbrella, but you have one. (borrow)
 You ask: ....

32.3 下線部から文法的に正しい方を選び、文を完成させなさい。

1 "Do you like / Would you like a piece of candy?" "Yes, thanks." (Would you like が正しい)

2 "Do you like / Would you like bananas?" "Yes, I love them."

3 "Do you like / Would you like some ice cream?" "No, thank you."

4 "What do you like / would you like to drink?" "A glass of water, please."

5 "Do you like / Would you like to go out for a walk?" "Not now. Maybe later."

6 I like / I'd like tomatoes, but I don't eat them very often.

7 What time do you like / would you like to have dinner tonight?

8 "Do you like / Would you like something to eat?" "No, thanks. I'm not hungry."

9 "Do you like / Would you like your new job?" "Yes, I'm enjoying it."

10 I'm tired. I like / I'd like to go to bed now.

11 "I like / I'd like a sandwich, please." "Sure. What kind of sandwich?"

12 "What kind of music do you like / would you like?" "All kinds."

I'd rather + 動詞の原形

A

⬤「私は、むしろ…がしたい」のように、自分がしたいことを **I'd rather** を用いて述べてみましょう。

Would you like to sit here?

No, thanks. **I'd rather** sit on the floor.

カーペットの上で本を読んでいるAnna に尋ねました。

Would you like to sit here?
この椅子に座ったら？

Anna は椅子よりも床に座るほうが好きです。

No, thanks. **I'd rather** sit on the floor.
いいの。床の上のほうがいいわ。

《形》**I'd** rather は I would **rather** の短縮形です。
I'd rather の後ろには動詞の原形が入ります。

《形と語順》**I would rather** do something は「…するほうが好き／むしろ…したい」を表します。rather の後ろに not を置いて否定文を、would を主語の前に置いて疑問文を作ります。

肯定文		否定文		疑問文	
I'd rather (I **would rather**)	do stay have be	**I'd rather not** (I **would rather not**)	do stay have be	**would** you **rather**	do … ? stay … ? have … ? be … ?

- ○ I don't really want to go out. **I'd rather stay** home. (⇒ あまり外出したくない。むしろ家にいたい)
- ○ "Should we go now?" "No, not yet. **I'd rather wait** until later."
- ○ I'd like to go now, but Tom **would rather wait** until later.
- ○ I don't like to be late. **I'd rather be** early.

- ○ I'm feeling tired. **I'd rather not go out** tonight. (⇒ 疲れているので外出したくない)
- ○ Sue is feeling tired. She**'d rather not go out** tonight.
- ○ We're not hungry. We**'d rather not eat** yet.
- ○ "Would you like to go out tonight?" "**I'd rather not**." (⇒ 外出したくない))

- ○ "**Would** you **rather have** milk or juice?" "Juice, please."
- ○ Which **would** you **rather do** – go to the movie theater or watch a movie at home?

B

《形》**I'd rather do** something では動詞の原形を用います。「to + 動詞の原形」(不定詞) ではありません。
- ○ **I'd rather sit** on the floor. (× I'd rather to sit)
- ○ Sue **would rather** not go out. (× to go)

「**I'd prefer to do** something でも同じ意味を表します。この場合は「to + 動詞の原形」の不定詞が入ります。
- ○ **I'd prefer to sit** on the floor.
- ○ Sue **would prefer** not **to go** out.

C

《形》「**I'd rather** + 動詞の原形 + **than** + 動詞の原形」で「～よりも…するほうが好き」を表します。
than の前後で同じ動詞の原形が用いられる場合、2 番目の動詞は省略されます。
- ○ **I'd rather** go out **than** stay home. (⇒ 家にいるよりも外出したい)
- ○ **I'd rather** have a dog **than** a cat. 〔have の省略〕
- ○ We**'d rather** go to the movie theater **than** watch a movie at home.
- ○ **I'd rather** be at home right now **than** here. 〔be の省略〕

練習問題

33.1 イラスト B の人物の回答を **I'd rather** + 動詞の原形 を用いて完成させなさい。

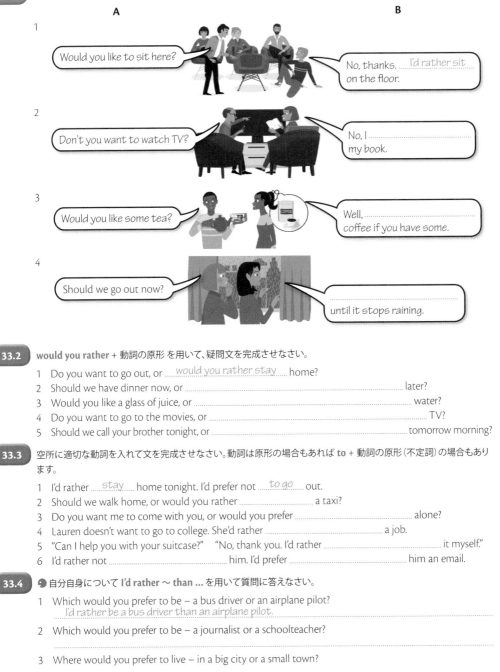

A

B

1

Would you like to sit here?

No, thanks. _I'd rather sit_ on the floor.

2

Don't you want to watch TV?

No, I .... my book.

3

Would you like some tea?

Well, ... coffee if you have some.

4

Should we go out now?

.... until it stops raining.

33.2 **would you rather** + 動詞の原形 を用いて、疑問文を完成させなさい。

1　Do you want to go out, or ....._would you rather stay_..... home?
2　Should we have dinner now, or .... later?
3　Would you like a glass of juice, or .... water?
4　Do you want to go to the movies, or .... TV?
5　Should we call your brother tonight, or .... tomorrow morning?

33.3 空所に適切な動詞を入れて文を完成させなさい。動詞は原形の場合もあれば to + 動詞の原形 (不定詞) の場合もあります。

1　I'd rather ....._stay_..... home tonight. I'd prefer not ....._to go_..... out.
2　Should we walk home, or would you rather .... a taxi?
3　Do you want me to come with you, or would you prefer .... alone?
4　Lauren doesn't want to go to college. She'd rather .... a job.
5　"Can I help you with your suitcase?"　"No, thank you. I'd rather .... it myself."
6　I'd rather not .... him. I'd prefer .... him an email.

33.4 🢒 自分自身について **I'd rather ～ than ...** を用いて質問に答えなさい。

1　Which would you prefer to be – a bus driver or an airplane pilot?
　　I'd rather be a bus driver than an airplane pilot.
2　Which would you prefer to be – a journalist or a schoolteacher?
　　...
3　Where would you prefer to live – in a big city or a small town?
　　...
4　Which would you prefer to have – a small house or a big one?
　　...
5　Which would you prefer to study – electronics or philosophy?
　　...
6　Which would you prefer to watch – a soccer game or a movie?
　　...

Unit 34

Do this!   Don't do that!   Let's do this!
（命令文）

🔵「…してください／…しないでください」のように、周りの人に依頼してみましょう。

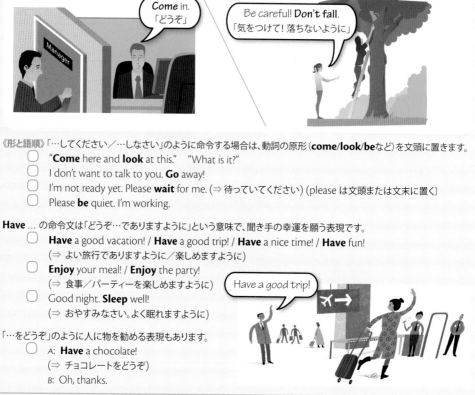

《形と語順》「…してください／…しなさい」のように命令する場合は、動詞の原形（**come/look/be**など）を文頭に置きます。

○ "**Come** here and **look** at this." "What is it?"
○ I don't want to talk to you. **Go** away!
○ I'm not ready yet. Please **wait** for me. (⇒ 待っていてください) (please は文頭または文末に置く)
○ Please **be** quiet. I'm working.

Have … の命令文は「どうぞ…でありますように」という意味で、聞き手の幸運を願う表現です。

○ **Have** a good vacation! / **Have** a good trip! / **Have** a nice time! / **Have** fun!
　(⇒ よい旅行でありますように／楽しめますように)
○ **Enjoy** your meal! / **Enjoy** the party!
　(⇒ 食事／パーティーを楽しめますように)
○ Good night. **Sleep** well!
　(⇒ おやすみなさい。よく眠れますように)

「…をどうぞ」のように人に物を勧める表現もあります。

○ A: **Have** a chocolate!
　(⇒ チョコレートをどうぞ)
　B: Oh, thanks.

《形と語順》「…してはいけない／…するな」のように、否定的に相手に命令する場合は **don't** を動詞の原形の前に置きます。

○ Be careful! **Don't fall**.
○ Please **don't go**. Stay here with me.
○ Be here on time. **Don't be** late.

《形と語順》「（一緒に）…しましょう」のように、自分と一緒に行動することを相手に促す場合は「**Let's** + 動詞の原形」を用います。**Let's** は Let us の短縮形です。

○ It's a nice day. **Let's go** out.
　(⇒ 一緒に出かけましょう)
○ Come on! **Let's dance**.
　(⇒ 一緒に踊りましょう)
○ Are you ready? **Let's go**.
○ **Let's have** fish for dinner tonight.
○ A: Should we go out tonight?
　B: No, I'm tired. **Let's stay** home.

「**Let's not** + 動詞の原形」は「（一緒に）…しないようにしましょう／…はやめましょう」を表します。

○ It's cold. **Let's not** go out. Let's stay home.
○ **Let's not** have fish for dinner tonight. Let's have chicken.

練習問題

34.1 以下から適切な動詞を選び、イラストの人物たちが述べている命令文を完成させなさい。命令文は **buy** や **come** など
で始まる肯定文の場合もあれば、**don't buy** や **don't come** などで始まる否定文の場合もあります。

be   buy   ~~come~~   ~~drink~~   drop   forget   have   sit   sleep   smile

① ....Come........... in!

② Don't drink the water.

③ It's too expensive. .... it.

④ OK, are you ready? .... !

⑤ .... on the cat!

⑥ Bye! .... a nice time.

⑦ .... to call me.   Don't worry. I won't.

⑧ I'm going to bed now.   OK. .... well.

⑨ .... careful with that vase. .... it!

34.2 **let's** に続く適切な語句を以下から選び、文を完成させなさい。

~~go for a swim~~   go to a restaurant   take the bus   wait a little   watch TV

1   Would you like to play tennis?   No, _let's go for a swim_ .
2   Do you want to walk home?   No, ...
3   Should I put some music on?   No, ...
4   Should we eat at home?   No, ...
5   Would you like to go now?   No, ...

34.3 **No, don't** または **No, let's not** を使って質問に答えなさい。

1   Should I wait for you?   No, don't wait for me.
2   Should we go home now?   No, let's not go home yet.
3   Should we go out?   ....
4   Do you want me to close the window?   ....
5   Should I call you tonight?   ....
6   Do you think we should wait for Andy?   ....
7   Do you want me to turn on the light?   ....
8   Should we take a taxi?   ....

A

● 身近にある事柄について「…がある／…がない」のように、説明してください。

SUNDAY
MONDAY
TUESDAY
WEDNESDAY
THURSDAY
FRIDAY
SATURDAY
} 7

There's a man on the roof.
（屋根の上に男性がいます）

There's a train at 10:30.
（10:30 の電車があります）

There are seven days in a week.
（1週間は7日あります）

《形と語順》単数名詞句について「…がある／…がない」を述べる場合、be 動詞は is を用います。

単数形

肯定文	there is ... (there's)
疑問文	is there ... ?
否定文	there is not ... (there isn't または there's not)

○ **There's** a big tree in the yard.
○ **There's** nothing on TV tonight.
○ A: Do you have any money?
  B: Yes, **there's** some in my wallet.
○ A: Excuse me, **is there** a hotel near here?
  B: Yes, **there is**. / No, **there isn't**.
○ We can't go skiing. **There isn't** any snow.

《形と語順》複数名詞句について「…がある／…がない」を述べる場合、be 動詞は are を用います。

複数形

肯定文	there are ...
疑問文	are there ... ?
否定文	there are not ... (there aren't)

○ **There are** some big trees in the yard.
○ **There are** a lot of accidents on this road.
○ A: **Are there** any restaurants near here?
  B: Yes, **there are**. / No, **there aren't**.
○ This restaurant is very quiet. **There aren't**
  many people here.
○ How many players **are there** on a soccer team?
○ **There are** 11 players on a soccer team.

B

《意味》**there is** ... は、初めて話題にする事柄に用いますが、**it is** は it がすでに話題として登場している場合に用います。

there is

it is

There's a book on the table.
テーブルの上に本があります。
（× It's a book on the table.）

I like this book. **It's** interesting.
私はこの本が好きです。とても面白いです。
（**It** = this book）

it は、there is/are ... や this/that ～などの文中で、すでに話題になったものを示します。
○ "What's **that noise**?"   "**It's** a train."　（⇒「あの音は何?」「電車の音です」）
        （**It** = that noise）
   There's a train at 10:30. **It's** a fast train.　（⇒ 10:30 に電車があります。その電車は快速です）
        （**It** = the 10:30 train）
○ **There's** a lot of salt in this soup.
   I don't like **this soup**. **It's** too salty.　（**It** = this soup）
「there is/are 構文」では、a tree, some money, some big trees などのように、具体的に特定されていない名詞が be
動詞の後ろに入ります。

there was / were / has been など ➡ Unit 36　　**it と there** ➡ Unit 37　　**some と any** ➡ Unit 74

練習問題

35.1 Springfield は小さな街です。以下の情報を参考に **There is/are ...** または **There isn't/aren't ...** を用いて、この街を説明する文を作りなさい。

1	a golf course?	No
2	any restaurants?	Yes (a lot)
3	a hospital?	Yes
4	a swimming pool?	No
5	any movie theaters?	Yes (two)
6	a university?	No
7	any big hotels?	No

1 _There isn't a golf course._
2 _There are a lot of restaurants._
3 ....
4 ....
5 ....
6 ....
7 ....

35.2 ● **There is/are ...** または **There isn't/aren't ...** を用いて、自分が住む街（または知っている街）を説明する文を作りなさい。

1 _There are a few restaurants._
2 _There's a big park._
3 ....
4 ....
5 ....
6 ....

35.3 空所に **there is / there isn't / is there** または **there are / there aren't / are there** を入れて、文を完成させなさい。

1 Springfield isn't an old town. ......_There aren't_...... any old buildings.
2 Look! .... a picture of your brother in the newspaper!
3 "Excuse me, ... a bank near here?" "Yes, at the end of the block."
4 .... five people in my family: my parents, my two sisters, and me.
5 "How many students .... in the class?" "Twenty."
6 The road is usually very quiet. .... much traffic.
7 ".. a bus from downtown to the airport?" "Yes, every 20 minutes."
8 ".. any problems?" "No, everything is OK."
9 .... nowhere to sit down. .... any chairs.

35.4 **There are** に続く適切な語句を 3 つの枠内から 1 つずつ選び、文を完成させなさい。

five	twenty-six	letters	~~days~~	September	the solar system
~~seven~~	thirty	players	days	the United States	~~a week~~
eight	fifty	planets	states	a basketball team	the English alphabet

1 _There are seven days in a week._
2 ....
3 ....
4 ....
5 ....
6 ....

35.5 **there is / is there** または **it's / is it** を用いて文を完成させなさい。

1 "......_There's_...... a flight at 10:30." "......_Is it_...... a nonstop flight?"
2 I'm not going to buy this shirt. .... too expensive.
3 "What's wrong?" ".. something in my eye."
4 .... a red car outside your house. .... yours?
5 A: ".. anything good on TV tonight?"
   B: "Yes, ... a show I want to see at 8:00."
6 "What's that building?" ".. a school."
7 ".. a restaurant in this hotel?" "No, I'm afraid not."

Unit 36

there was/were　there has/have been
there will be（there + be 動詞構文 2）

A

⬤ 過去に存在していた事柄について、「there was/were 構文」を使って述べてみましょう。

There is a train every hour.
電車は 1 時間に 1 本あります。

電車は9 時 /10 時 / 11 時のように正時に出発します。

The time now is 11:15.
There was a train at 11:00.
今11:15 です。
11 時に電車がありました。

《形》be 動詞の現在形（is/are）を過去形（was/were）に変えて、there was/were を作ります。

there is/are（現在形）	there was/were（過去形）
◯ **There is** nothing on TV tonight.	◯ **There was** nothing on TV last night.
◯ We are staying at a very big hotel. **There are** 1,250 rooms.	◯ We stayed at a very big hotel. **There were** 1,250 rooms.
◯ Is everything OK? **Are there** any problems?	◯ Was everything OK yesterday? **Were there** any problems?
◯ I'm hungry, but **there isn't** anything to eat.	◯ I was hungry when I got home, but **there wasn't** anything to eat.

B

《形》**there has been/there have been** … で現在完了形を作ります。

There's been
an accident.

◯ Look! **There's been** an accident.
(**there's been** = there **has** been)
(⇒ たった今事故があったんだ)
〔事故は過去だが, 現在に結果を見ることができる〕

◯ This road is very dangerous. **There have been** a lot of accidents.
(⇒ 今までこの道路でたくさんの事故が起こっている)
〔現在に至るまでの期間が話題となっている〕

◯ **There was** an accident **last night**.
(× There has been an accident last night.)
〔過去のある時点を示す語が用いられている〕
単純過去形と現在完了形の違いは **Unit 19** を参照.

C

《形》**there will be** … で未来を表します。

There will be rain
tomorrow afternoon
「明日の午後は雨になるでしょう」.

◯ Do you think **there will be** a lot of people at the party on Saturday?
(⇒ 土曜日のパーティーは大勢の人が来ると思いますか)

◯ The president of the company is leaving, so **there will be** a new president soon.

◯ I'm going out of town tomorrow. I'm packing my things today because **there won't be** time tomorrow.
(**there won't be** = there **will not** be)

---

was/were（be 動詞の過去形）➔ Unit 10　　has/have been（現在完了形）➔ Units 16-17　　will ➔ Unit 26
there is/are ➔ Unit 35　　there と it ➔ Units 35, 37　　some と any ➔ Unit 74

練習問題

36.1 There was ... または There were ... を用いて、先週の部屋の状態について説明しなさい。以下から適切な語句を選び、文を完成させなさい。

an armchair	a carpet	some flowers	a sofa
some books	~~a clock~~	three pictures	a small table

先週

現在

1   There was a clock .... on the wall near the window.
2   .... on the floor.
3   .... on the wall near the door.
4   .... in the middle of the room.
5   .... on the table.
6   .... on the shelves.
7   .... in the corner near the door.
8   .... opposite the armchair.

36.2 there was / there wasn't / was there または there were / there weren't / were there を用いて文を完成させなさい。

1   I was hungry, but .....there wasn't..... anything to eat.
2   Was everything OK yesterday? .....Were there..... any problems?
3   I opened the envelope, but it was empty. .... nothing in it.
4   "We stayed at a very nice hotel." "Really? .... a swimming pool?"
5   "Did you buy any cherries?" "No, ... any at the store."
6   The wallet was empty. .... any money in it.
7   ".. many people at the meeting?" "No, very few."
8   We didn't visit the museum. .... enough time.
9   I'm sorry I'm late. .... a lot of traffic.
10 Twenty years ago .... many tourists here. Now there are a lot.

36.3 there の後に、is / are / was / were / has been / have been / will be のいずれかを用いて文を完成させなさい。

1   .....There was..... a good program on TV last night.
2   .... 24 hours in a day.
3   .... a party at work last Friday, but I didn't go.
4   "Where can I get something to eat?" " .... a restaurant at the end of the block."
5   "Why are the police outside the bank?" " .... a robbery."
6   When we got to the theater, ... a long line outside.
7   When you arrive tomorrow, ... somebody at the airport to meet you.
8   Ten years ago .... 500 children in the school. Now .... more than a thousand.
9   Last week I went back to the town where I was born. It's very different now.
    .... a lot of changes.
10 I think everything will be OK. I don't think .... any problems.

Unit 37

「それ」という意味を持たない it

A

時刻・日付や曜日・距離・天候について述べる時に用いる **it** は「それ」のように物を指しません。**it** を用いて、今の時刻・今日の日付や曜日・天候について述べてみましょう。

時刻

- ○ What time is **it**? (⇒ 今、何時?)
- ○ It's 10:30. (⇒ 10時半です)
- ○ **It**'s late.
- ○ **It**'s time to go home.

日付や曜日

THURS
MAR 16

- ○ What day is **it**? (⇒ 今日は何曜日?/何日?)
- ○ **It**'s Thursday. (⇒ 木曜日です)
- ○ **It**'s March 16th.
- ○ **It** was my birthday yesterday.

距離

our house
2 miles
downtown

- ○ **It**'s two miles from our house to downtown.
  (⇒ 家から中心街まで 2マイルあります)
- ○ How far is **it** from New York to Los Angeles?
  (⇒ ニューヨークからロサンゼルスまで、どのくらい距離がありますか)
- ○ **It**'s a long way from here to the airport.
- ○ We can walk home. **It** isn't far.

far は、疑問文 (**is it far?**) または否定文中 (**it isn't far**) で用います。肯定文中では **it's a long way** のように **a long way** を用います。

天候

- ○ **It**'s raining. **It** isn't raining. **Is** it snowing?
- ○ **It** rains a lot here. **It** didn't rain yesterday.
  Does **it** snow very often?
- ○ **It**'s warm/hot/cold/nice/cloudy/windy/sunny/clear/dry/humid/rainy/
  foggy/dark など
- ○ **It**'s a nice day today.

天候については、**it** 以外に「**there** + be 動詞構文」を用いて記述することもあります。
- ○ **It rains** a lot in the winter. (⇒ it + 動詞)
  It's very **rainy** in the winter. (⇒ it's + 形容詞) 冬は雨が多い
  There is **a lot of rain** in the winter. (⇒ there is + 名詞句)
- ○ **It** was very **windy** yesterday.
  There was **a strong wind** yesterday. (昨日は風が強かった)

B

《形と語順》**It's nice to . . .** は、「...することは～である」のように「to + 動詞の原形」が表す動作に対する意見や感情を表します。**it** は「 to + 動詞の原形」を表し、「それ」という意味はありません。

形容詞

It's	easy / difficult / impossible / dangerous / safe expensive / interesting / nice / wonderful / terrible など	**to + 動詞の原形**

- ○ **It**'s nice **to see you again**. (⇒ またお会いできて嬉しいです))
- ○ **It**'s impossible **to understand her**.
- ○ **It** wasn't easy **to find your house**.

C

it に「それ」という意味がなくても、**it** を省略することはできません。
- ○ **It**'s raining again. (× Is raining again)
- ○ Is **it** true that you're moving to Dallas? (× Is true that …)

74

there + be 動詞構文 → Units 35–36

練習問題

37.1 イラストの天候を **it's ...** で説明しなさい。

1 _It's raining._   4 ....

2 ....   5 ....

3 ....   6 ....

37.2 **it is** (**it's**) または **is it** を用いて文を完成させなさい。

1 What time ..._is it_...?

2 We have to go now. .... very late.

3 .... true that Bill can fly a helicopter?

4 "What day .... today? Tuesday?" "No, ... Wednesday."

5 .... 10 miles from downtown to the airport.

6 .... OK to call you at the office?

7 "Do you want to walk to the hotel?" "I don't know. How far .... ?"

8 .... Rachel's birthday today. She's 27.

9 I don't believe it! .... impossible.

37.3 「〜から…までの距離はどのくらいですか?」を表す疑問文を **How far ... ?** を用いて作りなさい。

1 (here / the station)   _How far is it from here to the station?_

2 (the hotel / the beach)   How ....

3 (New York / Washington)   ....

4 (your house / the airport)   ....

37.4 **it** または **there** を用いて文を完成させなさい。

1 The weather isn't so nice today. .....It..... 's cloudy.

2 .....There..... was a strong wind yesterday.

3 .... 's hot in this room. Open a window.

4 .... was a nice day yesterday. .... was warm and sunny.

5 .... was a storm last night. Did you hear it?

6 I was afraid because .... was very dark.

7 .... 's often cold here, but .... isn't much rain.

8 .... 's a long way from here to the nearest gas station.

37.5 枠内から 1 つずつ語句を選び、文を完成させなさい。

it's	easy ~~difficult~~ impossible	dangerous nice interesting	to	work here visit different places see you again	~~get up early~~ go out alone make friends

1 If you go to bed late, ..._it's difficult to get up early_...... in the morning.

2 Hello, Jane. .... How are you?

3 .... There is too much noise.

4 Everybody is very nice at work. ....

5 I like traveling. ....

6 Some cities are not safe. .... at night.

A

☆ **I am, I don't** で文を完結させ、相手の言葉を繰返すことを避ける表現です。

She isn't tired, but **he is**.
(**he is** = he is *tired*)
彼女は疲れていませんが、彼は疲れています。

He likes tea, but **she doesn't**.
(**she doesn't** = she doesn't *like tea*)
彼はお茶が好きですが、彼女は好きではありません。

《形》以下の枠内の be 動詞および助動詞も同様に、繰返しを避けるために用いられます。

am/is/are
was/were
have/has
do/does/did
can
will
might
should

- ◯ I haven't seen the movie, but my sister **has**. (= my sister has seen the movie.)
- ◯ A: Please help me.
  B: I'm sorry. I **can't**. (= I can't help you.)
- ◯ A: Are you tired?
  B: I **was**, but I'**m not** now. (= I was tired, but I'm not tired now.)
- ◯ A: Do you think Megan will come and see us?
  B: She **might**. (= she might come)
- ◯ A: Are you going to study tonight?
  B: I **should**, but I probably **won't**. (= I should study, but I probably won't study.)

肯定文では、'**m**/'**s**/'**ve** などの短縮形をこの用法で用いることはできません。常に **am**/**is**/**have** などの形を用います。
- ◯ She isn't tired, but he **is**. (× ... but he's)

否定文では、**isn't / haven't / won't** などの短縮形が使えます。
- ◯ My sister has seen the movie, but I **haven't**.
- ◯ "Are you and Megan working tomorrow?" "I am, but Megan **isn't**."

B

《形》疑問文に **Yes** または **No** で答える場合は、**I am / I'm not** のような形が使えます。
- ◯ "Are you tired?" "Yes, I **am**. / No, I'**m not**."
- ◯ "Will Bill be here tomorrow?" "Yes, he **will**. / No, he **won't**."
- ◯ "Is there a bus to the airport?" "Yes, there **is**. / No, there **isn't**."

C

《形》単純現在形 (**Units 6–7** を参照) の文では、**do/does** を用います。
- ◯ I don't like hot weather, but Sue **does**. (= Sue likes hot weather.)
- ◯ Sue works hard, but I **don't**. (= I don't work hard.)
- ◯ "Do you enjoy your work?" "Yes, I **do**."

《形》単純過去形 (**Unit 12** を参照) の文では、**did** を用います。
- ◯ A: Did you and Chris like the movie?
  B: I **did**, but Chris **didn't**. (= I liked it, but Chris didn't like it.)
- ◯ "I had a good time." "I **did**, too." (= I had a good time, too.)
- ◯ "Did it rain yesterday?" "No, it **didn't**."

You have? / Have you? など(聞き返し疑問と付加疑問) ➜ Unit 39   **so am I / neither do I** など ➜ Unit 40

練習問題

38.1 空所に動詞 (is/have/can など) を 1 つだけ入れて文を完成させなさい。

1　Kate wasn't hungry, but we ....*were*........... .
2　I'm not married, but my brother ....
3　Bill can't help you, but I ....
4　I haven't read the book, but Tom ....
5　Karen won't be here, but Chris ....
6　You weren't late, but I ....

38.2 空所に動詞の否定形 (isn't/haven't/can't など) を入れて文を完成させなさい。

1　My sister can play the piano, but I ....*can't*...... .
2　Sam is working today, but I ....
3　I was working, but my friends ....
4　Alex has been to China, but I ....
5　I'm ready to go, but Tom ....
6　I've seen the movie, but Emma ....

38.3 空所に do/does/did または don't/doesn't/didn't を入れて文を完成させなさい。

1　I don't like hot weather, but Sue .....*does*..... .
2　Sue likes hot weather, but I .....*don't*..... .
3　My mother wears glasses, but my father ....
4　You don't know Robert very well, but I ....
5　I didn't enjoy the party, but my friends ....
6　I don't watch TV much, but Ben ....
7　Kate lives in Canada, but her parents ....
8　You had breakfast this morning, but I ....

38.4 🔊 自分自身や周りの人たちについて説明する文を作りなさい。

1　I didn't .....*go out last night, but my friends did.*...
2　I like ...., but ....
3　I don't ...., but ....
4　I'm ....
5　I haven't ....

38.5 空所に適切な動詞の肯定形または否定形を入れて、文を完成させなさい。

1　"Are you tired?"　"I .....*was*..... earlier, but I'm not now."
2　Nate is happy today, but he .... yesterday.
3　The stores aren't open yet, but the post office ....
4　I don't have a telescope, but I know somebody who ....
5　I would like to help you, but I'm sorry I ....
6　I don't usually drive to work, but I .... yesterday.
7　A:　Have you ever been to Costa Rica?
　　B:　No, but Grace .... She went there on vacation last year.
8　"Do you and Kevin watch TV a lot?"　"I ...., but Kevin doesn't."
9　I was invited to Sam's wedding, but Kate ....
10　"Do you think Sarah will pass her driving test?"　"Yes, I'm sure she ...."
11　"Are you going out tonight?"　"I .... I don't know for sure."

38.6 🔊 Yes, I have. / No, I'm not. などの形を用いて、自分自身について答えなさい。

1　Are you Brazilian?　　　　　　　　*No, I'm not.*
2　Do you have a car?　　　　　　　　...
3　Do you feel OK?　　　　　　　　　...
4　Is it snowing?　　　　　　　　　　...
5　Are you hungry?　　　　　　　　　...
6　Do you like classical music?　　　...
7　Will you be in Boston tomorrow?　...
8　Have you ever broken your arm?　...
9　Did you buy anything yesterday?　...
10　Were you asleep at 3:00 a.m.?　　...

Unit 39

You have? / Have you? / You are? / Are you? など
(聞き返し疑問と付加疑問)

A 聞き返し疑問

☆ **You have?** / **It is?** / **He can't?** のように、上昇調で相手の言葉を部分的に繰り返すことで「それで?/本当?」という意味になり、関心や驚きなどの感情を表すことができます。

I'm writing a book.
You are? About what?

I don't like Eric.
You don't? Why not?

I bought a new car.
Oh, **you did?**

《形》be 動詞や助動詞を含む文では、**you have?** / **it is?** / **he can't?** のようにbe 動詞や助動詞で文を完結させて聞き返します。

- "**You're** late."　"**I am?** I'm sorry."　(⇒「遅いよ」—「本当?ごめん」)
- "**I was** sick last week."　"**You were?** I didn't know that."
  (⇒「先週は病気だったんだ」—「そうなの? 知らなかった」)
- "**It's** raining again."　"**It is?** It was sunny 10 minutes ago."
- "**There's** a problem with the car."　"**There is?** What's wrong with it?"

- "**Bill can't** drive."　"**He can't?** I didn't know that."
- "**I'm not** hungry."　"**You aren't?** I am."
- "**Sue isn't** at work today."　"**She isn't?** Is she sick?"

《形》be 動詞や助動詞を含まない場合、単純現在形の文では **do/does**、単純過去形の文では **did** で文を完結させて聞き返します。

- "**I speak** four languages."　"**You do?** Which ones?"
  (⇒「4 か国語を話せるんだ」—「本当?何語ができるの?」)
- "**Tim doesn't** eat meat."　"**He doesn't?** Does he eat fish?"
- "**Nicole got** married last week."　"**She did?** Really?"

B 付加疑問

☆ **have you?** / **is it?** / **can't she?** のように、文末に置く小さな疑問形を「付加疑問」と呼びます。

付加疑問は、普通下降調で発音し「…ですね」のように相手に同意を求めます。
"It's a nice day, **isn't it**?"　"Yes, it's perfect."
「よい天気ですね」—「本当にそうですね」

It's a nice day, **isn't it**?
Yes, it's perfect.

《形》肯定文には否定形の付加疑問が付きます。

It's a nice day,	**isn't it?**	Yes, it's perfect.
Anna lives in Portland,	**doesn't she?**	Yes, that's right.
You closed the window,	**didn't you?**	Yes, I think so.
Those shoes are nice,	**aren't they?**	Yes, very nice.
Tom will be here soon,	**won't he?**	Yes, probably.

《形》否定文には肯定形の付加疑問が付きます。

That isn't your car,	**is it?**	No, it's my mother's.
You haven't met my mother,	**have you?**	No, I haven't.
Emily doesn't go out much,	**does she?**	No, she doesn't.
You won't be late,	**will you?**	No, I'm never late.

I am, I don't など(肯定文、否定文の後に続く語句の省略)➡ Unit 38

39.1 空所に **You do?** / **She doesn't?** / **They did?** などを入れて文を完成させなさい。

1	I speak four languages.	_You do_ ?	Which ones?
2	I work in a bank.	.................?	I work in a bank, too.
3	I didn't go to work yesterday.	.................?	Were you sick?
4	Julia doesn't like me.	.................?	Why not?
5	You look tired.	.................?	I feel fine.
6	Kate called me last night.	.................?	What did she say?

39.2 空所に **You are?** / **She does?** / **It isn't?** などを入れて文を完成させなさい。

1	I'm writing a book.	_You are_ ?	What is it about?
2	Tom doesn't eat meat.	_He doesn't_ ?	Does he eat fish?
3	I lost my key.	.................?	When did you have it last?
4	Sue can't drive.	.................?	She should learn.
5	I was born in Italy.	.................?	I didn't know that.
6	I didn't sleep well last night.	.................?	Was the bed uncomfortable?
7	There's a football game on TV tonight.	.................?	Are you going to watch it?
8	I'm not happy.	.................?	Why not?
9	I saw Diana last week.	.................?	How is she?
10	Maria works in a factory.	.................?	What kind of factory?
11	I won't be here next week.	.................?	Where will you be?
12	The clock isn't working.	.................?	It was working yesterday.

39.3 空所に **isn't it?** / **haven't you?** などの付加疑問を入れて文を完成させなさい。

1	It's a nice day,	_isn't it_ ?	Yes, it's beautiful.
2	These flowers are nice,	.................?	Yes, what kind are they?
3	Emily was at the party,	.................?	Yes, but I didn't speak to her.
4	You've been to Chile,	.................?	Yes, many times.
5	You speak Thai,	.................?	Yes, but not very well.
6	Bill looks tired,	.................?	Yes, he works very hard.
7	You'll help me,	.................?	Yes, of course I will.

39.4 空所に **is it?** / **do you?** などの肯定、または **isn't it?** / **don't you?** などの否定の付加疑問を入れて、文を完成させなさい。

1	You haven't eaten yet,	_have you_ ?	No, I'm not hungry.
2	You aren't tired,	.................?	No, I feel fine.
3	Liz is a very nice person,	.................?	Yes, everybody likes her.
4	You can play the piano,	.................?	Yes, but I'm not very good.
5	You don't know Mike's sister,	.................?	No, I've never met her.
6	Sarah went to college,	.................?	Yes, she studied psychology.
7	The movie wasn't very good,	.................?	No, it was terrible.
8	Anna lives near you,	.................?	Yes, just a few blocks away.
9	You won't tell anybody what I said,	.................?	No, of course not.

too/either　so am I / neither do I など

🔊 イラストのようにペアを組み、相手の発言に対して「私も … である／… ではない」のように自分の状況を述べてください。

「楽しいわ」—「僕もだよ」　　　　　　　　　　「つまらないわ」—「僕もだよ」

《形と語順》相手の発言に対して「私も…である」のように肯定で受ける場合は **too** を、「私も…ではな い」のように否定で受ける場合には **either** を用います。too と either は文末に置きます。

too は、肯定形の動詞の後に置きます。 ◯ A: I'm happy. 　 B: I**'m** happy, **too**. ◯ A: I liked the movie. 　 B: I **liked** it, **too**. ◯ Jane is a doctor. Her husband **is** a doctor, **too**.	**either** は、否定形の動詞の後に置きます。 ◯ A: I'm not happy. 　 B: I**'m not** happy, **either**. (× I'm not …, too.) ◯ A: I can't cook. 　 B: I **can't**, **either**. (× I can't, too) ◯ Bill doesn't watch TV. He **doesn't** read newspapers, **either**.

《形と語順》**So am I / Neither do I** などのように、「so/neither + 動詞 + 主語」の語順で「私も …である／…ではない」を表します。

so	am/is/are … was/were … do/does … did … have/has …
neither	can … will … should …

「楽しいわ」—「私もだよ」　　　　　　　　　　「つまらないな」—「私もよ」

《意味》意味は too/either を用いた場合と同じです。

so am I = I am, too
so have I = I have, too など
- ◯ A: **I'm** working.
  　 B: **So am I.** (= I'm working, too)
- ◯ A: **I was** late for work today.
  　 B: **So was Sam.** (= Sam was late, too)
- ◯ A: **I work** in a bank.
  　 B: **So do I.**
- ◯ A: **We went** to the movies last night.
  　 B: You did? **So did we.**
- ◯ A: **I'd** like to go to Australia.
  　 B: **So would I.**

neither am I = I'm not, either
neither can I = I can't, either など
- ◯ A: **I haven't** been to China.
  　 B: **Neither have I.** (= I haven't, either)
- ◯ A: **Kate can't** cook.
  　 B: **Neither can Tom.** (= Tom can't, either)
- ◯ A: **I won't** (= will not) be here tomorrow.
  　 B: **Neither will I.**
- ◯ A: **I never go** to the movies.
  　 B: **Neither do I.**

so/neither を用いた場合は、So **am I** や Neither **have I** のように文末に主語がきます。動詞を置くことはできません。(× So I am. / × Neither I have.)

I am, I don't など（肯定文, 否定文の後に続く語句の省略） → Unit 38

練習問題

ユニット

Unit 40

40.1 空所に too または either を入れて文を完成させなさい。

1 I'm happy. — I'm happy, _too_.
2 I'm not hungry. — I'm not hungry, _____.
3 I'm going out. — I'm going out, _____.
4 It rained on Saturday. — It rained on Sunday, _____.
5 Jenn can't drive a car. — She can't ride a bike, _____.
6 I don't like to go shopping. — I don't like to go shopping, _____.
7 Lauren's mother is a teacher. — Her father is a teacher, _____.

40.2 So ... I (So am I / So do I / So can I など) を使って、質問に答えなさい。

1 I went to bed late last night. — _So did I._
2 I'm thirsty. — _____
3 I've already read this book. — _____
4 I need a vacation. — _____
5 I'll be late tomorrow. — _____
6 I was very tired this morning. — _____

Neither ... I を使って、質問に答えなさい。

7 I can't go to the party. — _____
8 I didn't call Alex last night. — _____
9 I haven't eaten lunch yet. — _____
10 I'm not going out tonight. — _____
11 I don't know what to do. — _____

40.3 Maria の言葉に続くように、自分について述べる文を作りなさい。例にならって So ... I や Neither ... I をできるだけ使って答えなさい。

I'm tired today. — あなたの答え: _So am I._ or _I'm not._
I don't work hard. — あなたの答え: _Neither do I._ or _I do._

MARIA / YOU

1 I'm studying English.
2 I can ride a bike.
3 I'm not American.
4 I like to cook.
5 I don't like cold weather.
6 I slept well last night.
7 I've never run a marathon.
8 I don't use my phone much.
9 I'm going out tomorrow night.
10 I haven't been to India.
11 I didn't watch TV last night.
12 I go to the movies a lot.

81

A

《形》次のような動詞（be 動詞および助動詞）では、後ろに **not** (**n't**) を置いて否定文を作ります。

肯定 → 否定(短縮形)

am	**am not** (**'m not**)
is	**is not** (**isn't** *or* **'s not**)
are	**are not** (**aren't** *or* **'re not**)
was	**was not** (**wasn't**)
were	**were not** (**weren't**)
have	**have not** (**haven't**)
has	**has not** (**hasn't**)
will	**will not** (**won't**)
can	**cannot** (**can't**)
could	**could not** (**couldn't**)
should	**should not** (**shouldn't**)
would	**would not** (**wouldn't**)
must	**must not**

- ○ I**'m not** tired.
- ○ It **isn't** (*or* It**'s not**) raining.
- ○ They **aren't** (*or* They**'re not**) here.
- ○ Ryan **wasn't** hungry.
- ○ The stores **weren't** open.
- ○ I **haven't** finished my work yet.
- ○ Sue **hasn't** been to Mexico.
- ○ We **won't** be here tomorrow.
- ○ John **can't** drive.
- ○ I **couldn't** sleep last night.
- ○ You **shouldn't** work so hard.
- ○ I **wouldn't** like to be an actor.
- ○ They **must not** have a car.

B

《形と語順》セクション A のように be 動詞や助動詞を含まない場合、単純現在形では **don't/doesn't** を、単純過去形では **didn't** を動詞の原形の前に置いて否定文を作ります。この場合の don't/doesn't/didn't は助動詞です。

	主語	don't/doesn't/didn't	動詞の原形
単純現在形の否定文	I/we/you/they/ he/she/it	**do not** (**don't**) **does not** (**doesn't**)	**work/live/go** など
単純過去形の否定文	I/they/he/she など	**did not** (**didn't**)	

肯定	→	否定
I **want** to go out.	→	I **don't want** to go out.
They **work** hard.	→	They **don't work** hard.
Liz **plays** the guitar.	→	Liz **doesn't play** the guitar.
My father **likes** his job.	→	My father **doesn't like** his job.
I **got** up early this morning.	→	I **didn't get** up early this morning.
They **worked** hard yesterday.	→	They **didn't work** hard yesterday.
We **played** tennis.	→	We **didn't play** tennis.
Olivia **had** dinner with us.	→	Olivia **didn't have** dinner with us.

「…してはいけない／…するな」のような否定命令文は、**Don't** を文頭に置いて作ります。

肯定	→	否定
Look!	→	**Don't look!**
Wait for me.	→	**Don't wait** for me.

do は、疑問文や否定文を作る助動詞としての用法以外に、「…をする」という意味の動詞として用いられる場合があります。
動詞の do は、否定文では **don't do / doesn't do / didn't do** のような形になります。

肯定	→	否定
Do something!	→	**Don't do** anything!
(⇒ 何かして!)		(⇒ 何もするな!)
Sue **does** a lot on weekends.	→	Sue **doesn't do** much on weekends.
(⇒ Sue は週末に色々なことをします)		(⇒ Sue は週末は特に何もしません)
I **did** what you said.	→	I **didn't do** what you said.

単純現在形の否定文 → Unit 6　　単純過去形の否定文 → Unit 12　　**don't look / don't wait** など（否定命令文）→ Unit 34
Why isn't/don't … ?（否定疑問文）→ Unit 42

82

練習問題

41.1 それぞれの文を否定文にしなさい。

1 He's gone out. _He hasn't gone out._
2 They're married. ....
3 I've had dinner. ....

4 It's cold today. ....
5 We'll be late. ....
6 You should go. ....

41.2 don't/doesn't/didn't を用いて、それぞれの文を否定文にしなさい。

1 She saw me. _She didn't see me._
2 I like cheese. ....
3 They understood. ....

4 He lives here. ....
5 Go away! ....
6 I did the dishes. ....

41.3 それぞれの文を否定文にしなさい。

1 She can swim. _She can't swim._
2 They've arrived. ....
3 I went to the bank. ....
4 He speaks Japanese. ....
5 We were angry. ....

6 He'll be happy. ....
7 Call me tonight. ....
8 It rained yesterday. ....
9 I could hear them. ....
10 I believe you. ....

41.4 isn't/haven't/don't などの適切な動詞の否定形を入れて、文を完成させなさい。

1 They aren't rich. They _don't_ have much money.
2 "Would you like something to eat?" "No, thank you. I .... hungry."
3 I .... find my glasses. Have you seen them?
4 David .... go to the movie theater much. He'd rather watch movies at home.
5 We can walk to the station from here. It .... very far.
6 "Where's Jane?" "I .... know. I .... seen her today."
7 Be careful! .... fall!
8 We went to a restaurant last night. I .... like the food very much.
9 I've been to Japan many times, but I .... been to South Korea.
10 Julia .... be here tomorrow. She'll be out of town.
11 "Who broke that window?" "Not me. I .... do it."
12 We didn't see what happened. We .... looking at the time.
13 Jenn bought a new coat a few days ago, but she .... worn it yet.
14 You .... drive so fast. It's dangerous.

41.5 Sam があなたの質問に対して Yes または No で答えています。例にならって、Sam について述べる文を作りなさい。

YOU
SAM

Are you married?	No.	1 _He isn't married._
Do you live in Los Angeles?	Yes.	2 _He lives in Los Angeles._
Were you born in Los Angeles?	No.	3 ....
Do you like Los Angeles?	No.	4 ....
Would you like to live someplace else?	Yes.	5 ....
Can you drive?	Yes.	6 ....
Have you traveled abroad?	No.	7 ....
Do you read a newspaper?	No.	8 ....
Are you interested in politics?	No.	9 ....
Do you usually watch TV at night?	Yes.	10 ....
Did you watch TV last night?	No.	11 ....
Did you go out last night?	Yes.	12 ....

Is it … ? Have you … ? Do they … ? など
(疑問文 1)

A

《形と語順》疑問文は、be 動詞または助動詞を主語の前に置いて作ります。

肯定文	you	are	You are eating.
疑問文	are	you	Are you eating?

What **are you** eating?

肯定文			疑問文	
主語 + 動詞			動詞 + 主語	
I	**am** late.	→	**Am**	I late?
Max	**is** from Canada.	→	Where **is**	**Max** from?
She	**was** angry.	→	Why **was**	**she** angry?
The movie	**has** started.	→	**Has**	**the movie** started?
You	**have** been to Japan.	→	**Have**	**you** been to Japan?
They	**will** be here soon.	→	When **will**	**they** be here?
Paula	**can** swim.	→	**Can**	**Paula** swim?

疑問文では、動詞は主語の前に置きます。

- ◯ **Has the movie** started? (× Has started the movie?)
- ◯ **Are those people** waiting for something? (× Are waiting … ?)
- ◯ When **was the telephone** invented? (× When was invented … ?)

B

《形と語順》be 動詞や助動詞がない場合は、単純現在形では **do/does** を、単純過去形では **did** を主語の前に置きます。動詞は原形でなければなりません。

	動詞（助動詞）+ 主語		動詞（原形）
単純現在形の疑問文	**do**	I/we/you/they	**work**/**live**/**go** など… ?
	does	he/she/it	
単純過去形の疑問文	**did**	I/they/he/she など	

肯定文		疑問文
They **work** hard.	→	**Do** they **work** hard?
You **watch** TV.	→	How often **do** you **watch** TV?
Chris **has** a car.	→	**Does** Chris **have** a car?
She **gets up** early.	→	What time **does** she **get** up?
They **worked** hard.	→	**Did** they **work** hard?
You **had** dinner.	→	What **did** you **have** for dinner?
She **got** up early.	→	What time **did** she **get** up?

do は Do you **do** … ? / Did he **do** … ? などの形で「…をする」という意味の主動詞としても用いられます。

- ◯ What **do** you usually **do** on weekends? (⇒ 最初の do は助動詞、2 番目の do は主動詞)
- ◯ A: "What **does** your brother **do**?"
  B: "He works in a bank."
- ◯ A: "I broke my finger last week."
  B: "How **did** you **do** that?" (× How did you that?)

C

《意味》**Why isn't … ?** / **Why don't … ?** のように「Why + 否定疑問文」で、「…(し)ないなんて」という驚きや「…しましょう」という勧誘を示します。

- ◯ Where's John? **Why isn't he** here? (× Why he isn't here?)
  (⇒ なぜここにいないの？／いないなんてひどい)
- ◯ **Why can't Nicole** come to the meeting tomorrow? (× Why Nicole can't … ?)
  (⇒ なぜ会議に来られないの？／会議に誘いましょう)
- ◯ **Why didn't you** call me last night?

単純現在形の疑問文 → Unit 7　単純過去形の疑問文 → Unit 12　疑問文 2–3 → Units 43–44
what/which/how → Units 45–46

42.1 例にならって疑問文を作りなさい。

1	I can swim.	(and you?)	_Can you swim?_
2	I work hard.	(and Jack?)	_Does Jack work hard?_
3	I was late this morning.	(and you?)	....
4	I've seen that movie.	(and Kate?)	....
5	I'll be here tomorrow.	(and you?)	....
6	I'm going out tonight.	(and Sam?)	....
7	I like my job.	(and you?)	....
8	I live near here.	(and Nicole?)	....
9	I enjoyed the movie.	(and you?)	....
10	I had a good vacation.	(and you?)	....

42.2 (　)内の語句を用いて、車の運転について友人に質問しなさい。

YOU

1	(have / a car?)	_Do you have a car?_	Yes, I do.
2	(use / a lot?)	.... it	Yes, every day.
3	(use / yesterday?)	....	Yes, to go to work.
4	(enjoy driving?)	....	Not very much.
5	(a good driver?)	....	I think I am.
6	(ever / have / an accident?)	....	No, never.

42.3 (　)内の語句を正しい語順に並べて、適切な疑問文を作りなさい。

1 (did / go / where / David?) _Where did David go?_
2 (working / Rachel / is / today?) _Is Rachel working today?_
3 (the children / what / are / doing?) What ....
4 (made / is / how / cheese?) ....
5 (to the party / coming / is / your sister?) ....
6 (you / the truth / tell / don't / why?) ....
7 (your guests / have / yet / arrived?) ....
8 (leave / what time / your plane / does?) ....
9 (to work / Emma / why / go / didn't?) ....
10 (your car / in the accident / was / damaged?) ....

42.4 例にならって疑問文を完成させなさい。

1	I want to go out.	Where	_do you want to go?_
2	Kate and Ben aren't going to the party.	Why	_aren't they going?_
3	I'm reading.	What	....
4	Sue went to bed early.	What time	....
5	My parents are going on vacation.	When	....
6	I saw Tom a few days ago.	Where	....
7	I can't come to the party.	Why	....
8	I've been to Canada.	How many times	....
9	I need some money.	How much	....
10	Anna doesn't like me.	Why	....
11	It rains sometimes.	How often	....
12	I did the shopping.	When	....

Unit 43

Who saw you?　Who did you see?
(疑問文 2)

A

《形と語順》「誰が…?」のように、主語を尋ねる疑問文では肯定文と同じ語順です。「誰を…?」のように、目的語を尋ねる疑問文では語順が変わります。

Julia saw Kevin.
Julia は、Kevin を見かけました。

Who **saw** Kevin?
　Julia. (Julia saw him.)
誰がKevin を見かけましたか。Julia です。

Who **did** Julia **see**?
　Kevin. (She saw Kevin.)
Julia は誰を見かけましたか。ー Kevinです。

☆「誰を」を表す疑問詞として whom がありますが、話し言葉ではあまり使われないため、本書では省略されています。

主語　動詞　目的語
Julia　saw　Kevin
(⇒ Julia は Kevin を見かけました)

主語
人　saw Kevin.
主語　動詞 目的語

Who　saw Kevin?
主語 (who) + 動詞 + 目的語?
(⇒ 誰が Kevin を見かけたのですか)
〔**who** は主語、**Kevin** は目的語〕

目的
Julia saw　人　.
主語 動詞 目的語

Who　did Julia see?
目的語 (who) + did + 主語 + 動詞の原形?
(⇒ Julia は誰を見かけましたか)
〔**who** は目的語、**Julia** は主語〕

B

《形と語順》who/what が「誰が／何が…?」のように主語となる場合、「主語 (**who**/**what**)+ 動詞 ?」の語順になります。do/does/did は不要です。

- ○ **Who lives** in this house?　(⇒ 誰がこの家に住んでいますか) (× Who does live?)
- ○ **What happened**?　(⇒ 何が起きたのですか) (× What did happen?)
- ○ **What's happening**?　(What's = What **is**)
- ○ **Who's got** my keys?　(Who's = Who **has**)

who/what が「誰に／何を (に)…?」のように目的語となる場合は、**who**/**what** を文頭に置き、その後ろに be 動詞や助動詞 (can/will/may/have/do/did/does など) を置きます。

- ○ Who did **you** meet yesterday?　(⇒ あなたは誰に会いましたか)
- ○ What did **Kevin** say?　(⇒ Kevin は何と言いましたか)
- ○ Who are **you** calling?
- ○ What was **Julia** wearing?

主語を「誰が?」と尋ねる場合には語順は変わりませんが、目的語を「何を?」と尋ねる場合には語順が変わります。

- ○ Eric likes oranges.　　→　　**Who likes** oranges? – Eric.
  主語 + 動詞 + 目的語　　　　　　**What** does Eric like? – Oranges.
- ○ Emily won a new car.　→　　**Who won** a new car? – Emily.
  主語 + 動詞 + 目的語　　　　　　**What** did Emily win? – A new car.

C

《意味》who は「誰が／誰を (に)」のように人に対して、**what** は「何が／何を (に)」のように物に対して用います。

- ○ **Who** is your favorite **singer**?　(⇒ あなたの好きな歌手は誰ですか)
- ○ **What** is your favorite **song**?　(⇒ あなたの好きな歌は何ですか)

86

疑問文の作り方 → Units 42, 44　　**what/which/how** の疑問文 → Unit 45

43.1 例にならって、**who/what** で始まる疑問文を作りなさい。**who/what** はいずれも主語です。

1　Somebody broke the window.
2　Something fell off the shelf.
3　Somebody wants to see you.
4　Somebody took my umbrella.
5　Something made me sick.
6　Somebody is coming.

Who broke the window?
What ....
.... me?
....
....
....

43.2 例にならって、**who/what** で始まる疑問文を作りなさい。**who/what** は主語または目的語です。

1　I bought something.
2　Somebody lives in this house.
3　I called somebody.
4　Something happened last night.
5　Somebody knows the answer.
6　Somebody did the dishes.
7　Emma did something.
8　Something woke me up.
9　Somebody saw the accident.
10　I saw somebody.
11　Somebody has my pen.
12　This word means something.

What did you buy?
Who lives in this house?
....
....
....
....
....
....
....
....
....
....

43.3 xxxxx 部分の情報が不足しています。例にならって **who/what** で始まる疑問文を作り、xxxxx が何であるか質問しなさい。

1　I lost XXXXX yesterday, but fortunately XXXXX found it and gave it back to me.

What did you lose?
Who found it?

2　XXXXX called me last night. She wanted XXXXX.

Who ....
What ....

3　I needed some advice, so I asked XXXXX. He said XXXXX.

....
....

4　I hear that XXXXX got married last week. XXXXX told me.

....
....

5　I met XXXXX on my way home tonight. She told me XXXXX.

....
....

6　Andy and I played tennis yesterday. XXXXX won. After the game, we XXXXX.

....
....

7　It was my birthday last week, and I got some presents. XXXXX gave me a book, and Catherine gave me XXXXX.

....
....
....

Unit 44

Who is she talking to?　What is it like?
(疑問文 3)

A

《形と語順》以下の who で始まる疑問文では、who は前置詞 to の後ろにある名詞句を尋ねています。

JULIA

Julia	is	talking	**to**	somebody.
主語	be 動詞	動詞	前置詞	名詞句

Julia は誰かと話をしています。

Who	is	she	talking	**to**?
名詞句	be 動詞	主語	動詞	前置詞

彼女は誰と話をしていますか。

who/what/where/which などを使って、前置詞 (to/from/with など) の後ろにある名詞句について尋ねる場合は、前置詞は文末に置きます。

- ☐ "**Where** are you **from**?" "I'm from Thailand."
  (⇒ どちらのご出身ですか。― タイです)
- ☐ "Jack was afraid." "**What** was he afraid **of**?"
  (⇒ Jack は怖がっていた。― 何を?)
- ☐ "**Who** do these books belong **to**?" "They're mine."
- ☐ "Tom's father is in the hospital." "**Which hospital** is he **in**?"
- ☐ "Kate is going on vacation." "**Who with**?" / "**Who** is she going **with**?"
- ☐ "Can we talk?" "Sure. **What** do you want to talk **about**?"

B

《意味》**What's it like? / What are they like?** は「…はどんな感じ?／…ってどう?」のように相手に意見を求める表現です。

What's your new house like?

It's very big.

What**'s** it like? と What **is** it like? は同じ意味です。
What's it like? は、すでに話題となっている事柄について、良い／悪い、大きい／小さい、新しい／古い、のように意見や様子を尋ねる時に用います。

「新しい家はどんな感じなの?」―すごく大きいよ」

What is it like? の like は「…のように」という意味を持つ前置詞です。**Do** you **like** your new house? (新しい家、気に入った?) の like のように「…が好き、…を好む」の意味を持つ動詞ではありません。

- ☐ A: There's a new restaurant near my house.
  B: **What's** it **like**? Is it good?
  A: I don't know. I haven't eaten there yet.
- ☐ A: **What's** your new teacher **like**?
  B: She's very good. We learn a lot.
- ☐ A: I met Nicole's parents yesterday.
  B: You did? **What** are they **like**?
  A: They're very nice.
- ☐ A: Did you have a good vacation? **What** was the weather **like**?
  B: It was great. It was sunny every day.

疑問文の作り方 1–2 → Units 42–43　　**what/which/how** の疑問文 → Unit 45　　前置詞 → Units 101–111

練習問題

44.1 xxxxx 部分の情報が不足しています。例にならって **who/what** で始まる疑問文を作り、xxxxx が何であるか質問しなさい。

1 The letter is from XXXXX. → *Who is the letter from?*
2 I'm looking for a XXXXX. → What .... you ....
3 I went to the movies with XXXXX. →
4 The movie was about XXXXX. →
5 I gave the money to XXXXX. →
6 The book was written by XXXXX. →

44.2 以下から適切な動詞を選び、イラストの内容に合う疑問文を「動詞 + 前置詞」で作りなさい。

go   listen   look   ~~talk~~   talk   wait

① ② ③ ④ It was very good. Yes, very interesting. I'm going to a restaurant. ⑤ ⑥ BUS 4 11 60 96

1 *Who is she talking to?*
2 What .... they ....
3 Which restaurant ....
4 What ....
5 What ....
6 Which bus ....

44.3 例にならって **which** で始まる疑問文を作り、詳しく質問しなさい。

1 Tom's father is in the hospital. → *Which hospital is he in?*
2 We stayed at a hotel. → .... you ....
3 Jack plays for a football team. →
4 I went to school in this town. →

44.4 海外へ行ってきた人に、その国の（ ）内の事柄について、**What is/are ... like?** の疑問文で質問しなさい。

1 (the roads)   *What are the roads like?*
2 (the food)   ....
3 (the people)   ....
4 (the weather)   ....

44.5 例にならって、**What was/were ... like?** の疑問文で質問しなさい。

1 Your friend just came back from a trip. Ask about the weather.
   What was the weather like?
2 Your friend just came back from the movies. Ask about the movie.
   ....
3 Your friend just finished a computer course. Ask about the classes.
   ....
4 Your friend just came back from a business trip. Ask about the hotel.
   ....

89

A

《意味》「**What** + 名詞… ?」(**What color** … ? 何色?／ **What kind** … ? どのような種類?) などのように、**what** 直後の名詞について具体的に尋ねます。

- ○ **What color** is your car? (⇒ 車は何色?)
- ○ **What size** is this shirt? (⇒ 何サイズ?)
- ○ **What time** is it? (⇒ 何時?)
- ○ **What kind** of job do you want?
  (= **What type** of job … ? / **What sort** of job … ?) (⇒ どんな仕事?)
- ○ **What color** are your eyes? (⇒ 目は何色?)
- ○ **What nationality** is she? (⇒ 国籍はどこ?)
- ○ **What day** is it today? (⇒ 何曜日?)

what の直後に名詞を置かない場合は「何が (主語)…?／何を (目的語)…?」という意味の疑問文になります。

- ○ **What**'s your favorite color? (⇒ 何が好きな色ですか／好きな色は何ですか) 〔主語〕
- ○ **What** do you want to do tonight? (⇒ 今夜、何をしたいですか) 〔目的語〕

B

《意味》「**Which** + 名詞(物／人)… ?」で、「どの／どちらの〜?」のように少数の物や人の中からどれを選択するか質問します。

- ○ **Which train** did you catch – the 9:50 or the 10:30?
  (⇒ 9:50 と 10:30、どちらの電車に乗りましたか)
- ○ **Which doctor** did you see – Doctor Lopez, Doctor Gray, or Doctor Hill?

which の直後に名詞を置かない場合「どちらが／どれが (主語)…?/どちらを／どれを (目的語)…?」のように質問します。この場合、人は質問対象にはなりません。

- ○ **Which** is bigger – Canada or Australia? (⇒ カナダとオーストラリア、どちらの方が大きいですか)
  直後に名詞を置かず「誰が(主語)…?／誰を (目的語)…?」のように、人について質問する場合は **Who** を用います。
- ○ **Who** is taller – Joe or David? (× Which is taller?)

C

what か **which**か?

which は、2〜4 個程度の少ない選択肢から選ぶ場合に用います。

- ○ We can go this way or that way.
  Which way should we go?
- ○ There are four umbrellas here.
  Which is yours?

? or **?** or **?** or **?**

WHICH?

what は幅広く多様な選択肢を持ちます。

- ○ **What**'s the capital of Argentina? (⇒ アルゼンチンの (すべての都市の中で) 首都はどこですか)
- ○ **What kind** of music do you like? (⇒ (すべての音楽の中で) どのような種類の音楽がお好きですか)

what と **which** では、以下のように選択できる事柄の数が異なります。

- ○ **What color** are his eyes? (× Which color?)
  (⇒ 目には茶色・グリーン・黒・灰色など、様々な色がある)
  Which color do you prefer, **pink or yellow**? (⇒ 2色から選択)
- ○ **What** is the longest river in the world?
  Which is the longest river – **the Mississippi, the Amazon, or the Nile**?

D

《意味》**How... ?** は「…はどうですか?／どのように…しますか?」のように状態や方法を質問します。

- ○ "**How** was the party last night?" "It was great."
  (⇒「昨夜のパーティーはどうだった?」―「最高だったよ」)
- ○ "**How** do you get to work?" "By bus."

《形と語順》「**How** + 形容詞／副詞… ?」(**how tall**、**how old** / **how often** など)で、数や量・程度などを質問します。

"How		
tall are you?"	"I'm five feet 10." (5 feet 10 inches or 1.78 meters)	(⇒ 身長)
big is the house?"	"Not very big."	(⇒ 大きさ)
old is your mother?"	"She's 45."	(⇒ 年齢)
far is it from here to the airport?"	"Ten miles." (about 16 kilometers)	(⇒ 距離)
often do you use your car?"	"Every day."	(⇒ 頻度)
long have they been married?"	"Ten years."	(⇒ 期間)
much was the taxi?"	"Twenty dollars."	(⇒ 金額)

疑問文の作り方 → Units 42–44　　How long does it take to + 動詞の原形? → Unit 46　　Which one(s) ... ? → Unit 73

練習問題

45.1 例にならって、**what** で始まる疑問文で質問しなさい。

1	This shirt is nice.	(size?)	*What size is it?*
2	I want a job.	(kind?)	*What kind of job do you want?*
3	I bought a new sweater.	(color?)	What
4	I got up early this morning.	(time?)	.... get up?
5	I like music.	(type?)	....
6	I want to buy a car.	(kind?)	....

45.2 イラストの状況に合うように **Which...?** を使って疑問文を完成させなさい。

① Which way .... should we go?

② .... is yours?

③ .... do you want to see?

④ .... goes downtown?

45.3 what/which/who のいずれかを空所に入れて、疑問文を完成させなさい。

1 *What* .... is that man's name?
2 *Which* .... way should we go? Left or right?
3 Tea or coffee? .... do you prefer?
4 "..................... day is it today?" "Friday."
5 .... is your favorite sport?
6 This is a nice office. .... desk is yours?
7 .... is more expensive, meat or fish?
8 .... is older, Liz or Mike?
9 .... kind of camera do you have?
10 A: I have three cameras.
   B: .... camera do you use most?
11 .... nationality are you?

45.4 「**How** + 形容詞／副詞 (**high** や **long**)...?」を用いて、右側が答えとなるような疑問文を作りなさい。

1	*How high* .... is Mount Everest?	Over 29,000 feet.
2	.... is it to the station?	Almost two miles.
3	.... is Helen?	She's 26.
4	.... do the buses run?	Every 10 minutes.
5	.... is the water in the pool?	Seven feet.
6	.... have you lived here?	Almost three years.

45.5 **How ... ?** を使って疑問文を完成させなさい。

1 Are you five feet nine? Five feet ten? Five feet eleven? *How tall are you?*
2 Is this box one kilogram? Two? Three? ....
3 Are you 20 years old? 22? 25? ....
4 Did you spend $20? $30? $50?
5 Do you watch TV every day? Once a week? Never?
   ....
6 Is it 2,000 miles from New York to Los Angeles? 2,500? 3,000?
   ....

How long does it take to + 動詞の原形?
(…にはどのくらい時間がかかりますか?)

A

🌀 ペアを組み、日常の事柄を行うのに必要な時間を質問し合ってください。

How long **does it take to get** from New York to Washington, D.C., by plane?
New York からWashington, D.C. まで、飛行機でどのくらいかかりますか。

It takes an hour.
1時間かかります。

《意味》**How long does it take to get** from … to …? は「〜(場所)から…(場所)までどのくらいかかりますか」を意味します。

- ◯ How long **does it take to get** from Los Angeles to New York by train?
- ◯ **It takes** several days **to get** from Los Angeles to New York by train.
- ◯ How long **does it take to get** from your house to the airport by car?
- ◯ **It takes** ten minutes **to get** from my house to the airport by car.

B

《形と語順》**How long does it take to** do something? は「…するのにどれくらい時間がかかりますか」という意味を表します。

How long	does did will	it *take to + 動詞の原形

*take は動詞の原形

It	takes took will take		a week a long time three hours	to + 動詞の原形
	doesn't didn't won't	take	long	

- ◯ How long **does it take to cross** the Atlantic by ship?
  (⇒ 大西洋を船で横断するにはどのくらいかかりますか)
- ◯ "I came by train." "You did? How long **did it take** (**to get** here)?"
- ◯ How long **will it take to get** from here to the hotel?
- ◯ **It takes** a long time **to learn** a language.
- ◯ **It doesn't take** long **to make** an omelet.
- ◯ **It won't take** long **to fix** the computer.

C

《形と語順》**How long does it take you (人) to** do something? は「〜 (人) が…するのにどのくらいかかりますか」という意味を表します。

How long	does did will	it take	you Tom them	to + 動詞の原形?

It	takes took will take	me Tom them	a week a long time three hours	to + 動詞 の原形

I started reading the book on Monday.
I finished it on Wednesday evening.

私は月曜日に本を読み始めました。
水曜日の夜に本を読み終わりました。

It **took me** three days **to read** it.

私は本を読み終えるのに3日かかりました。

- ◯ How long **will it take me to learn** to drive?
- ◯ **It takes Tom** 20 minutes **to get** to work in the morning.
- ◯ **It took us** an hour **to do** the shopping.
- ◯ **Did it take you** a long time **to find** a job?
- ◯ **It will take me** an hour **to cook** dinner.

練習問題

46.1 イラストを見て **How long ... ?** の疑問文を作りなさい。

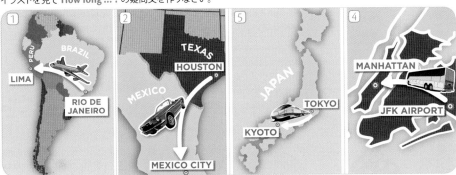

1 How long does it take to get from Rio de Janeiro to Lima by plane?
2 ....
3 ....
4 ....

46.2 以下の語句を用いて、実際にどのくらい時間がかかるか述べなさい。

1 fly from your city/country to Los Angeles
   It takes about 11 hours to fly from Osaka to Los Angeles.

2 fly from your city/country to Australia
   ....

3 become a doctor in your country
   ....

4 walk from your home to the nearest supermarket
   ....

5 get from your house to the nearest airport
   ....

46.3 例にならって、**How long did it take ... ?** の疑問文で相手に質問しなさい。

1 (Jane found a job.)   How long did it take her to find a job?
2 (I walked to the station.)   .... you ....
3 (Tom painted the bathroom.) ....
4 (I learned to ski.)   ....
5 (They repaired the car.)   ....

46.4 以下の文をよく読み、**It took ...** を使って文を完成させなさい。

1 I read a book last week. I started reading it on Monday. I finished it three days later.
   It took me three days to read the book.

2 We walked home last night. We left at 10:00, and we got home at 10:20.
   ....

3 I learned to drive last year. I had my first driving lesson in January. I passed my driving test six months later.
   ....

4 Mark drove to Houston yesterday. He left home at 7:00 and got to Houston at 10:00.
   ....

5 Lisa began looking for a job a long time ago. She got a job last week.
   ....

6 ● **It took ...** を使って、自分自身について述べなさい。
   ....

Do you know where ... ?
I don't know what ... など（間接疑問文）

A

☆ **Do you know where ... ?** や **I don't know what ...** などのように、文中で **where/why/what** などの疑問詞が生じる文を、間接疑問文と呼びます。間接疑問文では、語順が普通の疑問文（直接疑問文）と異なります。

Do you know where Lisa is?
「Lisa がどこにいるか知っていますか？」

直接疑問文　　　　　　　　Where **is** Lisa?

間接疑問文　　**Do you know** where **Lisa is** ?
　　　　　　（× Do you know where is Lisa?）

間接疑問文では「疑問詞＋主語＋動詞」の語順となります。
I know where **Lisa is**.
I don't know where **Lisa is**.
Can you tell me where **Lisa is**?

《形と語順》間接疑問文と直接疑問文では、以下のように語順が異なります。

直接疑問文			間接疑問文	
疑問詞 + 動詞 + 主語			疑問詞 + 主語 + 動詞	
Who **are those people**?	⇔		who **those people are**	
How old **is Nicole**?		**Do you know**	how old **Nicole is**	
What time **is it**?		**Can you tell me**	what time **it is**	?
Where **can I** go?			where **I can** go	
How much **is this camera**?			how much **this camera is**	
When **are you** leaving town?		**I know**	when **you're** leaving town	
How long **have they** been married?		**I don't know**	how long **they have** been married	.
What **was Anna** wearing?		**I don't remember**	what **Anna was** wearing	

B

《形と語順》**do/does/did** を持つ直接疑問文を間接疑問文にすると、do/does/did はなくなります。

Where **does he live** ?
|
⇔　**Do you know** where **he lives** ? (× Do you know where does he live?)
　（⇒ 彼がどこに住んでいるか知っていますか）

直接疑問文			間接疑問文	
How **do airplanes** fly?	⇔	**Do you know**	how **airplanes fly**	?
What **does Emily** want?		**I don't know**	what **Emily wants**	
Why **did she** go home?		**I don't remember**	why **she went** home	.
Where **did I** put the key?		**I know**	where **I put** the key	

C

《形と語順》疑問詞を持たない **Is ... ? / Do ... ? / Can ... ?** のような yes/no 疑問文では、「if / whether ...」を使って間接疑問文を作ります。

直接疑問文			間接疑問文	
Is Jack at home?	⇔		**Jack is** at home	
Have they got a car?		**Do you know**	**if**	**they've got** a car	?
Can Kevin swim?			または	**Kevin can** swim	
Do they live near here?		**I don't know**	**whether**	**they live** near here	.
Did anybody see you?				**anybody saw** you	

間接疑問文中で用いられる **if** と **whether** の間には、意味上の大きな違いはありません。

◯ Do you know **if** they've got a car?　　or　　Do you know **whether** they've got a car?
　　（⇒ 彼らが車を持っているかどうか知っていますか）

◯ I don't know **if** anybody saw me.　　or　　I don't know **whether** anybody saw me.
　　（⇒ 私を見た人がいたかどうかわかりません）

練習問題

47.1 ( )内の語句を用いて、**I don't know where/when/why...**で始まる間接疑問文で答えなさい。

1 Did your friends go home? (where) _I don't know where they went._
2 Is Sue in her office? (where) I don't know ....
3 Is the building very old? (how old) ....
4 Will Matt be here soon? (when) ....
5 Was he angry because I was late? (why) ....
6 Has Emily lived here a long time? (how long) ....

47.2 ( )内の直接疑問文を、間接疑問文に書き換えて完成させなさい。

1 (How do airplanes fly?) Do you know _how airplanes fly_ ?
2 (Where does Susan work?) I don't know ....
3 (What did Michael say?) Do you remember .... ?
4 (Why did he go home early?) I don't know ....
5 (What time does the meeting begin?) Do you know .... ?
6 (How did the accident happen?) I don't remember ....

47.3 文法的に正しい方を下線部から選びなさい。

1 Do you know what time ~~is it~~ / it is? (it is が正しい)
2 Why are you / you are leaving?
3 I don't know where are they / they are going.
4 Can you tell me where is the museum / the museum is?
5 Where do you want / you want to go for vacation?
6 Do you know what do elephants eat / elephants eat?
7 I don't know how far is it / it is from the hotel to the station.

47.4 ( )内の疑問文を **Do you know if ... ?** の間接疑問文に書き換えなさい。

1 (Do they have a car?) _Do you know if they have a car?_
2 (Are they married?) Do you know ....
3 (Does Sue know Bill?) ....
4 (Will Josh be here tomorrow?) ....
5 (Did he pass his exam?) ....

47.5 ( )内の疑問文を **Do you know ... ?** の間接疑問文に書き換えなさい。

1 (What does Laura want?) _Do you know what Laura wants?_
2 (Where is Hannah?) Do ....
3 (Is she working today?) ....
4 (What time does she start work?) ....
5 (Are the banks open tomorrow?) ....
6 (Where do Sarah and Tom live?) ....
7 (Did they go to Megan's party?) ....

47.6 ❷ 以下の間接疑問文の続きを自由に考えて完成させなさい。

1 Do you know why _the bus was late_ ?
2 Do you know what time .... ?
3 Excuse me, can you tell me where .... ?
4 I don't know what ....
5 Do you know if .... ?
6 Do you know how much .... ?

She said that ...　He told me that ...
（間接話法）

A

● 人から聞いた内容を「〜 said that ...（〜は…と言っていた）」という形の間接話法で伝えましょう。

《形》間接話法中では、もとの発言は過去形で表します。また、聞いた言葉をそのまま伝えるのではなく自分の立場から伝えるので、必要に応じて代名詞を変える必要があります。

もとの発言	動詞の変化 現在形 → 過去形	〜 said that ...（間接話法）
ALLISON **I'm** enjoying my new job. **My father isn't** very happy.	am is } → was	○ Allison said that **she was** enjoying her new job. ○ She said that **her father wasn't** very happy.
SARAH TOM **We're** going to buy a house.	are → were	○ Sarah and Tom said that **they were** going to buy a house.
AARON **I have** to leave early. **My sister has** been to Australia.	have has } → had	○ Aaron said that **he had** to leave early. ○ He said that **his sister had** been to Australia
KATE **I can't** find a job.	can → could	○ Kate said that **she couldn't** find a job.
ERIC **I'll** call you.	will → would	○ Eric said that **he would** call me.
RACHEL **I don't** like my job. **My son doesn't** like school.	do does } → did	○ Rachel said that **she didn't** like her job. ○ She said that **her son didn't** like school.
MIKE **You look** tired. **YOU** **I feel** fine.	look → looked feel → felt	○ Mike said that **I looked** tired. ○ I said that **I felt** fine.

B

《形》**say** と **tell** では、その後に続く構文が異なります。

say (→ said)
- ○ He **said** that he was tired.
  (× He said me)
- ○ What did she **say to** you?
  (× say you)

「〜は…と言った」のように、誰に言ったかを明らかにする必要がない場合は、he said that ... などの形を用います。明らかにする場合は、**He said to me** や **I said to Ann** のような形にします。

tell (→ told)
- ○ He **told me** that he was tired.
  (× He told that)
- ○ What did she **tell you**?
  (× tell to you)

「〜は（人）に…と言った」のように、誰に言ったかを明らかにする場合は、**he told me** that ... や **I told Ann** that ... などの形を用います。tell には He told to me ... や I told to Ann ... のように told の直後に to は入りません。

C

say と **tell** のいずれの場合にも that は省略できます。that の有無で意味が変わることはありません。
- ○ He said **that** he was tired. or He said he was tired.〔that の省略〕
- ○ Kate told me **that** she couldn't find a job. or Kate told me she couldn't find a job.

I told you to + 動詞の原形 → Unit 51

練習問題

48.1 以下の発言を He/She/They said (that) ... のように間接話法に変えなさい。

1 I'm enjoying my new job.
   He said he was enjoying his new job.
2 I'm very busy.
3 I can't go to the party.
4 I have to go out.
5 I'm learning Russian.
6 I don't feel very well.
7 We'll be home late.
8 I've never played soccer.
9 I'm going to buy a guitar.
10 We don't have a key.

48.2 イラストを参考にして、文を完成させなさい。

ALLISON: I'm enjoying my new job.
EMILY: I'm not hungry.
MIKE: I need it.
HANNAH: I don't want to go.
NATALIE: You can have it.
MATT: I'll send you a postcard.
JESSICA: Where's Robert? / He went home.
DAVID: I want to watch TV.
MARY: I'm going to the movies.

1 I met Allison last week. She said __she was enjoying her new job__ .
2 Emily didn't want anything to eat. She said ....
3 I wanted to borrow Mike's ladder, but he said ....
4 Hannah was invited to the party, but she said ....
5 Natalie told me she didn't want the picture. She said ....
6 Matt just left on vacation. He said ....
7 I was looking for Robert. Jessica said ....
8 "Why did David stay home?"   "He said ...." .
9 "Did Mary go out?"   "I think so. She said ...." .

48.3 空所に say/said または tell/told を入れて文を完成させなさい。

1 He ___said___ he was tired.
2 What did she ___tell___ you?
3 Anna .... she didn't like Jake.
4 Jack .... me that you were sick.
5 Please don't .... Dan what happened.
6 Did Sarah .... she would be late?
7 The woman .... she was a reporter.
8 The woman .... us she was a reporter.
9 They asked me a lot of questions, but I didn't .... them anything.
10 They asked me a lot of questions, but I didn't .... anything.

97

work/working　go/going　do/doing
（動詞の原形と –ing）

A

work/go/be などのように、現在・過去といった時制や主語の単数・複数によって変化しない形を「動詞の原形」と呼びます。《形》will/can/must などの助動詞の後ろには、必ず「動詞の原形」が入ります。

will	○ Anna **will be** here soon.	→ Unit 26
might	○ I **might call** you later.	
may	○ **May** I **sit** here?	} → Unit 27
can	○ I **can't meet** you tomorrow.	
could	○ **Could** you **pass** the salt, please?	} → Unit 28
must	○ It's late. You **must be** tired.	→ Unit 29
should	○ You **shouldn't work** so hard.	→ Unit 30
would	○ **Would** you **like** some coffee?	→ Unit 32

《形》do/does/did を用いて疑問文や否定文を作る場合も「動詞の原形」が入ります。

do/does （単純現在形）	○ **Do** you **work**?	→ Units 6–7
	○ They **don't work** very hard.	
	○ Helen **doesn't know** many people.	
	○ How much **does** it **cost**?	
did （単純過去形）	○ What time **did** the train **leave**?	→ Unit 12
	○ We **didn't sleep** well.	

B

《形と語順》to work / to go / to be のような「to + 動詞の原形」の形を不定詞と呼びます。

(I'm) **going + to** + 動詞の原形	○ I**'m going to play** tennis tomorrow.	→ Unit 25
	○ What **are** you **going to do**?	
(I) **have + to** + 動詞の原形	○ I **have to go** now.	→ Unit 31
	○ Everybody **has to eat**.	
(I) **want + to** + 動詞の原形	○ Do you **want to go** out?	→ Unit 50
	○ They don't **want to come** with us.	
(I) **would like + to** + 動詞の原形	○ I**'d like to talk** to you.	→ Unit 32
	○ **Would** you **like to go** out?	
(I) **used + to** + 動詞の原形	○ Dave **used to work** in a factory.	→ Unit 15

C

《形と語順》working/going/playing などのような –ing 形は、以下のように be 動詞とともに用います。

am/is/are + –ing （現在進行形）	○ Please be quiet. I**'m working**.	→ Units 3–4, 8, 24
	○ Tom **isn't working** today.	
	○ What time **are** you **going** out?	
was/were + –ing （過去進行形）	○ It **was raining**, so we didn't go out.	→ Units 13–14
	○ What **were** you **doing** at 11:30 yesterday?	

「to + 動詞の原形」と –ing (I want to do / I enjoy doing) → Unit 50　　go + –ing → Unit 53

練習問題

49.1 空所に **call Dan** または **to call Dan** を入れて、文を完成させなさい。

1 I'll ...... *call Dan* ....
2 I'm going ...... *to call Dan* ....
3 Can you .... Dan?
4 Should I .... ?
5 I'd like ....

6 Do you have .... ?
7 You should ....
8 I want ....
9 I might ....
10 Could you .... ?

49.2 以下から適切な動詞を選び、空所に入れて文を完成させなさい。動詞は **work** や **go** のように原形の場合もあれば、**working** や **going** のように -ing の場合もあります。

do/doing	get/getting	~~sleep/sleeping~~	watch/watching
eat/eating	go/going	stay/staying	wear/wearing
fly/flying	listen/listening	wait/waiting	~~work/working~~

1 Please be quiet. I'm ...... *working* ....
2 I feel tired today. I didn't ...... *sleep* ...... very well last night.
3 What time do you usually .... up in the morning?
4 "Where are you ....?" "To the office."
5 Did you .... TV last night?
6 Look at that plane! It's .... very low.
7 You can turn off the music. I'm not .... to it.
8 They didn't .... anything because they weren't hungry.
9 My friends were .... for me when I arrived.
10 "Does Susan always .... glasses?" "No, only for reading."
11 "What are you .... tonight?" "I'm .... home."

49.3 ( )内の動詞を、**work** や **go** などの原形、**to work** や **to go** などのto + 動詞の原形、あるいは **working** や **going** のような -ing のうち適切な形で入れなさい。

1 Should I ...... *open* ...... the window? (open)
2 It's late. I have ...... *to go* ...... now. (go)
3 Amanda isn't ...... *working* ...... this week. She's on vacation. (work)
4 I'm tired. I don't want .... out. (go)
5 It might ...., so take an umbrella with you. (rain)
6 What time do you have .... tomorrow morning? (leave)
7 I'm sorry I can't .... you. (help)
8 My brother is a student. He's .... physics. (study)
9 Would you like .... on a trip around the world? (go)
10 When you saw Maria, what was she ....? (wear)
11 When you go to London, where are you going ....? (stay)
12 "Where's Josh?" "He's .... a bath." (take)
13 I used .... a car, but I sold it last year. (have)
14 He spoke very quietly. I couldn't .... him. (hear)
15 You don't look well. I don't think you should .... to work today. (go)
16 I don't know what he said. I wasn't .... to him. (listen)
17 I missed the bus and had .... home. (walk)
18 I want .... what happened. Please tell me. (know)
19 May I .... this book? (borrow)
20 Medical students must .... courses in biology and chemistry. (take)

I want to do　I enjoy doing
（動詞の後ろに入る「to + 動詞の原形」と -ing）

A 《形と語順》以下のような動詞には、**I want to do** のように後ろに「**to + 動詞の原形**」が入ります。-ing が入ることはありません。

want	plan	decide	try	
hope	expect	offer	forget	+ **to** + 動詞の原形（**to do** / **to work** / **to be** など）
need	promise	refuse	learn	

- ☐ What do you **want to do** tonight? (⇒ 今夜、何がしたいですか)
- ☐ It's not very late. We don't **need to go** home yet. (⇒ まだ帰らなくてよい)
- ☐ Rachel **decided to sell** her car.
- ☐ You **forgot to turn** off the light when you went out.
- ☐ My brother is **learning to drive**.
- ☐ I **tried to read** my book, but I was too tired.

B 《形と語順》以下のような動詞の後ろには、**I enjoy doing** のように -ing が入ります。「to + 動詞の原形」が入ることはありません。

enjoy	stop		
mind	finish	suggest	+ **-ing**（**doing/working/being** など）

- ☐ I **enjoy dancing**. (× enjoy to dance)
- ☐ I don't **mind getting** up early. (⇒ 早起きはいやじゃない)
- ☐ Did it **stop raining**?
- ☐ Tara **suggested going** to the movies.

> I enjoy dancing.

「ダンスは楽しい」

C 《形と語順》以下のような動詞の後ろには、**-ing** も「**to + 動詞の原形**」も入ります。意味に大きな違いはありません。

like	love	start		
prefer	hate	begin	continue	+ **-ing**（**doing** など）*or* **to** + 動詞の原形（**to do** など）

- ☐ Do you **like getting** up early? *or* Do you **like to get** up early? (⇒ 早起きするのは好きですか)
- ☐ I **prefer traveling** by car. *or* I **prefer to travel** by car. (⇒ 車で旅行するほうが好きです)
- ☐ Anna **loves dancing**. *or* Anna **loves to dance**.
- ☐ I **hate being** late. *or* I **hate to be** late.
- ☐ It **started raining**. *or* It **started to rain**.

D 《形と語順》「**would like/love/prefer/hate + to + 動詞の原形**」で、「…したい／…したくない」のように感情を表すことができます。

would like	**would** love	
would prefer	**would** hate	+ **to** + 動詞の原形（**to do** / **to work** / **to be** など）

- ☐ Julia **would like to meet** you. (⇒ Julia はあなたに会いたがっています)
- ☐ I**'d love to go** to Australia. (**I'd** = **I would**)(⇒ オーストラリアに行きたい)
- ☐ "**Would** you **like to sit** down?" "No, I**'d prefer to stand**, thank you."
- ☐ I like this apartment. I **wouldn't like to move**.
- ☐ I live in a small town. I**'d hate to live** in a big city.

---

would like を用いた構文 ➜ Unit 32　　**want + 人 + to + 動詞の原形** ➜ Unit 51　　**go + -ing** ➜ Unit 53
前置詞 **+ -ing** ➜ Unit 110

50.1　(　)内の動詞を「**to** + 動詞の原形」または **-ing** の形にして文を完成させなさい。

1　I enjoy ....dancing........ . (dance)
2　What do you want .....to do.....
　　tonight? (do)
3　Goodbye! I hope .... you
　　again soon. (see)
4　I learned .... when I was
　　five years old. (swim)
5　Did you finish .... the
　　kitchen? (clean)
6　Where's Anna? I need ....
　　her something. (ask)
7　Do you enjoy .... other
　　countries? (visit)

8　The weather was nice, so I suggested ....
　　for a walk by the river. (go)
9　Where's Bill? He promised ....
　　here on time. (be)
10　I'm not in a hurry. I don't mind .... (wait)
11　What did you decide .... ? (do)
12　Josh was very angry and refused ....
　　to me. (speak)
13　I'm tired. I want .... to bed. (go)
14　I was very upset and started .... (cry)
15　I'm trying .... (work)
　　Please stop .... (talk)

50.2　以下から適切な動詞を選び、「**to** + 動詞の原形」または **-ing** の形にして文を完成させなさい。

~~go~~	go	help	lose	rain	read	see	send	wait	watch

1　"Have you ever been to Australia?"　"No, but I'd love ......to go...... ."
2　Liz had a lot to do, so I offered .... her.
3　I'm surprised that you're here. I didn't expect .... you.
4　Nicole has a lot of books. She enjoys ....
5　This ring was my grandmother's. I'd hate .... it.
6　Don't forget .... us a postcard when you're on vacation.
7　I'm not going out until it stops ....
8　What should we do this afternoon? Would you like .... to the beach?
9　When I'm tired in the evening, I like .... TV.
10　"Do you want to go now?"　"No, I'd prefer .... a few minutes."

50.3　それぞれの質問に対する答えの文を完成させなさい。

1	Do you usually get up early?	Yes, I like ......to get up early......... .
2	Do you ever go to museums?	Yes, I love ....
3	Would you like to go to a museum now?	No, I'm hungry. I'd prefer .... to a restaurant.
4	Do you drive a lot?	No, I don't like ....
5	Have you ever been to Rome?	No, but I'd love .... one day.
6	Do you ever travel by train?	Yes, I enjoy ....
7	Do you want to walk home or take a taxi?	I don't mind .... , but a taxi would be quicker.

50.4　🖊「**to** + 動詞の原形」または **-ing** を用いて、自分のことについて自由に記述しなさい。

1　I enjoy ....
2　I don't like ....
3　If it's a nice day tomorrow, I'd like ....
4　When I'm on vacation, I like ....
5　I don't mind .... , but ....
6　I wouldn't like ....

→ 補足練習問題 **32** (p. 254)

I want you to ...   I told you to ...
(want/tell + 人 + to + 動詞の原形)

A 《形と語順》**I want you to ...** のように、「want + (人) + to + 動詞の原形」はは「(人) に…してもらいたい」という要望を表します。

I'm leaving.

Please don't leave.

「出て行くわ」-「頼むから行かないで」

The woman **wants to leave**.
イラストの女性は、出て行こうとしています。
The man **doesn't want** the woman **to leave**.
イラストの男性は、女性に出て行ってほしくありません。
He **wants** her **to stay**.
彼はまだ一緒にいたいようです。

I want	you somebody Sarah	to + 動詞の原形

「want + that + 主語 + 動詞」のような形はありません。
- I **want you to be** happy. (×I want that you are happy)
- They didn't **want anybody to know** their secret.
- Do you **want me to lend** you some money?

「**would like** + (人) + to + 動詞の原形」でも表せます。意味に違いはありません。
- **Would** you **like me to lend** you some money?

B 《形と語順》以下の動詞も want と同様に「動詞 + (人) + **to** + 動詞の原形」で「(人) に…するよう〜する」
という意味を表します。

	動詞 +	(人) +	**to** + 動詞の原形	
ask	Sue **asked**	a friend	**to lend**	her some money.
tell	I **told**	you	**to be**	careful.
advise	What do you **advise**	me	**to do**?	
expect	I didn't **expect**	them	**to be**	here.
persuade	We **persuaded**	Chris	**to come**	with us.
teach	I **am teaching**	my brother	**to swim**.	

C 《意味》**I told** you **to** ... のように「told + (人) + **to** + 動詞の原形」で「(人) に…するように言う」という意味を表します。
I told you **not to** ... のように not を用いて否定形にすると「(人) に…しないように言う」という意味になります。

Wait for me.

MEGAN

「私を待っていて」

Don't wait for me.

NICK

「僕を待たないでくれ」

SUE

→ Megan **told** me **to wait** for her.
Megan は、私に待つように言いました。

→ Nick **told** Sue **not to wait** for him.
Nick は、Sue に自分を待たないように言いました。

D 《意味》「**make/let** + (人) + 動詞の原形」で「(人) に…させる」という意味を表します。make の場合は本人の意向に関
係なく「…させる」のに対して、let の場合は本人の望み通り「…させる」を表します。動詞の前に **to** は置きません。
- He's very funny. He **makes** me **laugh**. (×makes me to laugh)
  - (⇒ 私を笑わせる)
- At school our teacher **made** us **work** very hard.
  - (⇒ 私たちに勉強させる)
- I didn't have my phone with me, so Sue **let** me **use** hers. (×let me to use)
  - (⇒ 使わせてくれた)

「一緒に…しましょう」のように、周りの人を誘う場合「**Let's** (= Let us) + 動詞の原形」を用います。
- Come on! **Let's dance**. (⇒ 一緒に踊ろう)
- "Do you want to go out tonight?" "No, I'm tired. **Let's stay** home."

「**Let's** + 動詞の原形」を用いた命令文 → Unit 34   **He told me that** ... (間接話法) → Unit 48

練習問題

51.1 ( ) 内の語句と、**I want you … / I don't want you … / Do you want me … ?** のいずれかを組み合わせて文を完成させなさい。

1 (come with me)　　　　　　　I want you to come with me.
2 (listen carefully)　　　　　　I want ....
3 (please don't be angry)　　 I don't ....
4 (should I wait for you?)　　 Do you ....
5 (don't call me tonight)　　　...
6 (you should meet Sarah)　 ....

51.2 イラストを見て、文を完成させなさい。

1 Dan persuaded ....me to go to the movies.
2 I wanted to get to the station. A woman told ....
3 Kevin was sick. I advised ....
4 Lauren had a lot of luggage. She asked ....
5 I was too busy to talk to Tom. I told ....
6 I wanted to make a phone call. Andy let ....
7 Sue is going to call me later. I told ....
8 Anna's mother taught ....

51.3 以下から適切な動詞を選び、文を完成させなさい。動詞は **to go** や **to wait** のように「**to** + 動詞の原形」(不定詞) の場合もあれば、**go** や **wait** のように原形の場合もあります。

arrive	borrow	get	go	~~leave~~	make	repeat	tell	think	wait

1 Please stay here. I don't want you ....to leave.... yet.
2 I didn't hear what she said, so I asked her .... it.
3 "Should we begin?" "No, let's .... a few minutes."
4 Are they already here? I expected them .... much later.
5 Kevin's parents didn't want him .... married.
6 I want to stay here. You can't make me .... with you.
7 "Is that your bike?" "No, it's John's. He let me .... it."
8 Rachel can't come to the party. She told me .... you.
9 Would you like something to drink? Would you like me .... some coffee?
10 "Kate doesn't like me." "What makes you .... that?"

I went to the store to + 動詞の原形
(目的を表す不定詞)

A

🔵「～するために…した」のように、行動とその目的を「**to + 動詞の原形**」の文で説明してみましょう。

Sofia wanted some fruit, so she went to the store.
Sofia は果物が欲しかったので店に行きました。

Why did she go to the store?
彼女はなぜ店に行ったのですか?

To get some fruit.
果物を買うためです。

She went to the store **to get** some fruit.
彼女は果物を買いに店に行きました。

《意味》「**to +動詞の原形**」(**to get**や **to see** などの不定詞) は、「…するために」という行動の目的や理由を表します。
- ⬜ "Why are you going out?" "**To buy** some bread."
- ⬜ Amy went to the station **to meet** her friend.
- ⬜ Sue turned on the TV **to watch** the news.
- ⬜ I'd like to go to Mexico **to learn** Spanish.

《意味》「物(**money** や **time**) + to + 動詞の原形」(不定詞) で「…できる／…するべき～(物) 」を表します。
- ⬜ We need some **money to buy** food.
  (⇒ 食料を買うお金)
- ⬜ I don't have **time to watch** TV.
  (⇒ テレビを見る時間)

B

《意味》**to** も **for** も「…するために」や「…のために」のように目的や理由を表しますが、for の後には名詞句、to の後には動詞の原形がきます。

to + 動詞の原形 (**to get** / **to see** など)	**for** + 名詞句 (**for food** / **for a newspaper** など)
⬜ I went to the store **to get** some fruit. (× for get) (⇒ 果物を買いに…)	⬜ I went to the store **for some fruit**. (⇒ 果物の買い物のため…)
⬜ They're going to Brazil **to see** their friends.	⬜ They're going to Brazil **for a vacation**.
⬜ We need some money **to buy** food.	⬜ We need some money **for food**.

C

wait for ... :「(人／物) を待つ」
- ⬜ Please **wait for** me.
  (⇒ 私を待っていてください)
- ⬜ Are you **waiting for** the bus?

wait to + 動詞の原形:「…するのを待つ」
- ⬜ I'm **waiting to talk** to the manager.
  (⇒ マネージャーと話をするのを待っています)
- ⬜ Are you **waiting to see** the doctor?

wait for (人/物) + **to** + 動詞の原形:「(人/物) が…するのを待つ」
- ⬜ The light is red. You have to **wait for it to change.**
- ⬜ Are you **waiting for the doctor to come**?

They're **waiting for the light to change.**
「信号が変わるのを待っています」

「go to + 動詞の原形」と「go for + 名詞句」→ Unit 53   something to + 動詞の原形／ nothing to + 動詞の原形など → Unit 77
「enough to + 動詞の原形」と「enough for + 名詞句」→ Unit 89   too ～ (for ...) to + 動詞の原形 → Unit 90

練習問題

52.1 左右の枠内から語句を **1** つずつ選び、**I went to ...** で始まる文を作りなさい。

a coffee shop	~~the post office~~		buy some food	get some medicine
the drugstore	the supermarket	**+**	meet a friend	~~mail a package~~

1   _I went to the post office to mail a package._
2   I went ....
3   ....
4   ....

52.2 以下から適切な語句を選び、文を完成させなさい。

to get some fresh air	to read the newspaper	to wake him up
to open this door	to see who it was	~~to watch the news~~

1   I turned on the TV _to watch the news_ .
2   Rachel sat down in an armchair ....
3   Do I need a key .... ?
4   I went for a walk by the river ....
5   I knocked on the door of David's room ....
6   The doorbell rang, so I looked out of the window ....

52.3 🍏「to + 動詞の原形」を用いて、自由に文を完成させなさい。

1   I went to the store _to get some fruit_ .
2   I'm very busy. I don't have time ....
3   I called Anna ....
4   I'm going out ....
5   I borrowed some money ....

52.4 **to** または **for** を入れて、文を完成させなさい。

1   I went to the store ...._to_.... get some bread.
2   We went to a restaurant .... have dinner.
3   Robert wants to go to college .... study economics.
4   I'm going to Boston .... an interview next week.
5   I'm going to Toronto .... visit some friends of mine.
6   Do you have time .... a cup of coffee?
7   I got up late this morning. I didn't have time .... comb my hair.
8   Everybody needs money .... live.
9   We didn't have any money .... a taxi, so we walked home.
10   The office is very small. There's only enough room .... a desk and chair.
11   A: Excuse me, are you waiting .... use the photocopier?
     B: No, I'm finished, thanks.

52.5 以下から適切な語句を選び、必要な語句を補って文を完成させなさい。

it / to arrive	you / tell me	~~it / to change~~	the movie / begin

1   We stopped at the light and waited _for it to change_ .
2   I sat down in the movie theater and waited ....
3   We called an ambulance and waited ....
4   "Do you know what to do?"   "No, I'm waiting ...."

go to/on/for + 名詞句   go + -ing

A

《意味》「go to + 名詞句」(**go to work** / **go to San Francisco** / **go to a concert** など)は「…に行く／…に出かける」という意味を表すもっとも一般的な形です。以下のように様々な名詞句と結び付きます。

- ○ What time do you usually **go to work**? (⇒ いつも何時に仕事に出かけますか)
- ○ I'm **going to China** next week.
- ○ Emma didn't want to **go to the concert**.
- ○ What time did you **go to bed** last night?
- ○ I **went to the dentist** yesterday.

go to ⟶

go to … は、出発点から目的地まで の移動を意味します。to は前置詞です。

go to sleep は「寝つく／眠る」(= start to sleep) を表します。
- ○ I was very tired and **went to sleep** early. (⇒ 早く寝ました)

go home は「帰る／帰宅する」を表しますが、この場合は to home のように **to** は置きません。
- ○ I'm **going home** now. (× going to home)

B

《形と語順》以下のような名詞句と結び付く場合、**go** の後ろには to ではなく on が入ります。

go on	vacation
	a trip
	a tour
	a cruise
	strike

- ○ We're **going on vacation** next week. (⇒ 来週、休暇に出かけます)
- ○ Children often **go on school trips**.
- ○ When we were in Egypt, we **went on a tour** of the Pyramids.
- ○ Workers at the airport **went on strike**.
  (⇒ ストライキに突入した〔今、働くことを拒否している〕)

C

《形と語順》以下のような名詞句と結び付く場合、**go** の後ろには for が入ります。go と for の間に場所や方向を表す表現がくることもあります。

	a walk
	a run
go (場所／方向) **for**	a swim
	lunch
	dinner など

- ○ "Where's Anna?" "She **went for a walk**."
  (⇒ 彼女は散歩に出かけた)
- ○ Do you **go for a run** every morning?
- ○ The water looks nice. I'm **going for a swim**.
- ○ Should we **go** out **for dinner**? I know a good restaurant.
  (⇒ 夕食を食べに出かけませんか)

D

《形と語順》買い物やスポーツをする場合は、**swimming/skiing** などや **shopping** のようにgo の後ろに-ing 形が入ります。

I **go**	shopping
he is **going**	swimming
we **went**	fishing
they have **gone**	sailing
she wants to **go**	skiing
	jogging
	running など

I'm *going skiing.*
「スキーに出かけます」

- ○ Are you **going shopping** this afternoon?
- ○ It's a nice day. Let's **go swimming**.
  (*or* Let's **go for a** swim.)
- ○ Richard has a small boat, and he often **goes sailing**.
- ○ I **went running** before breakfast this morning.

練習問題

53.1 必要に応じて、空所に **to/on/for** のいずれかを入れて文を完成させなさい。何も入らない場合もあります。

1 I'm going ___*to*___ China next week.
2 James often goes ....───........... sailing.（何も入らない）
3 Sue went .... Mexico last year.
4 Jack goes .... running every morning.
5 I'm going out .... a walk. Do you want to come?
6 I'm tired because I went .... bed very late last night.
7 Ryan is going .... a trip .... Turkey next week.
8 The weather was warm, and the river was clean, so we went .... a swim.
9 The taxi drivers went .... strike when I was in New York.
10 Let's go .... the movies tonight.
11 It's late. I have to go .... home now.
12 Would you like to go .... a tour of the city?
13 Do you want to go out .... dinner this evening?
14 My parents are going .... a cruise this summer.

53.2 「**go/goes/going/went + -ing**」を用いて、イラストの人物たちについて記述しなさい。

① often	② last Saturday	③ every day	④ next winter	⑤ later	⑥ yesterday
JAMES	MEGAN	JOSH	NICOLE	JOHN	SARAH

1 James has a boat. He often ....*goes sailing*........ .
2 Last Saturday Megan ....
3 Josh .... every day.
4 Nicole is going to Colorado next winter. She is ....
5 John is going out later. He has to ....
6 Sarah .... after work yesterday.

53.3 以下から適切な語句を選び、必要があれば **to/on/for** のいずれかを前に置いて文を完成させなさい。

~~a swim~~	vacation	Hawaii	shopping	bed
a walk	home	riding	skiing	college

1 The water looks nice. Let's go ....*for a swim*........ .
2 After finishing high school, Emma went ...., where she studied psychology.
3 I'm going .... now. I have to buy a few things.
4 I was very tired last night. I went .... early.
5 I wasn't enjoying the party, so I went .... early.
6 We live near the mountains. In winter we go .... almost every weekend.
7 Tony has a horse. He goes .... a lot.
8 It's a beautiful day! Would you like to go .... in the park?
9 A: Are you going .... soon?
   B: Yes, next month. We're going .... We've never been there before.

get

《意味》「**get** + 名詞句」は、「持っていない状態」から「持っている状態」への変化を表します。結び付く名詞句に応じて get は「…を手に入れる／買う／見つける」など、様々な意味を持ちます。

you **get** it
（それを手に入れます）

you **don't have** something
（…を持っていません）

you **have** it
（それを持っています）

- ○ I **got** an email from Sam this morning. (⇒ 今朝、受け取りました。= receive)
- ○ I like your sweater. Where did you **get** it? (⇒ どこで 買ったんですか = buy)
- ○ Is it hard to **get** a job at the moment? (⇒ 仕事を見つけるのは難しいですか = find)
- ○ "Is Liz here?" "Yes. I'll **get** her for you." (⇒ 彼女を呼んできます)

《意味》get hungry / get cold / get tired などの「**get** + 形容詞」は「…になる」のように、「…ではない状態」から「…である状態」への変化表します(= become)。の

you **get** hungry
（空腹になります）

you**'re not** hungry
（空腹ではありません）

you **are** hungry
（空腹です）

- ○ If you don't eat, you **get hungry**.
- ○ Drink your coffee. It**'s getting cold**. (⇒ 冷めてきています)
- ○ I'm sorry your mother is sick. I hope she **gets better** soon. (⇒ 早くよくなられるといいですね)
- ○ It was raining very hard. We didn't have an umbrella, so we **got** very **wet**.

以下のような表現は特によく用いられます。

get married（結婚する）　　○ Nicole and David are **getting married** soon.
get dressed（服を着る）　　○ I got up and **got dressed** quickly.
get lost（道に迷う）　　○ We didn't have a map, so we **got lost**.

《意味》「**get to** + 名詞句」は「…に到着する」を表します。
- ○ I usually **get to work** before 8:30. (⇒ 8 時半前に職場に着きます。= arrive at work)
- ○ We left Boston at 10:15 and **got to Ottawa** at 11:45.

get here/there は「ここに／そこに到着する」を表します。(**to** は不要)
- ○ How did you **get here**? By bus?

get home は「帰る／帰宅する」を表します。(**to** は不要)
- ○ What time did you **get home** last night?　　　get to … は「物」や「地点」への到着を表します。

《意味》**get in/out/on/off** + 名詞句 を用いて「乗る／降りる」を意味します。

get in (a car)　　**get out** (of a car)　　**get on**　　**get off**
車に乗る　　車から降りる　　バス／電車／飛行機に乗る　　バス／電車／飛行機から降りる
　　　　　　　　　　　　　　　　(a bus / a train / a plane)

- ○ Kate **got in the car** and drove away. (⇒ get into も可。= Kate got **into** the car and ...)
- ○ A car stopped and a man **got out**. (⇔ A man got out **of the car**).
- ○ We **got on the bus** outside the hotel and **got off** at Church Street.

get to → Unit 106　　in/out/on/off → Units 108, 112　　get up → Unit 112

54.1 get/gets の後に続く語句を以下から選び、文を完成させなさい。

a doctor	a lot of rain	another one	~~my email~~	the job
a good salary	a new computer	a ticket	some milk	your boots

1 Did you ..... *get my email* ..... ? I sent it a week ago.
2 Where did you ....? They're very nice.
3 Quick! This man is sick. We have to ....
4 I want to return this phone. It doesn't work. Can I ...., please?
5 Tom has an interview tomorrow. I hope he ....
6 When you go out, can you ....?
7 "Are you going to the concert?" "Yes, if I can ...."
8 Hannah has a well-paid job. She ....
9 The weather is horrible here in winter. We ....
10 I'm going to .... The one I have is too slow.

54.2 getting の後に続く語を以下から選び、文を完成させなさい。

~~cold~~   dark   late   married   ready

1 Drink your coffee. It's ..... *getting cold* ..... .
2 Turn on the light. It's ....
3 "I'm .... next week." "Really? Congratulations!"
4 "Where's Karen?" "She's .... to go out."
5 It's .... It's time to go home.

54.3 get/gets/got の後に続く語を以下から選び、文を完成させなさい。

angry   better   ~~hungry~~   lost   married   old   wet

1 If you don't eat, you ..... *get hungry* ..... .
2 Don't go out in the rain. You'll ....
3 My brother .... last year. His wife's name is Sarah.
4 Dan is always very calm. He never ....
5 We tried to find the hotel, but we ....
6 Everybody wants to stay young, but we all ....
7 Yesterday the weather wasn't so good at first, but it ....
   during the day.

54.4 与えられた語句を I left 〜 と got (to) ... の中に組み入れて文を作りなさい。

1 home / 7:30 → work / 8:15
   I left home at 7:30 and got to work at 8:15.
2 Toronto / 10:15 → New York / 12:00
   I left Toronto at 10:15 and ....
3 the party / 11:15 → home / midnight
   ....

4 ● 自分のことについて自由に述べなさい。
   I left ....

54.5 got in / got out of / got on / got off のいずれかを空所に入れて、文を完成させなさい。

1 Kate ..... *got in* ..... the car and drove away.
2 I .... the bus and walked to my house from the bus stop.
3 Olivia .... the car, locked the doors, and went into a store.
4 I made a stupid mistake. I .... the wrong train.

do と make

A

《意味》**Do** は「(…を)する」の意味を基本として、様々な動作を全般的に表します。

○ What are you **doing** tonight? (× What are you making?)
  (⇒ 今夜、何をしますか)
○ "Should I open the window?" "No, it's OK. I'll **do** it."
  (⇒ I'll do it. = I'll open it. do は動詞〔open の繰り返しを避ける〕)
○ Emma's job is very boring. She **does** the same thing every day.
○ I **did** a lot of things yesterday.

What do you do? は「お仕事は何ですか」のように職業を尋ねる疑問文です。意味的には What's your job? と同じで、do に「(…を)する」という動作の意味はありません。

○ "What do you **do**?" "I work in a bank."

B

《意味》**make** は produce/create のような「…を作る」の意味を基本として、様々な目的語と結び付きます。

She's **making** coffee.　He **made** a cake.　They **make** toys.　It was **made** in China.
(コーヒーをいれている)　(ケーキを焼きました)　(おもちゃを作っている)　(中国製だった)

do が動作を全般的に表すのに対し、**make** は目的語と結び付いて動作を具体的に表します。

○ I **did** a lot yesterday. I **cleaned** my room, I **wrote** some letters, and I **made** a cake.
  (⇒ did = cleaned my room / wrote some letters / made a cake)
○ A: What do you **do** in your free time? Read? Play sports?
  B: I **make** clothes. I **make** dresses and jackets. I also **make** toys for my children.
  (⇒ do = make clothes / make dresses and jackets / make toys for my children)

C

《形と語順》**do** は、以下のような名詞句とよく結び付きます。

do	homework housework (人) a favor an exercise (your) best

○ Did the children **do their homework**?
○ I hate **doing housework**, especially cleaning.
○ Nicole, could you **do me a favor?** (⇒ お願いがあるのですが)
○ I have to **do four exercises** for homework tonight.
○ I **did my best**, but I didn't win the race. (⇒ 最善を尽くした)

do には以下のような表現もあります。
do the laundry / do the dishes / do the grocery shopping
(洗濯をする)　(皿洗いをする)　(食料品の買い物をする)

○ I **did the laundry**, but I didn't **do the grocery shopping**.
○ I cooked, so you should **do the dishes**.

D

《形と語順》**make** は、以下のような名詞句とよく結び付きます。

make	a mistake an appointment a phone call a list (a) noise a bed

○ I'm sorry, I **made a mistake**.
○ I need to **make an appointment** to see the doctor.
○ Excuse me, I have to **make a phone call**.
○ Did you **make a shopping list**?
○ It's late. Don't **make any noise**.
○ Sometimes I forget to **make my bed** in the morning.

movie には make (**make a movie**) を、picture/photo には take (**take a picture/photo**) を動詞として用います。
○ When was **this movie made**?
⇔ ○ When was **this picture taken**?

疑問文と否定文中の **do/does/did** → Units 43–44　　**make** + 人 + 動詞の原形 → Unit 51

練習問題

55.1 空所に **make/making/made** または **do/doing/did/done** を入れて文を完成させなさい。

1　"Shall I open the window?"　"No, that's OK. I'll ___do___ it."
2　What did you _____ last weekend? Did you leave town?
3　Do you know how to _____ bread?
4　Paper is _____ from wood.
5　Kyle didn't help me. He sat in an armchair and _____ nothing.
6　"What do you _____?"　"I'm a doctor."
7　I asked you to clean the bathroom. Did you _____ it?
8　"What do they _____ in that factory?"　"Shoes."
9　I'm _____ some coffee. Would you like some?
10　Why are you angry with me? I didn't _____ anything wrong.
11　"What are you _____ tomorrow afternoon?"　"I'm working."

55.2 イラストの人たちは何をしていますか？ セクション **B–D** の表現を用いて記述しなさい。

1　___He's making a cake.___
2　They _____
3　He _____
4　_____
5　_____
6　_____
7　_____
8　_____
9　_____
10　_____

55.3 **make** または **do** を適切な形にして空所に入れ、文を完成させなさい。

1　I hate ___doing___ housework, especially cleaning.
2　Why do you always _____ the same mistake?
3　"Can you _____ me a favor?"　"It depends what it is."
4　"Did you _____ your homework?"　"Not yet."
5　I need to see the dentist, but I haven't _____ an appointment.
6　Joe _____ his best, but he didn't pass his driver's test.
7　I painted the door, but I didn't _____ it very well.
8　How many phone calls did you _____ yesterday?
9　When you finish Exercise 1, you can _____ Exercise 2.
10　There's something wrong with the car. The engine is _____ a strange noise.
11　It was a bad mistake. It was the worst mistake I've ever _____ .
12　Let's _____ a list of all the things we have to _____ today.

have

A

《形》「…がある／…を持っている」のような所有の意味は、**I have** … と **I've got** … の両方で表せます。

- ○ I **have** a new car.　*or*　I**'ve got** a new car.
- ○ Sue **has** long hair.　*or*　Sue **has got** long hair.
- ○ **Do** they **have** any children?　*or*　**Have** they **got** any children?
- ○ Tom **doesn't have** a job.　*or*　Tom **hasn't got** a job.
- ○ How much time **do** you **have**?　*or*　How much time **have** you **got**?

have と have got は、以下のような名詞句とよく結び付きます。

I **have** I**'ve got**	a headache / a toothache / a pain (in my leg など) a cold / a cough / a sore throat / a fever / the flu など

- ○ I **have** a headache.　*or*　I**'ve got** a headache.
- ○ **Do** you **have** a cold?　*or*　**Have** you **got** a cold?

have と have got の過去形は、**I had** / **I didn't have** / **Did you have** … ? などになります。

- ○ When I first met Sue, she **had** short hair.
- ○ He **didn't have** any money because he **didn't have** a job.
- ○ **Did** you **have** enough time to do everything you wanted to do?

B

《形》**have breakfast** などのように **have** が以下の名詞句と結び付いて、eat (飲む) ／ drink (食べる) の意味で用いられる場合は、have got は使えません。

have	breakfast / lunch / dinner a meal / a sandwich / (a) pizza など a cup of coffee / a glass of milk など something to eat / drink

- ○ "Where's Liz?"　"She**'s having** lunch."
- ○ I **don't** usually **have** breakfast.
- ○ I **had** three cups of coffee this morning.
- ○ "**Have** a cookie."　"Oh, thank you."

have a good time などのように **have** が以下のような名詞句と結び付いて「体験する／過ごす」の意味で用いられる場合にも、have got は使えません。

have	a party / a meeting a nice time / a good trip / fun など a (nice) day / a (nice) weekend / a (great) vacation a (good) flight / a safe trip a dream / an accident an argument / a discussion a baby

- ○ We**'re having** a party next week. Please come.
- ○ Enjoy your vacation. **Have** a good trip!
- ○ I**'m having** a bad day. Everything is going wrong. I hope I **have** a better day tomorrow.
  (⇒ 今日はついていない。明日は良い日になってほしい)
- ○ Did you **have** a good flight?
- ○ Alex **had** an accident on his first day in Rome.
- ○ Can we **have** a discussion about my pay?
  (⇒ 給料について相談できませんか)
- ○ Nicole **has** just **had** a baby. It's a boy.

C

《形》イラストでは、どちらも coffee を目的語としていますが、意味に応じて用いられる形が異なります。

「…を持っている」の意味 : have got も have も可能。

- ○ I**'ve got** / I **have** three cups of coffee for this office.

「…を飲む」の意味 : have のみ可能。have got は不可。

- ○ I **have** coffee with my breakfast every morning.
  (× I**'ve got** coffee every morning)
- ○ A: Where's Sam?
  B: He's on break. He**'s having** a cup of coffee.
  (= he's drinking it now)

> I**'ve got** three cups of coffee for this office.
> 「職場のみなさんに
> コーヒーを3つお持ちしました」

> I'm on break.
> I**'m having** a cup of coffee
> 「今は休憩時間。
> コーヒーを飲んでいるところ

I have と I've got ➔ Unit 9　　I've + 過去分詞 (現在完了形) ➔ Units 16–19　　I have to + 動詞の原形 ➔ Unit 31

練習問題

56.1 **have** または **have got** を適切な形にして、文を完成させなさい。

1 _I didn't have_ time to do the shopping yesterday. (I / not / have)
2 " _Does Anna have_ or _Has Anna got_ a car?" "No, she can't drive." (Anna / have?)
3 He can't open the door. .... a key. (he / not / have)
4 .... a cold last week. He's better now. (Ben / have)
5 What's wrong? .... a headache? (you / have?)
6 We wanted to go by taxi, but .... enough money. (we / not / have)
7 Liz is very busy. .... much free time. (she / not / have)
8 .... any problems when you were on vacation? (you / have?)

56.2 イラストの人たちは何をしていますか。以下から適切な語句を選んで記述しなさい。

| an argument | breakfast | a cup of tea | dinner | fun | ~~a party~~ |

1 _They're having a party._ 4 They ....
2 She .... 5 ....
3 He .... 6 ....

56.3 それぞれの質問に、**have** を使って答えなさい。

1 Julia is going on vacation. What do you say to her before she goes?
  Have a nice vacation!
2 You meet Kate at the airport. She has just gotten off her plane. Ask her about the flight.
  Did you have a good flight?
3 Tom is going on a long trip. What do you say to him before he leaves?
  ....
4 It's Monday morning. You are at work. Ask Mariana about her weekend.
  ....
5 Nate just came back from vacation. Ask him about his vacation.
  ....
6 Rachel is going out tonight. What do you say to her before she goes?
  ....
7 It's Sue's birthday soon. You like parties. What do you ask Sue?
  ....

56.4 **have/had** の後に続く語句を以下から選び、文を完成させなさい。

| an accident | a glass of water | a baby | a bad dream | ~~a party~~ | something to eat |

1 We _had a party_ a few weeks ago. We invited 50 people.
2 "Should we .... ?" "No, I'm not hungry."
3 I was thirsty, so I ....
4 I .... last night. It woke me up.
5 Emily is a very good driver. She has never ....
6 Rachel is going to .... It will be her first child.

Unit 57

I/me he/him they/them など
(代名詞の主格と目的格)

A

● イラストのように、自分や周りの人たちに代名詞で呼びかけてください。

人を表す代名詞

主格	I	we	you	he	she	they
目的格	me	us	you	him	her	them

主格			目的格	
I	**I** know Tom.	Tom knows **me**.	me
we	**We** know Tom.	Tom knows **us**.	us
you	**You** know Tom.	Tom knows **you**.	you
he	**He** knows Tom.	Tom knows **him**.	him
she	**She** knows Tom.	Tom knows **her**.	her
they	**They** know Tom.	Tom knows **them**.	them

人称と代名詞の主格／目的格

人称	代名詞
1 人称（話し手を含む）	I/me/ we/us
2 人称（聞き手を含む）	your/you
3 人称（第三者。話し手も聞き手も含まない）	he/him she/ her they/them

主格および目的格の代名詞は、人称・性（男性／女性）、数（単数／複数）によって変化します。

B

物を表す代名詞

It's nice. I like **it**.

They're nice. I like **them**.

主格	it「すてきね。気に入ったわ」	they「いいね。気に入った」
目的格	it	them

- ☐ I don't want **this book**. You can have **it**.
- ☐ I don't want **these books**. You can have **them**.
- ☐ Hannah never drinks **milk**. She doesn't like **it**.
- ☐ I never go to **parties**. I don't like **them**.

C

前置詞（**for/at/with/on** など）の後には、目的格（**me/her/them** など）が入ります。
- ☐ This letter isn't **for me**. It's **for you**.
- ☐ Who is that woman? Why are you looking **at her**?
- ☐ We're going to the movies. Do you want to come **with us**?
- ☐ Sue and Kevin are going to the movies. Do you want to go **with them**?
- ☐ "Where's the newspaper?" "You're sitting **on it**."

「(物)を(人)にあげる」は、give + 人 + 物 と give + 物 + to + 人 の 2 通りの語順が可能です。
「(物)を」の部分が it/them のような代名詞の場合は、**give it/them to** ... のように to のある形でのみ表します。
- ☐ I want that book. Please give **it to me**.
- ☐ Robert needs these books. Can you give **them to him**, please?

114

my/his/their などの代名詞の所有格 → Unit 58　　**Give me that book! / Give it to me!** などの構文 → Unit 94

練習問題

57.1 him/her/them の中から適切な代名詞を選び、文を完成させなさい。

1　I don't know those girls. Do you know ....._them_..... ?
2　I don't know that man. Do you know .... ?
3　I don't know those people. Do you know .... ?
4　I don't know David's wife. Do you know .... ?
5　I don't know Mr. Stevens. Do you know .... ?
6　I don't know Sarah's parents. Do you know .... ?
7　I don't know the woman in the black coat. Do you know .... ?

57.2 I/me/you/she/her などの適切な代名詞を空所に入れ、文を完成させなさい。

1　**I** want to see **her**, but ....._she_..... doesn't want to see ....._me_..... .

2　**They** want to see **me**, but .... don't want to see ....
3　**She** wants to see **him**, but .... doesn't want to see ....
4　**We** want to see **them**, but .... don't want to see ....
5　**He** wants to see **us**, but .... don't want to see ....
6　**They** want to see **her**, but .... doesn't want to see ....
7　**I** want to see **them**, but .... don't want to see ....
8　**You** want to see **her**, but .... doesn't want to see ....

57.3 I like ... / I don't like ... / Do you like ... ? のいずれかを用いて文を作りなさい。

1　I don't eat tomatoes. ....._I don't like them_..... .
2　George is a very nice man. I like ....
3　This jacket isn't very nice. I don't ....
4　This is my new car. Do .... ?
5　Mrs. Clark is not very friendly. I ....
6　These are my new shoes. .... ?

57.4 I/me/he/him などの適切な代名詞を空所に入れ、文を完成させなさい。

1　Who is that woman? Why are you looking at ....._her_..... ?
2　"Do you know that man?"　"Yes, I work with ...."
3　Where are the tickets? I can't find ....
4　I can't find my keys. Where are .... ?
5　We're going out. You can come with ....
6　I have a new motorcycle. Do you want to see .... ?
7　Maria likes music. .... plays the piano.
8　I don't like dogs. I'm scared of ....
9　I'm talking to you. Please listen to ....
10　Where is Anna? I want to talk to ....
11　You can have these DVDs. I don't want ....
12　My brother has a new job, but .... doesn't like .... very much.

57.5 give it/them to ... の形で文を完成させなさい。

1　I need that book. Can you ....._give it to me_..... ?
2　He wants the key. Can you give .... ?
3　She wants the keys. Can you .... ?
4　I need my bag. Can you .... ?
5　They want the money. Can you .... ?
6　We want the photos. Can you .... ?

A

● イラストを参考にして、自分の周りの人が持っている物について、所有格の代名詞で表してください。

| my umbrella | our umbrella | your umbrella | his umbrella | her umbrella | their umbrella |

	主格		所有格
人を表す代名詞	I	→	**my**
	we	→	**our**
	you	→	**your**
	he	→	**his**
	she	→	**her**
	they	→	**their**

	所有格	名詞
I	like	**my**	house.
We	like	**our**	house.
You	like	**your**	house.
He	likes	**his**	house.
She	likes	**her**	house.
They	like	**their**	house.

物を表す代名詞	it	→	**its**

Hawaii (= **it**) is famous for **its** beaches.

《形と語順》所有格の代名詞 (**my/your/his** など)は名詞の前に置きます。

my hands	**his** new **car**	**her** parents
our clothes	**your** best **friend**	**their** room

所有格の代名詞は、所有している人の人称・性(男性／女性)、数(単数／複数)によって形が決まります。

B

his/her/their: 所有している人が男性・単数の場合には his を、女性・単数の場合には her を、複数 の場合には男女に関 係なく their を用います。

AMY

her car
(= Amy's car)

her husband
(= Amy's
husband)

her children
(= Amy's
children)

ANDY

his bike

his sister

his parents

MR. AND
MRS. LEE

their son

their daughter

their children

C

its と **it's:** its は「その…」を表す所有代名詞で、it's は it is の短縮形です。発音上の違いはありません。
its　　　　　Hawaii is famous for **its** beaches.
it's (= it **is**)　I like Hawaii. **It's** a beautiful place. (= It **is** a beautiful place.)

mine/yours などの代名詞の独立所有格 → Unit 59　　**I/me/my/mine** などの代名詞の格 → Unit 60

練習問題

58.1 例にならって、所有格の代名詞を用いて文を完成させなさい。

1 I'm going to wash ....my hands.... .
2 She's going to wash .... hands.
3 We're going to wash ....
4 He's going to wash ....
5 They're going to wash ....
6 Are you going to wash .... ?

58.2 例にならって、所有格の代名詞を用いて文を完成させなさい。

1 He ....lives with his parents.... .
2 They live with .... parents.
3 We .... parents.
4 Sarah lives ....
5 I .... parents.
6 John ....
7 Do you live .... ?
8 Most children ....

58.3 家系図を参考にして、**his/her/their** のいずれかを用いて文を完成させなさい。

SARAH = PHILIP

BEN   WILL   LAURA = STEVE

ROBERT   BETH

1 I saw Sarah with .....her..... husband, Philip.
2 I saw Laura and Steve with .... children.
3 I saw Steve with .... wife, Laura.
4 I saw Ben with .... brother, Will.
5 I saw Laura with .... brother, Will.
6 I saw Sarah and Philip with .... son, Will.
7 I saw Laura with .... parents.
8 I saw Beth and Robert with .... parents.

58.4 **my/our/your/his/her/their/its** のいずれかの代名詞を用いて、文を完成させなさい。

1 Do you like ......your........ job?
2 I know Mr. Watson, but I don't know .... wife.
3 Alice and Tom live in San Francisco. .... son lives in Mexico.
4 We're going to have a party. We're going to invite all .... friends.
5 Anna is going out with .... friends tonight.
6 I like tennis. It's .... favorite sport.
7 "Is that .... car?" "No, I don't have a car."
8 I want to call Maria. Do you know .... number?
9 Do you think most people are happy with .... jobs?
10 I'm going to wash .... hair before I go out.
11 This is a beautiful tree. .... leaves are a beautiful color.
12 John has a brother and a sister. .... brother is 25, and .... sister is 21.

58.5 以下から適切な語を選び、**my/his/their** などの所有格代名詞と組み合わせて文を完成させなさい。

coat	homework	house	husband	~~job~~	key	name

1 Jim doesn't like ......his job...... . It's not very interesting.
2 I can't get in. I don't have ....
3 Sally is married. .... works in a bank.
4 Please take off .... and sit down.
5 "What are the children doing?" "They're doing ...."
6 "Do you know that man?" "Yes, but I don't know ...."
7 We live on Main Street. .... is on the corner of Main and First.

117

Unit 59

Whose is this?　It's mine/yours/hers. など
(代名詞の所有格と独立所有格)

A

● イラストを参考にして自分の周りの人が持っている物について、代名詞の独立所有格で表してください。

主格		所有格		独立所有格
(…が／は)		(…の)		(…のもの)
I	→	**my**	→	**mine**
we	→	**our**	→	**ours**
you	→	**your**	→	**yours**
he	→	**his**	→	**his**
she	→	**her**	→	**hers**
they	→	**their**	→	**theirs**

所有格＋名詞	⇔	独立所有格
(…の〜)		(…のもの)
It's **my** money.		It's **mine**.
It's **our** money.		It's **ours**.
It's **your** money.		It's **yours**.
It's **his** money.		It's **his**.
It's **her** money.		It's **hers**.
It's **their** money.		It's **theirs**.

B

my hands / your book などのように、代名詞の所有格（**my/your** など）は名詞の前に置きます。
- ○ **My hands** are cold.
- ○ Is this **your book**?
- ○ Emily gave me **her umbrella**.
- ○ It's **their problem**, not **our problem**.

mine/yours （私のもの／あなたのもの）などのように、後ろに名詞を置かずに単独で用いる代名詞を「独立所有格」と呼びます。「代名詞の所有格 + 名詞」と同様の意味を持ち、同じ名詞を繰り返すことを避けます。
- ○ Is this book **mine** or **yours**? (= my book or your book)
- ○ I didn't have an umbrella, so Emily gave me **hers**. (= her umbrella)
- ○ It's their problem, not **ours**. (= not our problem)
- ○ We went in our car, and they went in **theirs**. (= their car)

his は形が変わることなく、代名詞の所有格と独立所有格の両方で用いられます。
- ○ "Is this **his camera** or **hers**?"　"It's **his**."

C

a friend **of mine** / a friend **of his** / some friends **of yours** などの「…の友人」は、「〜 of + 代名詞の独立所有格」の形で表します。of の後ろには代名詞の目的格は置きません。
- ○ I went to the movies with a friend **of mine**. (× a friend of me)
- ○ Tom was in the restaurant with a friend **of his**. (× a friend of him)
- ○ Are those people friends **of yours**? (× friends of you)

D

Whose ... ? は、疑問詞で「誰の… ?」を表します。
- ○ **Whose phone** is this? (⇒ 誰の電話ですか)

whose は形が変わることなく、代名詞の所有格と独立所有格の両方に用いられます。
- ○ **Whose money** is this?
  Whose is this? 　} It's mine.
- ○ **Whose shoes** are these?
  Whose are these? 　} They're John's.

Whose phone
is this?
「これ、誰の電話?」

---

my/his/their などの代名詞の所有格 → Unit 58　　I/me/my/mine などの代名詞の格 → Unit 60　　Kate's camera / my
brother's car などのような –'s の用法 → Unit 62

練習問題

59.1 mine/yours などの適切な代名詞の独立所有格を空所に入れ、文を完成させなさい。

1 It's your money. It's .... *yours* ....
2 It's my bag. It's ....
3 It's our car. It's ....
4 They're her shoes. They're ....

5 It's their house. It's ....
6 They're your books. They're ....
7 They're my glasses. They're ....
8 It's his coat. It's ....

59.2 文法的に正しい方を下線部から選び、文を完成させなさい。

1 It's their/ theirs problem, not our / ours. (their と ours が正しい)
2 This is a nice camera. Is it your/yours?
3 That's not my/mine umbrella. My/Mine is black.
4 Whose books are these? Your/Yours or my/mine?
5 Catherine is going out with her/hers friends tonight.
6 My/Mine room is bigger than her/hers.
7 They have two children, but I don't know their/theirs names.
8 Can we use your washing machine? Our/Ours isn't working.

59.3 friend(s) of mine/yours などの形を用いて、文を完成させなさい。

1 I went to the movies with a .... *friend of mine* ....
2 They went on vacation with some .... *friends of theirs* ....
3 She's going out with a friend ....
4 We had dinner with some ....
5 I played tennis with a ....
6 Tom is going to meet a ....
7 Do you know those people? Are they .... ?

59.4 ● イラストの人たちは何と言っていますか。それぞれの会話を完成させなさい。

A

☆ 主格・目的格・所有格・独立所有格といった、代名詞の格について確認します。必要に応じて、指示されているユニットに戻って復習してください。

> I can see **him**, but **he** can't see **me**.
> 「私には彼が見えるけど、彼には私が見えないの」

> **You** give **me your** number, and I'll give **you mine**.
> 「電話番号を教えていただけたら、私の番号もお伝えします」

手を用いた 表現の仕方	主格 (→ Unit 57)	目的格 (→ Unit 57)	所有格 (→ Unit 58)	独立所有格 (→ Unit 59)
	I know Tom.	Tom knows **me**.	It's **my** car.	It's **mine**.
	We know Tom.	Tom knows **us**.	It's **our** car.	It's **ours**.
	You know Tom.	Tom knows **you**.	It's **your** car.	It's **yours**.
	He knows Tom.	Tom knows **him**.	It's **his** car.	It's **his**.
	She knows Tom.	Tom knows **her**.	It's **her** car.	It's **hers**.
	They know Tom.	Tom knows **them**.	It's **their** car.	It's **theirs**.

B

☆ それぞれの代名詞が指し示す人や物を、例文でもう一度確認します。

○ "Do **you** know that man?" "Yes, **I** know **him**, but **I** can't remember **his name**."

○ **She** was very happy because **we** invited **her** to stay with **us** at **our house**.

○ A: Where are the children? Have **you** seen them?
   B: Yes, **they** are playing with **their friends** in the park.

○ That's **my pen**. Can you give it to **me**, please?

○ "Is this **your hat**?" "No, it's **yours**."

○ **He** didn't have an umbrella, so **she** gave **him hers**. (= she gave her umbrella to him)

○ **I**'m going out with a friend of **mine** tonight. (× a friend of me)

---

myself/youself などの再帰代名詞 → Unit 61   Give me that book! / Give it to me! などの構文 → Unit 94

60.1 例にならって、代名詞を用いて質問に答えなさい。

① Do you know that man?

Yes, I know him, but I can't remember his name .

② Do you know that woman?

Yes, I know ...., but I can't remember ....

③ Do you know those people?

Yes, I ...., but I .... names.

④ Do you know me?

Yes, I ...., but ....

60.2 代名詞を用いて文を完成させなさい。

1 We invited her .....to stay with us at our house .
2 He invited us to stay with .... at his house.
3 They invited me to stay with .... house.
4 I invited them to stay .... house.
5 She invited us to stay .... house.
6 Did you invite him .... house?

60.3 代名詞を用いて文を完成させなさい。

1 I gave him .....my..... phone number, and .....he gave me his .
2 I gave her .....my..... phone number, and she gave me ....
3 He gave me .....his..... phone number, and I gave ....
4 We gave them .... phone number, and they gave ....
5 She gave him .... phone number, and he gave ....
6 You gave us .... phone number, and we gave ....
7 They gave you .... phone number, and you gave ....

60.4 him/her/yours などの適切な代名詞を空所に入れ、文を完成させなさい。

1 Where's Amanda? Did you see .....her.....?
2 Where are my keys? Where did I put .... ?
3 This book belongs to Ben. Can you give it to .... ?
4 We don't see .... neighbors much. They're not home very often.
5 "I can't find my phone. Can I use .... ?" "Sure."
6 We're going to the movies. Why don't you come with .... ?
7 Did your sister pass .... driver's test?
8 Some people talk about .... work all the time.
9 Last night I went out for dinner with a friend of ....

A

☆ 主語と目的語が同じ人を指す場合、myself/yourself/themselves など「…自身」を表す再帰代名詞を用います。

He's looking at **himself**.
（彼は自分自身を見ています）

Help **yourself**!

（お好きな物をご自由にどうぞ!）

They're enjoying **themselves**.
（彼らは楽しんでいます）

主格		目的格		再帰代名詞
I	→	me	→	myself
he	→	him	→	himself
she	→	her	→	herself
you	→	you	→	yourself / yourselves
we	→	us	→	ourselves
they	→	them	→	themselves

- ○ **I** looked at **myself** in the mirror.
- ○ **He** cut **himself** with a knife.
- ○ **She** fell off her bike, but she didn't hurt **herself**.
- ○ Please help **yourself**. (⇒ 聞き手が単数の場合)
- ○ Please help **yourselves**. (⇒ 聞き手が複数の場合)
- ○ We had a good vacation. **We** enjoyed **ourselves**.
- ○ They had a nice time. **They** enjoyed **themselves**.

B

《形》代名詞の目的格と再帰代名詞

me/him/them などの代名詞の目的格は、主語と目的語が異なる場合に用いられます。

She is looking at **him**.

別人
（⇒ 彼女が見ているのは彼）

- ○ You never talk to **me**.
- ○ I didn't pay for **them**.
- ○ I'm sorry. Did I hurt **you**?

myself/himself/themselves などの再帰代名詞は、主語と目的語が同じ場合に用いられます。

He is looking at **himself**.

同一人物
（⇒ 彼が見ているのは彼自身）

- ○ Sometimes I talk to **myself**.
- ○ They paid for **themselves**.
- ○ Be careful. Don't hurt **yourself**.

C

by myself / by yourself: by -self で「…一人で (alone)」を表します。
- ○ I went on vacation **by myself**. (⇒ 一人で休暇に出かけた = I went alone.)
- ○ "Was she with friends?" "No, she was **by herself**." (⇒ 彼女は一人でいた)

D

each other: 「お互いに」を表し、A→B と B→A の両方が成立する場合に用います。
- ○ Kate and Nicole are good friends. They know **each other** well. (⇒ お互いをよく知っている)
  〔Kate は Nicole を知っているし、Nicole も Kate を知っている〕
- ○ Paul and I live near **each other**. (⇒ お互い近くに住んでいる)
  〔He lives near me. / I live near him〕.

looked at **each other** と looked at themselves (**-selves**) では、イラストのように見ている人が異なります。

JAMES   SUE

- ○ James and Sue looked at **each other**.
  （⇒ お互いを見つめ合った）
  〔James は Sue を見て、Sue は James を見た〕

JAMES   SUE

- ○ James and Sue looked at **themselves**.
  （⇒ 各自が、自分自身を見た）
  〔James は James 自身を、Sue は Sue 自身を鏡で見た〕

me/him/them などの代名詞の目的格 ➡ Unit 57

練習問題

61.1 **myself/yourself** などの適切な再帰代名詞を空所に入れ、文を完成させなさい。

1 He looked at ....<u>himself</u>........ in the mirror.
2 I'm not angry at you. I'm angry at ....
3 Karen had a good time in Brazil. She enjoyed ....
4 My friends had a good time in Brazil. They enjoyed ....
5 I picked up a very hot plate and burned ....
6 He never thinks about other people. He only thinks about ....
7 I want to know more about you. Tell me about .... （一人に）
8 Goodbye! Have a good trip and take care of .... ! （二人に）

61.2 **by myself / by yourself** のように適切な「**by -self**」の形を用いて、文を完成させなさい。

1 I went on vacation alone.   <u>I went on vacation by myself.</u>
2 When I saw him, he was alone.   When I saw him, he ....
3 Don't go out alone.   Don't ....
4 I went to the movies alone.   I ....
5 My sister lives alone.   My sister ....
6 Many people live alone.   Many people ....

61.3 **each other** を用いて、文を完成させなさい。

① I like her. / I like him.
<u>They like each other.</u>

② I can't see her. / I can't see him.
They can't ....
....

③ I call her a lot. / I call him a lot.
They ....

④ I don't know him. / I don't know him.
....
....

⑤ I'm sitting next to her. / I'm sitting next to him.
....
....

⑥ I gave her a present. / I gave her a present.
....
....

61.4 **each other, ourselves/yourselves/themselves, us/you/them** のいずれかを空所に入れ、文を完成させなさい。

1 Josh and I live near .....<u>each other</u>..... .
2 Who are those people? Do you know .....<u>them</u>..... ?
3 You can help Tom, and Tom can help you. So you and Tom can help ....
4 There's food in the kitchen. If you and Chris are hungry, you can help ....
5 We didn't go to Sarah's party. She didn't invite ....
6 When we go on vacation, we always enjoy ....
7 Jessica and Megan went to school together, but they never see .... now.
8 Lauren and I are very good friends. We've known .... for a long time.
9 "Did you see Sam and Rachel at the party?" "Yes, but I didn't speak to ...."
10 Many people talk to .... when they're alone.

Unit
62

-'s (**Kate's** camera / **my brother's** car など)

A

💬 イラストを参考にして、自分の周りの人が持っている物を「人 's + 物」で表してみましょう。

Kate's camera
(⇒ **her** camera)

my brother's car
(⇒ **his** car)

the manager's office
(⇒ **his** or **her** office)

《形》「〜(人)の…(物)」のように人が物を所有している場合、「人 's + 物」の形で表します。「…(物) + of + 〜(人)」のような形は用いません。

- ☐ I stayed at **my sister's** house.　(× the house of my sister)
- ☐ Have you met **Mr. Black's** wife?　(× the wife of Mr. Black)
- ☐ Are you going to **James's** party?
- ☐ Paul is **a man's** name. Paula is **a woman's** name.

人's の後ろに名詞を置かずに用いて、同じ名詞の繰り返しを避けることができます。

- ☐ Amanda's hair is longer than **Kate's**.　(⇒ Amanda の髪は Kate のものより長い = Kate's hair)
- ☐ "Whose umbrella is this?"　"It's **my mother's**."　(= my mother's umbrella)
- ☐ "Where were you last night?"　"I was at **Eric's**."　(= Eric's house)

B

《形》**friend's** と **friends'**

my **friend's** house
(⇒ 1人の友人の家 = **his** house または **her** house)

friend/student/mother のような単数名詞には、-**'s** を付けます。
　my mother**'s** car (⇒ motherは単数)
　my father**'s** car (⇒ father は単数)

my **friends'** house
(⇒ 2 人以上の友人の家 = **their** house)

friends/students/parents のように -s で終わる複数名詞には、-**'** (アポストロフィ)のみを付けます。
　my parent**s'** car (⇒ parents は複数)

C

《形》「〜(物／場所)の…(物)」のように、ある物や場所に所属する物を表す場合は、「物 + **of** + 物」で表します。「物's + 物」の形は用いません。

- ☐ Look at the roof **of that building**.　(⇒ そのビルの屋根) (× that building's roof)
- ☐ We didn't see the beginning **of the movie**.　(⇒ その映画の始まり) (× the movie's beginning)
- ☐ What's the name **of this town**?
- ☐ Do you know the cause **of the problem**?
- ☐ You can sit in the back **of the car**.
- ☐ Madrid is the capital **of Spain**.

---

mine/yours などの代名詞の独立所有格 → Unit 59　　「誰の…?」を表す疑問詞 whose … ? → Unit 59
he's/Kate'sなどの -'s の用法 → 付録 4.5

練習問題

62.1 家系図を参考にして空所に適切な語を入れ、それぞれの人物について説明する文を完成させなさい。

BLANCA   PEDRO

ALBERTO   JULIA   PAUL

DANIEL

Blanca and Pedro are married.
They have a son, Alberto, and a daughter, Julia.
Julia is married to Paul.
Julia and Paul have a son, Daniel.

1 Pedro is ....*Blanca's*.... husband.
2 Julia is Daniel's ....*mother*.... .
3 Blanca is .... wife.
4 Alberto is Julia's ....
5 Alberto is .... uncle.
6 Julia is .... wife.
7 Blanca is Daniel's ....
8 Julia is Alberto's ....
9 Paul is .... husband.
10 Paul is Daniel's ....
11 Daniel is .... nephew.

62.2 イラストを参考にして、それぞれの質問に1語で答えなさい。

JANE   ANDY   ALICE   RACHEL   DAVE

1 Whose is this?
....*Alice's*....

2 Whose is this?
....

3 And this?
....

4 And these?
....

5 And this?
....

6 And these?
....

62.3 下線部が文法的に正しいかどうか考え、正しい場合は OK を書き入れ、正しくない場合には誤りを訂正しなさい。

1 I stayed at the house of my sister.   *my sister's house*
2 What is the name of this town?   *OK*
3 Do you like the color of this coat? ....
4 Do you have the phone number of Simon? ....
5 The job of my brother is very interesting. ....
6 Write your name at the top of the page. ....
7 For me, morning is the best part of the day. ....
8 The favorite color of Paula is blue. ....
9 When is the birthday of your mother? ....
10 The house of my parents isn't very big. ....
11 The walls of this house are very thin. ....
12 The car stopped at the end of the street. ....
13 Are you going to the party of Lauren next week? ....
14 The manager of the hotel is not here right now. ....

a/an
（不定冠詞）

☆ 不定冠詞 (a/an) は、単数形の可算名詞の前に置き「1 つの…（物／人）」を表します。

He has **a** camera.
（彼はカメラを持っています）

She's waiting for **a** taxi.
（彼女はタクシーを待っています）

It's **a** beautiful day.
（とてもよい天気です）

《意味》不定冠詞 (a/an) は、初めて話題となる単数形の可算名詞の前に置きます。「1 つの…」のように数は強調されません。

《形》単数形の可算名詞は、直前に **a/an** を必ず置きます。何も置かずに用いることはできません。
- ○ Rachel works in **a bank**. (⇒ 銀行で働いている) (× in bank)
- ○ Can I ask **a question**? (⇒ 質問してよろしいですか) (× ask question)
- ○ I don't have **a job** right now.
- ○ There's **a woman** at the bus stop.

《形》母音字 (**a** / **e** / **i** / **o** / **u**) で始まる語の前には **an** を置きます。a は、母音字以外（子音字）で始まる語の前に置きます。
- ○ Do you want **an a**pple or **a b**anana?
- ○ I'm going to buy **a h**at and **an u**mbrella.
- ○ There was **an i**nteresting program on TV last night.

an hour (⇒ hour の h は発音されないので、an を置きます)

⇒ **a u**niversity / **a E**uropean country (⇒ university/European は u や E で始まりますが、いずれも young の語頭の y と同じ子音で発音されるため、an ではなく a を置きます)

another は 1 語で「もう 1 つの…」(= **an** + other) を表します。
- ○ Can I have **another** cup of coffee? (⇒ お茶のお代わりをいただけますか)

《意味》**a/an** … は「〜は…である」のように、物や人の一般的な性質を表す際に用います。

a/an を用いて、身近にいる人や物の性質について述べなさい。
- ○ The sun is **a star**. (⇒ 太陽は（恒）星です)
- ○ Football is **a game**. (⇒ フットボールはゲームです)
  〔フットボールは米国では「アメリカンフットボール」を、英国では「サッカー」を意味します〕
- ○ Dallas is **a city in Texas**.
- ○ A mouse is **an animal**. It's **a small animal**.
- ○ Joe is **a very nice person**.

I'm **a dentist**.
「私は歯科医です」

人の職業や身分を表す際にも **a/an** … を用います。
- ○ A: What do you do?
     (⇒ お仕事は何をされていますか)
     B: I'm **a dentist**.
     (⇒ 歯科医です) (× I'm dentist)
- ○ "What does Mark do?"　"He's **an engineer**."
- ○ Would you like to be **a teacher**?
- ○ Beethoven was **a composer**.
- ○ Picasso was **a famous painter**.
- ○ Are you **a student**?

a bottle / some water（可算名詞/不可算名詞）→ Units 65-66　　a/an と the（不定冠詞と定冠詞）→ Unit 67

練習問題

63.1 空所に **a** または **an** を入れなさい。

1 ...an... old book
2 .... window
3 .... horse
4 .... airport
5 .... new airport
6 .... organization
7 .... university
8 .... hour
9 .... economic problem

63.2 空所に当てはまる語句を以下から選び、**a** または **an** を前に置いて文を完成しなさい。

~~bird~~	fruit	mountain	river	musical instrument
flower	game	planet	tool	vegetable

1 A duck is ...a bird...............
2 A carrot is ....
3 Tennis is ....
4 A hammer is ....
5 Everest is ....
6 Saturn is ....
7 A banana is ....
8 The Amazon is ....
9 A rose is ....
10 A trumpet is ....

63.3 以下から適切な語句を選び、**a** または **an** を前に置いて、イラストに描かれた人物の職業について記述しなさい。

architect	~~dentist~~	sales clerk	photographer
electrician	nurse	taxi driver	

Can I help you?

TAXI

NEWS

1 ...She's a dentist...............
2 He's ....
3 She ....
4 ....
5 ....
6 ....
7 ....
8 And you? I'm ....

63.4 左右の枠内から語句を 1つずつ選び、**a** または **an** を補って文を作りなさい。

~~I want to ask you~~	Rebecca works in		old house	artist
Tom never wears	Jane wants to learn	+	party	~~question~~
I can't ride	Mike lives in		office	foreign language
My brother is	Tonight I'm going to		hat	bike

1 ...I want to ask you a question...............
2 ....
3 ....
4 ....
5 ....
6 ....
7 ....
8 ....

Unit 64　train(s)　bus(es)
（単数形と複数形）

A

☆ 数えられる名詞（可算名詞）には、単数形（1 つの物または人）と、複数形（2 つ以上の物または人）があります。

《形》複数形は、**-s** を単数形の語尾に付けて作ります。

単数形（= 1つの…）		複数形（= 2 つ以上の…）
a flower	→	some **flowers**
a train	→	two **trains**
one week	→	a few **weeks**
a nice place	→	some nice **places**
this student	→	these **students**

a flower　　　　some **flowers**
（1 本の花）　　（数本の花）

しかし、語尾が以下のようにつづられる語では、複数形を作る際に注意が必要です。（**付録 5** を参照）

-s / -sh / -ch / -x	→	-es	bus → bus**es**　　dish → di**shes**
			chur**ch** → chur**ches**　　box → bo**xes**
	also		potato → potato**es**　　tomato → tomato**es**
-y	→	-ies	ba**by** → ba**bies**　　dictiona**ry** → dictiona**ries**　　par**ty** → par**ties**
⇔　-ay / -ey / -oy	→	-ys	da**y** → da**ys**　　monke**y** → monke**ys**　　bo**y** → bo**ys**
-f / -fe	→	-ves	shel**f** → shel**ves**　　kni**fe** → kni**ves**　　wi**fe** → wi**ves**

B

対になる部分を持つ以下の名詞は、1つであっても複数として扱います。

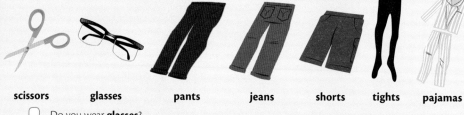

scissors　　　glasses　　　　pants　　　jeans　　　shorts　　　tights　　pajamas

- ◯ Do you wear **glasses**?
- ◯ Where **are** the **scissors**? I need **them**.

このような名詞は、**a pair of scissors** / **a pair of pants** / **a pair of pajamas** などのように「a pair of + 複数形」の形
で表すこともあります。

- ◯ I need **a new pair of jeans**. *or* I need **some** new **jeans**.
  （⇒ 新しいジーンズが1本必要です）（✕ a new jeans）

C

-s の形をとらず、複数形が不規則に変化する名詞もあります。

this **man** → these **men**	one **foot** → two **feet**	that **sheep** → those **sheep**
a **woman** → some **women**	a **tooth** → all my **teeth**	a **fish** → a lot of **fish**
a **child** → many **children**	a **mouse** → some **mice**	

a person → **two people** / **some people** / **a lot of people** などのように、person（人）の複数形は people（人々）
となります。persons のような複数形は用いられません。

- ◯ She's a nice **person**.
- ⇔ ◯ **They are** nice **people**. （✕ nice persons）

D

People は常に複数として扱われるため、**people are** / **people have** などのように、複数形の主語に対応した動詞の形
が用いられます。people を代名詞で示す場合には they を用います。

- ◯ **A lot of people speak** English. （✕ speaks）
- ◯ I like **the people** here. **They are** very friendly.

Police（警察）は常に複数として扱われます。

- ◯ **The police want** to talk to anybody who saw the accident. （✕ The police wants）

128

64.1 以下の名詞を複数形にしなさい。

1 flower ....*flowers*........
2 boat ....
3 woman ....
4 city ....

5 umbrella ....
6 address ....
7 knife ....
8 sandwich ....

9 family ....
10 foot ....
11 holiday ....
12 potato ....

64.2 空所に適切な名詞の複数形を入れて、それぞれのイラストについて文を完成させなさい。

1 There are a lot of ......*sheep*...... in the field.
2 Gary is brushing his ....
3 There are three .... at the bus stop.
4 Lucy has two ....
5 There are a lot of .... in the river.
6 The .... are falling from the tree.

64.3 以下の文が正しいか考え、正しい場合はOKを書き入れ、誤りがあればその部分に下線を引き、正しい形に書き直しなさい。

1 I'm going to buy some flowers.
2 I need <u>a new jeans</u>.

3 It's a lovely park with a lot of beautiful tree.
4 There was a woman in the car with two mens.
5 Sheep eat grass.
6 David is married and has three childs.
7 Most of my friend are student.
8 He put on his pajama and went to bed.
9 We went fishing, but we didn't catch many fish.
10 Do you know many persons in this town?
11 I like your pants. Where did you get it?
12 Montreal is usually full of tourist.
13 I don't like mice. I'm scared of them.
14 This scissor isn't very sharp.

OK
I need a new pair of jeans. or
I need some new jeans.

64.4 右の選択肢から正しい方を選び、文を完成させなさい。

1 It's a nice place. Many people ......*go*...... there on vacation.
2 Some people .... always late.
3 The new city hall is not a beautiful building. Most people
   .... like it.
4 A lot of people .... TV every day.
5 Three people .... injured in the accident.
6 How many people .... in that house?
7 .... the police know the cause of the explosion?
8 The police .... looking for the stolen car.
9 I need my glasses, but I can't find ....
10 I'm going to buy .... new jeans today.

go *or* **goes**?
is *or* **are**?

don't *or* **doesn't**?
watch *or* **watches**?
was *or* **were**?
live *or* **lives**?
Do *or* **Does**?
is *or* **are**?
it *or* **them**?
a *or* **some**?

Unit 65

a bottle / some water
（可算名詞と不可算名詞 1）

A ● イラストを参考にして、身の周りの事柄について可算名詞か不可算名詞か調べてみましょう。

可算名詞

《意味》全体として一定の形を維持していて「1 つ、2 つ…」などのように数えられます。

《形》可算名詞が 1 つ（単数）の場合、a **car**（自動車）/ a **man**（人）/ a **bottle**（瓶）/ a **house**（家）/ a **key**（鍵）/ an **idea**（アイデア）/ an **accident**（事故）のように、a/an を前に置くことができます。

one **bottle**　　two **bottles**　　　　three **men**　　　　four **houses**

《形》可算名詞は one, two, three などの数を表す語とともに用いられます。

単数形	a car	the car	my car など		
複数形	cars	two cars	the cars	some cars	many cars など

- ○ I have **a car**.
- ○ New **cars** are very expensive.
- ○ There aren't **many cars** in the parking lot.

単数形の可算名詞（**car/bottle/key** など）の直前には、必ず a/an が入ります。

- ○ We can't get into the house without **a key**. (× without key)

B **不可算名詞**

《意味》**water**（水）/ **air**（空気）/ **rice**（米）/ **salt**（塩）/ **plastic**（プラスチック）/ **money**（お金）/ **music**（音楽）/ **tennis**（テニス）などの不可算名詞は、一定の形を持たず数えることができません。容器に入れたり、単位を付けたりして数えます。

water　　　　　　**salt**　　　　　　**money**　　　　　　**music**

不可算名詞は、数を表す語（**one/two/three** など）とともには用いません。　　~~one water~~　　~~two music~~

不可算名詞は複数形を持たず、文中では単数形と同様に扱われます。直前に限定詞を置かずに単独で用いられることもあります。

money　　the **money**　　my **money**　　some **money**　　much **money** など

- ○ I have **some money**.
- ○ There isn't **much money** in the box.
- ○ **Money** isn't everything.

不可算名詞の前に **a/an** は置けません。　~~a money~~　~~a music~~　~~a water~~

しかし、**a piece of ...**（…のかけら／1 片）/ **a bottle of ...**（…の瓶）のように、「a 〜（容器などの可算名詞）of ...（不可算名詞）」の形で、a/an や one, two, three などの数を表す語とともに用いることができます。

a bottle of water	**a carton of** milk	**a bar of** soap
a piece of cheese	**a bottle of** perfume	**a piece of** music
a bowl of rice	**a cup of** coffee	**a game of** tennis

練習問題

65.1 イラストで示された物が何であるか、以下から語を選んで答えなさい。それぞれの物が可算名詞か不可算名詞かを判断し、必要に応じて **a/an** を補いなさい。

bucket	envelope	money	sand	toothbrush	wallet
egg	jug	~~salt~~	~~spoon~~	toothpaste	water

1 It's ____salt____ .
2 It's ___a spoon___ .
3 It's ....
4 It's ....
5 It's ....
6 It's ....
7 It's ....
8 It's ....
9 It's ....
10 It's ....
11 It's ....
12 It's ....

65.2 以下の文が正しいか考え、正しい場合はOKを、正しくない場合には **a/an** を補いなさい。

1 I don't have watch. ___a watch___
2 Do you like cheese ? ___OK___
3 I never wear hat. ....
4 Are you looking for job ? ....
5 Kate doesn't eat meat. ....
6 Kate eats apple every day. ....
7 I'm going to party tonight. ....
8 Music is wonderful thing. ....
9 Jamaica is island. ....
10 I don't need key. ....
11 Everybody needs food. ....
12 I've got good idea. ....
13 Can you drive car? ....
14 Do you want cup of coffee? ....
15 I don't like coffee without milk. ....
16 Don't go out without umbrella. ....

65.3 左右の枠内から語句を1つずつ選び、「**a ... of ~**」の形を用いてイラストの物を表しなさい。

bar	cup	loaf		bread	paper	tea
bowl	glass	piece	+	honey	soap	water
~~carton~~	jar	piece		~~milk~~	soup	wood

1 ___a carton of milk___
2 ....
3 ....
4 ....
5 ....
6 ....
7 ....
8 ....
9 ....

131

a cake / some cake / some cakes
(可算名詞と不可算名詞 2)

A

☆ **a/an/some は、初めて話題にする名詞の前に置きます。**

《意味》お店やレストランで、I need … (…をください) のように注文したり Would you like … ? (…はいかがですか) のように勧めたりする際、a/an や some を名詞の前に置きます。

形》**a/an** は、単数可算名詞 (**car/apple/shoe** など) の前に置きます。
- ○ I need **a** new **car**. (⇒ 新車を買いたいのですが)
- ○ Would you like **an apple**? (⇒ リンゴをおひとつどうぞ)

an apple

some は、複数可算名詞 (**cars/apples/shoes** など) の前に置きます。
- ○ I need **some** new **shoes**. (⇒ 靴を (1足) 買いたいのですが)
- ○ Would you like **some apples**? (⇒ リンゴを (いくつか) どうぞ)

some apples

some は、不可算名詞 (**water/money/music** など) の前に置きます。
- ○ I need **some water**. (⇒ 水を少しいただきたいのですが)
- ○ Would you like **some cheese**? (⇒ チーズはいかがですか)
  (= Would you like **a piece of** cheese?)

同じものを表します。
some cheese =
a piece of cheese

a/an は単数可算名詞の前に置きます。some は複数可算名詞と不可算名詞の前に置きます。
- ○ Nicole bought **a hat**, **some shoes**, and **some perfume**.
- ○ I read **a newspaper**, made **some phone calls**, and listened to **some music**.

(⇒ hat/newspaper: 単数可算名詞, shoes / phone calls: 複数可算名詞, perfume/music: 不可算名詞)

B

《意味》名詞の中には、可算名詞にも不可算名詞になるものもあります。全体として一定の形を維持している場合には可算名詞、すでに分割されていて元の形を持たない場合には不可算名詞を用います。

可算名詞：全体の形を維持している　　　　　　　　　　　**不可算名詞：分割されている**

a cake

some cakes

some cake = **a piece of cake**

a chicken

some chickens

some chicken = **a piece of chicken**

paper は「新聞」を表す場合には **a paper** のように可算名詞、「紙」を表すときには **some paper** のように不可算名詞となります。
- ○ I want something to read. I'm going to buy **a paper**. (⇒ 新聞を買おう)
- ⇔ ○ I want to make a shopping list. I need **some paper** / **a piece of paper**. (× a paper) (⇒ 紙が必要です)

C

以下の名詞は、不可算名詞として用いられます。

advice	bread	furniture	hair	information	news	weather	work

不可算名詞なので、**a/an** を付けたり (~~a bread~~, ~~an advice~~)、複数形 (~~advices~~, ~~furnitures~~) にはできません。
- ○ Can I talk to you? I need **some advice**. (× an advice)
- ○ I'm going to buy **some bread**. (× a bread)
- ○ They've got **some** nice **furniture** in their house. (× furnitures)
- ○ Lauren has very long **hair**. (× hairs)
- ○ Where can I get **some information** about hotels in Mexico City? (× informations)
- ○ Listen! I've just had **some** good **news**. (× a good news)
- ○ It's nice **weather** today. (× a nice weather)
- ○ "Do you like your job?" "Yes, but it's hard **work**." (× a hard work)

同じ「仕事」でも、job は可算名詞 (**a job**) で「職業／勤め口」を表しますが、work は不可算名詞で「努力して取り組む労働や学習」を意味します。
- ○ I've got **a** new **job**. (× a new work)

可算名詞と不可算名詞 1 → Unit 65　　**some** と **any** → Unit 74

練習問題

66.1 **a** または **some**を用いて、イラストに描かれている物を記述しなさい。

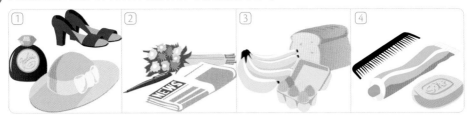

1 _some perfume, a hat, and some shoes._
2 ....
3 ....
4 ....

66.2 **Would you like a ... ?** または **Would you like some ... ?** の形で、イラストの物を勧める文を完成させなさい。

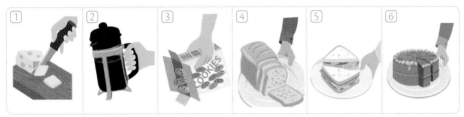

1 _Would you like some cheese_ .... ? 4 .... ?
2 Would you like .... ? 5 .... ?
3 Would .... ? 6 .... ?

66.3 空所に **a /an /some** のいずれかを入れて、文を完成させなさい。

1 I read .....<u>a</u>..... book and listened to .....<u>some</u>..... music.
2 I need .... money. I want to buy .... food.
3 We met .... interesting people at the party.
4 I'm going to open .... window to get .... fresh air.
5 Rachel didn't eat much for lunch – only .... apple and .... bread.
6 We live in .... big house. There's .... nice yard with .... beautiful trees.
7 I'm going to make a table. First I need .... wood.
8 Listen to me carefully. I'm going to give you .... advice.
9 I want to make a list of things to do. I need .... paper and .... pen.

66.4 文法的に正しい方を下線部から選び、文を完成させなさい。

1 I'm going to buy some new ~~shoe~~/shoes. (shoes が正しい)
2 Dan has brown <u>eye/eyes</u>.
3 Sofia has short black <u>hair/hairs</u>.
4 The tour guide gave us some <u>information/informations</u> about the city.
5 We're going to buy some new <u>chair/chairs</u>.
6 We're going to buy some new <u>furniture/furnitures</u>.
7 It's hard to find a <u>work/job</u> these days.
8 We had <u>wonderful weather/a wonderful weather</u> when we were on vacation.

a/an と the
（不定冠詞と定冠詞）

A

☆ **a/an**（不定冠詞）は「数ある中の1つの…」、**the**（定冠詞）は「ほかでもないその…」のように、指し示す対象物が異なります。

a/an（不定冠詞）

「窓を開けてください」
《意味》ここには3つの窓があり「どれでもよいからそのうちの1つの窓（**a window**）を開けてください」を表します。

the（定冠詞）

「その窓を開けてください」
《意味》ここには1つの窓しかなく「ほかでもないその窓（**the window**）を開けてください」を表します。

- [ ] I have **a car**.
  （⇒ 数ある車の中で1台持っている）
- [ ] Can I ask **a question**?
  （⇒ さまざまな質問がありますが、1つ聞いても良いですか）
- [ ] Is there **a hotel** near here?
  （⇒ 数多くのホテルがありますが、この近くに1つありますか）
- [ ] Paris is **an interesting city**.
  （⇒ 楽しい都市は数多くありますが、パリはその1つです〔パリがどのような都市かを説明〕）
- [ ] Sarah is **a student**.
  （⇒ 学生は数多くいますが、Sarah はその1人です〔Sarah がどのような人かを説明〕）

- [ ] I'm going to wash **the car** tomorrow.
  （⇒ 私の自動車）
- [ ] Can you repeat **the question**, please?
  （⇒ あなたが聞いたその質問を…）
- [ ] We enjoyed our vacation. **The hotel** was very nice. （⇒ 私たちが泊まったホテル）
- [ ] Paris is **the capital of France**.
  （⇒ 国家に首都は1つしかない）
- [ ] Sarah is **the youngest student** in her class. （⇒ クラスで最年少は1人のみ〔最上級〕）

初めて話題にする名詞には、**a/an** を付けます。2回目以降は何を指しているかがわかるので、**the**（その…）を付けます。

- [ ] I bought **a jacket** and **a shirt**. **The jacket** was cheap, but **the shirt** was expensive.

（⇒ 私が買ったジャケットとシャツ）

B

《意味》初めて話題にする場合でも，その場の状況から何を指し示しているかが明らかな場合には、**the** を名詞に付けます。

the door / **the ceiling** / **the floor** / **the carpet** / **the light** など（⇒ 部屋の中にある物）
the roof / **the backyard** / **the kitchen** / **the bathroom** など（⇒ 家の中にある物）
the airport / **the police station** / **the bus station** / **the mayors office** など（⇒ 都市や街の中にある物）

- [ ] "Where's Tom?" "In **the kitchen**."
  （⇒ この家やアパートにあるキッチン）
- [ ] Turn off **the light** and close **the door**.
  （⇒ この部屋の電灯やドア）
- [ ] Do you live far from **the airport**?
  （⇒ あなたが住んでいる都市の空港）
- [ ] I'd like to speak to **the manager**, please.
  （⇒ この店の責任者）

the ceiling 天井
the door ドア
the light 電灯
the floor 床

a/an（不定冠詞）➔ Unit 63　　the（定冠詞）➔ Units 68-71

練習問題

67.1 空所に **a/an/the** のいずれかを入れて、文を完成させなさい。

1 We enjoyed our trip. ....._The_..... hotel was very nice.
2 "Can I ask ....._a_..... question?" "Sure. What do you want to know?"
3 You look very tired. You need .... vacation.
4 "Where's Joe?" "He's in .... bathroom."
5 Jessica is .... interesting person. You should meet her.
6 A: Excuse me, can you tell me how to get to .... post office?
   B: Yes, go straight and then take .... next left.
7 A: Let's go and see .... movie tonight.
   B: OK, that's .... good idea.
8 It's .... nice morning. Let's go for .... walk.
9 Amanda is .... student. When she finishes school, she wants to be .... journalist.
She lives with two friends in .... apartment near .... college where she is studying.
.... apartment is small, but she likes it.
10 Peter and Mary have two children, ... boy and .... girl. .... boy is seven years
old, and .... girl is three. Peter works in .... factory. Mary doesn't have ....
job outside the home right now.

67.2 イラストを見て、**a** または **the** の後に続く語を以下から選び、文を完成させなさい。

| airport | cup | dictionary | ~~door~~ | floor | picture |

1 Can you open ....._the door_...., please?
2 How far is it to ....?
3 Can I have .... of coffee, please?
4 That's .... nice .... – I like it.
5 Can you pass me ...., please?
6 Why are you sitting on .... ?

67.3 誤りのある部分に下線を引き、必要な箇所に **a/an** または **the** を入れて、正しく書き直しなさい。

1 Don't forget to turn off light when you go out.   _turn off the light_
2 Enjoy your trip, and don't forget to send me postcard.   ....
3 What is name of this town?   ....
4 Canada is very big country.   ....
5 What is largest city in Canada?   ....
6 I like this room, but I don't like color of carpet.   ....
7 "Are you OK?" "No, I've got headache."   ....
8 We live in old house near station.   ....
9 What is name of director of movie we saw last night?   ....

A 《意味》語句全体の意味や状況から、どの物や人を指し示しているかが明らかな場合には、**the** を名詞に付けます。
（Unit 67 を参照）

○ What is **the name** of this street?（⇒「この通りの名前」は 1 つしかない）
○ Who is **the best player** on your team?（⇒「チームで一番の選手」は 1 人しかいない〔最上級〕）
○ Can you tell me **the time**, please?（⇒「今」の時間）
○ My office is on **the first floor**.（⇒このビルの 1 階）

《形》以下の場合、**the** は省略できません

○ Do you live near **the airport**?
（⇒「自分が住んでいる都市の空港」）（× near airport）⇒ **Unit 70B**

○ Excuse me, where is **the nearest bank**?
（⇒「一番近い銀行」は 1つしかない〔最上級の前〕）（× nearest bank）

B **the same ...：**same（同じ…）の前には必ず the を置きます。この the は省略できません。

○ We live on **the same street**.（× on same street）
○ "Are these two books different?"　"No, they're **the same**."（× they're same）

C 《形》以下のような語は、常に the とともに用いられます。

the sun / the moon / the world / the sky / the ocean / the country

○ **The sky** is blue, and **the sun** is shining.
○ Do you live in a city or in **the country**?（⇒ 田舎に…）

the police / the fire department（消防署）/
the army（of a city, country など）

○ My brother is a soldier. He's in **the army**.
○ What do you think of **the police**?　Do they do a good job?

the top / the end / the middle / the left など、物の位置関係を表す語

○ Write your name at **the top of** the page.
○ My house is at **the end of** this block.
○ The table is in **the middle of** the room.
○ Do you drive on **the right** or on **the left** in your country?

上
the top

the left
左

the
•
middle
中央

the right
右

the bottom
下

(play) the piano / the guitar / the trumpet など
（⇒「play the + 楽器」の形で「～（楽器）を演奏する」を表します）

○ Anna is learning to play **the piano**.

the radio：「ラジオ放送／ラジオ番組」

○ I listen to **the radio** a lot.

the Internet：「インターネット」

○ What do you use **the Internet** for?

D 《形》以下のような語には、**the** を付けません。

television/TV：「テレビ放送／テレビ番組」

○ I watch **TV** a lot.
○ What's on **television** tonight?
ただし、放送を受信する機械を表す場合には、the が付きます。
⇔ Can you turn off **the TV**?（⇒ テレビを消してくれますか）

breakfast/lunch/dinner（⇒ 食事）

○ What did you have for **breakfast**?（× the breakfast）
○ **Dinner** is ready!

next/last + week/month/year/summer/Monday など（⇒ next/last で始まる時間表現）

○ I'm not working **next week**.（× the next week）
○ Did you take a vacation **last summer**?（× the last summer）

---

a/an と the（不定冠詞と定冠詞）➔ **Unit 67**　　the（定冠詞）➔ **Units 69-71**
the oldest / the most expensive など（最上級）➔ **Unit 88**

練習問題

Unit
68

68.1 例にならってそれぞれの文が正しいか考え、正しい場合はOKを、正しくない場合には適切な場所に **the** を入れなさい。

1 What is name of this street? — *the name*
2 What's on TV tonight? — *OK*
3 Our apartment is on second floor.
4 Would you like to go to moon?
5 What is best hotel in this town?
6 What time is lunch?
7 How far is it to football stadium?
8 We're taking a trip at end of May.
9 What are you doing next weekend?
10 I didn't like her first time I met her.
11 I'm going out after dinner.
12 It's easy to get information from Internet.
13 My sister got married last month.
14 My dictionary is on top shelf on right.
15 We live in country about 10 miles from nearest town.

68.2 以下から適切な語を選び、**the same** の後に置いて文を完成させなさい。

age	color	problem	~~street~~	time

1 I live on North Street, and you live on North Street. We live on ..... *the same street* .
2 I arrived at 8:30, and you arrived at 8:30. We arrived at ....
3 Jim is 25, and Sue is 25. Jim and Sue are ....
4 My shirt is dark blue, and so is my jacket. My shirt and jacket are ....
5 I have no money, and you have no money. We have ....

68.3 イラストの状況を表す文を完成させなさい。必要であれば **the** を付けなさい。

1 .... *The sun* .... is shining.
2 She's playing ....
3 They're having ....
4 He's watching ....
5 They're swimming in ....
6 Tom's name is at .... of the list.

68.4 以下から適切な語を選び、文を完成させなさい。必要であれば **the** を付けなさい。

capital	~~dinner~~	lunch	middle	name	police	sky	TV

1 We had ..... *dinner* ..... at a restaurant last night.
2 We stayed at a very nice hotel, but I don't remember ....
3 ....is very clear tonight. You can see all the stars.
4 Sometimes there are some good programs on .... late at night.
5 .... stopped me because I was driving too fast.
6 Tokyo is .... of Japan.
7 "What did you have for .... ?" "A salad."
8 I woke up in .... of the night.

Unit 69

go to work go home go to the hospital
(the の付く名詞と付かない名詞 2)

A

☆ イラストの **at work** / **to school** / **in bed** は、場所そのものではなく、そこで何をしているのかを表しています。

She's **at work**.
（彼女は職場にいます）
〔⇒ 仕事をしています〕

They're going **to school**.
（彼らは学校に通っています）
〔⇒ 生徒として勉強しています〕

He's **in bed**.
（彼はベッドにいます）
〔⇒ 寝ています〕

《形》以下のような場所／施設について「そこで何をするのか」というように行動を中心に考える場合は、the は付きません。

go **to work**, be **at work**, start **work**, finish **work** (⇒ 仕事 ＝ 働く)
- ⃝ Bye! I'm **going to work** now. (× to the work)
- ⃝ I **finish work** at 5:00 every day.

go **to school**, be **at school**, start **school**, finish **school** など (⇒ 学校 ＝ 勉強する)
- ⃝ What did you learn **at school** today? (× at the school)
- ⃝ Some children don't like **school**.

go **to college**, be **in college** (⇒ 大学 ＝ 大学で勉強する)
- ⃝ Rachel wants to **go to college** when she **finishes high school**.
- ⃝ What did you study **in college**?

go **to class**, be **in class** (⇒ クラス ＝ クラスで勉強する)
- ⃝ I can't talk now. I have to **go to class**.
- ⃝ I'll **be in class** until 5:00 today. I'll call you when I get out.

go **to prison/jail**, be **in prison/jail** (⇒ 刑務所 ＝ 服役する)
- ⃝ Why is he **in prison**? What did he do?

go **to church**, be **in/at church** (⇒ 教会 ＝ 教会で祈る／奉仕する)
- ⃝ David usually goes **to church** on Sundays.

go **to bed**, be **in bed** (⇒ ベッド ＝ ベッドで寝る／横になる)
- ⃝ I'm tired. I'm **going to bed**. (× to the bed)
- ⃝ "Where's Amanda?"   "She's **in bed**."

go **home**, be (at) **home**, stay (at) **home**: home には「家」という名詞に加えて「家へ／家で（くつろぐ）」という意味もあります。このため「家へ帰る」は go home のように to を置かずに用います。「家にいる」は、stay home に加えて stay at home のように at を置くこともあります。
- ⃝ I'm tired. I'm **going home**. (× to home)
- ⃝ Are you going out tonight, or are you **staying home**? *or* ... are you **staying at home**?

B

形》以下のような場所／施設には the が付きます。セクション A で説明した the のない形と同様に、そこで何をするかに焦点を置いている表現です。

go to **the bank** / **the post office** / **the hospital** / **the train station** / **the bus station** / **the airport** / **the theater** / **the movies**
- ⃝ "Are you going to **the bank**?"   "No, to **the post office**."
  (⇒ 銀行で振り込みをする、郵便局で小包を送る)
- ⃝ The number 5 bus goes to **the airport**; the number 8 goes to **the train station.**
  (⇒ 都市や街の「空港／駅」)
- ⃝ I never go to **the theater**, but I go to **the movies** a lot.
  (⇒ 演劇には行かないが、映画には行く〔演劇は鑑賞しないが、映画鑑賞はする〕)

go to **the doctor**, **the dentist** 「医者／歯科医に診てもらう」を表します。
- ⃝ You're not well. Why don't you go to **the doctor**?
- ⃝ I have to go to **the dentist** tomorrow.

the（定冠詞）→ Units 67–68, 70–71   in/at → Units 104–105   to/in/at → Unit 106   (at) home → Unit 106

69.1 イラストの人たちがいる場所について説明しなさい。必要に応じて **the** を補いなさい。

1　He's in ....*bed*........ .　　3　He's in ....　　5　They're at ....
2　They're at ....　　4　She's at ....　　6　She's in ....

69.2 以下から適切な語句を選び、必要に応じて **the** を補って文を完成させなさい。

~~bank~~　　bed　　~~church~~　　home　　post office　　school　　station

1　I need to get some money. I have to go to ......*the bank*...... .
2　David usually goes to ......*church*...... on Sundays.
3　In the United States, children start .... at the age of five.
4　There were a lot of people at .... waiting for the train.
5　We went to their house, but they weren't ....
6　I'm going to .... now. Good night!
7　I'm going to .... to get some stamps.

69.3 必要に応じて **the** を補って文を完成させなさい。

1　If you want to catch a plane, you ......*go to the airport*.. .
2　If you want to see a movie, you go to ....
3　If you are tired and you want to sleep, you ....
4　If you rob a bank and the police catch you, you ....
5　If you have a problem with your teeth, you ....
6　If you want to study after you finish high school, you ....
7　If you are badly injured in an accident, you ....

69.4 以下の文が正しい場合はOKを、正しくない場合には適切な場所に **the** を入れなさい。必要であれば適切な場所に
the を入れなさい。

1　We went to movies last night.	*to the movies*
2　I finish work at 5:00 every day.	*OK*
3　Megan wasn't feeling well yesterday, so she went to doctor.	....
4　I wasn't feeling well this morning, so I stayed in bed.	....
5　Why is Lauren always late for work?	....
6　"Where are your children?"　"They're at school."	....
7　We have no money in bank.	....
8　When I was younger, I went to church every Sunday.	....
9　What time do you usually get home from work?	....
10　Sorry I couldn't call you back earlier. I was in class.	....
11　"Where should we meet?"　"At station."	....
12　Kate takes her children to school every day.	....
13　Jim is sick. He's in hospital.	....
14　Would you like to go to college?	....
15　Would you like to go to theater tonight?	....

A

⬤ イラストを参考にして、自分が好きなことや嫌いなことを I like ... / I don't like ... の文で述べてください。

> I like **music**.
> 「音楽が好きです」

> I hate **exams**.
> 「試験が嫌いです」

> I don't like **cold weather**.
> 「寒い天候は嫌いです」

《形》一般的な物や事柄を話題にする場合は、**the** を付けずに複数可算名詞や不可算名詞を単独で用います。

○ I like **music**, especially **classical music**.
  (× the music ... the classical music)
○ We don't eat **meat** very often. (× the meat)
○ **Life** is not possible without **water**.
  (× The life ... the water)
○ I hate **exams**. (× the exams)
○ Is there a store near here that sells **newspapers**?

ゲームやスポーツには **the** は付きません。

○ My favorite sports are **tennis** and **skiing**. (× the tennis ... the skiing)

語学や **history** (歴史)／**geography** (地理)／ **physics** (物理) ／**biology** (生物) などの授業科目には、**the** は付きません。

○ Do you think **English** is difficult? (× the English)
○ Tom's brother is studying **physics** and **chemistry**.

B

《形》the の付かない複数可算名詞は一般的な物や事柄を表しますが、the の付いた複数可算名詞は、全体の中の一部分を「その…」と具体的に指定します。

無冠詞 複数可算名詞	the + 複数可算名詞
○ **Flowers** are beautiful. (⇒ 花全般)	○ I love your garden. **The flowers** are beautiful. (⇒ あなたの庭の花)
○ I don't like **cold weather**. (⇒ 寒い気候全般)	○ **The weather** isn't very good today. (⇒ 今日の天気)
○ We don't eat **fish** very often. (⇒ 魚全般)	○ We had a great meal last night. **The fish** was excellent. (⇒ 昨日の夜に食べた魚)
○ Are you interested in **history**? (⇒ 歴史全般)	○ Do you know much about **the history** of your country? (⇒ 自国の歴史)

> The **flowers** are beautiful.
> 「この花、きれいね」

70.1 ● 以下の物や事柄に対してどのように思いますか。

big cities	computer games	exams	jazz	parties
chocolate	dogs	housework	museums	tennis

上から7つの語句を選び、以下の表現を用いて自分の意見を述べなさい。

I like ...   I don't like ...   I love ...   I hate ...

1 _I hate exams._ or _I like exams._
2 ....
3 ....
4 ....
5 ....
6 ....
7 ....
8 ....

70.2 ● ( )内の語句についてあなたはどのように思いますか。以下から適切な表現を用いて自分の意見を述べなさい。

I'm (very) interested in ...	I know a lot about ...	I don't know much about ...
I'm not interested in ...	I know a little about ...	I don't know anything about ...

1 (history)   _I'm very interested in history._
2 (politics)   I ....
3 (sports)   ....
4 (art)   ....
5 (astronomy)   ....
6 (economics)   ....

70.3 文法的に正しい方を下線部から選びなさい。

1 My favorite sport is football / ~~the football~~ . (football が正しい)
2 I like this hotel. ~~Rooms~~ / The rooms are very nice. (The rooms が正しい)
3 Everybody needs friends / the friends.
4 Rachel doesn't go to parties / the parties very often.
5 I went shopping at the mall this morning. Stores / The stores were very crowded.
6 "Where's milk / the milk?"   "It's in the fridge."
7 I don't like milk / the milk. I never drink it.
8 "Do you play any sports?"   "Yes, I play basketball / the basketball."
9 An architect is a person who designs buildings / the buildings.
10 We went for a swim in the river. Water / The water was very cold.
11 I don't like swimming in cold water / the cold water.
12 Excuse me, can you pass salt / the salt, please?
13 I like this town. I like people / the people here.
14 Vegetables / The vegetables are good for you.
15 Houses / The houses on this street are all the same.
16 I can't sing this song. I don't know words / the words.
17 I enjoy taking pictures / the pictures. It's my hobby.
18 Do you want to see pictures / the pictures that I took when I was on vacation?
19 English / The English is used a lot in international business / the international business.
20 Money / The money doesn't always bring happiness / the happiness.

the + 場所の名前

A

☆ 場所の名前には、**the** が付く場合と付かない場合があります。

《形》大陸・国・州・島・都市／街・山などの名前には、**the** は付きません。

- ○ **Quebec** is a province of **Canada**.
- ○ **Cairo** is the capital of **Egypt**.
- ○ **Hawaii** is an island in the Pacific.
- ○ **Peru** is in **South America**.

国や州の名前の中に、republic（共和国）／states（州）／kingdom（王国）が含まれる場合には **the** が付きます。

the Dominican **Republic**
the United **States** of America (**the** USA)
the United **Kingdom** (**the** UK)

B

《形》複数形 **-s** で表される場所の名前の前には、**the** が付きます。

the Netherlands（オランダ）　　**the** Hawaiian Islands（ハワイ諸島）
the Philippines（フィリピン）　　**the** Andes（アンデス山脈）

C

《形》大洋・海・川・運河などの名前の前には、**the** が付きます。

the Atlantic（大西洋）　**the** Mediterranean（地中海）　**the** Amazon（アマゾン川）
the Nile（ナイル川）　　**the** Panama Canal（パナマ運河）　**the** Black Sea（黒海）

D

《形》通り（street/avenue）・街区（square）・建物などの名前には、**the** は付きません。

- ○ Kevin lives on **Central Avenue**.
- ○ Where is **Main Street**, please?
- ○ **Times Square** is in New York.

空港（airport）・駅（station）・大学（university）・公園（park）などの名前には、**the** は付きません。

O'Hare International Airport　　**Yosemite** (National Park)
Pennsylvania Station　　　　　**Carnegie Hall**
Harvard University　　　　　　**Pomona College** なども同様です。

ホテル（hotel）・美術館／博物館（museum）・劇場／映画館（theater）・記念碑（monument）などの名前には **the** が付きます。

the Regent Hotel　　　　　　　**the** National Theater
the Metropolitan (Museum)　　**the** Cineplex (movie theater)
the Taj Mahal　　　　　　　　**the** Lincoln Memorial

E

《形》「（物）**of** ...（物）」の形で表される場所の名前には、最初の物を表す名詞の前に **the** が入ります。

the Museum **of** Modern Art　　**the** University **of** California
the Great Wall **of** China　　　**the** Statue **of** Liberty

方角を表す名詞には、**the** が付きます。

the north（北）／ **the south**（南）／ **the east**（東）／ **the west**（西）

- ○ I've been to **the north of Italy**, but not to **the south**.

練習問題

71.1 空所に当てはまる地名を右の枠内から選び、必要であれば **the** を補って文を 完成させなさい。

1	_Cairo_ .... is the capital of Egypt.	Alps
2	_The Atlantic_ .... is between Africa and America.	Amazon
3	.... is a country in northern Europe.	Andes
4	.... is a river in South America.	Asia
5	.... is the largest continent in the world.	~~Atlantic~~
6	.... is the largest ocean.	Bahamas
7	.... is a river in Europe.	Bangkok
8	.... is a country in East Africa.	~~Cairo~~
9	.... is between Canada and Mexico.	Jamaica
10	.... are mountains in South America.	Kenya
11	.... is the capital of Thailand.	Pacific
12	.... are mountains in central Europe.	Red Sea
13	.... is between Saudi Arabia and Africa.	Rhine
14	.... is an island in the Caribbean.	Sweden
15	.... are a group of islands near Florida.	United States

71.2 それぞれの文が正しいかどうか考え、正しければOKを書き入れ、、必要であれば **the** を入れなさい。

1 Kevin lives on Central Avenue.   _OK_
2 We went to see a play at National Theater.   _at the National Theater_
3 Have you ever been to China?
4 Have you ever been to Philippines?
5 Have you ever been to south of France?
6 Can you tell me where Washington Monument is?
7 Can you tell me where Hollywood Boulevard is?
8 Can you tell me where Museum of Art is?
9 Europe is bigger than Australia.
10 Belgium is smaller than Netherlands.
11 Which river is longer – Mississippi or Nile?
12 Did you go to National Gallery when you were in Washington?
13 We stayed at Park Hotel near Central Park.
14 How far is it from Times Square to JFK Airport?
15 Rocky Mountains are in North America.
16 Texas is famous for oil and cowboys.
17 I hope to go to United Kingdom next year.
18 Mary comes from west of Ireland.
19 John is a student at University of Michigan.
20 Panama Canal joins Atlantic Ocean and Pacific Ocean.

Unit 72 this/that/these/those

A

🔵 イラストを参考にして、自分の周りにある物を this/that/these/those で述べてください。

《意味》this/these は、自分の手元にある物を「これ／この…」と指し示し、that/those は、やや離れたところにある物を「あれ／あの…」と指し示します。this/that は単数を、these/those は複数を表します。

this (単数)	these (複数)	that (単数)	those (複数)

Do you like **this** picture?
「この絵がお好きですか」

These flowers are for you.
「このお花、どうぞ」

Do you like **that** picture?
「あの絵がお好きですか」

Who are **those** people?
「あの人たちは誰？」

this these

this picture
(⇒ ここにある絵)
these flowers
(⇒ ここにある花)

that those

that picture
(⇒ あそこにある絵)
those people
(⇒ あそこにいる人たち)

B

《形》this/these/that/those には、後ろに名詞を置く形 (**this picture** / **those girls** など) と、何も置かずに単独で用いる形があります。

- ◯ **This hotel** is expensive, but it's very nice. (⇒ このホテル)
- ◯ "Who's **that girl**?" "I don't know." (⇒ あの女の子)
- ◯ Do you like **these shoes**? I bought them last week.
- ◯ **Those apples** look nice. Can I have one?

- ◯ **This** is a nice hotel, but it's very expensive.
  (⇒ これは素敵なホテルです)
- ◯ "Excuse me, is **this** your bag?" "Oh yes, thank you."
  (⇒ これはあなたの鞄ですか)
- ◯ Who's **that**? (= Who is that person?)
- ◯ Which shoes do you like better – **these** or **those**?

C

《意味》that は、過去に起きた出来事を「それ」のように指し示します。

- ◯ "I'm sorry I forgot to call you." "**That**'s all right."
  (⇒ そのこと〔電話を忘れていたこと〕なら問題ありません)
- ◯ **That** was a really nice meal. Thank you very much.
  (⇒ 本当においしい食事〔今食べ終わった食事〕でした)

that は、人が直前に言った言葉を「それ」のように指し示します。

- ◯ "You're a teacher, aren't you?" "Yes, **that**'s right."
  (⇒ はい, その〔自分が教員であること〕通りです)
- ◯ "Mark has a new job." "He does? I didn't know **that**."
  (⇒ それ〔Mark が新しい仕事に就いたこと〕は知りませんでした)
- ◯ "I'm going on vacation next week." "Oh, **that**'s nice."

D

《意味》this/that は、電話で **This is ...** (こちらは… です)／**Is this ... ?** (そちら は…ですか)のように用います。

- ◯ Hi Sarah, **this is** David. (⇒ もしもし Sarah? David です)
- ◯ **Is this** Sarah?

this は人を紹介する際にも、**This is ...** (こちらは…です)のように用います。

- ◯ A: Bill, **this is** Chris. (⇒ Bill 、こちらは Chris です)
  B: Hello, Chris. Nice to meet you.
  C: Hi.

DAVID

Hi Sarah, **this is** David.

Bill, **this is** Chris.

AMANDA BILL CHRIS

this one / that one ➡ Unit 73

練習問題

72.1 以下から適切な語を選び、**this / that / these / those** の後ろに置いて文を完成させなさい。

| birds | dishes | house | postcards | seat | ~~shoes~~ |

① Do you like
....these shoes....?

② Who lives in ....
............................?

③ How much are ....
............................?

④ Look at ....
....

⑤ Excuse me, is ....
.... free?

⑥ ....
.... are dirty.

72.2 **Is this / that your ... ?** または **Are these / those your ... ?** の疑問文を作りなさい。

① Is this
your bag?

72.3 空所に **this is / that's / that** のいずれかを入れて、文を完成させなさい。

1 A: I'm sorry I'm late.
   B: ......That's...... all right.

2 A: I can't come to the party tomorrow.
   B: Oh, ... too bad. Why not?

3 〔電話で〕
   SUE: Hello, Jane. .... Sue.
   JANE: Oh, hi Sue. How are you?

4 A: You're lazy.
   B: .... not true!

5 A: Beth plays the piano very well.
   B: Does she? I didn't know ....

6 〔Mark は, Paul の妹の Helen に初めて会いました〕
   PAUL: Mark, ... my sister, Helen.
   MARK: Hi, Helen.

7 A: I'm sorry I was angry yesterday.
   B: .... OK. Forget it!

8 A: You're a friend of Tom's, aren't you?
   B: Yes, ... right.

A

☆ **one/ones** を用いて、名詞の繰り返しを避けます。

《形》「a + 単数可算名詞」の名詞句と **one** を置き換えて、名詞の繰り返しを避けます。

These chocolates are good.
Would you like **one**?
「このチョコ、おいしいわよ。1つどう?」

Would you like **one**? (one ←「a + 単数可算名」)
↓
= Would you like **a chocolate** ?

a chocolate を one に置き換えて「chocolate」の 繰り返し
を避けています。one が a chocolate に置き換わっているの
で「たくさんあるチョコの中の、どれか 1 つ」を表します。

- ☐ I need **a pen**. Do you have **one**? (one = a pen)
- ☐ A: Is there **a bank** near here?
     B: Yes, there's **one** on the corner. (one = a bank)

B

《形》単数可算名詞は **one** に、複数可算名詞は **ones** に置き換えて繰り返しを避けます。以下の例を参考にして、**one** と
ones の用法を学習します。

one (←単数可算名詞)

Which one
do you want?

This one.

「どちらになさいますか」―「これをください」
Which **one**? = Which **hat**?
(⇒ 店内に帽子が並べられている。客は帽子を1つ買いたい)
one = hat/car/girl など
this one / that one
- ☐ Which **car** is yours? **This one** or **that
     one**? (= this car or that car)
     (⇒ こちらですか あちらですか)

the one ...
- ☐ A: Which **hotel** did you stay at?
     B: **The one** near the airport.
        (⇒ 空港の近くのホテルです〔どのホテルを
        指しているか A にも B にも明らか〕)
- ☐ I found this **key**. Is it **the one** you lost?

the ... one
- ☐ I don't like the black **coat**, but I like **the
     brown one**. (= the brown coat)
     (⇒ その茶色のコートが良い)
- ☐ Don't buy that **camera**. Buy **the other one**.
     (⇒ もう一方のカメラが良い)

a/an ... one
- ☐ This **cup** is dirty. Can I have **a clean
     one**? (= a clean cup)
- ☐ That **cookie** was good. I'm going to have
     another one. (⇒ もう 1 枚いただきます)

ones (←複数可算名詞)

Which ones
do you want?

The white ones.

「どちらになさいますか」―「この白い花をください」
Which **ones**? = Which **flowers**?
(⇒ 女性が赤と白の花束を手にしている。客は花束として
複数の花を買いたい)
ones = flowers/cars/girls など
these/those (**ones** はつかない)
- ☐ Which flowers do you want? **These** or
     those? (= these flowers or those flowers)
     (⇒ こちらですか あちらですか) 〔these ones,
     those ones のように ones は置かないのが普通〕

the ones ...
- ☐ A: Which **books** are yours?
     B: **The ones** on the table.
        (⇒ テーブルの上の本です〔どの本 (複数)
        を指しているか A にも B にも明らか〕)
- ☐ I found these **keys**. Are they **the ones**
     you lost?

the ... ones
- ☐ I don't like the red **shoes**, but I like
     the green ones. (= the green shoes)
     (⇒ その緑色の靴が良い)
- ☐ Don't buy those **apples**. Buy **the other ones**.
     (⇒ もう一方のリンゴが良い)

some ... ones
- ☐ These **cups** are dirty. Can we have
     some clean ones? (= some clean cups)
- ☐ My **shoes** are very old. I'm going to buy
     some new ones. (⇒ 新しい靴を買います)

Which ... ? → Unit 45   another → Unit 63   this/that/these/those → Unit 72

73.1 A が B に質問しています。与えられた情報を参考に（**a/an** ではなく）**one** を使ってBの答えを完成させなさい。

> B doesn't need a car
> B there's a drugstore on First Avenue
> ~~B doesn't have a pen~~
>
> B just had a cup of coffee
> B is going to get a bike
> B doesn't have an umbrella

1 A: Can you lend me a pen?   B: I'm sorry, *I don't have one* .
2 A: Would you like to have a car?   B: No, I don't ....
3 A: Do you have a bike?   B: No, but ....
4 A: Can you lend me an umbrella?   B: I'm sorry, but ....
5 A: Would you like a cup of coffee? B: No, thank you. ....
6 A: Is there a drugstore near here? B: Yes, ...

73.2 以下から適切な語を選び、**a/an ... one** の形を用いて文を完成させなさい。

> **better   big   ~~clean~~   different   new   old**

1 This cup is dirty. Can I have *a clean one* ....?
2 I'm going to sell my car and buy ....
3 That's not a very good picture. This is ....
4 I want today's newspaper. This is ....
5 This box is too small. I need ....
6 Why do we always go to the same restaurant? Let's go to ....

73.3 与えられた情報を参考に、**one/ones** を用いて A と B の対話を完成させなさい。

1 *A stayed at a hotel. It was near the airport.* A: We stayed at a hotel. B: *Which one* .... ? A: *The one near the airport*	6 *A is looking at a picture. It's on the wall.* A: That's an interesting picture. B: .... ? A: ....
2 *A sees some shoes in a store window.* *They're green.* A: I like those shoes. B: Which .... ? A: The	7 *A sees a girl in a group of people. She's tall with* *long hair.* A: Do you know that girl? B: .... ? A: ....
3 *A is looking at a house. It has a red door.* A: That's a nice house. B: .... ? A: .... with	8 *A is looking at some flowers in the garden.* *They're yellow.* A: Those flowers are beautiful. B: .... ? A: ....
4 *A is looking at some CDs. They're on the top* *shelf.* A: Are those your CDs? B: .... ? A:	9 *A is looking at a man in a restaurant. He has a* *mustache and glasses.* A: Who's that man? B: .... ? A: .... with ....
5 *A is looking at a jacket in a store. It's black.* A: Do you like that jacket? B: .... ? A:	10 *A took some pictures at the party last week.* A: Did I show you my pictures? B: .... ? A: ....

some と any

A

☆ **some** と **any** は、数や量が「いくつか／いくらか…ある」を表します。

《形》**some** は肯定文中、**any** は否定文中で使います。いずれも、複数可算名詞や不可算名詞の前に置きます。

some		any	
	I have **some** money.「お金はあります」		I don't have **any** money.「お金がありません」

《意味》肯定文中の **some** は「いくつかの／いくらかの…」のように数や量が「ある」ことを表します。
- ◯ I'm going to buy **some** clothes.（⇒ 何着か買いたい）
- ◯ There's **some** milk in the fridge.（⇒ 牛乳が少しある）
- ◯ We made **some** mistakes.

《意味》否定文中の **any** は「まったく…はない」のように数や量が「ない」ことを表します。
- ◯ I'm **not** going to buy **any** clothes.（⇒ 1着も買わない）
- ◯ There **isn't any** milk in the fridge.（⇒ 牛乳はない）
- ◯ We **didn't** make **any** mistakes.

B

《形》疑問文中では多くの場合 **any** が使われます（通常 some は使いません）。疑問文中では any を用いて、数や量があるかどうかを尋ねます。
- ◯ Is there **any** milk in the fridge?（⇒ 牛乳はありますか?）
- ◯ Does he have **any** friends?
- ◯ Do you need **any** help?

Do you have **any** money?「お金ある?」

Would you like ... ?（…はいかがですか）のように、聞き手に何かを勧める場合は疑問文中でも some を用います（any は使いません）。
- ◯ A: Would you like **some** coffee?
  B: Yes, please.

Can I have ... ?（…をいただけますか）のように、許可を求める場合にも **some** を用います。
- ◯ A: Can I have **some** soup, please?（⇒ スープをいただけますか）
  B: Yes. Help yourself.
- ◯ A: Can you lend me **some** money?
  B: Sure. How much do you need?

Would you like **some** coffee?「コーヒーはいかが?」

C

《形》**some** や **any** の後にくる名詞を省略して、繰り返しを避けることがあります。
- ◯ I didn't take any pictures, but Hannah took **some**. (= some pictures)
- ◯ You can have some coffee, but I don't want **any**. (= any coffee)
- ◯ I just made some coffee. Would you like **some**? (= some coffee)
- ◯ "Where's your luggage?" "I don't have **any**." (= any luggage)
- ◯ "Are there any cookies?" "Yes, there are **some** in the kitchen." (= some cookies)

D

《形》通常は、**something/somebody** (= **someone**) は肯定文中、**anything/anybody** (= **anyone**) は否定文中または疑問文中で使います。

something/somebody (*or* **someone**)
- ◯ She said **something**.（⇒ 何か言った）
- ◯ I saw **somebody**.（⇒ 誰かに会った = someone）
- ◯ Would you like **something** to eat?
- ◯ **Somebody**'s at the door.

anything/anybody (*or* **anyone**)
- ◯ She **didn't** say **anything**.（⇒ 何も言わなかった）
- ◯ I **didn't** see **anybody**.（⇒ 誰にも会わなかった = anyone）
- ◯ Are you doing **anything** tonight?
- ◯ Where's Sue? Has **anybody** seen her?

《意味》**something/anything** は「何かがある」を、**somebody** (= **someone**) / **anybody** (= **anyone**) は「誰かがいる」を表します。

a/an と some の用法 → Unit 66   something/anything など → Unit 77

練習問題

74.1 空所に some または any を入れて、文を完成させなさい。

1   I bought ......*some*...... cheese, but I didn't buy ......*any*...... bread.
2   In the middle of the room, there was a table and .... chairs.
3   There aren't .... gas stations in this part of town.
4   Michael and Emily don't have .... children.
5   Do you have .... brothers or sisters?
6   There are .... beautiful flowers in the garden.
7   Do you know .... good hotels in Miami?
8   "Would you like .... tea?"   "Yes, please."
9   When we were on vacation, we visited .... interesting places.
10 Don't buy .... rice. We don't need ....
11 I went out to buy .... bananas, but they didn't have .... at the store.
12 I'm thirsty. Can I have .... water, please?

74.2 以下から適切な語を選び、some または any を前につけて文を完成させなさい。

air	friends	help	milk	questions
batteries	fruit	languages	pictures	~~shampoo~~

1   I want to wash my hair. Is there ......*any shampoo*...... ?
2   The police want to talk to you. They want to ask you ....
3   I had my camera, but I didn't take ....
4   Do you speak .... foreign .... ?
5   Last night I went to a restaurant with .... of mine.
6   Can I have .... in my coffee, please?
7   This camera isn't working. There aren't .... in it.
8   It's hot in this office. I'm going out for .... fresh ....
9   A: Would you like .... ?
    B: No, thank you. I've had enough to eat.
10 I can do this job alone. I don't need ....

74.3 (   )内の語と some または any を用いて、文を完成させなさい。

1   Samantha didn't take any pictures, but ......*I took some*...... . (I/take)
2   "Where's your luggage?"   " ......*I don't have any*...... ." (I/not/have)
3   "Do you need any money?"   "No, thank you. ...." (I/have)
4   "Can you lend me some money?"   "I'm sorry, but ...." (I/not/have)
5   The tomatoes at the store didn't look very good, so .... (I/not/buy)
6   There were some nice oranges at the store, so .... (I/buy)
7   "How much coffee did you drink yesterday?"   " ...." (I/not/drink)

74.4 空所に something/somebody/anything/anybody のいずれかを入れて、文を完成させなさい。

1   A woman stopped me and said ......*something*...... , but I didn't understand.
2   "What's wrong?"   "There's .... in my eye."
3   Do you know .... about politics?
4   I went to the store, but I didn't buy ....
5   .... broke the window. I don't know who.
6   There isn't .... in the bag. It's empty.
7   I'm looking for my keys. Did .... see them?
8   Would you like .... to drink?
9   I didn't eat .... because I wasn't hungry.
10 This is a secret. Please don't tell ....

not + any + 名詞 / no + 名詞 / none

A

☆ **not + any + 名詞 / no + 名詞 / none** は、いずれも「１つも…ない／まったく…ない」を表します。

The parking lot is empty.
駐車場は空っぽです。

There are**n't any** cars
There are **no** cars } in the parking lot.
駐車場には１台も車がありません。

How many cars are there in the parking lot?
駐車場には何台の車がありますか。
None.
１台もありません。

《形と語順》

not (-n't) + any + 複数可算名詞／不可算名詞

○ There are**n't any** cars in the parking lot.
○ Tracey and Jeff do**n't** have **any** children.（⇒ Tracy と Jeff には子どもが１人もいない）
○ You can have some coffee, but I do**n't** want **any**.（⇒ コーヒーをどうぞ。私はやめておきます）
　（= any coffee）.

no + 複数可算名詞／不可算名詞／単数可算名詞

no cars / no garage などのように複数可算名詞や不可算名詞とともに no が用いられる場合には「**not + any** + 複数可算名詞／不可算名詞」に、単数可算 名詞とともに **no** が用いられる場合には「**not + a** + 単数可算名詞」に置き換えられます。

○ There are **no cars** in the parking lot.（= There are**n't any** cars.）
　（⇒ cars: 通常、駐車場には複数の自動車がある）
○ We have **no coffee**.（= We do**n't** have **any** coffee.）（⇒ coffee: 不可算名詞）
○ It's a nice house, but there's **no garage**.（= There is**n't a** garage.）
　（⇒ a garage: 通常、家にあるガレージは1つ）

no ... は、**have/has** や **there is/are** などの形の後ろでよく用いられます。「動詞の否定形 + **any**」は「動詞の肯定形 + **no**」に置き換えられます。

○ They **don't** have **any** children.　or They **have no** children.（× They don't have no children）
○ There **isn't any** sugar in your coffee.　or There**'s no** sugar in your coffee.
　（⇒ sugar は不可算名詞で単数扱いなので、be 動詞は is になります）

B

《形と語順》**no** も **none** も同じような意味を持ちますが、文中での使用方法が異なります。

no money / no children のように、**no** の後ろには名詞がきます。

○ We have **no money**.
○ Everything was OK. There were **no problems**.

none は、後ろに何も置かずに単独で用います。**none** を使用することで、名詞の繰り返しが避けられます。

○ "How much money do you have?"　"**None**."（= No money.）
○ "Were there any problems?"　"No, **none**."（= No problems.）

C

《意味》**none** と **no one** では意味が異なります。

none = 0 (zero)	**none** は、あらゆる物の数や量が「ない」ことを表します。
no one = nobody	**no one** は「誰も…ない」のように人に限定して用いられ、**nobody** に置き換えられます。

None は、**How much ... ?**（どのくらいの…?〔量を尋ねる〕）/ **How many... ?**（いくつの…?〔数を尋ねる〕）の 疑問文 に対する答えに使われます。

○ A: "**How much** money do you have?"　B: "**None**."（= no money）
○ A: "**How many** people did you meet?"　B: "**None**."（= no people）

No one は、**Who ... ?**（誰が…?〔人を尋ねる〕）の疑問文に対する答えに使われます。

○ A: "**Who** did you meet?"　B: "**No one**." or "**Nobody**."
　（⇒ 誰に会いましたか ― 誰にも会いませんでした）

否定文の作り方 → Unit 41　　**some** と **any** → Unit 74　　**anybody/nobody/nothing** など → Units 76–77

練習問題

75.1 no を使って書き換えなさい。

1 We don't have any money.　　　　　*We have no money.*
2 There aren't any stores near here.　There are ....
3 Sofia doesn't have any free time.　..
4 There isn't a light in this room.　..

any を使って書き換えなさい。

5 We have no money.　　　　　　*We don't have any money.*
6 There's no milk in the fridge.　..
7 There are no buses today.　..
8 Tom has no brothers or sisters.　..

75.2 空所に no または any を入れて、文を完成させなさい。

1 There's ......*no*...... sugar in your coffee.
2 My brother is married, but he doesn't have .... children.
3 Sue doesn't speak .... foreign languages.
4 I'm afraid there's .... coffee. Would you like some tea?
5 "Look at those birds!" "Birds? Where? I can't see .... birds."
6 "Do you know where Jessica is?" "No, I have .... idea."

空所に no/any/none のいずれかを入れて、文を完成させなさい。

7 There aren't .... pictures on the wall.
8 The weather was cold, but there was .... wind.
9 I wanted to buy some oranges, but they didn't have .... at the store.
10 Everything was correct. There were .... mistakes.
11 "How much luggage do you have?" "........................"
12 "How much luggage do you have?" "I don't have ...."

75.3 any または no の後ろに続く適切な語句を以下から選び、文を完成させなさい。

difference	furniture	idea	money	questions
friends	heating	line	~~problems~~	

1 Everything was OK. There were ......*no problems*...... .
2 Jack and Emily would like to take a vacation, but they have ....
3 I'm not going to answer ....
4 He's always alone. He has ....
5 There is .... between these two machines. They're exactly the same.
6 There wasn't .... in the room. It was completely empty.
7 "Do you know how the accident happened?" No. I have ....
8 The house is hot because there isn't ....
9 We didn't have to wait to get our train tickets. There was ....

75.4 自分自身について、それぞれの質問に 2 語以内で短く答えなさい。必要であれば none を用いなさい。

1 How many letters did you write yesterday?　*Two.* or *A lot.* or *None.*
2 How many sisters do you have?　...
3 How much coffee did you drink yesterday?　...
4 How many pictures have you taken today?　...
5 How many legs does a snake have?　...

not + anybody/anyone/anything
nobody / no one / nothing

A

☆ 人や物がそこに存在していないことを表す場合、**not** を使用する場合と使用しない場合とがあります。

「誰も…ない」
not + **anybody/anyone** (⇒ not あり)
nobody / **no one** (⇒ not なし)

「何も…ない」
not + **anything** (⇒ not あり)
nothing (⇒ not なし)

○ There **isn't** {**anybody** / **anyone**} in the room.

○ There **is** {**nobody** / **no one**} in the room.

○ A: **Who's** in the room?
B: **Nobody**. / **No one**.

部屋の中にテーブルとソファーがあります。
部屋には誰もいません。

> **-body** と **-one** は、互いに置き換えられます。
> any**body** = any**one**   no**body** = no **one**

○ There **isn't anything** in the bag.

○ There **is nothing** in the bag.

○ A: **What's** in the bag?
B: **Nothing**.

逆さにしてみましたが何も出てきません。
鞄の中には何も入っていません。

B

《形》**nobody/no one/nothing** などの **not** を持たない形は「**not + any-**」に置き換えることができます。

「誰も…ない」
not + **anybody/anyone**
○ I don**'t** know **anybody** (= **anyone**) here. (⇒ 誰も知らない)

nobody = **not + anybody**
no one = **not + anyone**
○ I'm lonely. I have **nobody** to talk to.
(= I don**'t** have **anybody** …)
(いない人を持つ ⇒ 誰もいない)
○ The house is empty. There is **no one** in it. (= There is**n't** anyone in it.)

「何も…ない」
not + **anything**
○ I can**'t** remember **anything**.
(⇒ 何も思い出せない)

nothing = **not + anything**
○ She said **nothing**.
(= She did**n't** say **anything**.)
(ない物を言った ⇒ 何も言わなかった)
○ There's **nothing** to eat.
(= There is**n't** anything to eat.)

C

《形と語順》**nobody/no one/nothing** は文頭に置くことができます。また、単独で疑問文の答えとなります。

○ The house is empty. **Nobody** lives there.
○ "Who did you speak to?" "**No one**."

○ **Nothing** happened.
○ "What did you say?" "**Nothing**."

D

《形》any- と no- / no one とでは、結び付く動詞の形が異なります。動詞の否定形は no- / no one とは結び付きません。

動詞の否定形 (not あり) + **anybody/anyone/anything**
動詞の肯定形 (not なし) + **nobody/no one/nothing**

○ He does**n't** know **anything**. (× He doesn't know nothing)
○ Don**'t** tell **anybody**. (× Don't tell nobody)
○ There **is nothing** to do in this town. (× There isn't nothing)

some と any → Unit 74   any と no → Unit 75   somebody/anything/nowhere など → Unit 77

練習問題

76.1 nobody/no one/nothing を使って文を書き換えなさい。

1　There isn't anything in the bag.　*There's nothing in the bag.*
2　There isn't anybody in the office.　There's ....
3　I don't have anything to do.　I ....
4　There isn't anything on TV.　..
5　There wasn't anyone at home.　..
6　We didn't find anything.　...

76.2 anybody/anyone/anything を使って文を書き換えなさい。

1　There's nothing in the bag.　*There isn't anything in the bag.*
2　There was nobody on the bus.　There wasn't ....
3　I have nothing to read.　...
4　I have no one to help me.　...
5　She heard nothing.　...
6　We have nothing for dinner.　...

76.3 nobody/no one/nothing を用いて、疑問文に対してショートアンサーで答えなさい。

1a	What did you say? *Nothing.*	5a	Who knows the answer? ....
2a	Who saw you? *Nobody.*	6a	What did you buy? ....
3a	What do you want?	7a	What happened? ....
4a	Who did you meet?	8a	Who was late? ....

上の質問に対して、ショートアンサーではなく文で答えなさい。**nobody/no one/nothing** または **anybody/anyone/anything** を用いること。

1b　*I didn't say anything.*
2b　*Nobody saw me.*
3b　I don't ....
4b　I ....
5b　.. the answer.
6b　..
7b　..
8b　..

76.4 空所に **nobody/no one/nothing** または **anybody/anyone/anything** を入れて、文を完成させなさい。

1　That house is empty. *Nobody* lives there.
2　Jack has a bad memory. He can't remember *anything* .
3　Be quiet! Don't say ....
4　I didn't know about the meeting. .... told me.
5　"What did you have to eat?" " .... I wasn't hungry."
6　I didn't eat .... I wasn't hungry.
7　Emily was sitting alone. She wasn't with ....
8　I'm sorry, I can't help you. There's .... I can do.
9　I don't know .... about car engines.
10　The museum is free. It doesn't cost .... to go in.
11　I heard a knock at the door, but when I opened it, there was .... there.
12　Antonio spoke very fast. I didn't understand ....
13　"What are you doing tonight?" " .... Why?"
14　Olivia is out of town. .... knows where she is. She didn't tell ....
　　where she was going.

somebody/anything/nowhere など

A

☆ **somebody/anything/nowhere** などは、人・物・場所について「ある／ない」を表す場合に用います。具体的な人・物・場所が何かは重要ではありません。

Somebody (or **Someone**) broke the window.
誰かが窓を割りました。

She has **something** in her mouth.
何かを食べています。

Tom lives **somewhere** near Chicago.
シカゴの近くで暮らしています。

somebody/someone （誰かはわからないが、窓を割った人がいる）	**something** （何かはわからないが、口に何かが入っている）	**somewhere** （どこかはわからないが、その近くに住んでいる）

B

《形》some– は肯定文、any– は疑問文と否定文、no– は not のない否定文中で用います。

–body/–one: 人について用います。

somebody = someone	○ There is **somebody** (= **someone**) at the door. (⇒ 肯定文)
anybody = anyone	○ Is there **anybody** (= **anyone**) at the door? (⇒ 疑問文)
	○ There isn't **anybody** (= **anyone**) at the door. (⇒ 否定文)
nobody = no one	○ There is **nobody** (= **no one**) at the door. (⇒ not のない否定文)

–body と **–one** に違いはありません: **somebody** = **someone**, **nobody** = **no one** など

–thing: 物について用います。

something	○ Sarah said **something**, but I didn't understand what she said. (⇒ 肯定文)
anything	○ Are you doing **anything** this weekend? (⇒ 疑問文)
	○ I was angry, but I did**n't** say **anything**. (⇒ 否定文)
nothing	○ "What did you say?" "**Nothing**." (⇒ not のない否定文)

–where: 場所について用います。

somewhere	○ Megan's parents live **somewhere** in Southern California. (⇒ 肯定文)
anywhere	○ Did you go **anywhere** last weekend? (⇒ 疑問文)
	○ I'm staying here. I'm **not** going **anywhere**. (⇒ 否定文)
nowhere	○ I don't like this town. There is **nowhere** to go. (⇒ not のない否定文)

C

《形と語順》「**something/anybody** など + 形容詞 (**big/cheap/interesting** など)」
○ Did you meet **anybody interesting** at the party? (⇒ 誰か面白い人に会いましたか)
○ We always go to the same place. Let's go **somewhere different**. (⇒ どこか別の場所に行こう)
○ "What's in that letter?" "It's **nothing important**." (⇒ 大事なことは何もない)

D

《形と語順》「**something/anybody** など + **to** + 動詞の原形」
○ I'm hungry. I want **something to eat**. (⇒ 何か食べる物がほしい)
○ Tony doesn't have **anybody to talk** to. (⇒ 話しかける人がいない)
○ There is **nowhere to go** in this town. (⇒ 出かける場所がない)

some と any → Unit 74　　any と no → Unit 75　　anybody/nothing などの用法 → Unit 76
everything/–body/–where → Unit 78

練習問題

77.1 空所に **somebody**（または **someone**）/ **something** / **somewhere** のいずれかを入れて、文を完成させなさい。

1	Michelle said ......_something_...... .	What did she say?
2	I lost	What did you lose?
3	Sue and Tom went	Where did they go?
4	I'm going to call	Who are you going to call?

77.2 **nobody**（または **no one**）/ **nothing** / **nowhere** のいずれかを用いて、疑問文にショートアンサーで答えなさい。

1a	What did you say?	......_Nothing._......
2a	Where are you going?	....
3a	What do you want?	....
4a	Who are you looking for?	....

上の質問に対して、ショートアンサーではなく文で答えなさい。「**not + anybody/anything/anywhere**」の形を用いなさい。

1b	......_I didn't say anything._......	3b	....
2b	I'm not	4b	....

77.3 空所に **somebody/anything/nowhere** などを入れて、文を完成させなさい。

1 It's dark. I can't see ......_anything_...... .
2 Tom lives ......_somewhere_...... near Chicago.
3 Do you know .... about computers?
4 "Listen!"   "What? I can't hear ...."
5 "What are you doing here?"   "I'm waiting for ...."
6 We need to talk. There's .... I want to tell you.
7 "Did .... see the accident?"   "No, ..."
8 We weren't hungry, so we didn't eat ....
9 "What's going to happen?"   "I don't know. .... knows."
10 "Do you know .... in Tokyo?"   "Yes, a few people."
11 "What's in that suitcase?"   " .... It's empty."
12 I'm looking for my glasses. I can't find them ....
13 I don't like cold weather. I want to live .... warm.
14 Is there .... interesting on TV tonight?
15 Have you ever met .... famous?

77.4 左右の枠内から語句を1つずつ選んで組み合わせ、文を完成させなさい。

something	anything	nothing		do	eat	park	sit
something	anywhere	~~nowhere~~		drink	~~go~~	read	stay
somewhere		nowhere					

1 We don't go out very much because there's ......_nowhere to go_...... .
2 There isn't any food in the house. We don't have ....
3 I'm bored. I have ....
4 "Why are you standing?"   "Because there isn't ...."
5 "Would you like ....?"   "Yes, please – a glass of water."
6 If you're going downtown, take the bus. Don't drive because there's

  ....
7 I want .... I'm going to buy a magazine.
8 I need .... in Seoul. Can you recommend a hotel?

every と all

A

☆ **every** も **all** も「すべての…」という意味を表しますが、後ろにくる語の形と物のとらえ方が異なります。

通りに面した家は、どれも同じ形をしています。

イラストの状況は、以下のように 2 通りで表せます。
Every house on the street is the same.
||
every house on the street =
all the houses on the street

every house / **every country** などのように、**every** の後ろには単数可算名詞がきます。
- ○ Sarah has been to **every country** in Europe. (⇒ ヨーロッパのどの国にも行ったことがある)
- ○ **Every summer** we take a vacation at the beach. (⇒ 夏になるたびにビーチで休暇を過ごす)
- ○ She looks different **every time** I see her. (⇒ 見るたびごとに違って見える)

「**every** + 単数可算名詞」は単数として扱い、動詞も単数動詞を用います。*
- ○ **Every house** on the street **is** the same. (× are the same)(⇒ is: 単数動詞/ are: 複数動詞)
- ○ **Every country has** a national flag. (× have)(⇒ has: 単数動詞/ have: 複数動詞)

every ... と **all** ... は、以下のように異なります。**all** で表す場合は、**all** の後ろに複数可算名詞を置きます。その複数可算名詞には、the が付く場合と付かない場合があります。また、それに関連して動詞も複数動詞を用います。

○ **Every student** in the class passed the exam.	○ **All the students** in the class passed the exam.
○ **Every country has** a national flag.	○ **All countries have** a national flag.

* 単数の主語に対応した動詞の形を「単数動詞」, 複数の主語に対応した形を「複数動詞」と呼びます。

B

《意味》**all** の後ろには, 単数可算名詞や不可算名詞が入ることもあります。その場合には **every** と異なる 意味になります。

every day は「毎日」のように「頻度」を表します。 How often? (どの程度の割合で… ?)の答えになります。	**all day** は「1 日中」のように「時間」を表します。 How long? (どのくらい長く…?)の答えになります。
SUN + **MON** + **TUE** + **WED** + **THUR** + **FRI** + **SAT** **EVERY DAY** 7日ある1週間のすべての日を1つずつ見ている。	1日の始まり ――――――――― 1日の終わり ◄――― **ALL DAY** ―――► 分割されていない全体として1日を見ている。
○ It rained **every day** last week. ○ Bill watches TV for about two hours **every night**. (= on all nights)	○ It rained **all day** yesterday. ○ On Monday, I watched TV **all night**. (= the whole night)
例: **every morning/week/summer** など	例: **all morning/week/summer** など

C

everybody (= **everyone**) / **everything** / **everywhere**

everybody/everyone (みんな/誰もが〔人〕) **everything** (すべて/どれも〔物〕) **everywhere** (あらゆる場所〔場所〕)	○ **Everybody** (= **Everyone**) needs friends. (⇒ 誰もが友だちを必要とします) ○ Do you have **everything** you need? (⇒ 必要なものは全部ありますか) ○ I lost my watch. I've looked **everywhere** for it. (⇒ あらゆる場所を探しました)

everybody/everything/everywhere の後ろでは単数動詞を用います。複数動詞は用いません。
- ○ **Everybody has** problems. (× Everybody have)

all → Unit 79

練習問題

78.1 以下から **every** の後ろに続く適切な語を選び、文を完成させなさい。

> **day   room   ~~student~~   time   word**

1   .....*Every student*..... in the class passed the exam.
2   My job is very boring. .... is the same.
3   Kate is a very good chess player. When we play, she wins ....
4   .... in the hotel has free Wi-Fi.
5   "Did you understand what she said?"   "Most of it, but not ...."

78.2 空所に **every day** または **all day** を入れて、文を完成させなさい。

1   Yesterday it rained .....*all day*..... .
2   I buy a newspaper .... , but sometimes I don't read it.
3   I'm not going out tomorrow. I'll be home ....
4   I usually drink about four cups of coffee ....
5   Paula was sick yesterday, so she stayed in bed ....
6   I'm tired now because I've been working hard ....
7   Last year we went to the beach for a week, and it rained ....

78.3 空所に **every** または **all** を入れて、文を完成させなさい。

1   Bill watches TV for about two hours .....*every*..... night.
2   Julia gets up at 6:30 .... morning.
3   The weather was nice yesterday, so we sat outside .... afternoon.
4   I'm leaving town on Monday. I'll be away .... week.
5   A: "How often do you go skiing?"
    B: ".. year. Usually in March."
6   A: Were you home at 10:00 yesterday?
    B: Yes, I was home .... morning. I went out after lunch.
7   My sister loves new cars. She buys one .... year.
8   I saw Sam at the party, but he didn't speak to me .... night.
9   We take a vacation for two or three weeks .... summer.

78.4 空所に **everybody/everything/everywhere** のいずれかを入れて、文を完成させなさい。

1   .....*Everybody*..... needs friends.
2   Chris knows .... about computers.
3   I like the people here. .... is very friendly.
4   This is a nice hotel. It's comfortable, and .... is very clean.
5   Kevin never uses his car. He goes .... on his motorcycle.
6   Let's have dinner. .... is hungry.
7   Sue's house is full of books. There are books ....
8   You are right. .... you say is true.

78.5 空所に1語を入れて、文を完成させなさい。

1   Everybody .....*has*..... problems.
2   Are you ready yet? Everybody .... waiting for you.
3   The house is empty. Everyone .... moved out.
4   Josh is very popular. Everybody .... him.
5   This town is completely different now. Everything .... changed.
6   I got home very late last night. I came in quietly because everyone .... asleep.
7   Everybody .... mistakes!
8   A: .... everything clear? .... everybody know what to do?
    B: Yes, we all understand.

all   most   some   any   no/none

A 《形》物事について全般的に述べる場合と、具体的に特定して述べる場合で名詞の形が異なります。

全般的に述べる
- ○ **Children** like to play.
  （⇒ 子供は遊びが好きです〔子供全般〕）
- ○ **Money** isn't everything.
  （⇒ お金がすべてではない〔お金全般〕）
- ○ I enjoy reading **books**.
- ○ Everybody needs **friends**.

具体的に特定して述べる
the children / the money / these books などのように**the/these/my** など物事を具体的に特定する限定詞を名詞の前に置きます。
- ○ Where are **the children**?
  （⇒ 子供たちはどこ?〔私たちの子供〕）
- ○ I want to buy a car, but I don't have **the money**. （⇒ お金がない〔車を買うお金〕）
- ○ Have you read **these books**?
- ○ I often go out with **my friends**.

B 《意味》それぞれの数や量を表す言葉(数量詞*)は、以下のように全体に対しての意味合いが異なります。

all	most	some	any	no / none / not + any
すべて	ほぼすべて	全体の一部分	どの部分をとっても	まったくない

《形と語順》数量詞の後ろに of がない場合とある場合では、後ろに入る名詞句の形が異なります。

of がない場合: 具体的に特定しない名詞句

数量詞	+	複数可算名詞／不可算名詞

all most some any no	of	cities children books money

- ○ **Most children** like to play.
  （⇒ たいていの子どもが…〔子ども全般〕）
- ○ I don't want **any money**.
- ○ **Some books** are better than others.
- ○ He has **no friends**.
- ○ **All cities** have the same problems.
  （⇒ すべての都市に…〔都市全般〕）

この用法では **of** は使えません。
- ○ **Most people** drive too fast. (× Most of people)
- ○ **Some birds** can't fly. (× Some of birds)

of がある場合: the/this/myなどを使って具体的に特定した名詞句

数量詞	+ of +	限定詞／名詞

all	(of)	the ...
most some any none	of	this/that ... these/those ... my/your ... など

- ○ **Most of the children at this school** are under 11 years old.
  （⇒ その子供たちの大半が…〔子供を特定〕）
- ○ I don't want **any of this money**.
- ○ **Some of these books** are very old.
- ○ **None of my friends** live near me.

all の場合には「**all the** + 名詞(**of** なし)」と「**all of the** + 名詞(**of** あり)」の2通りが可能です。
- ○ **All the students in our class** passed the exam. (= **All of the students** ...)
- ○ Ana has lived in Miami **all her life**.
  (= ... **all of her life**.)

* 数や量を表す all/most/some/any/no などの語を「数量詞」と呼びます。数量詞は限定詞の一種です。

C 《形と語順》**all of it / most of them / none of us** などのように、of の後に代名詞がくることもあります。

all most some any none	of	it them us you

- ○ You can have **some of this cake**, but not **all of it**.
- ○ A: Do you know those people?
  B: **Most of them**, but not **all of them**.
- ○ **Some of us** are going out tonight. Why don't you come with us?
- ○ I have a lot of books, but I haven't read **any of them**.
- ○ "How many of these books have you read?" "**None of them**."

children / the children のように the の付く形と付かない形 → Unit 70   **some** と **any** → Unit 74
no/none/any → Unit 75   **every** と **all** → Unit 78

練習問題

79.1 （　）内の語を用いて文を完成させなさい。必要に応じて **some of / most of** のように **of** を補いなさい。

1. ......Most...... children like to play. (most)
2. ...Some of... this money is yours. (some)
3. .... people never stop talking. (some)
4. .... the stores downtown close at 6:00. (most)
5. .... people have cell phones these days. (most)
6. I don't like .... the pictures in the living room. (any)
7. He lost .... his money. (all)
8. .... my friends are married. (none)
9. Do you know .... the people in this picture? (any)
10. .... birds can fly. (most)
11. I enjoyed .... the movie, but I didn't like the ending. (most)
12. .... sports are very dangerous. (some)
13. We can't find anywhere to stay. .... the hotels are full. (all)
14. Try .... this cheese. It's delicious. (some)
15. The weather was bad when we were on vacation. It rained .... the time. (most)

79.2 それぞれのイラストに関する疑問文に答えなさい。「**all/most/some/none + of them / of it**」の形を用いなさい。

1. How many of the people are women?   _Most of them._
2. How many of the boxes are on the table? ....
3. How many of the men are wearing hats? ....
4. How many of the windows are open? ....
5. How many of the people are standing? ....
6. How much of the money is Ben's? ....

79.3 それぞれの文について誤りのある部分に下線を引き、正しい形に書き直しなさい。

1. Most of children like to play.   _Most children_
2. All the students failed the test.   _OK_
3. Some of people work too hard. ....
4. Some of questions on the exam were very easy. ....
5. I haven't seen any of those people before. ....
6. All of insects have six legs. ....
7. Have you read all these books? ....
8. Most of students in our class are very nice. ....
9. Most of my friends are going to the party. ....
10. I'm very tired this morning – I was awake most of night. ....

both/either/neither

A

《意味》 **both/either/neither** は、いずれも2つの事物に関係しますが、選択の仕方が異なります。

both	**either**	**neither** (not + either)	
(両方とも／どちらも)	(いずれか1つ／どちらでもよい)	(どちらも選択しない)	

- ☐ Rebecca has two children. **Both** are married. (⇒ 〔2人の子供は〕両方とも結婚している)
- ☐ Would you like tea or coffee? You can have **either**. (⇒ 〔紅茶もしくはコーヒーの〕お好きな方をどうぞ)
- ☐ A: Do you want to go to the movies or the theater?
  B: **Neither**. I want to stay home. (⇒ 〔映画と演劇の〕どちらにも行きたくありません)

《形》 A or B? の疑問文に対しては、**either/neither** を用いて答えることができます。**neither** は not を持つ動詞の否定形とともには使えません。

- ☐ "Would you like **tea** or **coffee**?"
  - "**Either**. It doesn't matter." (⇒ どちらでもよいです)
  - "I **don't** want **either**." (× I don't want neither)
    (⇒ どちらもいりません)
  - "**Neither**." (⇒ どちらもいりません)

B

《形と語順》 **both/either/neither** を限定詞として、名詞の前に置くことがあります。**both** は複数可算名詞、**either/neither** は単数可算名詞の前に置きます。

both	+ 複数可算名詞		**both**	**windows/books/children** など
either **neither**	} + 単数可算名詞		**either** **neither**	**window/book/child** など

- ☐ Last year I went to Miami and Seattle. I liked **both cities** very much. (⇒ どちらも気に入りました)
- ☐ First I worked in an office and later in a store. **Neither job** was very interesting.
  (⇒ どちらもつまらなかった)
- ☐ There are two ways to get to the airport. You can go **either way**. (⇒ どちらでも行けます)

C

《形と語順》「**both/either/neither** + of + 具体的に特定した名詞句」のように of を置いた形も用いられます。この形では **either/neither** の場合でも複数可算名詞を後ろに置きます。

both	(of)	**the** …
either **neither**	**of**	**these/those** … **my/your/Paul's** … など

I like **both of those** pictures.
「この絵、両方とも気に入ったわ」

- ☐ **Neither of my parents** is Canadian. (⇒ 私の両親は、いずれもカナダ人ではありません)
- ☐ I **haven't** read **either of these books**. (⇒ どちらの本も読んだことはありません)

both の場合には、**of** を置かない形も可能です。**of** がなくなっても意味は変わりません。
neither/either では **of** を必ず入れます。

- ☐ I like **both of** those pictures.   *or*   I like **both** those pictures.
- ☐ **Both of** Paul's sisters are married.   *or*   **Both** Paul's sisters are married.
  Neither of Paul's sisters is married.   (× Neither Paul's sisters)

D

《形と語順》 **both of them / neither of us** のように、of の後に複数の代名詞がくることもあります。

both		**them**
either	**of**	**us**
neither		**you**

- ☐ Paul has two sisters. **Both of them** are married.
- ☐ Sue and I didn't eat anything. **Neither of us** was hungry.
- ☐ Who are those two people? I **don't** know **either of them**.

I can't either / neither can I → Unit 40

練習問題

80.1 空所に **both/either/neither** のいずれかを入れて、文を完成させなさい。必要に応じて **of** を補いなさい。

1 Last year I went to Miami and Seattle. I liked ......*both*...... cities very much.
2 There were two pictures on the wall. I didn't like .....*either of*..... them.
3 It was a good football game. .... teams played well.
4 It wasn't a good football game. .... team played well.
5 "Is your friend Canadian or American?"   ".. . She's Australian."
6 We went away for two days, but the weather was bad. It rained .... days.
7 A: I bought two newspapers. Which one do you want?
    B: .... It doesn't matter which one.
8 I invited Jessica and Mike to the party, but .... them came.
9 "Do you go to work by car or by bus?"   ".. . I always walk."
10 "Which jacket do you prefer, this one or that one?"   "I don't like .... them."
11 "Do you work, or are you a student?"   ".. . I work, and I'm a student, too."
12 My friend and I went to see a movie, but .... us liked it. It was really bad.
13 Emily has two sisters and a brother. .... sisters are married.
14 Emily has two sisters and a brother. I know her brother, but I haven't met ....
    her sisters.

80.2 **Both** または **Neither** を用いて、それぞれのイラストを説明する文を完成させなさい。

1 ......*Both cups are*...................... empty.   4 .... beards.
2 .... are open.   5 .... to the airport.
3 .... wearing a hat.   6 .... right.

80.3 それぞれの質問に対して、イラストの女性と男性はすべて同じ答え方をしています。例のように **both/neither of them** を用いて、この状況を説明する文を作成しなさい。

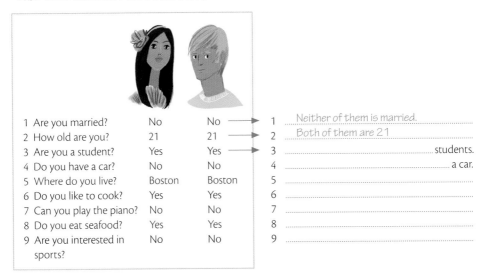

1 Are you married?	No	No	1 ......*Neither of them is married.*......
2 How old are you?	21	21	2 ......*Both of them are 21*......
3 Are you a student?	Yes	Yes	3 .... students.
4 Do you have a car?	No	No	4 .... a car.
5 Where do you live?	Boston	Boston	5 ....
6 Do you like to cook?	Yes	Yes	6 ....
7 Can you play the piano?	No	No	7 ....
8 Do you eat seafood?	Yes	Yes	8 ....
9 Are you interested in sports?	No	No	9 ....

A

☆ **a lot / much / many** は、いずれも「たくさんの…」を表しますが、使用方法が異なります。
以下のイラストは、それぞれの基本的な使い方を表しています。

不可算名詞		複数可算名詞	

a lot of money （たくさんのお金）	**not much money** （多くないお金／少ないお金）	**a lot of books** （たくさんの本）	**not many books** （多くない本／少ない本）

much は、**much food / much money** などのように不可算名詞の前に置きます。	**many** は、**many books / many people** などのように複数可算名詞の前に置きます。
○ Did you buy **much food**?	○ Did you buy **many books**?
○ We don't have **much luggage**.	○ We don't know **many people**.
○ How **much money** do you want?	○ How **many photos** did you take?
○ A: Do you have any **money**?	○ A: Did you take any **photos**?
B: I have some, but **not much**.	B: I took some, but **not many**.

a lot of は、不可算名詞の前にも複数可算名詞の前にも入ります。

○ We bought **a lot of food**.	○ We bought **a lot of books**.
○ Paula doesn't have **a lot of** free **time**.	○ Did they ask **a lot of questions**?

「**a lot of** + 不可算名詞」は単数動詞で受けます。

○ There **is** a lot of **food/money/water** …	「**a lot of** + 複数可算名詞」は複数動詞で受けます。
〔⇒ is：単数動詞〕	○ There **are** a lot of **trees/stores/ people** … 〔⇒ are：複数動詞〕
	○ A lot of **people speak** English. (× speaks)

B

much と **many** は、主に疑問文や否定文で用います。

○ Do you drink **much coffee**?
○ I don't drink **much coffee**.
○ Do you have **many friends**?
○ We don't have **many friends**.

a lot of は、肯定・否定・疑問のすべての文において用います。

○ I drink **a lot of coffee.**
○ We don't have **a lot of friends.**
○ Do you know **a lot of people?**

much は、肯定文ではあまり用いません。

○ I eat **a lot of** fruit. (× much fruit)
○ "Do you eat **much** fruit?" "Yes, **a lot**."

C

much と **a lot** は、後ろに名詞を置かずに用いることができます。

○ Rachel spoke to me, but she didn't say **much**.
○ "Do you watch TV **much**?" "No, **not much**." (= not often)
  (⇒ 「テレビはよく見ますか」―「あまり見ません」)
○ We like movies, so we go to the movies **a lot**. (× go to the movies much)
○ I don't like him very **much**.

可算名詞と不可算名詞の用法 → Units 65–66

81.1 空所に **much** または **many** を入れて、文を完成させなさい。

1 Did you buy ____much____ food?
2 There aren't .... hotels in this town.
3 We don't have .... gas. We need to stop and get some.
4 Were there .... people on the train?
5 Did .... students fail the exam?
6 Samantha doesn't have .... money.
7 I wasn't hungry, so I didn't eat ....
8 I don't know where Eric lives these days. I haven't seen him for .... years.

空所に **How much** または **How many** を入れて、文を完成させなさい。

9 .... people are coming to the party?
10 .... milk should I get at the store?
11 .... bread did you buy?
12 .... players are there on a football team?

81.2 **much** または **many** に続く適切な語を以下から選び、文を完成させなさい。

~~books~~   countries   luggage   people   time   times

1 I don't read very much. I don't have ......**many books**...... .
2 Hurry up! We don't have ....
3 Do you travel a lot? Have you been to .... ?
4 Hannah hasn't lived here very long, so she doesn't know ....
5 "Do you have .... ?"   "No, only this bag."
6 I don't know New York very well. I haven't been there ....

81.3 **a lot of** に続く適切な語を以下から選び、文を完成させなさい。

accidents   ~~books~~   fun   interesting things   traffic

1 I like reading. I have ......**a lot of books**...... .
2 We enjoyed our visit to the museum. We saw ....
3 This road is very dangerous. There are ....
4 We enjoyed our vacation. We had ....
5 It took me a long time to drive here. There was ....

81.4 下線部の **much** を使わないほうが自然な表現となる場合には、**much** を適切な形に変えなさい。

1 Do you drink <u>much coffee</u>?   *OK*
2 I drink <u>much tea</u>.   *a lot of tea*
3 It was a cold winter. We had <u>much snow</u>.   ....
4 There wasn't <u>much snow</u> last winter.   ....
5 It costs <u>much money</u> to travel around the world.   ....
6 This pen was cheap. It didn't cost <u>much</u>.   ....
7 Do you know <u>much</u> about computers?   ....
8 "Do you have any luggage?"   "Yes, <u>much</u>."   ....

81.5 **much** または **a lot** と ( ) 内の語句を用いて、それぞれの文を完成させなさい。

1 Jake loves movies. (go to the movies)   *He goes to the movies a lot.*
2 Nicole thinks TV is boring. (watch TV   *She doesn't watch TV much.*
3 Lauren is a good tennis player. (play tennis)   She ....
4 Nick doesn't like to drive. (use his car)   He ....
5 Matt spends most of the time at home. (go out)   ....
6 Sue has been all over the world. (travel)   ....

Unit 82

(a) little と (a) few

A

☆ **(a) little** と **(a) few** は、いずれも量や数が少ないことを表しますが、使用方法が異なります。
以下のイラストは、それぞれの基本的な使い方を表しています。

(a) little + 不可算名詞

(a) little water
(a) little time
(a) little money
(a) little soup

a little water
（少しの水）

(a) few + 複数可算名詞

(a) few books
(a) few questions
(a) few people
(a) few days

a few books
（数冊の本）

B

《意味》**a little / a few** のように、a が付いた形は「少ないが…ある」のように肯定の意味を持ちます。

a little:「少しの…」
- ☐ She didn't eat anything, but she drank **a little water**. (⇒ 少し水を飲んだ)
- ☐ I speak **a little Spanish**. (⇒ 少しスペイン語を話す)
- ☐ A: Can you speak Spanish?
  B: **A little.**

a few:「いくつかの…」
- ☐ Excuse me, I have to make **a few phone calls**. (⇒ 何件か電話をかけなければならない)
- ☐ We're going away for **a few days**.
- ☐ I speak **a few words** of Spanish. (⇒ スペイン語の単語をいくつか話す)
- ☐ A: Do you have any stamps?
  B: Yes, **a few**. Do you want one?

C

《意味》**little / few** のように、a が付かない形では「ほとんど…ない」のように否定の意味を持ちます。

☒ **little:**「ほとんどない…」
- ☐ There was **little food** in the fridge. It was almost empty. (⇒ 食べ物はほとんどなかった)

同じような意味で、very little もよく用いられます。
- ☐ Dan is very thin because he eats **very little**. (⇒ ほとんど何も食べない)

☒ **few:**「ほとんどない…」
- ☐ There were **few people** in the theater. It was almost empty. (⇒ 人はほとんどいなかった)

同じような意味で、very few もよく用いられます
- ☐ Your English is very good. You make **very few mistakes**. (⇒ 間違いがほとんどない)

D

《意味》以下のイラストは、**a little / little**、**a few / few** の違いを表しています。

little と **a little** (+可算名詞)

a little は「いくらかある」のように肯定的な意味を、little は「ほとんどない」という否定的な意味を持ちます。
- ☐ They have **a little** money, so they're not poor. (= they have some money)

little / very little は、almost no / almost nothing に書き換えられます。
- ☐ They have **little** money. They are very poor. (= almost no money)

few と **a few** (+不可算名詞)

a few は「いくらかある」のように肯定的な意味を、few は「ほとんどない」という否定的な意味を持ちます。
- ☐ I have **a few** friends, so I'm not lonely. (= I have some friends)

few / very few は、almost no / almost nothing に書き換えられます。
- ☐ I'm sad and I'm lonely. I have **few** friends. (= almost no friends)

> I have **a little** money
> 「少しはお金がある」

> I have **little** money.
> 「ほとんどお金がない」

> I have **a few** friends.
> 「何人か友だちがいる」

> I have **few** friends.
> 「ほとんど友だちはいない」

164

可算名詞と不可算名詞の用法 → Units 65-66

練習問題

82.1 空所に **a little** または **a few** を入れて、文を完成させなさい。

1 "Do you have any money?"　"Yes, ___a little___."
2 "Do you have any envelopes?"　"Yes, ..."
3 "Do you want sugar in your coffee?"　"Yes, ..., please."
4 "Did you take any pictures when you were on vacation?"　"Yes, ..."
5 "Does your friend speak English?"　"Yes, ..."
6 "Are there any good restaurants in this town?"　"Yes, ..."

82.2 **a little** または **a few** に続く適切な語句を以下から選び、文を完成させなさい。

chairs	days	fresh air	friends	milk	Russian	times	~~years~~

1 Mike speaks Italian well. He lived in Italy for ___a few years___ .
2 Can I have .... in my coffee, please?
3 "When did Julia leave?"　".. ago."
4 "Do you speak any foreign languages?"　"I can speak ...."
5 "Are you going out alone?"　"No, I'm going with ...."
6 "Have you ever been to Mexico?"　"Yes, ..."
7 There wasn't much furniture in the room – just a table and ....
8 I'm going out for a walk. I need ....

82.3 **very little** または **very few** に続く適切な語を以下から選び、文を完成させなさい。

coffee	hotels	~~mistakes~~	people	rain	time	work

1 Your English is very good. You make ___very few mistakes___ .
2 I drink .... I prefer tea.
3 The weather here is very dry in the summer. There is ....
4 It's difficult to find a place to stay in this town. There are ....
5 Hurry up! We've got ....
6 The town is very quiet at night. .... go out.
7 Some people in the office are very lazy. They do ....

82.4 空所に **little / a little** または **few / a few** を入れて、文を完成させなさい。

1 There was ___little___ food in the fridge. It was almost empty.
2 "When did Sarah go out?"　".. minutes ago."
3 I can't decide now. I need .... time to think about it.
4 There was .... traffic, so we arrived earlier than we expected.
5 The bus service isn't very good at night – there are .... buses after 9:00.
6 "Would you like some soup?"　"Yes, ... , please."
7 I'd like to practice my English more, but I have .... opportunities.

82.5 それぞれの文について誤りのある部分に下線を引き、正しい形に書き直しなさい。

1 We're going away for few days next week.　　　　___for a few days___
2 Everybody needs little luck.　　　　..
3 I can't talk to you now – I have few things to do.　　　　..
4 I eat very little meat – I don't like it very much.　　　　..
5 Excuse me, can I ask you few questions?　　　　..
6 There were little people on the bus – it was almost empty.　　　　..
7 Daniel is a very private person. Few people know him well.　　　　..

Unit 83

old/nice/interesting など
(形容詞)

A

《形と語順》**nice day** / **blue eyes** などのように形容詞は名詞の直前に置きます。限定詞 (a/an/some/any など) や副詞 (very など) よりも名詞に近い位置に置きます。形容詞は名詞の後ろに入ることはありません。

形容詞 + 名詞	
It's a **nice**	**day** today.
Jessica has **brown**	**eyes**.
There's a very **old**	**church** in this town.
Do you like **Italian**	**food**?
I don't speak any **foreign**	**languages**.
There are some **beautiful yellow**	**flowers** in the yard.

- ◯ They live in a **modern house**. (× a house modern)
- ◯ Have you met any **famous people**? (× people famous)

直後の名詞が単数形でも複数形でも、形容詞の形は変化しません。

a **different** place　　**different** places (× differents)

B

《形と語順》「主語 + **be** 動詞 (**am/is/are/was/were**) + 形容詞」のように、be 動詞の後ろに形容詞を置くと「〜 は…である」と主語を説明します。

- ◯ The weather **is nice** today. (⇒ 今日は天気が良い)
- ◯ These flowers **are** very **beautiful**. (⇒ この花はとても美しい)
- ◯ **Are** you **cold**? Should I close the window?
- ◯ I**'m hungry**. Can I have something to eat?
- ◯ The movie **wasn't** very **good**. It **was boring**.
- ◯ Please **be quiet**. I'm reading.

> I'm hungry.
> 「お腹がすいた」

C

《形と語順》「主語 + **look/feel/smell/taste/sound** + 形容詞」の語順で、動詞の後ろに形容詞を置いて「見て／感じて／匂いをかいで／味わって／聞いて…であることがわかる」のように、主語を説明します。

look (見て) ／**feel** (感じて)　　　　**sound** (聞いて)　　　　**smell** (匂いをかいで)／**taste** (味わって)

> You look tired.
> I feel tired.
> You sound happy.

「疲れているようね」―「うん、疲れた」　　　　「楽しそうね」

> It smells good.
> It tastes good.

「おいしそうな匂いだ」―「おいしいわよ」

- ◯ "You **look tired**." "I **feel tired**."
- ◯ Eric told me about his new job. It **sounds** really **interesting**.
  (⇒ Eric の話によると、それ〔彼の新しい仕事〕はとても面白そうだ)
- ◯ I'm not going to eat this fish. It doesn't **smell good**. (⇒ それ〔魚〕は、変な匂いがする)

「主語 + 動詞 + 形容詞」の構文において、動詞は主語に応じて変化します。

He	is feels looks	tired.	They	are look sound	happy.	It	is smells tastes	good.

get hungry/tired など「get + 形容詞」の用法 → Unit 54　　「something/anybody + 形容詞」の用法 → Unit 77

練習問題

83.1 （　）内の語句を正しい語順に並べ替えて、文を作りなさい。

1 (new / live in / house / they / a)　　　　　_They live in a new house._
2 (like / jacket / I / that / green)　　　　　I ....
3 (music / like / do / classical / you?)　　Do ....
4 (had / wonderful / a / I / trip)　　　　　　..
5 (went to / restaurant / a / Japanese / we)　..

83.2 以下から形容詞（**dark/foreign** など）と名詞（**air/job** など）を1つずつ選び、空所に入れて文を完成させなさい。「形容詞＋名詞」の形にしなさい。

air	dangerous	~~foreign~~	hot	knife	long	vacation
clouds	dark	fresh	job	~~languages~~	sharp	water

1 Do you speak any _foreign languages_ ?
2 Look at those .... It's going to rain.
3 Sue works very hard, and she's very tired. She needs a ....
4 You need .... to make tea.
5 Can you open the window? We need some ....
6 I need a .... to cut these onions.
7 Firefighting is a ....

83.3 イラストの人物はそれぞれ何と言っていますか？以下から動詞と形容詞を1つずつ選び、文を完成させなさい。

feel(s)	look(s)	~~sound(s)~~		~~happy~~	nice	surprised
look(s)	smell(s)	taste(s)	+	new	sick	terrible

① You _sound happy_ .
② It ....
③ I ....
④ You ....
⑤ They ....
⑥ It ....

83.4 B と A の意見は一致していません。（　）内の語を用いて、B の発言を完成させなさい。

A　　　　　　　　　　　　　　　　　*B*

1　You look tired.　　　　I do? I _don't feel tired_ .　(feel)
2　This is a new coat.　　It is? It doesn't ....　(look)
3　I'm American.　　　　You are? You ....　(sound)
4　You look cold.　　　　Really? I ....　(feel)
5　These bags are heavy.　They are? They ....　(look)
6　That soup looks good.　Maybe, but it ....　(taste)

167

Unit 84

quickly/badly/suddenly など
(副詞)

A

☆ イラストの人物や物に、どのようなことが起こっていますか?

He ate his dinner very **quickly**.
夕食を急いで食べました。

Suddenly, the shelf fell down.
突然、棚が落下しました。

《形》副詞 (**Quickly** や **suddenly** など) は、形容詞に-ly を付けて作ります。

形容詞	quick	bad	sudden	careful	heavy	
副詞	quickly	badly	suddenly	carefully	heavily	など

《つづり》easy → eas**ily**, heavy → heav**ily** のように、つづりが変 (付録5 を参照)

B

副詞は、suddenly (突然) ／slowly (ゆっくりと) ／ carefully (注意深く)
のように、出来事や動作がどのように生じているかを説明します。

- The train **stopped suddenly**.
- I **opened** the door **slowly**.
- Please **listen carefully**.
- I **understand** you **perfectly**.

It's **raining heavily**.
(激しく雨が降っています)

形容詞は、主語や直後の名詞を説明します。副詞は文中の動詞を説明します。副詞と形容詞は入れ替えられません。

形容詞	副詞
Sue is very **quiet**.	Sue **speaks** very **quietly**. (× speaks very quiet)
Be careful!	**Listen carefully**! (× listen careful)
It was a **bad game**.	Our team **played badly**. (× played bad)
I **felt nervous**.	I **waited nervously**.
(= I was nervous)	

C

hard   fast   late   early

形容詞と副詞の両方の働きを持ちます。

- Sue's job **is** very **hard**.
- Sue **works** very **hard**. (× hardly)
  (⇒ hardly は「めったに…ない」を表す。hard の副詞形ではない)
- Ben is **a fast runner**.
- Ben can **run fast**.
- The bus **was late/early**.
- I **went** to bed **late/early**.

D

good (良い〔形容詞〕) → **well** (上手に／十分に〔副詞〕)

- Your English **is** very **good**.
- You **speak** English very **well**. (× very good)
- It was **a good game**.
- Our team **played well**.

ただし、**well** を形容詞として「病気ではない／健康である」の意味で用いることもあります。

- "How are you?"   "**I'm** very **well**, thank you. And you?"
  (⇒「やあ、元気?」―「うん。調子いいよ。そっちは?」〔挨拶〕)

形容詞 → Unit 83

84.1 以下から適切な副詞を選び、イラストの状況を説明する文を完成させなさい。

| angrily | badly | dangerously | fast | ~~heavily~~ | quietly |

1 It's raining _____heavily_____ .
2 He sings very _____ .
3 They came in _____ .
4 She shouted at me _____ .
5 She can run very _____ .
6 He was driving _____ .

84.2 左右の枠から動詞と副詞を1つずつ選び、文を完成させなさい。

| come | know | sleep | win |
| explain | ~~listen~~ | think | work |

+

| ~~carefully~~ | clearly | hard | well |
| carefully | easily | quickly | well |

1 I'm going to tell you something very important, so please _____listen carefully_____ .
2 They _____ . At the end of the day they're always tired.
3 I'm tired this morning. I didn't _____ last night.
4 You play chess much better than me. When we play, you always _____ .
5 _____ before you answer the question.
6 I've met Nicole a few times, but I don't _____ her very _____ .
7 Our teacher doesn't _____ things very _____ . We never understand him.
8 Anna! I need your help. _____ !

84.3 文法的に正しい方を下線部から選びなさい。

1 Don't eat so ~~quick~~/quickly. It's not good for you. （quickly が正しい）
2 Why are you angry/angrily? I didn't do anything.
3 Can you speak slow/slowly, please?
4 Come on, Dave! Why are you always so slow/slowly?
5 Bill is a very careful/carefully driver.
6 Jennifer is studying hard/hardly for her exams.
7 "Where's Emma?" "She was here, but she left sudden/suddenly."
8 Please be quiet/quietly. I'm studying.
9 Some companies pay their workers very bad/badly.
10 Those oranges look nice/nicely. Can I have one?
11 I don't remember much about the accident. Everything happened quick/quickly.

84.4 空所に good または well を入れて、文を完成させなさい。

1 Your English is very _____good_____ . You speak it very _____well_____ .
2 Olivia did very _____ on the quiz today.
3 The party was very _____ . I enjoyed it a lot.
4 James has a difficult job, but he does it _____ .
5 How are your parents? Are they _____ ?
6 Did you have a _____ vacation? Was the weather _____ ?

old / older   expensive / more expensive
(比較級 1)

A

🔵 イラストのように、身近にある2つの物について、原級と比較級を用いて説明してください。

| old | **older** | heavy | **heavier** | expensive | **more expensive** |
| (年老いている) | (より年老いている) | (重い) | (より重い) | (高い) | (より高い) |

older / **heavier** / **more expensive** のような形を比較級と呼びます。もとの形である old/heavy/expensive
は原級と呼びます。

B

《形》**older**/**heavier** などのように、原級に **–er** を付けて比較級にします。

1 音節からなる短い語 : 原級の語尾に **–er** を付ける。

| old → **older** | slow → **slower** | cheap → **cheaper** |
| nice → **nicer** | late → **later** | big → **bigger** |

《つづり》 bi**g** → bi**gg**er, ho**t** → ho**tt**er, thi**n** → thi**nn**er のように、つづりが変わる場合もあります。(付録 5 を参照)

–y で終わる **2 音節語 : y** を **i** に変えて **–er** を付ける。

| easy → **easier** | heavy → **heavier** | early → **earlier** |

- ☐ Rome is **old**, but Athens is **older**. (× more old)
- ☐ Is it **cheaper** to go by car or by train? (× more cheap)
- ☐ Helen wants a **bigger** car.
- ☐ This coat is OK, but I think the other one is **nicer**.
- ☐ Don't take the bus. It's **easier** to take a taxi. (× more easy)

far (原級) → **farther** (比較級)

- ☐ A: How **far** is it to the station? A mile?"
  B: No, it's **farther**. About two miles.

C

《形》原級の前に **more** を置いて比較級にします。

2 音節以上からなる長い語 : 原級の前に **more** を置く

| careful → **more careful** | polite → **more polite** |
| expensive → **more expensive** | interesting → **more interesting** |

- ☐ You should be **more careful**.
- ☐ I don't like my job. I want to do something **more interesting**.
- ☐ Is it **more expensive** to go by car or by train?

D

《形》原級から形の予想ができない比較級

good (良い)/ **well** (健康である) → **better**   **bad** (悪い／気分がすぐれない) → **worse**

- ☐ The weather wasn't very **good** yesterday, but it's **better** today.
- ☐ "Do you feel **better** today?" "No, I feel **worse**."
- ☐ Which is **worse** – a headache or a toothache?

older than ... / more expensive than ... (比較級 2) ➔ Unit 86   the oldest / the most expensive (最上級) ➔ Unit 88

練習問題

85.1 イラストに合うように、比較級 (older / more interesting など) を記入しなさい。

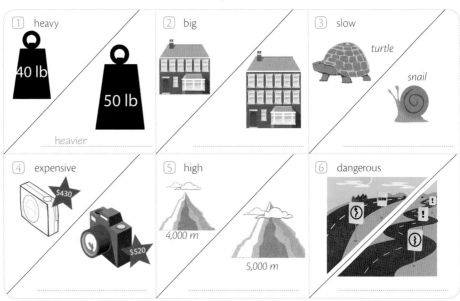

1. heavy — heavier
2. big
3. slow — *turtle* / *snail*
4. expensive — $430 / $520
5. high — 4,000 m / 5,000 m
6. dangerous

85.2 それぞれの原級に対応する比較級を答えなさい。

1	old	older	6	good
2	strong		7	large
3	happy		8	serious
4	modern		9	pretty
5	important		10	crowded

85.3 反意語を答えなさい。

1	younger	older	4	better
2	colder		5	nearer
3	cheaper		6	easier

85.4 空所に比較級を入れて文を完成させなさい。

1. Allison's car isn't very big. She wants a ......bigger...... one.
2. My job isn't very interesting. I want to do something ......more interesting...... .
3. You're not very tall. Your brother is ....
4. David doesn't work very hard. I work ....
5. My chair isn't very comfortable. Yours is ....
6. Your idea isn't very good. My idea is ....
7. These flowers aren't very nice. The blue ones are ....
8. My suitcase isn't very heavy. Your suitcase is ....
9. I'm not very interested in art. I'm .... in history.
10. It isn't very warm today. It was .... yesterday.
11. These tomatoes don't taste very good. The other ones tasted ....
12. Peru isn't very big. Brazil is ....
13. Los Angeles isn't very beautiful. San Francisco is ....
14. This knife isn't very sharp. Do you have a .... one?
15. People today aren't very polite. In the past they were ....
16. The weather isn't too bad today. Often it is much ....

171

A

● イラストを参考にして、身近にある2つの物について「比較級 + than」の形で説明してください。

I'm **taller than** you.

She's **taller than** him.
（彼女は、彼よりも背が高い）

Hotel Prices
(per room per night)
Capitol Hotel $375
Grand Hotel $160
Western Hotel $185
Hotel $220

The Capitol Hotel is **more expensive than** the Grand Hotel.
（Capitol Hotel は、Grand Hotel より値段が高い）

older than .../ more expensive than ... などのように比較級の後に **than** を付けて比較対象を示します。

○ Athens is **older than** Rome.
○ Are oranges **more expensive than** bananas?
○ It's easier to take a taxi **than** to take the bus.
○ "How are you today?" "Not bad. **Better than** yesterday."
○ The restaurant is **more crowded than** usual.

B

《形》than の後ろは、than **me** / than **him** / than **her** / than **us** / than **them** のように代名詞の目的格を置きます。
than I am / than he can などの「主格 + 第 1 動詞（または do/does/did）」がくることもあります。

○ I can run faster **than him**.   *or* I can run faster **than he can**.
○ You are a better singer **than me**.   *or* You are a better singer **than I am**.
○ I got up earlier **than her**.   *or* I got up earlier **than she did**.

C

more than ... / less than ... 「…より多い／少ない」を表します。

○ A: How much did your shoes cost? $100?
   B: No, **more than** that.   (⇒ いいえ、それ以上（$100）します)
○ The movie was very short – **less than** an hour.   (⇒ 1 時間以下)
○ They have **more money than** they need.
○ You go out **more than** me.

150 —
100 —
50 —

MORE THAN 100

LESS THAN 100

D

a little older / **much older** などで「少しだけ／ずっと…」のような違いの程度を表します。

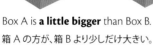

Box A is **a little bigger** than Box B.
箱 A の方が、箱 B より少しだけ大きい。

Box C is **much bigger** than Box D.
箱 C の方が、箱 D よりずっと大きい。

比較級

a little much	bigger older better more difficult more expensive	than ...

○ Canada is **much bigger** than France.
○ Sue is **a little older** than Josh – she's 25 and he's 24.
○ The hotel was **much more expensive** than I expected.
○ You go out **much more** than me.

old → older, expensive → more expensive のような比較級の作り方 → Unit 85   not as ... as → Unit 87

86.1 than を用いて Liz と Ben についての文を作りなさい。

LIZ

BEN

1	I'm 26.
2	I'm not a very good swimmer.
3	I'm 5 feet 10 inches tall.
4	I start work at 8:00.
5	I don't work very hard.
6	I don't have much money.
7	I'm a very good driver.
8	I'm not very patient.
9	I'm not a very good dancer.
10	I'm very intelligent.
11	I speak Spanish very well.
12	I don't go to the movies very much.

1	I'm 24.
2	I'm a very good swimmer.
3	I'm 5 feet 8 inches tall.
4	I start work at 8:30.
5	I work very hard.
6	I have a lot of money.
7	I'm not a very good driver.
8	I'm very patient.
9	I'm a good dancer.
10	I'm not very intelligent.
11	I don't speak Spanish very well.
12	I go to the movies a lot.

1 Liz ....*is older than Ben*............ .
2 Ben ....*is a better swimmer than Liz*.... .
3 Liz is ....
4 Liz starts ....Ben.
5 Ben ....
6 Ben has ....

7 Liz is a ....
8 Ben ....
9 Ben ....
10 Liz ....
11 Liz ....
12 Ben ....

86.2 than を用いて、文を完成させなさい。

1 He isn't very tall. You're ....*taller than him*........ **or** ......*taller than he is*...... .
2 She isn't very old. You're ....
3 I don't work very hard. You work ....
4 He doesn't watch TV very much. You ....
5 I'm not a very good cook. You ....
6 We don't know many people. You ....
7 They don't have much money. You ....
8 I can't run very fast. You can ....
9 She hasn't been here very long. You ....
10 They didn't get up very early. You ....
11 He wasn't very surprised. You ....

86.3 a little/much の後に older/better などの比較級を続けて、文を完成させなさい。

1 Emma is 25. Joe is 24½.

Emma ......*is a little older than Joe*.. .

2 Jack's mother is 52. His father is 69.

Jack's mother ....

3 My camera cost $150. Yours cost $145.

My camera ....

4 Yesterday I felt terrible. Today I feel OK.

I feel ....

5 Today the temperature is 12 degrees Celsius. Yesterday it was 10 degrees Celsius.

It's ....

6 Sarah is an excellent volleyball player. I'm not very good.

Sarah ....

not as ... as
(原級を用いた比較)

🔵 身近にある2つの物について「not as ... as」の形で説明してください。

I'm 93.

I'm 96.

She's old, but she's **not as old as** he is.
(彼女は年老いているが、彼ほどではない)

Box A is**n't as big as** Box B.
(箱 A は、箱 B ほど大きくない)

この構文は、比較級を用いて書き換えられます。
- Rome is **not as old as** Athens. (= Athens is **older** than Rome.)
  (⇒ アテネのほうが古い)
- The Grand Hotel is**n't as expensive as** the Western.
  (= The Western is **more expensive** than the Grand Hotel.)
- I do**n't** play soccer **as often as** you.
  (= You play **more often** than me.)
- The weather is better than it was yesterday. It is**n't as cold**. (= as cold **as it was yesterday**.)
  (⇒ 昨日ほど寒くない)

《意味》「**not as much** + 不可算名詞 + **as ...** / **not as many** + 複数可算名詞 + **as ...** 」で、「A は B ほど、～がない」
を表します。**much** は、後ろに名詞を置かずに用いられることもあります。
- I don't have **as much money as** you. (= you have **more money** than me.)
  (⇒ あなたほどお金を持っていない)
- I don't know **as many people as** you. (= you know **more people** than me.)
  (⇒ あなたほど知っている人がいない)
- I don't go out **as much as** you. (= you go out **more** than me.)
  (⇒ あなたほど出かけない)

《形と語順》**not as ...as** は、比較する物の順番を入れ替えて「比較級 + **than** 」の形に書き換えられます。比較級とともに
as は使えません。
- Rome is **not as old as** Athens.
  Athens is **older than** Rome. (× older as Rome)
- Tennis is**n't as popular as** soccer.
  Soccer is **more popular than** tennis.
- I do**n't** go out **as much as** you.
  You go out **more than** me.

《形》as の後ろは、as **me** / as **him** / as **her** などのように代名詞の目的格を置きます。また、as he is / as I do などの「
主格 + 第 1 動詞（または do/does/did）」がくることもあります。
- She's not as old **as him**. or She's not as old **as he is**.
- You don't work as hard **as me**. or You don't work as hard **as I do**.

《意味》「**the same** + 名詞 + **as...** 」で「…と同じ～」を表します。the same の後ろの名詞は省略されることもあります。
- The weather today is **the same as** yesterday. (⇒ 今日の天気は昨日と同じ)
- My hair is **the same color as** yours. (⇒ 私の髪はあなたと同じ色)
- I arrived at **the same time as** Tim. (⇒ Tim と同時に到着した)

much と many の使い分け → Unit 81　　older than ... / more expensive than ...（比較級 2）→ Unit 86

練習問題

87.1 イラストの A, B, C を説明する文を作りなさい。

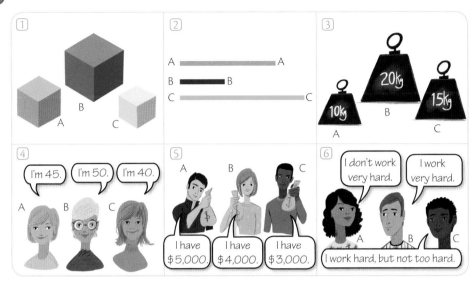

1 A is .....bigger than C, but not as big as B.. .
2 A is .... B, but not .... C.
3 C is .... A, but ....
4 A is ...., but ....
5 B has ....
6 C works ....

87.2 それぞれの文を **as ... as** の形に書き換えなさい。

1 Athens is older than Rome.   Rome .....isn't as old as Athens... .
2 My room is bigger than yours. Your room isn't ....
3 You got up earlier than me.   I didn't ....
4 We played better than them.   They ....
5 I've been here longer than you. You ....
6 She's more nervous than him.   He ....

87.3 空所に **as** または **than** を入れて、文を完成させなさい。

1 Athens is older ......than...... Rome.
2 I don't watch TV as much .... you.
3 You eat more .... me.
4 I'm more tired today .... I was yesterday.
5 Joe isn't as intelligent .... he thinks.
6 Belgium is smaller .... Switzerland.
7 Brazil isn't as big .... Canada.
8 I can't wait more .... an hour.

87.4 Julia, Andy, Laura に関する文を完成させなさい。**the same age / the same street** などの形を用いなさい。

1 (age)   .....Andy is the same age as Laura... .
2 (street) Julia lives ....
3 (time)   Julia got up ....
4 (color)   Andy's ....

Unit 88

the oldest　the most expensive
(最上級)

A

● イラストを参考にして「もっとも…」に該当する身近な物を、比較級と最上級で説明してください。

Box A is **bigger than** Box B.
(⇒ 箱 A は、その箱 B より大きい)
Box A is **bigger than** all the other boxes.
(⇒ 箱 A は、他のどの箱より大きい)
Box A is **the biggest** box.
(⇒ 箱 A がもっとも大きい)

The Best West Motel is **more expensive than** the
Sleep Inn. (⇒ Best West Motel は、Sleep Inn より高い)
The Best West Motel is **more expensive than** all the
other motels in town. (⇒ 他のどのホテルより高い)
The Best West Motel is **the most expensive** motel in
town. (⇒ もっとも高い)

《形》**bigger / more expensive** などの形を「比較級」と呼びます。(→ Unit 85)
　　the biggest / the most expensive などの形を「最上級」と呼びます。

B

《形》**the oldest** や **the most expensive** のような、**the –est** や **the most ...** の形を「最上級」と呼びます。

> **old/cheap/nice** などの1音節からなる短い語: **the** の後ろに、原級の語尾に **–est** を付けた形を置きます。
>
> 　　　　old → **the oldest**　　　　cheap → **the cheapest**　　　　nice → **the nicest**
>
> 原級から最上級が予測できない場合もあります。
>
> 　　　　good → **the best**　　　　bad → **the worst**
>
> 《つづり》　bi**g** → the bi**gg**est　　　ho**t** → the ho**tt**est　　のように、つづりが変わる場合もあります。
> 　　　　　　　　　　　　　　　　　　　　　　　　　　　　　　　(付録 5 を参照)

> **easy/heavy** などの-y で終わる2 音節語: **the** の後ろに、原級の語尾の y を **i** に変えて **–est** を付けた形を置きます。
>
> 　　　　easy → **the easiest**　　　heavy → **the heaviest**　　　pretty → **the prettiest**

> **careful/expensive/interesting** などの2 音節以上からなる長い語: the **most** の後ろに原級を置きます。
>
> 　　　　careful → **the most careful**　　interesting → **the most interesting**

C

《意味》**the** oldest（もっとも年長）や **the** most expensive（もっとも高価）のように、最上級は「もっとも…」を表します。
最上級は「他のすべてより…」の形の比較級に書き換えられます。

- ☐ The church is very old. It's **the oldest** building in the town.
  (= it is **older than** all the other buildings.)
- ☐ What is **the longest** river in the world?
- ☐ Money is important, but it isn't **the most important** thing in life.
- ☐ Excuse me, where is **the nearest** bank?

D

《形》**the oldest / the best / the most expensive** のように、繰り返しを避けるため、後ろに名詞を置かず、最上級だ
けを用いることがあります。

- ☐ Mike is a good player, but he isn't **the best** on the team.
  (**the best** = the best player)

E

《意味》「最上級 + **I've ever** + 過去分詞 ／ **you've ever** + 過去分詞」などの形で、「私／あなたがこれまで…したなか
で、もっとも～」という意味を表します。

- ☐ The movie was very bad. I think it's **the worst** movie **I've ever seen**.
  (⇒ 私が今まで見たなかで最悪の映画)
- ☐ What is **the most unusual** thing **you've ever done**?

| 現在までの経験を表す「現在完了 + ever」→ Unit 16　　older / more expensive（比較級 1–2）→ Units 85–86

88.1 イラストの A～D を説明する文を、比較級や最上級 (**older / the oldest** など) を使って作りなさい。

1

big/small
(A/D)   *A is bigger than D.*
(A)   *A is the biggest.*
(B)   *B is the smallest.*

2

long/short
(C/A)   C is .... A.
(D)   D is ....
(B)   B is ....

3

young/old
(D/C)   D ....
(C)   ....
(B)   ....

4

expensive/cheap
(D/A)   ....
(C)   ....
(A)   ....

5

Restaurant A, Excellent
Restaurant B, Not bad
Restaurant C, Good but not wonderful
Restaurant D, Awful

good/bad
(A/C)   ....
(A)   ....
(D)   ....

88.2 空所に最上級 (**the oldest** など) を入れて、文を完成させなさい。

1   This building is very old. It's ....*the oldest building*........ in town.
2   It was a very happy day. It was .... of my life.
3   It's a very good movie. It's .... I've ever seen.
4   She's a very popular singer. She's .... in the country.
5   It was a very bad mistake. It was .... I've ever made.
6   It's a very pretty city. It's .... I've ever seen.
7   It was a very cold day. It was .... of the year.
8   He's a very boring person. He's .... I've ever met.

88.3 それぞれの枠内から語句をつずつ選び、最上級 (**the longest** など) を用いて文を完成させなさい。

~~Sydney~~	Alaska	high	~~city~~	river		Africa	the USA
Everest	the Nile	large	country	state		~~Australia~~	the world
Brazil	Jupiter	long	mountain	planet		South America	the solar system

1   *Sydney is the largest city in Australia.*
2   Everest ....
3   ....
4   ....
5   ....
6   ....

Unit 89

enough

A

💬 イラストを参考にして、身近な事柄を「**not ... enough**」の形で説明してください。

> I only have five dollars –
> not **enough** for a taxi.

She doesn't have **enough money**.
（彼女にはタクシーに乗るだけのお金がありません）
彼女はタクシーに乗れません。

He isn't **tall enough**.
（背が高くないので届きません）
棚の本を取りたいのですが届きません。

B

《形と語順》**enough money / enough people** などのように、**enough** は名詞の前に置いて「十分な…」を表します。enough は名詞の後ろには置けません。

- ☐ A: Is there **enough salt** in the soup?
  B: Yes, it's fine. （⇒ スープの塩気は足りていますか）
- ☐ We wanted to play football, but we didn't have **enough players**. （⇒ 選手が不足していました）
- ☐ Why don't you buy a car? You've got **enough money**. （× money enough）

後ろに名詞を置かず、**enough** のみで用いることがあります。

- ☐ I've got some money, but not **enough** to buy a car. （= I need more money to buy a car.）
  （⇒ 車を買うには十分ではありません）
- ☐ "Would you like some more to eat?" "No, thanks. I've had **enough**." （⇒ 十分いただきました）
- ☐ You're always at home. You don't go out **enough**.

C

《形と語順》**good enough / tall enough** などのように、**enough** の後ろに形容詞を置きます。形容詞の前には置くことはありません。

- ☐ A: Do you want to go swimming?
  B: No, it isn't **warm enough**. （× enough warm） （⇒ そこまで暖かくない）
- ☐ Can you hear the radio? Is it **loud enough** for you? （⇒ 十分な音量ですか）
- ☐ Don't buy that coat. It's nice, but it isn't **long enough**. （= it's too short） （⇒ 長さが足りない）

名詞と形容詞では、語順が異なります。

enough + 名詞	⇔	形容詞 + **enough**
enough money		tall **enough**
enough time		good **enough**
enough people		old **enough**

D

《形と語順》**enough** の後ろには、**for 人／物**や「**to + 動詞の原形**」(不定詞) を置くことがあります。

enough for 人／物 「人／物にとって十分」	☐ This sweater isn't **big enough for me**. （⇒ 私には少し小さい） ☐ I don't have **enough money for a new car**.
enough to + 動詞の原形 「…するのに十分」	☐ I don't have **enough money to buy** a new car. （× for buy） ☐ Is your English **good enough to have** a conversation? （× for have） （⇒ 会話できるほど上手ですか）
enough for 人／物 + to + 動詞の原形 「人／物が…するのに十分」	☐ There aren't **enough chairs for everybody to sit** down. （⇒ 全員が座れるだけの椅子がない）

目的や理由を表す「**to + 動詞の原形**」や「**for + 名詞句**」の用法 ➜ Unit 52　　**too** ... （…すぎる） ➜ Unit 90

練習問題

89.1 以下から **enough** の後ろに置く適切な語を選び、イラストに適した文を完成させなさい。

> chairs　~~money~~　paint　wind

① I only have $10.
TICKETS $11.00
$10

1　She doesn't have ...... *enough money* ....　　3　She doesn't have ....
2　There aren't ....　　4　There isn't ....

89.2 以下から **enough** の前に置く適切な形容詞を選び、イラストに適した文を完成させなさい。

> big　long　strong　~~tall~~

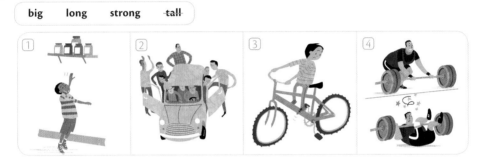

1　He ...... *isn't tall enough* ....　　3　His legs aren't ....
2　The car ....　　4　He ....

89.3 **enough** の前または後に置く適切な語を以下から選び、文を完成させなさい。

> big　eat　~~loud~~　old　practice　~~salt~~　space　time　tired

1　"Is there ...... *enough salt* ...... in the soup?"　"Yes, it's fine."
2　Can you hear the radio? Is it ...... *loud enough* ...... for you?
3　He can quit school if he wants – he's ....
4　When I visited New York last year, I didn't have .... to see all the
　　things I wanted to see.
5　This house isn't .... for a large family.
6　Kate is very thin. She doesn't ....
7　My office is very small. There isn't ....
8　It's late, but I don't want to go to bed now. I'm not ....
9　Lisa isn't a very good tennis player because she doesn't ....

89.4 （　）内の語句 + **enough** を空所に入れ、文を完成させなさい。

1　We don't have ...... *enough money to buy* ...... a new car.　　　　　　(money/buy)
2　This knife isn't .... tomatoes.　　　　　　(sharp/cut)
3　The water wasn't .... swimming.　　　　　　(warm/go)
4　Do we have .... sandwiches?　　　　　　(bread/make)
5　We played well, but not .... the game.　　　　　　(well/win)
6　I don't have .... the newspaper.　　　　　　(time/read)

179

A

☆ **too** は、形容詞／副詞とともに用いて「…すぎる」を表します。

His shoes are **too big** for him.
(この靴は彼には大きすぎます)
靴が大きすぎて履けません。

Yuck!
「ゲェー!」

There is **too much** sugar in it.
(砂糖を入れすぎです)
砂糖を大量に入れてしまいました。

B

《意味》 **too big** / **too hard** などのように、**too** を形容詞や副詞の前に置いて「…すぎる」を表します。

- ◯ Can you turn the radio down?
  It's **too loud**. (⇒ 音が大きすぎる)
- ◯ I can't work. I'm **too tired**. (⇒ 疲れすぎている)
- ◯ I think you work **too hard**. (⇒ 働きすぎだと思う)

It's *too loud*.

C

《意味》「**too much** + 不可算名詞／**too many** + 複数可算名詞」は「…が多すぎる」のように、量や数が多く適切な度合いを超していることを表します。too much は、後ろに名詞を置かずに用いられることもあります。

- ◯ I don't like the weather here. There is **too much rain**. (⇒ 雨が多すぎる〔多くて困る〕)
- ◯ Let's go to another restaurant. There are **too many people** here. (⇒ 人が多すぎる〔多くて困る〕)
- ◯ Emily studies all the time. I think she studies **too much**. (⇒ 勉強のしすぎだと思う)
- ◯ Traffic is a problem in this town. There are **too many cars**. (⇒ 車が多すぎる〔多くて困る〕)

D

《意味》 **too** は「…すぎる」のように適切な度合いを超えているのに対し、**not enough** は「十分…ではない／…ではなさすぎる」のように必要としている程度に達していないことを表します。

too big

- ◯ The hat is **too big** for him. (⇒ 帽子が大きすぎる)
- ◯ The music is **too loud**. Can you turn it down, please?
- ◯ There's **too much sugar** in my coffee.
  (⇒ 砂糖を入れすぎている)
- ◯ I don't feel very well. I ate **too much**.

not big enough

- ◯ The hat is**n't big enough** for him. (= it's **too small**)
- ◯ The music is**n't loud enough**. Can you turn it up, please?
- ◯ There's **not enough sugar** in my coffee.
  (⇒ 砂糖が足りない)
- ◯ You're very thin. You do**n't** eat **enough**.

E

《形と語順》 **too** ... の後ろには、for 人／物や「**to** + **動詞の原形**」(不定詞) を置くことがあります。

too ... for 人／物
「人／物にとって…すぎる」

too ... to + 動詞の原形
「～すぎて…できない／しない」

too ... for 人／物 + **to** + 動詞の原形
「～すぎて人／物が…できない／しない」

- ◯ These shoes are **too big for me**. (⇒ 私には大きすぎる)
- ◯ It's a small house – **too small for a large family**.
- ◯ I'm **too tired to go** out. (× for go out) (⇒ 疲れすぎて出かけられない)
- ◯ It's **too cold to sit** outside.
  (⇒ 寒すぎて外で座っていられない)
- ◯ She speaks **too fast for me to understand**.
  (⇒ 話すのが速すぎて私には理解できない)

目的や理由を表す「**to** + 動詞の原形」や「**for** + 名詞句」の用法 ➜ Unit 52　　**much** と **many** の使い分け ➜ Unit 81　　**enough**（十分…）➜ Unit 89

練習問題

90.1 too に続く適切な語を以下から選び、イラストの内容に合う文を完成させなさい。

big	crowded	fast	heavy	~~loud~~	low

1　The music is ..... *too loud* .....
2　The box is ....
3　The net is ....

4　She's driving ....
5　His jacket ....
6　The museum is ....

90.2 空所に too / too much / too many / enough のいずれかを入れ、文を完成させなさい。

1　You're always at home. You don't go out ..... *enough* .....
2　I don't like the weather here. There's ..... *too much* ..... rain.
3　I can't wait for them. I don't have .... time.
4　There was nowhere to sit on the beach. There were .... people.
5　You're always tired. I think you work .... hard.
6　"Did you have .... to eat?"　"Yes, thank you."
7　You drink .... coffee. It's not good for you.
8　You don't eat .... vegetables. You should eat more of them.
9　I don't like the weather here. It's .... cold.
10　Our team didn't play well. We made .... mistakes.
11　"Would you like some ice in your tea?"　"Yes, but not ...."

90.3 内の語と、too または enough を空所に入れて、文を完成させなさい。

1　I couldn't work. I ..... *was too tired* ..... (tired)
2　Can you turn the radio up, please? It ..... *isn't loud enough* ..... (loud)
3　I don't want to walk home. It's .... (far)
4　Don't buy anything in that store. It .... (expensive)
5　You can't put all your things in this bag. It .... (big)
6　I couldn't do the exercise. It .... (difficult)
7　Your work needs to be better. It .... (good)
8　I can't talk to you now. I .... (busy)
9　I thought the movie was boring. It .... (long)

90.4 内の状況を too + 形容詞 + to + 動詞の原形の形で表しなさい。

1　(I'm not going out / cold)　　　　　It's ..... *too cold to go out* .....
2　(I'm not going to bed / early)　　　It's ....
3　(they're not getting married / young)　They're ....
4　(nobody goes out at night / dangerous)
　　It's ....
5　(don't call Sue now / late)
　　It's ....
6　(I didn't say anything / surprised)
　　I was ....

He speaks English very well.
(語順 1:動詞－目的語／場所－時)

A

《意味》主語は「〜が／は」のように動作を行う人、目的語は「〜を」のように動作の対象を表します。

Sue **bought** **some new shoes** yesterday.
主語　　動詞　　　　目的語
(⇒ Sue は昨日、靴を買いました)

《形と語順》動詞が目的語をとる場合は「動詞－目的語」の語順になります。
動詞と目的語の間に、他の要素は入りません。
- ☐ Sue **bought some new shoes** yesterday.
  (× Sue bought yesterday some new shoes)

SUE (主語)　　SOME NEW SHOES (目的語)

動詞 ＋ 目的語

He **speaks**	**English** very well.	(× He speaks very well English)
I **like**	**Italian food** very much.	(× I like very much …)
Did you **watch**	**TV** all night?	(× … watch all night TV)
Jake often **wears**	**a black hat** .	(× Jake wears often …)
We **invited**	**a lot of people** to the party.	
I **opened**	**the door** slowly.	
Why do you always **make**	**the same mistake**?	
I'm going to **borrow**	**some money** from the bank.	

B

《意味》Where … ? (どこで, どこへ… ?)の答えは「場所」を、When / How long / How often …? (いつ／どのくらい長く／どのくらいの頻度で…?)の答えは「時」を表します。

We went **to a party** **last night** . (⇒ 私たちは昨夜、パーティーに行きました)
Where … ? (どこへ?)　When … ? (いつ?)

《形と語順》常に「場所－時」の語順で、「時－場所」の語順にはなりません。
- ☐ We went **to a party last night**. (× We went last night to a party)

	場所 (Where … ?)	＋	時 (When / How long / How often … ?)
Liz walks	**to work**		**every day**. (× … every day to work)
Will you be	**at home**		**tonight**? (× … tonight at home)
I usually go	**to bed**		**early**. (× … early to bed)
We arrived	**at the airport**		**at 7:00**.
They've lived	**in the same house**		**for 20 years**.
Joe's father has been	**in the hospital**		**since June**.

疑問文の語順 → Units 42–44　**always/usually/often** などの頻度を表す副詞の語順 → Unit 92

練習問題

91.1 それぞれの文について誤りのある部分に下線を引き、全文を正しい形に書き直しなさい。

1 Did you watch <u>all night TV</u>?   *Did you watch TV all night?*
2 Sue bought some new shoes yesterday.   *OK*
3 I like very much this picture.
4 Tom started last week his new job.
5 I want to speak English fluently.
6 Jenn bought for her friend a present.
7 I drink every day three cups of coffee.
8 Don't eat your dinner too quickly!
9 I borrowed from my brother 50 dollars.

91.2 ( ) 内の語句を並び替えて、正しい語順にしなさい。

1 (the door / opened / I / slowly)   *I opened the door slowly.*
2 (a new computer / I / last week / bought) I
3 (finished / Matt / quickly / his work)
4 (Emily / very well / French / doesn't speak)
5 (a lot of shopping / did / I / yesterday)
6 (New York / do you know / well?)
7 (we / enjoyed / very much / the party)
8 (the problem / carefully / I / explained)
9 (we / at the airport / some friends / met)
10 (did you buy / in Canada / that jacket?)
11 (every day / do / the same thing / we)
12 (football / don't like / very much / I)

91.3 ( ) 内の語句を並び替えて、正しい語順にしなさい。

1 (to work / every day / walks / Megan)   *Megan walks to work every day.*
2 (at the hotel / I / early / arrived) I
3 (goes / every year / to Puerto Rico / Julia) Julia
4 (we / since 2012 / here / have lived) We
5 (in Florida / Sue / in 1990 / was born)
   Sue
6 (didn't go / yesterday / Mike / to work)
   Mike
7 (to a wedding / last weekend / went / Samantha)
   Samantha
8 (I / in bed / this morning / my breakfast / had)
   I
9 (in September / Jessica / to college / is going)
   Jessica
10 (I / a beautiful bird / this morning / in the yard / saw)
   I
11 (many times / have been / my parents / to Tokyo)
   My
12 (my umbrella / I / last night / left / in the restaurant)
   I
13 (to the movies / tomorrow night / are you going?)
   Are
14 (the children / I / took / this morning / to school)
   I

always/usually/often など
(語順 2：文中で動詞とともに生じる副詞)

A

always/never などの以下のような副詞は、文中で動詞とともに生じます。

always	often	ever	rarely	also	already	all
usually	sometimes	never	seldom	just	still	both

- ○ My brother **never speaks** to me. (⇒ 私の兄は決して私と話をしません)
- ○ She**'s always** late. (⇒ 彼女はいつも遅刻します)
- ○ Do you **often go** to restaurants? (⇒ レストランにはよく行きますか)
- ○ I **sometimes eat** too much. (= **Sometimes** I eat too much.)
  (⇒ たまに食べ過ぎてしまいます)
- ○ A: Don't forget to call Laura.
  B: I **already called** her. (⇒ すでに彼女に電話しました)
- ○ I have three sisters. They**'re all** married. (⇒ 私には3人姉妹がいます。みんな結婚しています。)

B

《形と語順》**always/never** などセクションAの副詞は、動詞の前に置きます。動詞の後ろには置きません。

	動詞
always often never, など	go play have など

- ○ I **always drink** coffee in the morning. (× I drink always coffee)
- ○ Sarah **often goes** to Chicago on business. (× Sarah goes often)
- ○ You **sometimes look** unhappy.
- ○ They **usually have** dinner at 7:00.
- ○ We **rarely watch** TV. *or*
  We **seldom watch** TV.
- ○ Nick is a good swimmer. He **also plays** tennis and volleyball.
  (× He plays also tennis)
- ○ I have three sisters. They **all live** in the same city.

ただし、**be** 動詞 (**am/is/are/was/were**) は、副詞 (**always/never** など) の前に置きます。副詞の後ろには置きません。

am is are was were	always often never など

- ○ I **am always tired**. (× I always am tired)
- ○ They **are never** at home during the day.
- ○ It **is usually** very cold here in the winter.
- ○ When I was a child, I **was often** late for school.
- ○ A: Where's Laura?
  B: She**'s still** in bed.
- ○ I have two brothers. They**'re both** doctors.

C

have ... been / can ... find などのように動詞要素が 2 つある場合には、第 1 動詞と第 動詞の間に **always/never** などの副詞を置きます。

第 1 動詞		第 2 動詞
will can do など	always often never など	go find remember など
have has	など	gone been など

- ○ I **will always remember** you.
- ○ It **doesn't often rain** here.
- ○ **Do** you **usually drive** to work?
- ○ I **can never find** my keys.
- ○ **Have** you **ever been** to Egypt?
- ○ **Did** the phone **just ring**?
- ○ They **were all invited** to the wedding.

---

always/never + 単純現在形 → Unit 5　　**just** + 単純過去形 → Unit 11　　**all** → Units 78–79
both → Unit 80　　**still** → Unit 93　　**already** → Unit 93

練習問題

92.1 Eric の答えを参考にして、**often/never** などの副詞を用いて文を作りなさい。

ERIC

1	Do you ever play tennis?	Yes, often.
2	Do you get up early?	Yes, always.
3	Are you ever late for work?	No, never.
4	Do you ever get angry?	Sometimes.
5	Do you ever go swimming?	Rarely.
6	Are you at home in the evenings?	Yes, usually.

1 Eric often plays tennis.
2 He ....
3 He ....
4 ....
5 ....
6 ....

92.2 (   )内の副詞を適切な位置に入れて、文全体を書き直しなさい。

1 My brother speaks to me. (never)
2 Jessica is polite. (always)
3 I finish work at 5:00. (usually)
4 Sarah started a new job. (just)
5 I go to bed before midnight. (rarely)
6 The bus isn't late. (usually)
7 I don't eat fish. (often)
8 I will forget what you said. (never)
9 Have you lost your passport? (ever)
10 Do you work in the same place? (still)
11 They stay at the same hotel. (always)
12 Liz doesn't work on Saturdays. (usually)
13 Is Megan here? (already)
14 What do you have for breakfast? (usually)
15 I can remember his name. (never)

1 My brother never speaks to me.
2 Jessica ....
3 I ....
4 Sarah ....
5 ....
6 ....
7 ....
8 ....
9 ....
10 ....
11 ....
12 ....
13 ....
14 ....
15 ....

92.3 (   )内の語句と **also** を用いて質問に答えなさい。

1 Do you play football? (basketball)
2 Do you speak Italian? (French)
3 Are you tired? (hungry)
4 Have you been to Mexico? (Guatemala)
5 Did you buy any clothes? (some books)

1 Yes, and I also play basketball.
2 Yes, and I ....
3 Yes, and ....
4 Yes, ...
5 ....

92.4 **both** または **all** を用いて、会話内容をまとめた文を完成させなさい。

I'm married. I was born in Colombia.
I live in Miami.

I live in Lima.
I play soccer.
I'm a student.
I have a car.

I live in Lima.
I play soccer.
I'm a student.
I have a car.

1 They both live in Lima.
They .... soccer.
....students.
....cars.

2. They .... married.
They .... Colombia.

Unit 93 still yet already

A

☆ 窓から外を見て、雨が上がるのを待っています。ところが、雨はなかなか降りやみません。

《意味》**still** は「まだ…している」のように、状況が以前と変わらないことを表します。

1時間前

現在

> The rain hasn't stopped.
> 雨は降りやみません。

An hour ago it was raining.
1時間前、雨が降っていました。

It is **still** raining now.
今もまだ雨が降っています。

- ☐ I had a lot to eat, but I'm **still** hungry. (⇒ たくさん食べましたが、まだお腹がすいています)
- ☐ "Did you sell your car?"　"No, I **still** have it."
- ☐ "Do you **still** live in Los Angeles?"　"No, I live in San Francisco now."

B

☆ 長い時間 Bill を待っているのですが、まだ来ません。

《意味》**yet** は「今までに…」という意味があり、否定文または疑問文中で用います。否定文中 (He **hasn't** come yet.)
では「今までに／まだ…して
いない」を、疑問文中 (**Has he** come yet?) では「今までに／もう…しましたか?」を表します。

20分前

現在

Where's Bill? He's very late.

> Bill will be here soon.

Twenty minutes ago they were
waiting for Bill.
20 分前、Bill を待っていました。

They are **still** waiting for Bill.
Bill **hasn't come yet**.
今もまだ、Bill を待っています。
Bill はまだ来ません。

《形と語順》 **yet** は通常、文の終わりに置きます。
- ☐ A: Where's Emma?
    B: She **isn't** here **yet**. (= she will be here, but until now she hasn't come) (⇒ まだ来ていません)
- ☐ A: What are you doing tonight?
    B: I **don't** know **yet**. (= I will know later, but I don't know now) (⇒ まだわかりません)
- ☐ A: Are you ready to go **yet**?
    B: **Not yet**. In a minute. (= I will be ready, but I'm not ready now) (⇒ まだ準備はできていません)
- ☐ A: Have you decided what to do **yet**? (⇒ もう何をするか決めましたか)
    B: No, I'm still thinking about it.

「否定文 + **yet**」は「肯定文 + **still**」で書き換えられます。yet は肯定文中では用いません。
- ☐ She hasn't left **yet**. = She's **still** here. (× she is yet here)
- ☐ I haven't finished my homework **yet**. = I'm **still** doing it.

C

《意味》**already** は「もう／すでに…」のように、予想より早く出来事が起こったことを表します。
- ☐ "What time is Joe coming?"　"He's **already** here." (⇒ 彼ならもうここにいます)
- ☐ "I'm going to tell you what happened."　"That's not necessary. I **already** know."
- ☐ Sarah isn't coming to the movies with us. She **already** saw the film.

186

yet + 現在完了形／単純過去形 → Unit 19　　still/already の語順 → Unit 92

練習問題

93.1 あなたはもうすぐ Tina に会います。最後に彼女に会ったのは 2 年前で、当時はイラストのような発言をしていました。**still** を用いて、彼女に対する質問文を作りなさい。

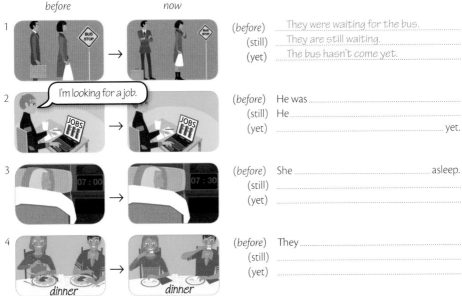

Tina – two years ago

1 I play the piano.
2 I have an old car.
3 I'm a student.
4 I'm studying Japanese.
5 I go to the movies a lot.
6 I want to be a teacher.

1 *Do you still play the piano?*
2 Do you ....
3 Are ....
4 ....
5 ....
6 ....

93.2 それぞれのイラストの状況を、3 通りで説明しなさい。

before   *now*

1 (before) *They were waiting for the bus.*
  (still) *They are still waiting.*
  (yet) *The bus hasn't come yet.*

2 I'm looking for a job.
  (before) He was ....
  (still) He ....
  (yet) .... yet.

3 (before) She .... asleep.
  (still) ....
  (yet) ....

4 dinner   dinner
  (before) They ....
  (still) ....
  (yet) ....

93.3 **yet** を使って、疑問文を完成させなさい。

1 You and Sue are going out together. You are waiting for her to get ready. Maybe she is ready now.
  You ask her: .....*Are you ready yet?*...
2 You are waiting for Jessica to arrive. She wasn't here 10 minutes ago. Maybe she is here now.
  You ask somebody: .... Jessica ....
3 Anna had a blood test and is waiting for the results. Maybe she has gotten her results.
  You ask her: .... you ....
4 A few days ago you spoke to Tom. He wasn't sure where to go for his vacation. Maybe he has decided.
  You ask him: ....

93.4 **already** を使って、質問に答えなさい。

1 What time is Joe coming?
2 Do they want to see the movie?
3 I have to see Julia before she leaves.
4 Do you need a pen?
5 Should I pay the bill?
6 Should I tell Paul about the meeting?

1 .....*He's already*..... here.
2 No, they .....*already saw*..... it.
3 It's too late. She ....
4 No, thanks. I .... one.
5 No, that's OK. I ....
6 No, he .... I told him.

187

Give me that book!　Give it to me!
(「動詞 + 物 + to 人」と「動詞 + 人+ 物」)

A

《形と語順》**give/lend** などの以下の動詞の後ろでは、下に示すように2通りの語順が可能です。

give	lend	pass	send	show

SARAH

1) 動詞 + 物 + to 人

○ I gave the **keys to Sarah**.
(⇒ 鍵を Sarah にあげた)

2) 動詞 + 人 + 物

○ I gave **Sarah the keys**.
(⇒ Sarah に鍵をあげた)

B

1) 動詞 + 物 + to 人：「物」の位置に it や them などの代名詞も置くことができます。

	動詞	物	**to 人**
That's my book.	**Give**	it	**to** me.
These are Sue's keys. Can you	**give**	them	**to** her?
Can you	**give**	these flowers	**to** your mother?
I	**lent**	my car	**to** a friend of mine.
Did you	**send**	a postcard	**to** Kate?
We've seen these pictures. You	**showed**	them	**to** us.

C

2) 動詞 + 人 + 物：「物」の位置に it や them などの代名詞は置きません。

	動詞	人	物
	Give	me	that book. It's mine.
Tom	**gave**	his mother	some flowers.
I	**lent**	Joe	some money.
How much money did you	**lend**	him?	
I	**sent**	you	an email. Did you get it?
Nicole	**showed**	us	her vacation photos.
Can you	**pass**	me	the salt, please?

buy/get も「動詞 +人+ 物」の形で用いることができます。動詞の後ろに「物」を置いた場合には「動詞 + 物 + for 人」の形をとります。

○ I **bought my mother** some flowers. (= I bought some flowers **for** my mother.)
○ I'm going to the store. Can I **get you** anything? (= get anything **for** you)

D

「動詞 + to 人+ 物」の語順はありません。

○　　　　　　　　I **gave** the keys **to Sarah**.
　　あるいは　I **gave Sarah** the keys.
　　　　　　　　(× I gave to Sarah the keys)
○　　　　　　　　That's my book. Can you **give it to me**?
　　あるいは　Can you **give me** that book?
　　　　　　　　(× Can you give to me that book?)

「物」が it や them のような代名詞の場合には「動詞 + 物 + to 人」の語順にします。「動詞 +人+ 物」の 語順にはなりません。

○ I gave **it to her**. (× I gave her it)
○ Here are the keys. Give **them to your father**. (× Give your father them)

it/him/them などの代名詞の目的格 → Unit 57

練習問題

94.1 イラストのように、Mark は自分が持っている物を、線で示した人物にあげることにしました。

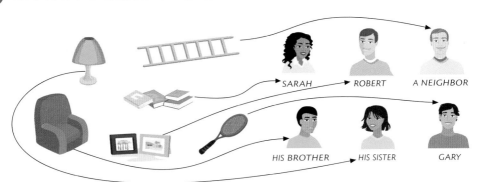

SARAH   ROBERT   A NEIGHBOR

HIS BROTHER   HIS SISTER   GARY

それぞれの疑問文に対する答えの文を、**He gave ...** で始めて完成させなさい。

1 What did Mark do with the armchair?   *He gave it to his brother.*
2 What did he do with the tennis racket?   He gave ....
3 What happened to the books?   He ....
4 What about the lamp?   ....
5 What did he do with the pictures?   ....
6 And the ladder?   ....

94.2 あなたは複数の友人に以下のプレゼントをあげました。例にならって、それぞれの文を完成させなさい。

| 1 PAUL | 2 JOANNA | 3 RICHARD | 4 EMMA | 5 RACHEL | 6 KEVIN |

1 *I gave Paul a book.*   4 ....
2 I gave ....   5 ....
3 I ....   6 ....

94.3 例にならって、聞き手に依頼する文を完成させなさい。**Can you give me ... ? / Can you pass me ... ?**
などで始めなさい。

1 (you want the salt)   (pass)   *Can you pass me the salt?*
2 (you need an umbrella)   (lend)   Can you ....
3 (you want my address)   (give)   Can .... your ....
4 (you need 20 dollars)   (lend)   ....
5 (you want some information)   (send)   ....
6 (you want to see the letter)   (show)   ....

94.4 文法的に正しい方を下線部から選びなさい。

1 ~~I gave to Sarah the keys.~~ / I gave Sarah the keys. (I gave Sarah the keys が正しい)
2 I'll <u>lend to you some money</u> if you want. / I'll <u>lend you some money</u> if you want.
3 Did you <u>send the bill me</u>? / Did you <u>send the bill to me</u>?
4 I want to <u>buy for you a present</u>. / I want to <u>buy you a present</u>.
5 Can you <u>pass to me the sugar</u>, please? / Can you <u>pass me the sugar</u>, please?
6 This is Julia's bag. Can you <u>give it to her</u>? / Can you <u>give her it</u>?
7 I <u>showed to the police officer my driver's license</u>. / I <u>showed the police officer my driver's license</u>.

Unit 95

and but or so because
(2つの文をつなぐ接続詞)

A

次のような語を「接続詞」と呼びます。

| and | but | or | so | because |

接続詞には、2つの文をつないで1つの文を作る役割があります。接続詞でつながれる文は「節」と呼ばれることもあります。

文A The car stopped. ——— The driver got out. 文B

The car stopped, **and** the driver got out.

B

and/but/or:「そして／しかし／または」

	文A		文B
	We stayed home	**and**	(we)* watched TV.
	My sister is married	**and**	(she)* lives in Houston.
	He doesn't like her,	**and**	she doesn't like him.
	I bought a sandwich,	**but**	I didn't eat it.
	It's a nice house,	**but**	it doesn't have a garage.
	Do you want to go out,	**or**	are you too tired?

文 A の終わりにはカンマ (,) を置きます。

接続詞 and を持つ文では、we や she のように文A の主語と文B の主語が同一であるときに限り、文B の主語は省略できます。but/or では、主語が同じであっても省略できません。

3 つ以上の文をつなぐ場合は、文と文の間にカンマを置き、and は最後の文の前に置きます。

◯ I got home, had something to eat, sat down in an armchair, **and** fell asleep.

◯ Karen is at work, Sue is shopping, **and** Chris is playing football.

C

so: 何かに対する結果を表す

	文A		文B
	It was very hot,	**so**	I opened the window.
	Joe plays a lot of sports,	**so**	he's very fit.
	They don't like to travel,	**so**	they haven't been to many places.

D

because: 何かに対する原因を表す

	文A		文B
	I opened the window	**because**	it was very hot.
	Joe can't come to the party	**because**	he's leaving town.
	Liz is hungry	**because**	she didn't have breakfast.

because は文頭に置くことも可能です。文頭に置く場合は、文と文をカンマで区切ります。

◯ **Because it was very hot**, I opened the window.
（⇒ とても暑かったので、窓を開けた）

E

1 つの文中に複数の接続詞が用いられることもあります。

◯ It was late **and** I was tired, **so** I went to bed. (⇒ 夜遅く、疲れていたので寝ました)

◯ I love New York, **but** I wouldn't like to live there **because** it's too big.
（⇒ ニューヨークが大好きです。でも、大きすぎるので住みたいとは思いません）

190

when/while/before などの接続詞 → Unit 96

95.1 左右の枠内から文を1つずつ選び、**and/but/or** のいずれかを用いて1つの文にしなさい。

~~I stayed home.~~
~~I bought a sandwich.~~
I went to the window.
I wanted to call you.
I jumped into the river.
I usually drive to work.
Do you want me to come with you?

I didn't have your number.
Should I wait here?
~~I didn't eat it.~~
I took the bus this morning.
~~I watched TV.~~
I swam to the other side.
I looked out.

1 ....I stayed home and watched TV...
2 ....I bought a sandwich, but I didn't eat it...
3 I ....
4 ....
5 ....
6 ....
7 ....

95.2 **and/but/so/because** のいずれかを用いて、それぞれのイラストの内容に合う文を完成させなさい。

1 It was very hot, ...so he opened the window...
2 They couldn't play tennis ....
3 They went to the museum, ...
4 Ben wasn't hungry, ...
5 Emily was late ....
6 Sue said ....

95.3 🍴 自分が昨日したことを（　）内の接続詞を用いて書きなさい。

1 (and) ....Last night I stayed home and studied..
2 (because) ......I went to bed very early because I was tired...
3 (but) ....
4 (and) ....
5 (so) ....
6 (because) ....

when ... (時を表す節)

A

☆ **when**（…する時）/ **before**（…する前に）/ **while**（…している間に）/ **after**（…の後で）などの語は、接続詞として 2 つの文をつなぐ働きがあります。このような接続詞で始まる文を「時を表す節」と呼びます。

When I went out, it was raining.
この文は以下のように 2 つに分割できます。

when I went out	+	it was raining

時を表す節 / when 節　　　　　　　　**主節**
時を表す節は、文頭にも文末にも置けます。

○ **When I went out**, it was raining.
　 or **It was raining** when I went out.

When 節を主節の前に置く場合は、カンマ（**,**）で区切ります。
主節の後に置く場合にはカンマは不要です。

○ { **When** you're tired, don't drive.
　　 Don't drive **when** you're tired.
○ { Heather was 25 **when** she got married.
　　 When Heather got married, she was 25.

「外に出たら、雨が降っていました」

before/while/after の場合も when 節と同様、主節の前にも後ろにも置けます。主節の前に置いた場合には、カンマで区切ります。

○ { Always look both ways **before** you cross the street.
　　 Before you cross the street, always look both ways.
○ { **While** I was waiting for the bus, it began to rain.
　　 It began to rain **while** I was waiting for the bus.
○ { He never played football again **after** he broke his leg.
　　 After he broke his leg, he never played football again.

B

《形》主節が「未来」の意味を持つ場合でも、**when** の後に続く時を表す節内では現在形（**I am** / **I go** など）を用います。will や「be going to + 動詞の原形」などを用いた未来形にはしません。

来週、Sarah はニューヨークに行きます。ニューヨークには友人の Hannah が住んでいますが、Hannah は来週メキシコに出かける予定です。

They won't see each other in New York.

2 人はニューヨークでは会えないでしょう。

Hannah **will be** in Mexico **when** Sarah **is** in New York.

（× when Sarah will be）

Sarah がニューヨークにいる時、Hannah はメキシコにいるでしょう。

Sarah がニューヨークに行くのは未来（**来週**）ですが、when 節内なので when Sarah is in New York のように現在形にします。

I'll be in Mexico when you're here.

SARAH　　　*HANNAH*
「あなたがここに来る時、
私はメキシコにいるわ」

○ **When I get** home tonight, I'm going to take a shower.　(× When I will get home)
○ I can't talk to you now. I'll talk to you later **when I have** more time.

before/while/after/until の場合も同様に、現在形を用いて「未来の意味」を表します。
○ Please close the window **before** you **go** out.　(× before you will go)
○ Rachel is going to stay in our apartment **while** we **are** away.　(× while we will be)
○ I'll wait here **until** you **come** back.　(× until you will come back)

if 節と when 節 → Unit 97　　**until** → Unit 102　　**before/while/after** → Unit 103

練習問題

96.1 左右の枠内から文を 1 つずつ選び、**When** で始まる文を作りなさい。

When +

~~I went out~~
I'm tired
I knocked on the door
I go on vacation
the program ended
I got to the hotel

+

I turned off the TV
I always go to the same place
there were no rooms
~~it was raining~~
there was no answer
I like to watch TV

1   When I went out, it was raining.
2   ....
3   ....
4   ....
5   ....
6   ....

96.2 空所に適切な語句を入れ、文を完成させなさい。

somebody broke into the house   before they came here   when they heard the news
~~before they crossed the street~~   while they were away   they didn't believe me
they went to live in France

1   They looked both ways ......before they crossed the street......................... .
2   They were very surprised ....
3   After they got married, ...
4   Their house was damaged in a storm ....
5   Where did they live .... ?
6   While we were asleep, ...
7   When I told them what happened, ...

96.3 文法的に正しい方を下線部から選びなさい。

1   ~~I stay~~ / I'll stay here until you come / ~~you'll come~~ back. (I'll stay と you come が正しい)
2   I'm going to bed when I finish / I'll finish my work.
3   We must do something before it's / it will be too late.
4   Lauren is moving away soon. I'm / I'll be very sad when she leaves / she'll leave.
5   Don't go out yet. Wait until the rain stops / will stop.
6   We come / We'll come and visit you when we're / we'll be in Toronto again.
7   When I come / I'll come to see you tomorrow, I bring / I'll bring our vacation photos.
8   I'm going to Quebec next week. I hope to see some friends of mine while I'm / I'll be there.
9   Let's go for a walk before it gets / it will get too dark.
10   I'm not ready yet. I tell / I'll tell you when I'm / I'll be ready.

96.4 🔵 自由に文を完成させなさい。

1   Can you close the window before ......you go out.. ?
2   What are you going to do when .... ?
3   When I have enough money, ...
4   I'll wait for you while ....
5   When I start my new job, ...
6   Will you be here when .... ?

if we go ... / if you see ... など
(起きるかもしれない出来事を仮定する if 節)

A

☆ **if ...** は「もしも…ならば」という意味で、「**if** 節」や「条件を表す節」と呼ばれます。

Should we take the bus or a taxi?
「バスとタクシー、どっちに乗る?」

If we take the bus, it will be cheaper.
「バスは安いわ」

We'll get there more quickly **if we take a taxi**.
「タクシーなら早く着くよ」

《形と語順》**if** 節は、主節の前にも後ろにも置けます。
主節の前に置く場合はカンマ (,) で区切ります。

If we take the bus,	it will be cheaper.
If you don't hurry,	you'll miss the train.
If you're hungry,	have something to eat.
If the phone rings,	can you answer it, please?

主節の後ろに置く場合はカンマは不要です。

It will be cheaper	**if** we take the bus.
You'll miss the train	**if** you don't hurry.
I'm going to the concert	**if** I can get a ticket.
Is it OK	**if** I use your phone?

会話では、主節なしで **if** 節のみを用いることがあります。
○ "Are you going to the concert?" "Yes, **if I can get a ticket**."
(⇒ 「コンサートに行きますか」—「はい。チケットが手に入れば」)

B

《形》**If you see Anna tomorrow ...** などのように **if** 節が「未来の意味」を持つ場合でも、節内は **if** you **see ...** などの現在形を用います。**will** や「**be going to** + 動詞の原形」などを用いた未来形にはしません。
○ **If** you **see** Anna tomorrow, can you ask her to call me?
(⇒ 明日 Anna に会ったら、私に電話するよう言ってもらえますか)
○ **If I'm** late tonight, don't wait for me. (× if I will be)
○ What should we do **if** it **rains**? (× if it will rain)
○ **If** I **don't feel** well tomorrow, I'll stay home.

C

《形》**if** 節と **when** 節では、出来事が起こる可能性の大きさが異なります。
If は、もしかしたら起きるかもしれない出来事について用います。
○ A: Are you going out later?
B: Maybe. **If I go out**, I'll close the windows. (⇒ もしかしたら出かけるかもしれない)
When は、確実に起きる出来事について用います。
○ A: Are you going out later?
B: Yes, I am. **When I go out**, I'll close the windows. (⇒ 確実に出かける)
出来事が起きる可能性が不確かな場合は、**when** ではなく **if** を用います。
○ **When** I get home tonight, I'm going to take a shower. (⇒ 家に帰ったら…)
○ **If** I'm late tonight, don't wait for me. (× When I'm late) (⇒ もし遅くなったら…)
○ We're going to play basketball **if** it doesn't rain. (× when it doesn't rain) (⇒ 雨が降らなければ…)

when 節 → Unit 96   if I had ... / if we went ... など (事実に反することを仮定する if 節) → Unit 98

97.1 左右の枠内から文を1つずつ選び、if で始まる文を作りなさい。

If +	you don't hurry	+	we can have lunch now
	you pass the driving test		you can have them
	you fail the driving test		I can lend you some
	you don't want this magazine		you'll get your license
	you want those pictures		you'll be late
	you're busy now		I'll throw it away
	you're hungry		we can talk later
	you need money		you can take it again

1 *If you don't hurry, you'll be late.*
2 If you pass ....
3 If ....
4 ....
5 ....
6 ....
7 ....
8 ....

97.2 文法的に正しい方を下線部から選びなさい。

1 If I'm / I'll be late tonight, don't wait for me.（I'm が正しい）
2 Will you call me if I give / I'll give you my phone number?
3 If there is / will be a fire, the alarm will ring.
4 If I don't see you tomorrow morning, I call / I'll call you in the afternoon.
5 I'm / I'll be surprised if John and Rachel get / will get married.
6 Do you go / Will you go to the party if they invite / they'll invite you?

97.3 ● 自由に文を完成させなさい。

1 I'm going to the concert if *I can get a ticket.*
2 If you don't hurry, *you'll miss the train.*
3 I don't want to disturb you if ....
4 If you go to bed early tonight, ...
5 Turn the TV off if ....
6 Rachel won't pass her driving test if ....
7 If I have time tomorrow, ...
8 We can go to the beach tomorrow if ....
9 I'll be surprised if ....

97.4 空所に if または when を入れ、文を完成させなさい。

1 ....If.... I'm late tonight, don't wait for me.
2 I'm going shopping now. .... I come back, we can have lunch.
3 I'm thinking of going to see Tom. .... I go, will you come with me?
4 .... you don't want to go out tonight, we can stay at home.
5 Is it OK .... I close the window?
6 John is still in high school. .... he finishes, he wants to go to college.
7 Do you want to go on a picnic tomorrow .... the weather is good?
8 We're going to Mexico City next week. We're going to look for a hotel ....
   we get there. I don't know what we'll do .... we don't find a room.

if I had ... / if we went ... など
(事実に反することを仮定する if 節)

A

Dan は速い車が好きですが、お金がないので買えません。
If he **had** the money, he **would buy** a fast car.
もしお金があれば、速い車を買うでしょう。

通常であれば、**had** は「過去の意味」を持ちますが、ここでは「今、持っていれば…」のように「現在の意味」を持ちます。

事実に反することを想像する場合、if 節の中の動詞は「過去形」を用います。形は過去形でも「過去の意味」はありません。

《形と語順》事実に反することを「もし〜ならば…でしょう」のように仮定する場合、以下にようになります。

If I **had** the money, ...

DAN

If	I you など	had/knew/lived など…, didn't have/didn't know など…, were … , could … ,	I you など	would ... wouldn't ... could ... couldn't ...

if 節は、文頭にも文末にも置けます。文頭に置いた場合には、**if** 節と主節はカンマ (,) で区切ります。
- **If he had** the money, he would buy a car.
  = He would buy a car **if he had** the money.

I **would** / she **would** / they **would** などの形は、**I'd / she'd / they'd** のように短縮できます。
- I don't know the answer. **If I knew** the answer, **I'd tell** you.
- It's raining, so we're not going out. We**'d get** wet **if** we **went** out.
- Emily lives in a city. She likes cities. She **wouldn't be** happy **if** she **lived** in the country.
- **If you didn't have** a job, what **would** you **do**? (⇒ 実際には仕事を持っているが…)
- I'm sorry I can't help you. I**'d help** you **if I could**. (⇒ 実際には助けられないが…)
- **If we had** a car, we **could travel** more. (⇒ 実際には車を持っていないが…)

B

《形》I/he/she/it の後では、was 以外に **were** を置くことも可能です。
- It's not a very nice place. I wouldn't go there
  if I were you. (= ... **if I was** you)
- It would be nice **if the weather was** better.
  (= ... **if the weather were** better)
- What would Tom do **if he were** here?
  (= ... **if he was** here)

I wouldn't go out if I were you.
「私だったら出かけないわ」

C

《意味》**if** 節内が「現在形」の場合には、起きる可能性のある出来事を仮定しますが、「過去形」の場合には絶対に起こりえない出来事を仮定しています。

if I have / **if it is** など	**if I had** / **if it was** など

- I want to go and see Helen.
  If I have time, I **will go** today.
  (⇒ 時間があれば、今日会いに行きます)
	- I want to go and see Helen.
	  If I had time, I **would go** today.
	  (⇒ 実際には時間がないので、今日は無理です)

- I like that jacket.
  I'll buy it **if it isn't** too expensive.
  (⇒ 高すぎなければ買います)
	- I like this jacket, but it's very expensive.
	  I'd buy it **if it wasn't** so expensive.
	  (⇒ とても高いので買いません)

- **I'll help** you **if I can**.
  (⇒ 可能であれば手伝います)
	- **I'd help** you **if I could**, but I can't.
	  (⇒ 実際にはできないので、手伝えません)

if we go … / if I have … / if I can … など（起きるかもしれない出来事を仮定する if 節）→ Unit 97

98.1 空所に適切な語または語句を入れ、文を完成させなさい。

1 I don't know the answer. If I ___knew___ the answer, I'd tell you.
2 I have a car. I couldn't travel very much if I ___didn't have___ a car.
3 I don't want to go out. If I _____ to go out, I'd go.
4 We don't have a key. If we _____ a key, we could get into the house.
5 I'm not hungry. I would have something to eat if I _____ hungry.
6 Sue enjoys her work. She wouldn't do it if she _____ it.
7 He can't speak any foreign languages. If he _____ speak a foreign language, maybe he would get a better job.
8 You don't try hard enough. If you _____ harder, you would have more success.
9 I have a lot to do today. If I _____ so much to do, we could go out.

98.2 (　) 内の語句を用いて、文を完成させなさい。動詞は適切な形にしなさい。

1 If ___he had___ the money, he would buy a fast car. (he/have)
2 Hannah likes living in a city. ___She wouldn't be___ happy if she lived in the country. (she/not/be)
3 If I wanted to learn Italian, _____ to Italy. (I/go)
4 I didn't tell Helen what happened. She'd be angry if _____ . (she/know)
5 If _____ a map, I could show you where I live. (we/have)
6 What would you do if _____ a lot of money? (you/win)
7 It's not a very good hotel. _____ there if I were you. (I/not/stay)
8 If _____ closer to Miami, we would go there more often. (we/live)
9 I'm sorry you have to go now. _____ nice if you had more time. (it/be)
10 I'm not going to take the job. I'd take it if _____ better. (the salary/be)
11 I don't know anything about cars. If my car broke down, _____ what to do. (I/not/know)
12 If you could change one thing in the world, what _____ ? (you/change)

98.3 以下から適切な語句を選び、文を完成させなさい。動詞は適切な形にしなさい。

we (have) a bigger house	every day (be) the same
we (buy) a bigger house	the air (be) cleaner
we (have) some pictures on the wall	I (watch) it
~~it (be) a little cheaper~~	I (be) bored

1 I'd buy that jacket if ___it was a little cheaper___ .
2 If there was a good movie on TV tonight, _____ .
3 This room would be nicer if _____ .
4 If there wasn't so much traffic, _____ .
5 Life would be boring if _____ .
6 If I had nothing to do, _____ .
7 We could invite all our friends to stay if _____ .
8 If we had more money, _____ .

98.4 🔵 自由に文を完成させなさい。

1 I'd be happier if ___I had less work___ .
2 If I could go anywhere in the world, _____ .
3 I wouldn't be very happy if _____ .
4 I'd buy _____ if _____ .
5 If I saw an accident in the street, _____ .
6 The world would be a better place if _____ .

A

☆ 関係詞節は、**who/that/which**（関係代名詞）を先頭に置いた節のことで、2 つの文をつないで 1 つの文にする働きがあります。また、その直前の名詞は、関係詞節中の動詞の主語にあたります。

I met a woman. **She** can speak six languages.
私はある女性に会いました。彼女は 6 か国語を話せます。
└──────── 2 つの文 ────────┘

主格の **she** を **who** に変える。

└──────── 1 つの文 ────────┘
I met **a woman who** can speak six languages.
私は 6 か国語を話せる女性に会いました。
〔⇒ a woman は動詞 can speak の主語〕

JACK

Jack was wearing a hat. **It** was too big for him.
Jack は帽子をかぶっていました。その帽子は彼には大きすぎました。
└──────── 2 つの文 ────────┘

主格の **it** を **that** または **which** に変える。

└──────── 1 つの文 ────────┘
Jack was wearing **a hat that** was too big for him.
または
Jack was wearing **a hat which** was too big for him.
Jack は、自分には大きすぎる帽子をかぶっていました。
〔⇒ a hat は動詞 was の主語〕

B

《形と語順》**who** で始まる関係詞節は「人」を説明します。

人	関係詞節		
A thief is **a person**	**who** steals things.		（⇒ 物を盗む人は…）
Do you know **anybody**	**who** can play the piano?		（⇒ ピアノを弾ける人を誰か…）
The man	**who** called	didn't give his name.	（⇒ 電話をかけてきた人は…）
The people	**who** work in the office	are very friendly.	（⇒ その会社で働く人たちは…）

C

《形と語順》**that** で始まる関係詞節は「人または物」を説明します。

人 / 物	関係詞節		
An airplane is **a machine**	**that** flies.		（⇒ 空を飛ぶ機械は…）
Emma lives in **a house**	**that** is 100 years old.		（⇒ 築 100 年の家に…）
The people	**that** work in the office	are very friendly.	（⇒ その会社で働く人たちは…）

「人」の場合でも **that** が使えますが、**who** のほうが一般的です。

D

《形と語順》**which** で始まる関係詞節は「物」を説明します。**who** は使えません。

物	関係詞節	
An airplane is **a machine**	**which** flies.　(× a machine who …)	（⇒ 空を飛ぶ機械は…）
Emma lives in **a house**	**which** is 100 years old.	（⇒ 築 100 年の家に…）

「人」を説明している場合は、**which** は使えません。**who** を使います。
　　　○ Do you remember **the woman who** played the piano at the party?　(× the woman which …)

練習問題

99.1 左右の枠内から語句を1つずつ選び、**A ... is a person who ...** の文を作りなさい。必要に応じて辞書で調べなさい。

~~a thief~~	a dentist
a butcher	a fool
a musician	a genius
a patient	a liar

doesn't tell the truth	is sick in the hospital
takes care of your teeth	~~steals things~~
is very intelligent	does stupid things
plays a musical instrument	sells meat

1   *A thief is a person who steals things.*
2   A butcher is a person ....
3   A musician ....
4   ....
5   ....
6   ....
7   ....
8   ....

99.2 関係詞節を用いて、2つの文を1つにまとめなさい。

1   (A man called. He didn't give his name.)
     The man who called didn't give his name.

2   (A woman opened the door. She was wearing a yellow dress.)
     The woman .... a yellow dress.

3   (Some students took the test. Most of them passed.)
     Most of the students ....

4   (A police officer stopped our car. He wasn't very friendly.)
     The ....

99.3 空所に **who** または **which** を入れて、文を完成させなさい。

1   I met a woman ......*who*...... can speak six languages.
2   What's the name of the man .... just started working in your office?
3   What's the name of the river .... flows through the town?
4   Where is the picture .... was hanging on the wall?
5   Do you know anybody .... wants to buy a car?
6   You always ask questions .... are difficult to answer.
7   I have a friend .... is very good at fixing cars.
8   I think everybody .... went to the party really enjoyed it.
9   Why does he always wear clothes .... are too small for him?

99.4 誤りのある部分に下線を引き、全文を正しい形に書き直しなさい。

1   A thief is a person which steals things.   *a person who steals*
2   An airplane is a machine that flies.   *OK*
3   A coffeemaker is a machine who makes coffee.   ....
4   What happened to the money that was on the table? ....
5   I don't like people which never stop talking.   ....
6   I know somebody that can help you.   ....
7   I know somebody who works in that store.   ....
8   Correct the sentences who are wrong.   ....
9   My neighbor bought a car who cost $60,000.   ....

Unit 100

the people **we met**   the hotel **you stayed at**
(関係詞節 2：目的語を示す関係代名詞と省略)

A

☆ 関係代名詞は、直前の名詞が関係詞節中の目的語であることを示します。

The man is carrying a bag. | 2 つの文
It's very heavy.

The bag (that) he is carrying is very heavy.
―――― 1 つの文 ――――
彼が運んでいたそのカバンはとても重い。
〔⇒ the bag は、動詞 is carrying の目的語〕

Kate won some money. | 2 つの文
What is she going to do with it?

What is Kate going to do with **the money (that) she won**?
―――― 1 つの文 ――――
Kate は、獲得したお金をどうするのでしょうか。
〔⇒ the money は動詞「won」の目的語〕

KATE

(that) は、that を省略できることを表します。したがって、上の例文は以下の 2 通りの表現が可能です。
- The bag **that** he is carrying … *or*   The bag he is carrying … (⇒ with or without **that**)
- … the money **that** she won?   *or*   … the money she won?

関係代名詞 **that/who/which** が目的語を示す場合は、省略できます。

主語	動詞	目的語	→ 名詞句 + 関係詞節
The man	was carrying	a bag	→ **the bag** (that) **the man was carrying**
Kate	won	some money	→ **the money** (that) **Kate won**
You	wanted	some books	→ **the books** (that) **you wanted**
We	met	some people	→ **the people** (who) **we met**

- Did you find **the books you wanted**? (= … the books **that** you wanted?)
- **The people we met** were very friendly. (= The people **who** we met …)
- **Everything I said** was true. (= Everything **that** I said …)

上のような関係詞節内では、動詞の後ろに別の目的語は置けません。
- The movie **we saw** was very good. (× The movie we saw it was …)

B

関係詞節内で前置詞 (**to/in/at** など) が動詞の後にある場合、直前の名詞句がこの前置詞に対する目的語です。このような場合、関係代名詞は省略します。

Eve **is talking to** a man.	→ Do you know **the man Eve is talking to**?
We **stayed at** a hotel.	→ **The hotel we stayed at** was near the station.
I **told** you **about** some books.	→ These are **the books I told you about**.

上のような関係詞節内では、前置詞の後ろに別の目的語は置けません。
- … the books **I told you about**. (× the books I told you about them)

「場所 + **where** …」で、場所を説明する関係詞節を作ります。この場合、動詞の後に前置詞を置いた関係詞節で書き換えられます。
- **The hotel where** we stayed was near the station. (= The hotel we stayed at …)
  (⇒ 私たちが泊まったホテルは…)

C

関係代名詞 (**who/that/which**) が主語を示す場合、省略することはできません。(**Unit 99** を参照)
- I met a woman **who can speak** six languages. 〔⇒ a woman は動詞「can speak」の主語〕
- Jack was wearing a hat **that was** too big for him. 〔⇒ a hat は動詞「was」の主語〕

200

a person **who** … , a thing **that/which** … (関係詞節 1) ➔ Unit 99

100.1 関係詞節を用いて、2 つの文を1つにまとめなさい。

1 (Helen took some pictures. Have you seen them?)
   Have you seen the pictures Helen took?
2 (You gave me a pen. I've lost it.)
   I lost the ....
3 (Sue is wearing a jacket. I like it.)
   I like the ....
4 (I gave you some flowers. Where are they?)
   Where are the .... ?
5 (He told us a story. I didn't believe it.)
   I ....
6 (You bought some oranges. How much were they?)
   How .... ?

100.2 関係詞節を用いて、2 つの文を 1 つにまとめなさい。

1 (I was carrying a bag. It was very heavy.)
   The bag I was carrying was very heavy.
2 (You cooked a meal. It was excellent.)
   The ....
3 (I'm wearing shoes. They aren't very comfortable.)
   The shoes ....
4 (We invited some people to dinner. They didn't come.)
   The ....

100.3 以下の情報をもとに、あなたの友人への質問を完成させなさい。

1 Your friend stayed at a hotel. You ask:
   What's the name of ....*the hotel you stayed at*... ?
2 Your friend was talking to some people. You ask:
   Who are the people .... ?
3 Your friend was looking for some keys. You ask:
   Did you find the .... ?
4 Your friend is going to a party. You ask:
   Where is the .... ?
5 Your friend was talking about a movie. You ask:
   What's the name of .... ?
6 Your friend is listening to some music. You ask:
   What's that .... ?
7 Your friend applied for a job. You ask:
   Did you get .... ?

100.4 以下の情報をもとに、**where** を用いて疑問文を完成させなさい。

1 John stayed at a hotel. You ask him:
   Did you like .....*the hotel where you stayed*... ?
2 Sue had dinner in a restaurant. You ask her:
   What's the name of the restaurant .... ?
3 Sarah lives in a town. You ask her:
   How big is the .... ?
4 Mike works in a hospital. You ask him:
   Where exactly is .... ?

at 8:00　　on Monday　　in April
(時を表す前置詞)

A

at: 時刻／時間帯などに用います。

	8:00	
at	10:30	
	midnight など	
	night	
	the end of …	

○ I start work **at 8:00** in the morning.
（⇒ 朝 8 時に…）
○ The banks close **at 5:00**. （⇒ 5 時に…）

○ I can't sleep **at night**. （⇒ 夜に…）
○ I'm taking a trip **at the end of** October.
（⇒ 10 月末に…）

B

on: 曜日・日付・祝祭日・曜日 + morning/afternoon/night などに用います。

	Sunday(s)/Monday(s) など
(on)	April 25 / June 6 など
	Monday morning / Tuesday afternoon / Friday night など
	New Year's Day など

曜日や日付の前の on は省略できます。
○ Bye! See you **on Friday**.　　or　　See you **Friday**. （⇒ with or without **on**）
○ Do you work **on Sundays**?　　or　　Do you work **Sundays**?
○ The concert is **on November 20**.　　or　　The concert is **November 20**.
○ I'm leaving **on Friday night**.　　or　　I'm leaving **Friday night**.

on the weekend (その週末に) / **on weekends** (週末に) のような表現では、**on** は省略できません。
○ They like to eat out **on the weekend / on weekends**.

C

in: 月・年・季節などの期間および、morning/afternoon/evening などの時間帯に用います。

	April/June など
in	2013/1988 など
	the spring/summer/fall/winter
	the morning/afternoon/evening

○ I'm taking a trip **in October**.
○ Amy was born **in 1995**.
○ The park is beautiful **in the fall**.
○ Do you often go out **in the evening**?

D

時を表す語句の前に this/every/last/next が置かれている場合は **at/on/in** は置きません。

this … (**this morning** / **this week** など)
every … (**every day** / **every week** など)
last … (**last August** / **last week** など)
next … (**next Monday** / **next week** など)

○ What are you doing **this weekend**?
○ We go on vacation **every summer**. **Last summer** we went to Europe.
○ I'm leaving **next Monday**.
（× on next Monday）

E

in five minutes / **in a few days** / **in six weeks** / **in two years** などの「in + 時間／期間」は、「…後に」という意味を表します。

now　　　　　　**in five minutes**

○ Hurry! The train leaves **in five minutes**.
（⇒ 5 分後に…）
○ Bye! I'll see you **in a few days**.
（⇒ 数日後に…）

場所を表す前置詞の用法 **in/at/on** ➔ Units 104 – 105

101.1 空所に **at** または **in** を入れて、文を完成させなさい。

1 Samantha was born ......in...... 1998.
2 I got up .... 8:00 this morning.
3 I like to get up early .... the morning.
4 I like to look at the stars .... night.
5 My brother got married .... May.
6 We often go to the beach .... the summer.
7 Let's meet .... 7:30 tomorrow night.
8 The company started .... 2000.
9 I'll send you the money .... the end of the month.
10 The café is open .... the evening. It closes .... midnight.

101.2 空所に **at/on/in** のいずれかを入れなさい。

1	......on...... June 6	7	.... September 24	13	.... Friday morning
2	......in...... the evening	8	.... Thursday	14	.... Saturday night
3	.... half past two	9	.... 11:45	15	.... night
4	.... Wednesday	10	.... New Year's Eve	16	.... the end of the day
5	 2007	11	.... noon	17	.... the weekend
6	.... September	12	.... the morning	18	.... the winter

101.3 **A** と **B** どちらが正しい文ですか?両方正しい場合には **both** と答えなさい。

	A	B	
1	I'm taking a trip in October.	I'm taking a trip on October.	......A......
2	Do you work Sundays?	Do you work on Sundays?	......both......
3	I always feel tired at the evening.	I always feel tired in the evening.	....
4	I'm leaving next Saturday.	I'm leaving on next Saturday.	....
5	Tom started his new job on May 18.	Tom started his new job May 18.	....
6	Sarah finished high school in 2012.	Sarah finished high school 2012.	....
7	We meet on every Tuesday.	We meet every Tuesday.	....
8	We don't often go out in night.	We don't often go out at night.	....
9	I can't meet you Thursday.	I can't meet you on Thursday.	....
10	Jessica saw Sam Monday night.	Jessica saw Sam on Monday night.	....
11	I'm leaving in the end of this month.	I'm leaving at the end of this month.	....
12	Tom goes to the gym on Fridays.	Tom goes to the gym Fridays.	....

101.4 例にならって、**in ...** を用いて文を完成させなさい。

1 It's 8:25 now. The train leaves at 8:30.   ......The train leaves in five minutes.......
2 It's Monday today. I'll call you on Thursday.   I'll .... days.
3 Today is June 14. My exam is on June 28.   My ....
4 It's 3:00 now. Tom will be here at 3:30.   Tom ....

101.5 空所に **at/on/in** のいずれかを入れて、文を完成させなさい。何も入らない場合もあります。

1 They like to eat out ......on...... weekends.
2 I'm going ......—...... next Friday. (何も入らない)
3 I always feel tired .... the evening.
4 Will you be at home .... this evening?
5 We went to France .... last summer.
6 Liz was born .... 2001.
7 What are you doing .... the weekend?
8 I call Matt .... every Sunday.
9 Should we play tennis .... next Sunday?
10 I couldn't go to the party .... last weekend.
11 I'm going out. I'll be back .... an hour.
12 I don't often go out .... night.

from ... to　until　since　for
（期間を表す前置詞）

A

from ... to ～:「…から～まで」のように、開始時から終了時までの期間を表します。

- ☐ We lived in Japan **from** 2007 **to** 2014.
- ☐ I work **from** Monday **to** Friday.

from ... until ～ も同じ意味を表します。

- ☐ We lived in Japan **from** 2007 **until** 2014.

from Monday to Friday 月曜から金曜まで

Monday 開始時	Friday 終了時

B

until...:「…まで」のように、終了時までの期間を表します。
until の後ろには、時を表す表現以外に、主語 + 動詞の文も入ります。

until	Friday December 3:00 I come back

- ☐ They're leaving town tomorrow.
  They'll be away **until Friday**.
- ☐ I went to bed early, but I wasn't tired.
  I read a book **until 3:00 a.m.**
- ☐ Wait here **until I come back**.
  （⇒ 私が戻るまで…）

until Friday 金曜まで

	Friday 終了時

till ... も **until ...** と同じ意味を表します。

- ☐ Wait here **till** I come back.

until ... は「…まで」のような期間を表し、**How long ... ?**（どのくらいの期間…？）に対する答えとなります。**on ...** は「…に」と日にちを指定し、**When ... ?**（いつ…?）に対する答えとなります。

- ☐ "**How long** will you be away?"　"**Until** Monday."
- ☐ "**When** are you coming back?"　"**On** Monday."

C

since ...:「…(過去の開始時) から (今まで)」のように、過去の開始時から現在までの期間を表します。**since** の後ろには、時を表す表現以外に、主語 + 動詞の文も入ります。現在に至る期間を表すので、**have been / have done** などの現在完了とともに用います。

since	Monday 2012 2:30 I arrived

- ☐ Joe is in the hospital. He has been
  in the hospital **since Monday**.
  (= from Monday to now)
- ☐ Sue and Dave have been
  married **since 2012**.
  (= from 2012 to now)
- ☐ It has been raining **since I arrived**.
  （⇒ 到着してから今までずっと、雨が降っています）

since Monday 月曜から今まで

Monday 開始時	no... 終了...

from/until/in/since で、期間や時の表し方が異なります。

- ☐ We lived in Japan **from** 2007 **to** 2014.
  （⇒ 2007 年から 2014 年までの期間。開始時と終了時を特定）
  We lived in Japan **until** 2014.（⇒ 2014 年までの期間。開始時は不明）
- ☐ Now we live in Denver. We came to Denver **in** 2014.（⇒ 2014 年に住み始めた。開始時を特定）
  We have lived in Denver **since** 2014.（⇒ 2014 年から今まで。開始時を特定）

three days / 10 years などの期間の長さを表す場合は、**for** を置きます。**since** は置きません。

- ☐ Joe has been in the hospital **for three days**.（× since three days）

D

for ...:「for + 期間」で「…の間」のように期間を表します。

for	three days 10 years five minutes a long time

- ☐ Gary stayed with us **for three days**.
- ☐ I'm going away **for a few weeks**.
- ☐ I'm going away **for the weekend**.
- ☐ They've been married **for 10 years**.

for three days 3日間

Sunday	Monday	Tuesda...

現在完了形における **for/since** の用法 → Units 17–18　　現在完了形（**I have lived**）と単純過去形（**I lived**）→ Unit 19

練習問題

Unit
102

102.1 それぞれの人物に関する情報をもとに、**from … to / until / since** を用いた文を完成させなさい。

ALEX

MEGAN

BETH

ADAM

ALEX	MEGAN	BETH	ADAM
I live in Japan now. I lived in Canada before. I came to Japan in 2013.	I live in Australia now. I lived in South Korea before. I came to Australia in 2015.	I work in a hotel now. I worked in a restaurant before. I started work in the hotel in 2016.	I'm a journalist now. I was a teacher before. I started work as a journalist in 2012.

1   (Alex / Canada / 2005 → 2013)   Alex lived *in Canada from 2005 to 2013* .
2   (Alex / Canada / → 2013)   Alex lived in Canada .... 2013 .
3   (Alex / Japan / 2013 →)   Alex has lived in Japan ....
4   (Megan / South Korea → 2015)   Megan lived in ....
5   (Megan / Australia / 2015 →)   Megan has lived in ....
6   (Beth / a restaurant / 2014 → 2016)   Beth worked .... 2014 ....
7   (Beth / a hotel / 2016 →)   Beth has worked ....
8   (Adam / a teacher / 2006 → 2012)   Adam was a ....
9   (Adam / a journalist / 2012 →)   Adam has been ....

上記と同じように、**for** を用いて文を完成させなさい。

10   (Alex / Canada)   *Alex lived in Canada for eight years* .
11   (Alex / Japan)   Alex has lived in Japan ....
12   (Megan / Australia)   Megan has ....
13   (Beth / a restaurant)   Beth worked ....
14   (Beth / a hotel)   Beth ....
15   (Adam / a teacher)   Adam ....
16   (Adam / a journalist)   Adam ....

102.2 空所に **until/since/for** のいずれかを入れて、文を完成させなさい。

1   Sue and Dave have been married *since* 2012.
2   I was tired this morning. I stayed in bed .... 10:00.
3   We waited for Sue .... half an hour, but she didn't come.
4   "Did you just get here?" "No, I've been here .... 7:30."
5   "How long did you stay at the party last night?" " .... midnight."
6   Dan and I are good friends. We have known each other .... 10 years.
7   I'm tired. I'm going to lie down .... a few minutes.
8   〔着陸時の飛行機内で〕Please stay in your seats .... the airplane reaches the gate.
9   This is my house. I've lived here .... I was seven years old.
10   Jack is out of town. He'll be away .... Wednesday.
11   Next week I'm going to Chicago .... three days.
12   I usually finish work at 5:30, but sometimes I work .... 6:00.
13   "How long have you known Anna?" " .... we were in high school."
14   Where have you been? I've been waiting for you .... 20 minutes.

Unit 103

before after during while
（「前・後・間」を表す前置詞／接続詞）

A
before/during/after: 後ろに名詞句を入れて「… の前に・間（に）・後で」を表します。

before the movie
映画の前に

during the movie
映画の間に

after the movie
映画の後で

- ○ Everybody feels nervous **before a test**.
- ○ I fell asleep **during the movie**.
- ○ We were tired **after our visit** to the museum.

B
before/while/after: 後ろに主語 + 動詞の文を入れて「…の前に・間（に）・後で」を表します。

before we played
テニスをする前に

while we were playing
テニスをしている間に

after we played
テニスをした後で

- ○ Don't forget to close the window **before you go out**.
- ○ I often fall asleep **while I'm reading**.
- ○ They watched TV **after they did the dishes**.

C
during/while/for ... : いずれも「…の間に」を表しますが、後ろにくる要素が異なります。
during は **during the movie** のように「**during** + 名詞句」の形で用います。**while** は接続詞なので **while I'm reading** のように「**while** + 主語 + 動詞…」の形で用います。during の後ろに「主語 + 動詞」を置くことはできません。

- ○ We didn't speak **during the meal**.
  - ⇔ We didn't speak **while we were eating**. (✕ during we were eating)

for も前置詞なので「**for** + 名詞句」の形で用いますが、名詞句には **three days / two hours / a year** などの具体的な期間の長さを表す名詞句がきます。期間の長さを表す名詞句の前に during は置けません。

- ○ We played basketball **for two hours**. (✕ during two hours)
- ○ I lived in Florida **for a year**. (✕ during a year)

D
before/after + -ing ... : before going / after eating などで「…する前に・後で」を表します。-ing は「主語 + 動詞」に書き換えできます。

- ○ I always have breakfast **before going** to work. (⇒ before I go to work)
- ○ **After doing** the dishes, they watched TV. (⇒ after they did)

before going / after eating のように **before/after** の後ろには「to + 動詞の原形」(不定詞) は入りません。

- ○ **Before eating** the apple, I washed it carefully. (✕ before to eat)
- ○ I started work **after reading** the newspaper. (✕ after to read)

過去進行形（**I was -ing**）➜ Units 13–14   **before/after/while/when** ➜ Unit 96   **for** ➜ Unit 102
前置詞 + **-ing** ➜ Unit 110

206

練習問題

103.1 左右の枠内から語句を 1 つずつ選び、文を完成させなさい。

after during	+	lunch	the end	they went to Mexico
before while		the concert	~~the test~~	you're waiting
		the course	the night	

1 Everybody was nervous .....*before the test*...
2 I usually work four hours in the morning and another three hours ....
3 The movie was really boring. We left ....
4 Anna went to night school to learn German. She learned a lot ....
5 My aunt and uncle lived in Chicago ....
6 A: Somebody broke a window .... Did you hear anything?
    B: No, I was asleep all night.
7 Would you like to sit down ....?
8 A: "Are you going home ....?"
    B: "Yes, I have to get up early tomorrow."

103.2 空所に **during/while/for** のいずれかを入れて、文を完成させなさい。

1 We didn't speak ......*while*...... we were eating.
2 We didn't speak ......*during*...... the meal.
3 Josh called .... you were out.
4 Lauren went to Italy and stayed in Rome .... five days.
5 I didn't check my email .... I was away.
6 The students looked very bored .... the class.
7 I fell out of bed .... I was asleep.
8 Last night I watched TV .... three hours.
9 I don't usually watch TV .... the day.
10 Do you ever watch TV .... you are having dinner?

103.3 空所に **-ing**（**doing, having** など）を入れて文を完成させなさい。

1 After ......*doing*...... the dishes, they watched TV.
2 I felt sick after .... too much chocolate.
3 I'm going to ask you a question. Think carefully before .... it.
4 I felt awful when I got up this morning. I felt better after .... a shower.
5 After .... my work, I left the office and went home.
6 Before .... to a foreign country, it's good to try and learn a little of the language.

103.4 **before + -ing** または **after + -ing** を用いて、それぞれの文を完成させなさい。

1 They did the dishes. Then they watched TV.
   After .....*doing the dishes, they watched TV.*...

2 John finished high school. Then he worked in a bookstore for two years.
   John worked ....

3 I read for a few minutes. Then I went to sleep.
   Before ....

4 We walked for three hours. We were very tired.
   After ....

5 Let's have a cup of coffee. Then we'll go out.
   Let's ....

A

in:「…の中に」場所をある空間や境界のある平面としてとらえ、その中にいることを表します。

空間（水中）
in a store
in a room
in a car
in the water

境界のある場所
in a garden
in a town
in a park
in Brazil

- ○ "Where's David?" "**In the kitchen. / In the garden. / In Seoul.**"
- ○ What's **in that box / in that bag / in that closet**?
- ○ Rachel works **in a store / in a bank / in a factory**.
- ○ I went for a swim **in the river / in the pool / in the ocean**.
- ○ Milan is **in the north of Italy**. Naples is **in the south**.
- ○ I live **in a big city**, but I'd like to live **in the country**.

B

at:「…で」場所を点でとらえ、その場所またはその近くにいることを表します。

at the bus stop
バス停で

at the door
ドアのところで

at the traffic light
信号で

at her desk
デスクで

- ○ There's somebody **at the bus stop / at the door**.
- ○ The car is waiting **at the traffic light**.
- ○ Anna is working **at her desk**.

at the top / **at the bottom** / **at the end** (of …) は
「（…の）一番上に／一番下に／一番奥に」を表します。
- ○ Write your name **at the top of the page**.
- ○ My house is **at the end of the street**.

at the top (of the page)
ページの上部に

at the bottom (of the page)
ページの下部に

C

on:「…の上に」平面に接している状態を表します。

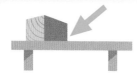
on a shelf
on a plate
on a balcony
on the floor など

on a wall
on the ceiling
on a door など.

- ○ There are some books **on the shelf** and some pictures **on the wall**.
- ○ There are a lot of apples **on those trees**.
- ○ Don't sit **on the grass**. It's wet.
- ○ There is a stamp **on the envelope**.
  (⇒ 封筒に切手が貼ってあります)

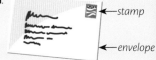
←stamp
←envelope

on a horse / **on a bike** / **on a motorcycle** は「馬／自転車／バイクに乗っている」を表します。
- ○ Who is that man **on the motorcycle**?

---

the top / the bottom などのように **the** が付く形 ➜ Unit 68　　**at/on/in**（時を表す前置詞）➜ Unit 101
in/at/on（場所を表す前置詞 2）➜ Unit 105

104.1 それぞれのイラストを見て、**in/at/on** のいずれかを用いて質問に答えなさい。

① (the kitchen)	② (the box)	③ (the box)	④ (the wall)
⑤ (the bus stop)	⑥ (the field)	⑦ (the balcony)	⑧ (the pool)
⑨ (the window)	⑩ (the ceiling)	⑪ (the table)	⑫ (the table)

1 Where is he? ..... *In the kitchen.* .....
2 Where are the shoes? ....
3 Where is the pen? ....
4 Where is the clock? ....
5 Where is the bus? ....
6 Where are the horses? ....

7 Where are they standing? ....
8 Where is she swimming? ....
9 Where is he standing? ....
10 Where is the spider? ....
11 Where is he sitting? ....
12 Where is she sitting? ....

104.2 空所に **in/at/on** のいずれかを入れて、文を完成させなさい。

1 Don't sit ..... *on* ..... the grass. It's wet.
2 What do you have .... your bag?
3 Look! There's a man .... the roof. What's he doing?
4 There are a lot of fish .... this river.
5 Our house is number 45 – the number is .... the door.
6 "Is the hospital near here?" "Yes, turn left .... the traffic light."
7 I have a small vegetable garden .... the backyard.
8 My sister lives .... Prague.
9 There's a small park .... the top of the hill.
10 I think I heard the doorbell. There's somebody .... the door.
11 Munich is a large city .... the south of Germany.
12 There's a gas station .... the end of the block.
13 It's difficult to carry a lot of things .... a bike.
14 I looked at the list of names. My name was .... the bottom.
15 There is a mirror .... the wall .... the living room.

in/at/on
（場所を表す前置詞 2）

A

in ...

in bed	○ "Where's Kate?" "She's **in bed**."
in the hospital	○ David's father is sick. He's **in the hospital**.
in the sky	○ I like to look at the stars **in the sky** at night.
in the world	○ What's the largest city **in the world**?
in a newspaper / **in** a book	○ I read about the accident **in the newspaper**.
in a photo(graph) / **in** a picture	○ You look sad **in this picture**.
in a car / **in** a taxi	○ Did you come here **in your car**?
in the middle (of ...)	○ There's a big tree **in the middle** of the yard.

B

at ...

at work / **at** school	○ "Where's Kate?" "She's **at work**."
at the station / **at** the airport	○ Do you want me to meet you **at the train station**?
at the post office / **at** the supermarket	○ I saw your brother **at the post office** today.
at Jen's (house) / **at** my sister's (house) など	○ "Where were you yesterday?" "**At my sister's**."
at the doctor's / **at** the hairdresser's など	○ I saw Tom **at the doctor's**.
at a concert / **at** a party / **at** a football game など	○ There weren't many people **at the party**.

hotel や restaurant などの建物には、**at** と **in** の両方が用いられる場合があります。
○ We stayed **at** a nice hotel. *or* We stayed **in** a nice hotel.

C

at school や **in school** のように、school の前には at や in も置けますが、意味が少し異なります。
She's **at school** = 生徒や学生として、実際に学校にいる
○ "Where's your sister? Is she home?"   "No, she's **at school**." （⇒ 今、学校にいます）

She's **in school** = **high school** / **college** / **medical school** などで学ぶ生徒や学生 (実際に学校にいるかはわからない)
○ "Does your sister have a job?"   "No, she's still **in school** / **in college**." （⇒ まだ学生です）

D

on ...

on a bus
バスに乗って

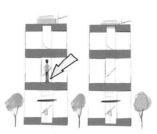

on the second floor
2階に

on the way from A to B
A から B へ行く途中に

on a bus / **on** a train / **on** a plane / **on** a ship	○ Did you come here **on the bus**?
on the first floor (*or* ground floor), **on** the second floor など	○ The office is **on the second floor**. (× in the second floor)
on the way (to ...) / **on** the way home	○ I met Anna **on the way** to work / **on the way** home.

場所の在りかや、住んでいる場所などを表す場合「**on a street**」や「**lives on a street**」を用います。
○ My brother lives **on a nice street**.

in/at/on （場所を表す前置詞 1）→ Unit 104   **to/in/at** （場所を表す前置詞 3）→ Unit 106   **(at) home** → Unit 106
on the left/right → Unit 107

練習問題

105.1 それぞれのイラストを見て、**in/at/on** のいずれかを用いて質問に答えなさい。

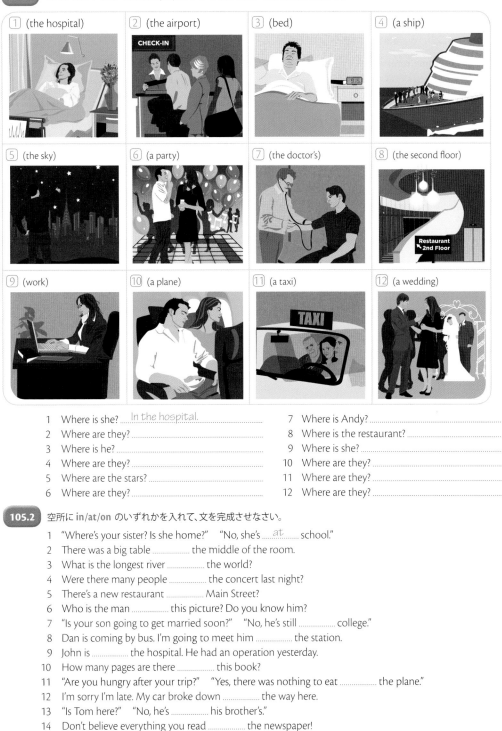

① (the hospital)　② (the airport)　③ (bed)　④ (a ship)

⑤ (the sky)　⑥ (a party)　⑦ (the doctor's)　⑧ (the second floor)

⑨ (work)　⑩ (a plane)　⑪ (a taxi)　⑫ (a wedding)

CHECK-IN

Restaurant
2nd Floor

TAXI

1 Where is she? _In the hospital._	7 Where is Andy? ....
2 Where are they?	8 Where is the restaurant? ....
3 Where is he?	9 Where is she? ....
4 Where are they?	10 Where are they? ....
5 Where are the stars?	11 Where are they? ....
6 Where are they?	12 Where are they? ....

105.2 空所に **in/at/on** のいずれかを入れて、文を完成させなさい。

1 "Where's your sister? Is she home?"　"No, she's ....._at_.... school."
2 There was a big table .... the middle of the room.
3 What is the longest river .... the world?
4 Were there many people .... the concert last night?
5 There's a new restaurant .... Main Street?
6 Who is the man .... this picture? Do you know him?
7 "Is your son going to get married soon?"　"No, he's still .... college."
8 Dan is coming by bus. I'm going to meet him .... the station.
9 John is .... the hospital. He had an operation yesterday.
10 How many pages are there .... this book?
11 "Are you hungry after your trip?"　"Yes, there was nothing to eat .... the plane."
12 I'm sorry I'm late. My car broke down .... the way here.
13 "Is Tom here?"　"No, he's .... his brother's."
14 Don't believe everything you read .... the newspaper!
15 I walked to work, but I came home .... the bus.
16 A: 〔電話で〕 Can I speak to Anna, please?
　　B: No, sorry. She'll be .... the university until 5:00 today.

211

A

☆ **in** は境界を持つ平面や空間を、**at** は点としての場所を表します。**to** は、**in** や **at** で示されている場所への移動を表します。

to ... :「…へ」境界を持つ場所へと移動します。	**in ...** :「…で／に」境界を持つ場所の中にいます。
「**go/come/return/walk** など + **to** + 場所」で用います。	「**be/stay/do** など + **in** + 場所」で用います。

ニューヨークへ

ニューヨークで

○ We're **going to New York** on Sunday.	○ The Statue of Liberty **is in New York**.
○ I want to **go to Mexico** next year.	○ My brother **lives in Mexico**.
○ We **walked** from my house **to the mall**.	○ The best stores **are in the mall**.
○ What time do you **go to bed**?	○ I like **to read in bed**.

to ... :「…へ」ある場所に向かって移動中。	**at ...** :「…で／に」ある場所に到達。
	「**be/stay/do** など + **at** + 場所」の形で用います。

○ The bus is **going to the airport**.	○ The bus **is at the airport**.
○ Karen didn't **go to work** yesterday.	○ Sarah **wasn't at work** yesterday.
○ I **went to a party** last night.	○ I **met a lot of people at the party**.
○ We'd like you to **come to our house**.	○ Helen **stayed at her brother's house**.

B

home:

「家へ／家に」	「家で／に」
「**go/come/walk** + **home**」のように home の前に **to** は置きません。	「**be/stay** + (**at**) **home**」で表し、**at** は省略できます。
○ I'm tired. I'm **going home**. (× to home)	○ I'm **staying home** tonight.
○ Did you **walk home**?	(*or* I'm **staying at home**.)
	「家で…をする」の意味を持つ場合は、**work at home** / **watch TV at home** などのように「動詞 + **at home**」となり、**at** は省略できません。
	○ Dan doesn't work in an office.
	He **works at home**.

C

arrive と **get** : いずれも「…に到着する」を表しますが、後ろに続く前置詞が異なります。

arrive in ... :「…(国や都市／街など) に着く」(**arrive in Mexico** / **arrive in Tokyo** など)
  ○ They **arrived in this country** last week. (× arrived to this country)

arrive at ... :「…(駅などの場所や職場など) に着く」(**arrive at the station** / **arrive at work** など)
  ○ What time did you **arrive at the hotel**? (× arrive to the hotel)

get to ... :「…(場所) に着く」
  ○ What time did you **get to the hotel**?
  ○ What time did you **get to Tokyo**?

「家に着く」は **get home** / **arrive home** で表し、**home** の前に前置詞は置きません。
  ○ I was tired when I **got home**. *or* I was tired when I **arrived home**.

been to → Unit 16   get (to ...) → Unit 54   in/at → Units 104–105

106.1 空所に **to** または **in** を入れて、文を完成させなさい。

1　I like reading ......*in*...... bed.
2　We're going .... Italy next month.
3　Sue is on vacation .... Mexico right now.
4　I have to go .... the hospital tomorrow.
5　I was tired, so I stayed .... bed.
6　What time do you usually go .... bed?
7　Does this bus go .... the airport?
8　Would you like to live .... another country?

106.2 空所に **to** または **at** を入れて、文を完成させなさい。何も入らない場合もあります。

1　Olivia didn't go ......*to*...... work yesterday.
2　I'm tired. I'm going ......–...... home.　(何も入らない)
3　Tina is sick. She went .... the doctor.
4　Would you like to come .... a party on Saturday?
5　"Is Liz .... home?"　"No, she went .... work."
6　There were 20,000 people .... the football game.
7　Why did you go .... home early last night?
8　A boy jumped into the river and swam .... the other side.
9　There were a lot of people waiting .... the bus stop.
10　We had dinner .... a restaurant, and then we went back .... the hotel.

106.3 空所に **to/at/in** を入れて、文を完成させなさい。何も入らない場合もあります。

1　Joe is coming tomorrow. I'm meeting him ......*at*...... the airport.
2　We're going .... a concert tomorrow night.
3　I went .... Chile last year.
4　How long did you stay .... Chile?
5　Next year we hope to go .... Japan to visit some friends.
6　Do you want to go .... the movies tonight?
7　Did you park your car .... the station?
8　After the accident, three people were taken .... the hospital.
9　How often do you go .... the dentist?
10　"Is Sarah here?"　"No, she's .... Emma's."
11　My house is .... the end of the block on the left.
12　I went .... Maria's house, but she wasn't .... home.
13　There were no taxis, so we had to walk .... home.
14　"Who did you meet .... the party?"　"I didn't go .... the party."

106.4 空所に **to/at/in** を入れて、文を完成させなさい。何も入らない場合もあります。

1　What time do you usually get .... work?
2　What time do you usually get .... home?
3　What time did you arrive .... the party?
4　When did you arrive .... Dallas?
5　What time does the plane get .... Paris?
6　We arrived .... home very late.

106.5 ● **to/in/at** を使って、自分のことを述べなさい。

1　At 3:00 this morning I was ......*in bed*... .
2　Yesterday I went ....
3　At 11:00 yesterday morning I was ....
4　One day I'd like to go ....
5　I don't like going ....
6　At 9:00 last night I was ....

Unit 107

next to, between, under など
(位置関係を表す前置詞)

A 🔵 イラストの人物の位置関係を述べてください。

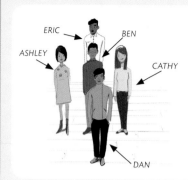

next to ... :「…の隣に／そばに」
Ashley is **next to** Ben.
between A and B :「A と B の間に」
Ben is **between** Ashley and Cathy.
in front of ... :「…の前に」
behind ... :「…の後ろに」
Dan is **in front of** Ben. / Eric is **behind** Ben.
on the left/right :「左／右に」
Ashley is **on the left**. / Cathy is **on the right.**
in the middle (of ...) :「(…の) 真ん中に」
Ben is **in the middle** (of the group).

B **across from ...** :「…と向かい合って」/ **in front of ...** :「…の前に」

Anna is sitting **in front of** Brandon.
Anna is sitting **across from** Chris.
Chris is sitting **across from** Anna.

C **by ...** :「…の隣に／そばに」(= next to)

by the window
窓のそばに

- Who is that man standing **by the window**?
- Our house is **by the ocean**.
  (= next to the ocean)
- If you feel cold, why don't you sit **by the fire**?

D **under ...** :「…の下に」上を見ると何かにおおわれている状況を表します。

under the table
テーブルの下に

under a tree
木の下に

- The cat is **under the table**.
- The girl is standing **under a tree**.
- I'm wearing a jacket **under my coat**.

E **above ...** :「…の上に」…より高い位置にある状況を表します。
below ... :「…の下に」…より低い位置にある状況を表します。

A is **above the line**.
(⇒ 線よりも高い位置にある)

B is **below the line**.
(⇒ 線よりも低い位置にある)

The pictures are
above the shelves.

The shelves are
below the pictures.

214

up/over/through など → Unit 108   by → Unit 109

練習問題

107.1 イラストの人物の位置関係を説明しなさい。

ALAN BARBARA CONNOR

DONNA EMILY FRED

1 Connor is standing ....*behind*.... Fred.
2 Fred is sitting .... Emily.
3 Emily is sitting .... Barbara.
4 Emily is sitting .... Donna and Fred.
5 Donna is sitting .... Emily.
6 Fred is sitting .... Connor.
7 Alan is standing .... Donna.
8 Alan is standing .... left.
9 Barbara is standing .... middle.

107.2 それぞれのイラストを見て、事物の位置関係を説明しなさい。

1 The cat is ....*under*.... the table.
2 There is a big tree .... the house.
3 The plane is flying .... the clouds.
4 She is standing .... the piano.
5 The movie theater is .... the right.
6 She's standing .... the fridge.
7 The calendar is .... the clock.
8 The cabinet is .... the sink.
9 There are some shoes .... the bed.
10 The plant is .... the piano.
11 Ryan is sitting .... Anna.
12 In Japan people drive .... the left.

107.3 矢印で示された場所や事物の位置関係を説明しなさい。

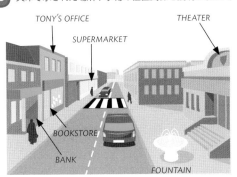

TONY'S OFFICE   THEATER
SUPERMARKET
BOOKSTORE
BANK
FOUNTAIN

1 (next to) ....*The bank is next to the bookstore.*....
2 (in front of) The .... in front of
  ....
3 (across from) ....
  ....
4 (next to) ....
  ....
5 (above) ....
  ....
6 (between) ....
  ....

215

A

☆ 似たような意味を持つ前置詞の働きを、図で表します。

to ... :「…へ」物に近づく。

- ○ Sarah is going **to** France next week.
- ○ We walked **from** the hotel **to** the station.
- ○ A lot of English words come **from** Latin.

from ... :「…から」
物から遠ざかる。

into ... :「…の中へ」
物の外から中へと動く。

into (in)

- ○ We jumped **into** the water.
- ○ A man came **out of** the house and got **into** a car.
- ○ I took the old batteries **out of** the radio.

「…を～に入れる」では、通常 **put ... in** を用います。into は用いません。
- ○ I **put** new batteries **in** the radio.

out of ... :「…から」
物の中から外へと動く。

out of

on ... :「…の上へ」物の上に
接触するように動く。

on

- ○ Don't put your feet **on** the table.
- ○ Please take your feet **off** the table.
- ○ I'm going to hang some pictures **on** the wall.
- ○ Be careful! Don't fall **off** your bike!
- ○ We got **on** the bus downtown.

off ... :「…から」
接触している物が、接触面から離れる

off

up ... :「…の上へ」
上へと動く。

up

- ○ We walked **up** the hill to the house.
- ○ Be careful! Don't fall **down** the stairs.

down ... :「…の下へ」
下へと動く。

down

over ... :「…の上を／…を越
えて」物の上を動く。

over

- ○ The plane flew **over** the mountains.
- ○ I jumped **over** the wall into the yard.
- ○ Some people say it is unlucky to walk **under** a ladder.

under ... :「…の下へ／
…をくぐって」物の下を動く。

under

through ... :「…を通
って」物が突き進む。

through

- ○ A bird flew into the room **through** a window.
- ○ The old highway goes **through** the town.
- ○ The new road goes **around** the town.
- ○ The bus stop is just **around** the corner.
- ○ I walked **around** the town and took some pictures.

around ... :「…の回
り」ぶつからないよ
うに物の外側を動く。
物から抜け出さないように、物
の内側を動く。

around the town

along ... :「…に沿って」
ある物の方向に沿って物
が進む。

along

- ○ I was walking **along** the road with my dog.
- ○ Let's go for a walk **along** the river.
- ○ The dog swam **across** the river.

across ... :「…を渡って」
横切るように物が進む。

across

past ... :「…過ぎて」手
前から通り過ぎる。

past

- ○ They walked **past** me without speaking.
- ○ A: Excuse me, how do I get to the hospital?
- B: Go along this street, **past** the movie theater, under the bridge, and the hospital is on the left.

hospital
movie theater
bridge

get in/on など ➜ Unit 54　　in/on ➜ Units 104-105　　to ➜ Unit 106　　fall off / run away などの句動詞 ➜ Unit 112

練習問題

108.1 あなたは道を尋ねられました。**Go ...** で始まる文を作り、イラストの矢印の方向に進むよう案内しなさい。

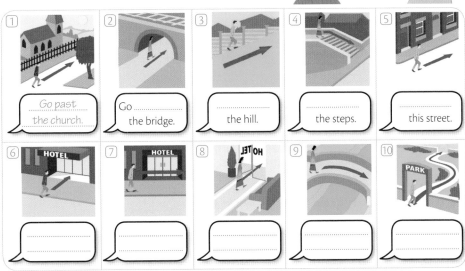

① .....Go past..... ....the church.....

② Go .... the bridge.

③ .... the hill.

④ .... the steps.

⑤ .... this street.

⑥ ....

⑦ ....

⑧ ....

⑨ ....

⑩ ....

108.2 イラストの矢印の動きを見て、それぞれの文を完成させなさい。

1   The dog swam ......*across*...... the river.
2   A book fell .... the shelf.
3   A plane flew .... the village.
4   A woman got .... the car.
5   A girl ran .... the street.
6   Suddenly a car came .... the corner.
7   They drove .... the village.
8   They got .... the train.
9   The moon travels .... the earth.
10   They got .... the house .... a window.

108.3 空所に **over/from/to** などの前置詞を入れ、文を完成させなさい。

1   I looked .... the window and watched the people in the street.
2   My house is near here. It's just .... the corner.
3   "Where's my phone?"   "You put it .... your bag."
4   How far is it .... here .... the airport?
5   We walked .... the museum for an hour and saw a lot of interesting things.
6   You can put your coat .... the back of the chair.
7   In tennis, you have to hit the ball .... the net.
8   Adriana took a key .... her bag and opened the door.

on/at/by/with/about
(前置詞のその他の用法)

A

on...

on vacation (休暇中)	
on TV / on television (テレビで)	
on the radio (ラジオで)	
on the phone (電話で)	
on fire (燃えている)	
on time (時間通りに) (= not late)	

- ○ Megan isn't at work this week. She's **on vacation**.
- ○ We watched the news **on TV**.
- ○ We listened to the news **on the radio**.
- ○ I spoke to Rachel **on the phone** last night.
- ○ The house is **on fire**! Call the fire department.
- ○ "Was the train late?" "No, it was **on time**."

B

at...

at (the age of) 21 (21 歳の時に) / **at 50 kilometers an hour** (時速 50 キロで) / **at 100 degrees**
(100 度で) などのように、数を表す語句とともに用います。

- ○ Olivia got married **at 21**. (= ... **at the age of 21**.)
- ○ A car uses more gas **at 70 miles an hour** than at **55**.
- ○ Water boils at **100 degrees Celsius**.

C

by ...

交通手段: **by car / by bus / by plane / by bike** など

- ○ Do you like traveling **by train**?
- ○ Jenn usually goes to work **by bike**.

「歩いて」は **on foot** を用います。

- ○ You can't get there **by car**. You have to go **on foot**. (= you have to walk)

作者名: a book **by ...** / a painting **by ...** / a piece of
music **by ...** など

- ○ Have you read any books **by Charles Dickens**?
- ○ **Who** is that painting **by**? Andy Warhol?

by を使った受動態 (**Unit 20** を参照)

- ○ I was bitten **by a dog**.

by bus (バスで)

on foot (歩いて)

the title
by
the writer
(著者)

D

with ... : 「…といっしょに／…を用いて」 **without ... :** 「…なしで」

- ○ Did you stay at a hotel or **with friends**?
- ○ Wait for me. Please don't go **without me**.
- ○ Do you like your coffee **with** or **without milk**?
- ○ I cut the paper **with a pair of scissors**.

~with ... (a man **with** a beard / a woman **with** glasses など)

- ○ Do you know that man **with the beard**?
- ○ I'd like to have a house **with a big yard**.

a man
with a beard
(ひげを生やした男性)

a woman
with glasses
(メガネをかけた女性)

E

about ... : 「…について」

動詞 + **about ... :** 「…について~する」
talk/speak/think/hear/know about ... : 「…について話し合う／話す／考える／聞く／知る」

- ○ Some people **talk about their work** all the time.
- ○ I don't **know** much **about cars**.

名詞 + **about ... :** 「…についての~」 a book / a question / a program / information **about ... :** 「…について
の本／質問／プログラム／情報」

- ○ There was **a program about** volcanoes on TV last night. Did you see it?

by → Units 20, 61, 107　　at/on → Units 101, 104-105　　前置詞 + -ing → Unit 110

練習問題

109.1 以下から適切な語句を選び、**on** を補って文を完成させなさい。

> | the phone | ~~the radio~~ | TV | time | vacation |

1 We heard the news ....*on the radio*... .
2 Please don't be late. Try to get here ....
3 I won't be here next week. I'm going ....
4 "Did you see Linda?" "No, but I talked to her ...."
5 "What's ....tonight?" "Nothing that I want to watch."

109.2 空所に **at/by/with** などの前置詞を入れて、それぞれのイラストを説明しなさい。

1 I cut the paper ......*with*...... a pair of scissors.
2 Last year they took a trip around the world
   .... boat.
3 Who is the woman .... short hair?
4 They are talking .... the weather.
5 The car is .... fire.
6 She's listening to some music .... Mozart.
7 The plane is flying .... 600 miles an hour.
8 They're .... vacation.
9 Do you know the man .... sunglasses?
10 He's reading a book .... grammar
   .... Vera P. Bull.

109.3 空所に **at/by/with** などの前置詞を入れて、文を完成させなさい。

1 In tennis, you hit the ball .... a racket.
2 It's cold today. Don't go out .... a coat.
3 *Hamlet*, *Othello*, and *Macbeth* are plays .... William Shakespeare.
4 Do you know anything .... computers?
5 My grandmother died .... the age of 98.
6 How long does it take to go from New York to Los Angeles .... plane?
7 I didn't go to the football game, but I watched it .... TV.
8 My house is the one .... the red door on the right.
9 These trains are very fast. They can travel .... very high speeds.
10 You can't get there .... car. There's no road.
11 Can you give me some information .... hotels in this town?
12 I was arrested .... two police officers and taken to the police station.
13 The buses here are very good. They're almost always .... time.
14 What would you like to drink .... your meal?
15 We traveled from Los Angeles to Seattle .... train.
16 The museum has some paintings .... Frida Kahlo.

afraid of ..., good at ... など　of/at/for など + -ing
(「形容詞 + 前置詞」と「前置詞 + -ing」)

A ☆ よく用いられる「形容詞 + 前置詞」の形には、次のようなものがあります。

Help!

I'm not very **good at** math.
「数学は得意じゃない」

I'm **fed up with** my job.
「もう仕事はうんざり」

He's **afraid of** me.
「俺を怖がってるな」

---

afraid/scared of ... :「…が怖い」
angry/mad about ... （物）:
「…〔物〕について怒る」
angry/mad at ... :（人）:
「…〔人〕について怒る」
bad at ... :「…が苦手」
different from ... (= different than ...):
「…と異なる」

fed up with ... :「…に飽きる」

full of ... :「…が／でいっぱい」
good at ... :「…が得意」
interested in ... :「…に興味がある」
married to ... :「…と結婚している」

nice/kind of ～（人）+ to + 動詞の原形:
「～〔人〕は親切なことに…してくれる」
be nice/kind to ... （人）:
「…〔人〕に親切な」
sorry about ～（状況）:
「…〔状況〕を申し訳なく思う」
sorry for/about + -ing ... :
「…することを申し訳なく思う」
be/feel sorry for ... （人）:
「…〔人〕について気の毒に思う」

○ Are you **afraid of** dogs? or Are you **scared of** dogs?
○ Are you **angry about** last night?
（⇒ 昨夜のことを怒っていますか）
○ Why are you **mad at** me? What did I do?

○ Tina is very **bad at** tennis
○ Lisa is very **different from** her sister. or Lisa is very **different than** her sister.
○ I'm **fed up with** my job. I want to do something different.（⇒ 今の仕事には飽きたので、別のことをしたい）
○ The room was **full of people**.
○ Are you **good at** math?
○ I'm not **interested in** sports.
○ Sue is **married to** a dentist.
（⇒ 彼女は歯科医と結婚している〔夫は歯科医です〕）
○ It was **nice of** you to help us. Thank you very much.

○ David is very friendly. He's always very **kind to** me.

○ I'm afraid I can't help you. I'm **sorry about** that.

○ **Sorry for** being late. or **Sorry about** being late.
（⇒遅くなってごめんなさい = Sorry I'm late）
○ I feel **sorry for** them. They are in a very difficult situation.

B 《形と語順》「**of/at/for** などの前置詞 + **-ing** ... 」のように、前置詞の後ろには **-ing** がきます。

I'm not very good **at**	**telling**	stories.
Are you fed up **with**	**doing**	the same thing every day?
I'm sorry **for**	**being**	late.
Thank you **for**	**helping**	me.
Mark is thinking **of**	**buying**	a new car.
Tom left **without**	**saying**	goodbye. （⇒ さよならも言わずに）
After	**doing**	the housework, they went shopping.

---

 before/after -ing → Unit 103　think about/of → Unit 111

110.1 空所に **of/with/in** などの前置詞を入れて、それぞれのイラストに適した文を完成させなさい。

1 He's afraid ....of........ dogs.
2 She's interested .... science.
3 She's married .... a soccer player.

4 She's very good .... languages.
5 He's fed up .... the weather.
6 A: Can I help you?
    B: Thanks, that's very nice .... you.

110.2 空所に **in/of/about** などの前置詞を入れて、文を完成させなさい。

1 I'm not interested ......in...... sports.
2 I'm not very good .... sports.
3 I like Sarah. She's always very nice .... me.
4 I'm sorry .... your broken window. It was an accident.
5 He's very brave. He isn't scared .... anything.
6 It was very nice .... Jane to let us stay in her apartment.
7 Life today is very different .... life 50 years ago.
8 Are you interested .... politics?
9 I feel sorry .... her, but I can't help her.
10 Chris was angry .... what happened.
11 These boxes are very heavy. They are full .... books.
12 What's wrong? Are you mad .... me?

110.3 ( )内の語句を適切な形にして文を完成させなさい。例のように前置詞を補いなさい。

1 I'm not very ....good at telling........ stories. (good / tell)
2 I wanted to go to the movies, but Emily wasn't .... (interested / go)
3 Sue isn't very .... up in the morning. (good / get)
4 Let's go! I'm .... (fed up / wait)
5 I'm .... you up in the middle of the night. (sorry / wake)
6 Sorry I'm late! .... (thank you / wait)

110.4 **without -ing** を用いて( )内の状況を表す文を完成させなさい。

1 (Tom left / he didn't say goodbye) Tom left without saying goodbye.
2 (Sue walked past me / she didn't look at me)
    Sue walked ....
3 (Don't do anything / ask me first)
    Don't ....
4 (I went out / I didn't lock the door)
    I ....

110.5 🗩 ( )内の語句を用いて、自分自身について述べなさい。

1 (interested)   I'm interested in sports.
2 (scared)   I'm...
3 (not very good)   I'm not ....
4 (not interested)   ....
5 (fed up)   ....

listen to ..., look at ... など
(動詞 + 前置詞)

A

☆ よく用いられる「動詞 + 前置詞」の形には、次のようなものがあります。

ask ~(人) for ... : 「~(人)に…をくださいと依頼する」	○ Don't **ask** me **for** money. I don't have any.
belong to ... :「…に所属する」	○ This house doesn't **belong to** me. (⇒この家は私に所属していません = it's not mine)
happen to ... :「…に起こる」	○ I can't find my phone. What **happened to** it?
listen to ... :「…を聞く」	○ **Listen to** this music. It's great.
talk to ~(人) about ...(物): 「~(人)に…(物)について話す」	○ Did you **talk to** Matt **about** the problem?
speak to ~(人) about ... (物): 「~(人)に…(物)について話す」	○ I'd like to **speak to** the manager, please.
take care of ... : 「…の世話をする/…を大切にする」	○ Don't lose this book. **Take care of** it.
thank ~(人) for ... (物): 「~(人)に…(物)について感謝する」	○ **Thank** you very much **for** your help.
think about ... (= think of ...) : 「…について考える」	○ He never **thinks about** (*or* **of**) other people.
	○ Nick is **thinking of** (*or* **about**) buying a new car.
wait for ... :「…を待つ」	○ **Wait for** me. I'm almost ready.

B

look at ... :「…を見る」

○ He's **looking at** his watch.
○ **Look at** these flowers! They're beautiful!
○ Why are you **looking at** me like that?

look for ... : (= try to find) :
「…を探す」

○ She lost her key. She's **looking for** it.
○ I'm **looking for** Sarah. Have you seen her?

C

call ... :「…に電話する」/ **email ... :**「…にメール する」/ **text ... :**「…に携帯電話でメールする」
以下のように前置詞は用いません。

○ I have to **call** my parents tonight. (× call to my parents)
○ Should I **text you** or **email you**?

D

depend ... :「…による/…で決まる」
通常、it depends on ... の形で用います。depend of のような形はありません。

○ A: Do you like eating in restaurants?
　 B: Sometimes. It **depends on** the restaurant. (× it depends of)

it depends の後ろに、**what/where/how** のような語が続く場合、**on** は省略できます。

○ A: Do you want to come out with us?
　 B: It **depends where** you're going. *or* It **depends on where** you're going.

wait → Unit 52　前置詞 + −ing → Unit 110

練習問題

111.1 空所に **to/for/at** などの前置詞を入れて、それぞれのイラストの内容に合う文を完成させなさい。

1 She's looking ....*at*.... her watch.
2 He's listening .... the radio.
3 They're waiting .... a taxi.

4 Paul is talking .... Jane.
5 They're looking .... a picture.
6 Sue is looking .... Tom.

111.2 空所に **to/for/about** などの前置詞を入れて、文を完成させなさい。何も入らない場合もあります。

1 Thank you very much ....*for*.... your help.
2 This isn't my umbrella. It belongs .... a friend of mine.
3 Who's going to take care .... your dog while you're out of town?
4 I saw Steve, but I didn't speak .... him.
5 Thank you .... the present. It's beautiful.
6 Excuse me, I'm looking .... Hill Street. Can you tell me where it is?
7 We're thinking .... going to Australia next year.
8 We asked the waiter .... tea, but he brought us coffee.
9 "Do you like to read books?" "It depends .... the book."
10 John was talking, but nobody was listening .... what he was saying.
11 I want to take your picture. Please look .... the camera and smile.
12 We waited .... Liz until 2:00, but she didn't come.
13 What happened .... Megan last night? Why didn't she come to the party?
14 Don't forget to call .... your mother tonight.
15 He's alone all day. He never talks .... anybody.
16 "How much does it cost to stay at this hotel?" "It depends .... the room."
17 I emailed .... my teacher to tell her I had to miss the class.
18 Catherine is thinking .... changing jobs.
19 I looked .... the news online, but I didn't read it carefully.
20 When you're sick, you need somebody to take care .... you.
21 Ben is looking .... a job. He wants to work in a hotel.
22 "Where's Stephanie?" "I don't know. I'll text .... her."

111.3 **It depends ...** を用いて、それぞれの質問に答えなさい。

1 Do you want to go out with us?
2 Do you like to eat in restaurants?
3 Do you enjoy watching TV?
4 Can you do something for me?
5 Are you leaving town this weekend?
6 Can you lend me some money?

It depends where you're going.
It depends on the restaurant.
It depends ....
It ....

go in, fall off, run away など
(句動詞 1：句動詞と動作の方向)

☆「動詞 (go/look/be など) + 方向を表す語 (in/out/up/down など)」で、全体が1つの動詞 (句動詞) となります。

in:「部屋・建物・自動車などの中へ」

GET IN (乗る)
- ◯ Kate opened the door of the car and **got in**. (= **into** the car)
- ◯ I waited outside the store. I didn't **go in**.

out of:「部屋・建物・自動車などの中から外へ」

LOOK OUT (外を見る)
- ◯ I went to the window and **looked out**.
- ◯ A car stopped, and a woman **got out**. (= **out of** the car)

on:「バス・電車・飛行機などの乗り物の上に」

GET ON (乗る)
- ◯ The bus came, and I **got on**.

off:「バス・電車・飛行機などの乗り物から外へ」

FALL OFF (転がり落ちる)
- ◯ Be careful! Don't **fall off**.

up:「上へ」

STAND UP (立ち上がる)
- ◯ She **stood up** and left the room.
- ◯ I usually **get up** early. (= get out of bed)
- ◯ We **looked up** at the stars in the sky.

down:「下へ」

FALL DOWN (落ちる)
- ◯ The picture **fell down**.
- ◯ Would you like to **sit down**?
- ◯ **Lie down** on the floor.

away/off:「遠くへ」

RUN AWAY (逃げる)
- ◯ The thief **ran away**. (*or* ... **ran off**)
- ◯ Emma got into the car and **drove away**. (*or* ... **drove off**)

be/go away:「留守にする／別の場所にいる」
- ◯ Tom has **gone away** for a few days.

back:「もとの場所へ」

GO (行く)
COME BACK (戻る)
- ◯ Go away and don't **come back**!
- ◯ We went out for dinner and then **went back** to our hotel.

be back:「戻る／もとの場所に帰る」
- ◯ Tom is away. He'll **be back** on Monday.

around:「ぐるりと回って」

LOOK AROUND (見て回る)
TURN AROUND (振り返る)
- ◯ I'm not sure what kind of car I want. I want to **look around** first.
- ◯ Somebody shouted my name, so I **turned around**.
- ◯ We went for a long walk. After an hour we **turned around** and went back.

112.1 以下から適切な動詞を選び、**in/out/up** などと組み合わせて文を完成させなさい。

| got | got | ~~looked~~ | looked | rode | sat | turned | went |

1 I went to the window and ...*looked out*... .
2 The door was open, so we ....
3 He heard a plane, so he ....
4 She got on her bike and ....
5 I said hello, and he ....
6 The bus stopped, and she ....
7 There was a free seat, so she ....
8 A car stopped, and two men ....

112.2 空所に **out/away/back** などを入れて、文を完成させなさい。

1 "What happened to the picture on the wall?" "It fell ...*down*... ."
2 Please don't walk .... I have something to tell you.
3 Emily heard a noise behind her, so she turned .... to see what it was.
4 I'm going .... now to do some shopping. I'll be .... at 5:00.
5 I'm really tired. I'm going to lie .... on the sofa.
6 The park was beautiful, so we went in and looked ....
7 Mark is from Utah. He lives in Boston now, but he wants to go .... to Utah.
8 We don't have a key to the house, so we can't get ....
9 I was very tired this morning. I couldn't get ....
10 A: When are you going .... ?
    B: On the fifth. And I'm coming .... on the twenty-fourth.

112.3 まず、付録 **6** (p. 236) の動詞について学習しなさい。学習後、以下の動詞と **on/off/up** などを組み合わせて空所に入れ、文を完成させなさい。動詞は必要に応じて正しい形に変えてください。

break	get	go	slow	take	work	
fall	give	hold	speak	~~wake~~		+ **along/on/off/up/down/over/out**

1 I went to sleep at 10:00 and ...*woke up*... up at 8:00 the next morning.
2 "It's time to go." "............................... a minute. I'm not ready yet."
3 The train .... and finally stopped.
4 I like flying, but I'm always nervous when the plane ....
5 Tony doesn't see his sister much. They don't .... very well.
6 It's difficult to hear you. Can you .... a little?
7 This car isn't very good. It .... all the time.
8 When babies try to walk, they sometimes ....
9 Ben isn't in good shape because he doesn't .... at the gym anymore.
10 I tried to find a job, but I .... It was impossible.
11 The fire alarm .... , and everyone had to leave the building.

put on your shoes   put your shoes on
（句動詞2：句動詞と目的語）

A

☆ 句動詞は、**put on ...**（…を着る）／**take off ...**（…を脱ぐ）などのように目的語をとることがあります。

動詞	目的語		動詞	目的語
put on	your coat		**take off**	your shoes

PUT ON

TAKE OFF

上のいずれの場合も、前置詞は目的語の前／後どちらにでも置けます。

	put on your coat		**take off** your shoes
or	**put** your coat **on**	or	**take** your shoes **off**

しかし、目的語が it/them のような代名詞の場合は、on/off などの前置詞は目的語の後ろに置きます。前には置けません。

put **it on** (× put on it)　　　　　　　　　　take **them off** (× take off them)

- ☐ It was cold, so I **put on** my coat.
  or ... I **put** my coat **on**
- ☐ Here's your coat. **Put it on**.

- ☐ I'm going to **take off** my shoes.
  or ... **take** my shoes **off**
- ☐ Your shoes are dirty. **Take them off**.

B

その他、目的語をとる句動詞には次のようなものがあります。

---

turn on / turn off (lights, machines, faucets など)：
「…（照明・機械・蛇口など）を付ける／消す／開く／閉じる」

- ☐ It was dark, so I **turned on** the light.
  or ... I **turned** the light **on**
- ☐ I don't want to watch this program.
  You can **turn it off**.

TURN OFF
（消す）

ON
（ついている）

OFF
（消えている）

---

pick up / put down：「…を拾う／置く」

- ☐ Those are my keys on the floor.
  Can you **pick them up** for me?
- ☐ I stopped reading and **put** my book **down**.
  or ... **put down** my book

PICK UP
（拾う）

PUT DOWN
（置く）

---

bring back / take back / give back / put back：「返す／元に戻す」

- ☐ You can take my umbrella, but
  please **bring it back**.
- ☐ I **took** my new sweater **back** to
  the store. It was too small for me.
- ☐ I have Rachel's keys. I have to
  give them back to her.
- ☐ I read the letter and then **put it
  back** in the envelope.

TAKE
（持って行く）

BRING BACK
（元に戻す）

---

go in / fall off など（句動詞1）→ Unit 112　　　目的語をとる句動詞 → 付録 7

113.1 イラストの人たちはどのような行動をとりましたか。

```
1  He  turned on the light                        .        4  She  ...........................................        .
2  She  ....................................        .        5  He  ............................................        .
3  He  .....................................        .        6  She  ...........................................        .
```

113.2 それぞれの文を3通りで書き表しなさい。

1	I turned on the radio.	I turned the radio on.	I turned it on.
2	He put on his jacket.	He	He ....
3	She...........................	She took her glasses off.	....
4	I picked up the phone.	....	....
5	They gave back the key.	....	....
6	....	We turned the lights off.	....

113.3 空所に句動詞 + it または them を入れて、文を完成させなさい。句動詞は以下から選びなさい。

bring back	pick up	take back	turn off	~~turn on~~

1 I wanted to watch something on television, so I ....turned it on........ .
2 My new lamp doesn't work. I'm going to .... to the store.
3 There were some gloves on the floor, so I .... and put them on the table.
4 When I finished working on the computer, I ....
5 Thank you for lending me these books. I won't forget to ....

113.4 まず、付録 7 (p. 237) のその他の句動詞について学習しなさい。学習後、以下から句動詞を選んで空所に入れ、文を完成させなさい。必要に応じて動詞を正しい形に変えたり、it/them/me のような代名詞を補ってください。

fill out	knock over	put out	~~tear down~~	try on
give up	look up	show around	throw away	~~turn down~~

1 They .....tore......... a lot of houses .....down......... when they built the new road.
2 That music is very loud. Can you .....turn it down....... ?
3 I .... a glass and broke it.
4 "What does this word mean?" "Why don't you ...."
5 I want to keep these magazines. Please don't ....
6 I .... a pair of shoes at the store, but I didn't buy them.
7 I visited a school last week. One of the teachers ....
8 "Do you play the piano?" "No, I started to learn, but I .... after a month."
9 Somebody gave me a form and told me to ....
10 Smoking isn't allowed here. Please .... your cigarette ....

付録 1
能動態と受動態

1.1 現在形と過去形の能動態と受動態

	能動態	受動態
単純現在形	○ We **make** butter from milk. ○ Somebody **cleans** these rooms every day. ○ People never **invite** me to parties. ○ How **do** they **make** butter?	○ Butter **is made** from milk. ○ These rooms **are cleaned** every day. ○ I **am** never **invited** to parties. ○ How **is** butter **made**?
単純過去形	○ Somebody **stole** my car last week. ○ Somebody **stole** my keys yesterday. ○ They **didn't invite** me to the party. ○ When **did** they **build** these houses?	○ My car **was stolen** last week. ○ My keys **were stolen** yesterday. ○ I **wasn't invited** to the party. ○ When **were** these houses **built**?
現在進行形	○ They **are building** a new airport right now. (⇒ まだ終わっていない) ○ They **are building** some new houses near the river.	○ A new airport **is being built** right now. ○ Some new houses **are being built** near the river.
過去進行形	○ When I was here a few years ago, they **were building** a new airport. (⇒ その時点では終わっていなかった)	○ When I was here a few years ago, a new airport **was being built**.
現在完了形	○ Look! They **have painted** the door. ○ These shirts are clean. Somebody **has washed** them. ○ Somebody **has stolen** my car.	○ Look! The door **has been painted**. ○ These shirts are clean. They **have been washed**. ○ My car **has been stolen**.
過去完了形	○ Tina said that somebody **had stolen** her car.	○ Tina said that her car **had been stolen**.

1.2 will / can / must / have to など持つ文の能動態と受動態

能動態	受動態
○ Somebody **will clean** the office tomorrow. ○ Somebody **must clean** the office at night. ○ I think they**'ll invite** you to the party. ○ They **can't repair** my watch. ○ You **should wash** this sweater by hand. ○ They **are going to build** a new airport. ○ Somebody **has to wash** these clothes. ○ They **had to take** the injured man to the hospital.	○ The office **will be cleaned** tomorrow. ○ The office **must be cleaned** at night. ○ I think you**'ll be invited** to the party. ○ My watch **can't be repaired**. ○ This sweater **should be washed** by hand. ○ A new airport **is going to be built**. ○ These clothes **have to be washed**. ○ The injured man **had to be taken** to the hospital.

原形	単純過去形	過去分詞形
be	was/were	been
beat	beat	beaten
become	became	become
begin	began	begun
bite	bit	bitten
blow	blew	blown
break	broke	broken
bring	brought	brought
build	built	built
buy	bought	bought
catch	caught	caught
choose	chose	chosen
come	came	come
cost	cost	cost
cut	cut	cut
do	did	done
draw	drew	drawn
drink	drank	drunk
drive	drove	driven
eat	ate	eaten
fall	fell	fallen
feel	felt	felt
fight	fought	fought
find	found	found
fly	flew	flown
forget	forgot	forgotten
get	got	gotten
give	gave	given
go	went	gone
grow	grew	grown
hang	hung	hung
have	had	had
hear	heard	heard
hide	hid	hidden
hit	hit	hit
hold	held	held
hurt	hurt	hurt
keep	kept	kept
know	knew	known
leave	left	left
lend	lent	lent
let	let	let

原形	単純過去形	過去分詞形
lie	lay	lain
light	lit	lit
lose	lost	lost
make	made	made
mean	meant (ment)*	meant (ment)*
meet	met	met
pay	paid	paid
put	put	put
quit	quit	quit
read (reed)*	read (red)*	read (red)*
ride	rode	ridden
ring	rang	rung
rise	rose	risen
run	ran	run
say	said (sed)*	said (sed)*
see	saw	seen
sell	sold	sold
send	sent	sent
shine	shone	shone
shoot	shot	shot
show	showed	shown
shut	shut	shut
sing	sang	sung
sit	sat	sat
sleep	slept	slept
speak	spoke	spoken
spend	spent	spent
stand	stood	stood
steal	stole	stolen
swim	swam	swum
take	took	taken
teach	taught	taught
tear	tore	torn
tell	told	told
think	thought	thought
throw	threw	thrown
understand	understood	understood
wake	woke	woken
wear	wore	worn
win	won	won
write	wrote	written

*（ ）内は発音

付録 3
不規則動詞の分類

● 付録 2 の表を確認しながら「原形 — 単純過去形 — 過去分詞形」の順に声に出して読んでみましょう。

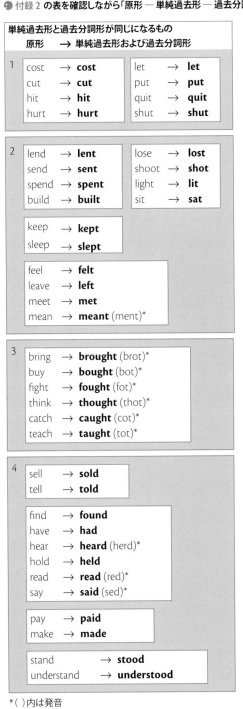

単純過去形と過去分詞形が同じになるもの
原形　→　単純過去形および過去分詞形

1
cost	→	**cost**
cut	→	**cut**
hit	→	**hit**
hurt	→	**hurt**

let	→	**let**
put	→	**put**
quit	→	**quit**
shut	→	**shut**

2
lend	→	**lent**
send	→	**sent**
spend	→	**spent**
build	→	**built**

lose	→	**lost**
shoot	→	**shot**
light	→	**lit**
sit	→	**sat**

keep	→	**kept**
sleep	→	**slept**

feel	→	**felt**
leave	→	**left**
meet	→	**met**
mean	→	**meant** (ment)*

3
bring	→	**brought** (brot)*
buy	→	**bought** (bot)*
fight	→	**fought** (fot)*
think	→	**thought** (thot)*
catch	→	**caught** (cot)*
teach	→	**taught** (tot)*

4
sell	→	**sold**
tell	→	**told**

find	→	**found**
have	→	**had**
hear	→	**heard** (herd)*
hold	→	**held**
read	→	**read** (red)*
say	→	**said** (sed)*

pay	→	**paid**
make	→	**made**

stand	→	**stood**
understand	→	**understood**

*（ ）内は発音

単純過去形と過去分詞形が異なるもの
原形　→　単純過去形　過去分詞形

1
break	→	**broke**	broken
choose	→	**chose**	chosen
speak	→	**spoke**	spoken
steal	→	**stole**	stolen
wake	→	**woke**	woken

2
drive	→	**drove**	driven
ride	→	**rode**	ridden
rise	→	**rose**	risen
write	→	**wrote**	written

beat	→	**beat**	beaten
bite	→	**bit**	bitten
hide	→	**hid**	hidden

3
eat	→	**ate**	eaten
fall	→	**fell**	fallen
forget	→	**forgot**	forgotten
get	→	**got**	gotten
give	→	**gave**	given
see	→	**saw**	seen
take	→	**took**	taken

4
blow	→	**blew**	blown
grow	→	**grew**	grown
know	→	**knew**	known
throw	→	**threw**	thrown
fly	→	**flew**	flown
draw	→	**drew**	drawn
show	→	**showed**	shown

5
begin	→	**began**	begun
drink	→	**drank**	drunk
swim	→	**swam**	swum
ring	→	**rang**	rung
sing	→	**sang**	sung
run	→	**ran**	run

6
come	→	**came**	come
become	→	**became**	become

付録 4
短縮形 (he's / I'd / don't など)

4.1 英語の話し言葉では「 I am 」を 1 語として発音し、書き言葉では「 I'm 」のように短縮形で表記することがあります。

もとの形	→	短縮形
I am	→	I'm
it is	→	it's
they have	→	they've,
		etc.

- ◯ **I'm** feeling tired this morning.
- ◯ "Do you like this jacket?" "Yes, **it's** nice."
- ◯ They**'ve** sold their car.

短縮形では必ずアポストロフィ(')を用います。

I ~~a~~m → I**'m**   he~~i~~s → he**'s**   you ~~ha~~ve → you**'ve**   she ~~wi~~ll → she**'ll**

4.2 短縮形は **I/he/she** などの代名詞と結び付きます。

もとの形 → 短縮形

am	→	'm	I'm						
is	→	's		he's	she's	it's			
are	→	're					we're	you're	they're
have	→	've	I've				we've	you've	they've
has	→	's		he's	she's	it's			
had	→	'd	I'd	he'd	she'd		we'd	you'd	they'd
will	→	'll	I'll	he'll	she'll		we'll	you'll	they'll
would	→	'd	I'd	he'd	she'd		we'd	you'd	they'd

- ◯ I**'ve** got some new shoes.
- ◯ We**'ll** probably go out tonight.
- ◯ It**'s** 10:00. You**'re** late again.

1 つの短縮形が、2 つの語を示す場合があります。

's = is または **has** :
- ◯ She**'s** going out tonight. (she**'s** going = she **is** going)
- ◯ She**'s** gone out. (she**'s** gone = she **has** gone)

'd = would または **had** :
- ◯ A: What would you like to eat?
  B: I**'d** like a salad, please. (I**'d** like = I **would** like)
- ◯ I told the police that I**'d** lost my passport. (I**'d** lost = I **had** lost)

文末には、'm/'s/'d のような短縮形は置けません。(**Unit 38** を参照)
- ◯ "Are you tired?" "Yes, I **am**." (× Yes, I'm.)
- ◯ She isn't tired, but he **is**. (× he's)

4.3 短縮形は **I/you/he/she** などの代名詞以外と結び付くこともあります。中でも短縮形 's が多く用いられます。
- ◯ **Who's** your favorite singer? (= who **is**)
- ◯ **What's** the time? (= what **is**)
- ◯ **There's** a big tree in the yard. (= there **is**)
- ◯ **My sister's** working in London. (= my sister **is** working)
- ◯ **Eric's** gone out. (= Eric **has** gone out)
- ◯ **What color's** your car? (= What color **is** your car?)

232

4.4 否定の短縮形（**Unit 41** を参照）

isn't	(= is not)	**don't**	(= do not)	**can't**	(= cannot)
aren't	(= are not)	**doesn't**	(= does not)	**couldn't**	(= could not)
wasn't	(= was not)	**didn't**	(= did not)	**won't**	(= will not)
weren't	(= were not)			**wouldn't**	(= would not)
hasn't	(= has not)			**shouldn't**	(= should not)
haven't	(= have not)			**mustn't**	(= must not)
hadn't	(= had not)				

- ○ We went to her house, but she **wasn't** home.
- ○ "Where's David?" "I **don't** know. I **haven't** seen him."
- ○ You work all the time. You **shouldn't** work so hard.
- ○ I **won't** be here tomorrow. (= I will not)

4.5 **'s**（アポストロフィ **s**）

's には複数の意味があります。

(1) **'s** = **is** または **has**（**付録 4.2** を参照）

- ○ It**'s** raining. (= It **is** raining)
- ○ It**'s** been raining all day! (= It **has** been raining)

(2) let**'s** = let **us**（**Unit 37, 51** を参照）

- ○ It's a beautiful day. **Let's** go outside. (= Let **us** go outside.)

(3) Kate**'s** camera = her camera
my brother**'s** car = his car
the manager**'s** office = his/her office など
（**Unit 62** を参照）

同じ短縮形でも、以下のようにもとの形が異なる場合があります。

- ○ **Kate's** camera was very expensive. (**Kate's** camera = **her** camera)
- ○ **Kate's** a very good photographer. (**Kate's** = Kate **is**)
- ○ **Kate's** got a new camera. (Kate**'s** got = Kate **has** got)

付録 5
つづり

5.1 語尾に **-s** や **-es** が付く語 (bird**s**/watch**es** など)
(1) **-s** が付く場合

名詞 + **s**(複数を表す) (Unit 64 を参照)		
bird → bird**s**	mistake → mistake**s**	hotel → hotel**s**

動詞 + **s** (he/she/it が主語の時 **-s**) (Unit 5 を参照)		
think → think**s**	live → live**s**	remember → remember**s**

(2) **-es** が付く場合

-s / **-sh** / **-ch** / **-x** で終わる名詞／動詞には **-es** を付けます。		
bu**s** → bus**es**	pas**s** → pass**es**	addres**s** → address**es**
di**sh** → dish**es**	wa**sh** → wash**es**	fini**sh** → finish**es**
wat**ch** → watch**es**	tea**ch** → teach**es**	sandwi**ch** → sandwich**es**
bo**x** → box**es**		

-o で終わる次のような名詞／動詞には **-es** を付けます。	
potato → potato**es**	tomato → tomato**es**
do → do**es**	go → go**es**

-f/-fe で終わる次のような名詞には **-ves** に変える。		
shel**f** → shel**ves**	kni**fe** → kni**ves** ⇔	roo**f** → roo**fs**

5.2 語尾に **-y** が付く語 (baby → bab**ies** / study → stud**ied** など)

-y → **-ies**		
stud**y** → stud**ies** (× studys)		famil**y** → famil**ies** (× familys)
stor**y** → stor**ies**	cit**y** → cit**ies**	bab**y** → bab**ies**
tr**y** → tr**ies**	marr**y** → marr**ies**	fl**y** → fl**ies**

-y → **-ied** (Unit 11 を参照)		
stud**y** → stud**ied** (× studyed)		
tr**y** → tr**ied**	marr**y** → marr**ied**	cop**y** → cop**ied**

-y → **-ier** / **-iest** (Unit 88, 91 を参照)	
eas**y** → eas**ier**/eas**iest** (× easyer/easyest)	
happ**y** → happ**ier**/happ**iest**	luck**y** → luck**ier**/luck**iest**
heav**y** → heav**ier**/heav**iest**	funn**y** → funn**ier**/funn**iest**

-y → **-ily** (Unit 84 を参照)		
eas**y** → eas**ily** (× easyly)		
happ**y** → happ**ily**	heav**y** → heav**ily**	luck**y** → luck**ily**

-ay/-ey/-oy/-uy で終わる語は、**y** は **i** に変化しません。		
holid**ay** → holid**ays** (× holidaies)		
enj**oy** → enj**oys**/enj**oyed**	st**ay** → st**ays**/st**ayed**	b**uy** → b**uys**	k**ey** → k**eys**

以下のような語では、**y** は **i** に変化します。	
sa**y** → sa**id**	pa**y** → pa**id** (不規則動詞)

5.3 -ing

-**e** の語尾を持つ動詞 (mak**e**/writ**e**/driv**e** など) → e**ing** (-**e** を取って -**ing** を付ける)

mak**e** → mak**ing**   writ**e** → writ**ing**   com**e** → com**ing**   danc**e** → danc**ing**

-**ie** の語尾を持つ動詞 (-**ie** を -**y** に変えて -**ing** を付ける)

l**ie** → l**ying**   d**ie** → d**ying**   t**ie** → t**ying**

5.4 sto**p** → sto**pp**ed, bi**g** → bi**gg**er など

アルファベットの中で、a e i o u を「母音字 (vowel)」、それ以外を「子音字 (consonant)」と呼びます。

母音字 : a　e　i　o　u

子音字 : b　c　d　f　g　k　l　m　n　p　r　s　t　w　y

sto**p**, bi**g**, ge**t** のように「母音字 + 子音字」の語尾を持つ語に、-**ing**/-**ed**/-**er**/-**est** を付ける場合は、以下の **pp**/**gg**/**tt** のように子音字を重ねます。

	V+C				
stop	ST **O** P	p → **pp**		sto**pp**ing	sto**pp**ed
run	R **U** N	n → **nn**		ru**nn**ing	
get	G **E** T	t → **tt**		ge**tt**ing	
swim	SW **I** M	m → **mm**		swi**mm**ing	
big	B **I** G	g → **gg**		bi**gg**er	bi**gg**est
hot	H **O** T	t → **tt**		ho**tt**er	ho**tt**est
thin	TH **I** N	n → **nn**		thi**nn**er	thi**nn**est

V = vowel (母音字)
C = consonant (子音字)

以下のような場合には、子音字は重ねません。

(1) 2 つの子音字で終わる場合 (C + C)

	C+C		
help	HE **L** **P**	hel**p**ing	hel**p**ed
work	WO **R** **K**	wor**k**ing	wor**k**ed
fast	FA **S** **T**	fas**t**er	fas**t**est

(2) 子音字の前に、2 つの母音字がある場合 (V + V + C)

	V+V+C		
need	N **E** **E** D	nee**d**ing	nee**d**ed
wait	W **A** **I** T	wai**t**ing	wai**t**ed
cheap	CH **E** **A** P	chea**p**er	chea**p**est

(3) 2 つ以上の音節を持つ長めの語で、最終音節にアクセントがない場合

	アクセント		
happen	**HAP**-pen	→	happe**n**ing/happe**n**ed (× happe**nn**ed)
visit	**VIS**-it	→	visi**t**ing/visi**t**ed
remember	re-**MEM**-ber	→	remembe**r**ing/remembe**r**ed

最終音節にアクセントがある場合は、子音字を重ねます。

prefer	pre-**FER**	(アクセントが最終音節)	→	prefe**rr**ing/prefe**rr**ed
begin	be-**GIN**	(アクセントが最終音節)	→	begi**nn**ing

(4) -**y** または -**w** で終わる語の場合は、母音として発音されるため子音字は重ねません。

enjo**y** → enjo**y**ing/enjo**y**ed   sno**w** → sno**w**ing/sno**w**ed   fe**w** → fe**w**er/fe**w**est

付録 6
目的語をとらない句動詞 (take off / give up など)

目的語をとらない主な句動詞　(Unit 112 を参照)

out	**look out / watch out**:「注意する」
	◯ **Look out!** There's a car coming.
	work out:「(体力を付けたり健康になるために) 運動する」
	◯ Sarah **works out** at the gym two or three times a week.

WORK OUT

on	**come on**:「早く／急いで」
	◯ **Come on!** Everybody is waiting for you.
	go on:「続ける」
	◯ I'm sorry I interrupted. **Go on**.
	(⇒ 話を続けてください)
	◯ How long will this hot weather **go on**?
	keep on + –ing:「…し続ける」
	◯ I asked them to be quiet, but they **kept on** talking.
	hold on:「待つ」
	◯ Can you **hold on** a minute? (⇒ 待ってもらえますか?)

Hold on a minute.

off	**take off**:「(飛行機が) 離陸する」
	◯ The plane **took off** 20 minutes late, but arrived on time.
	go off:「(爆弾が) 爆発する／(ベルや目覚まし時計などが) 鳴る」
	◯ A bomb **went off** and caused a lot of damage.
	◯ A car alarm **goes off** if somebody tries to break into the car.

TAKE OFF

GO OFF

up	**clean up**:「きれいにする」
	◯ After the party, it took two hours to **clean up**.
	give up:「あきらめる」
	◯ I know it's difficult, but don't **give up**. (= don't stop trying)
	grow up:「大人になる／成長する」
	◯ What does your son want to do when he **grows up**?
	hurry up:「急ぐ」
	◯ **Hurry up!** We don't have much time.
	speak up:「より大きな声で話す」
	◯ I can't hear you. Can you **speak up**, please?
	wake up:「目覚める」
	◯ I often **wake up** in the middle of the night.

GROW UP

WAKE UP

down	**slow down**:「速度を緩める」
	◯ You're driving too fast. **Slow down**!
	break down:「(自動車や機械などが) 故障する」
	◯ Sue was very late because her car **broke down**.

BREAK DOWN

along	**get along**:「仲良くする／うまく付き合う」
	◯ Sam doesn't visit his parents often. He doesn't **get along** with his father.

over	**fall over**:「(バランスを崩して) 転ぶ／倒れる」
	◯ I **fell over** because my shoes were too big for me.

FALL OVER

付録 7
目的語をとる句動詞 (**put out** a fire / **try on** clothes など)

目的語をとる主な句動詞 (**Unit 113** を参照)

out	**fill out ...** (用紙／書式など):「…に記入する」
	☐ Can you **fill out this form**, please?

FILL OUT

put out ... (火事／たばこなど):「…を消す」

☐ The fire department arrived and **put the fire out**.

cross out ... (間違い／単語など):
「(打ち消し線や×を書いて)…を消す」

☐ If you make a mistake, **cross it out**.

PUT OUT

CROSS OUT

on	**try on ...** (衣服など):「…を試着する」
	☐ 〔店で〕Where can I **try these pants on**?

up	**give up ...** (動作や所有):「…をやめる／諦める」
	☐ Sue **gave up her job** when her baby was born. (⇒ 働くのをやめた)
	☐ Tom's doctor told him he had to **give up smoking**.

look up ... (辞書の単語など):「…を調べる」

☐ I didn't know the meaning of the word, so I **looked it up** in a dictionary.

turn up ... (テレビ／ラジオ／音楽の音量や温度など):「…を上げる」

☐ Can you **turn the radio up**? I can't hear it.

wake up ... (寝ている人):「…を起こす」

☐ I have to get up early tomorrow. Can you **wake me up** at 6:30?

down	**tear down ...** (建物):「…を取り壊す」

TEAR DOWN

☐ They are going to **tear down** the school and build a new one.

turn down ... (テレビ／ラジオ／音楽の音量や温度など):
「…を下げる」

☐ The music is too loud. Can you **turn it down**?

over	**knock over ...** (カップ／グラス／人など):「…をひっくり返す／殴り倒す」
	☐ Be careful. Don't **knock your cup over**.

KNOCK OVER

away	**throw away ...** (ごみ／いらない物など):「…を捨てる」
	☐ These apples are bad. Should I **throw them away**?
	☐ Don't **throw away that picture**. I want it.

THROW AWAY

put ... (物) **away**:「…を片づける／もとの場所に戻す」

☐ After they finished playing, the children **put their toys away**.

back	**pay ...** (人) **back**:「…に(物やお金を)返す」
	☐ Thank you for lending me the money. I'll **pay you back** next week.

around	**show ...** (人) **around**:「…に(場所を)案内する」
	☐ We visited a factory last week. The manager **showed us around**.

補足練習問題

補足練習問題では、主に次の文法項目を学習します。

1–2	**am/is are**	Units 1–2
3	現在進行形	Units 3–4
4	単純現在形	Units 5–7
5–7	単純現在形, **am/is/are**, **have** (**got**)	Units 1–2, 5–7, 9
8–9	現在進行形と単純現在形	Units 3–8
10–13	**was/were** と単純過去形	Units 10–12
14	単純過去形と過去進行形	Units 11–14
15	現在形と過去形	Units 3–14
16–18	現在完了形	Units 16–19
19–22	現在完了形と単純過去形	Unit 19
23	現在形, 過去形, 現在完了形	Units 3–19
24–27	受動態	Units 20–21, 付録 1
28	未来表現	Units 24–26
29	過去形, 現在形, 未来表現 (1)	Units 3–19, 24–26
30–31	過去形, 現在形, 未来表現 (2)	Units 3–21, 24–26, 50, 52, 96, 103
32	**-ing** と「**to** ＋ 動詞の原形」	Units 49–53, 103, 110
33–34	**a** と **the**	Units 63, 67–71
35	前置詞	Units 101–106, 109

---

am/is/are Units 1–2

1 左右の枠内から語句を 1 つずつ選び、**is/isn't/are/aren't** と組み合わせて、イラストの内容に合った文を完成させなさい。

~~The windows~~	on the table
~~Lisa~~	hungry
Kate	asleep
The children	~~open~~
Gary	full
The books	near the station
The hotel	a doctor
The bus	~~happy~~

1 *The windows are open.*
2 *Lisa isn't happy.*
3 Kate ....
4 ....
5 ....
6 ....
7 ....
8 ....

2 対話を完成させなさい。

1 "Are you hungry?" "No, but ___I'm___ thirsty."
2 "___How are___ your parents?" "They're fine."
3 "Is Anna home?" "No, _____ at work."
4 "_____ my keys?" "On your desk."
5 Where is Eric from? _____ American or Canadian?
6 _____ very hot today. The temperature is 95 degrees Fahrenheit.
7 "Are you a teacher?" "No, _____ a student."
8 "_____ your umbrella?" "Green."
9 Where's your car? _____ in the parking lot?
10 "_____ tired?" "No, I'm fine."
11 "These shoes are nice. How _____?" "Seventy-five dollars."

現在進行形（I'm working / are you working? など） Units 3–4

3 （ ）内の語句を用いて、A と B の対話を完成させなさい。

1 A: Where are your parents?
  B: ___They're watching TV.___ (they / watch / TV)
2 A: Emily is going out.
  B: ___Where's she going?___ (where / she / go?)
3 A: Where's David?
  B: _____ (he / take / a shower)
4 A: _____ (the children / play?)
  B: No, they're asleep.
5 A: _____ (it / rain?)
  B: No, not anymore.
6 A: Where are Sue and Mike?
  B: _____ (they / come / now)
7 A: _____ (why / you / stand / here?)
  B: _____ (I / wait / for somebody)

単純現在形（I work / she doesn't work / do you work? など） Units 5–7

4 （ ）内の語句を用いて、単純現在形の文を完成させなさい。

1 ___Sue always gets___ to work early. (Sue / always / get)
2 ___We don't watch___ TV very often. (we / not / watch)
3 How often ___do you wash___ your hair? (you / wash)
4 I want to go to the movies, but _____ to go. (Sam / not / want)
5 _____ to go out tonight? (you / want)
6 _____ near here? (Helen / live)
7 _____ a lot of people. (Sarah / know)
8 I enjoy traveling, but _____ very much. (I / not / travel)
9 What time _____ in the morning? (you / usually / get up)
10 My parents are usually home at night.
  _____ very often. (they / not / go out)
11 _____ work at 5:00. (Tom / always / leave)
12 A: What _____? (Julia / do)
  B: _____ in a hotel. (she / work)

単純現在形, am/is/are, have   Units 1–2, 5–7, 9

5 **Anna** への質問と答えを読み、彼女についての文を完成させなさい。

			ANNA		
1	Are you married?	No.		1	She isn't married.
2	Do you live in Houston?	Yes.		2	She lives in Houston.
3	Are you a student?	Yes.		3	
4	Do you have a car?	No.		4	
5	Do you go out a lot?	Yes.		5	
6	Do you have a lot of friends?	Yes.		6	
7	Do you like Houston?	No.		7	
8	Do you like to dance?	Yes.		8	
9	Are you interested in sports?	No.		9	

6 右の答えを参考にして、質問文を完成させなさい。

1
```
    What's your name                    ?
    ................................. married?
Where ................................ ?
    .......................... any children?
How ................................... ?
```
Ben.
Yes, I am.
On State Street.
Yes, a daughter.
She's three.

2
```
    ................................... ?
    ................................... ?
    ........................... your job?
    ............................... a car?
    ................... to work by car?
```
I'm 29.
I work in a supermarket.
No, I hate it.
Yes, I do.
No, I usually go by bus.

3
```
    Who is this man                     ?
    ................................... ?
    ................................... ?
    ...................... in New York?
```
That's my brother.
Michael.
He's a web designer.
No, in Los Angeles.

7 ( )内の語句に適切な動詞を補い、現在形の文を作りなさい。

1 (Sarah often / tennis)   Sarah often plays tennis.
2 (my parents / a new car)   My parents have a new car.   or   My parents have got a new car.
3 (my shoes / dirty)   My shoes are dirty.
4 (Liz / 32 years old)   Liz ....
5 (I / two sisters)   ....
6 (we often / TV at night)   ....
7 (Jane never / a hat)   ....
8 (my car / a flat tire)   ....
9 (these flowers / beautiful)   ....
10 (Mary / German very well)   ....

現在進行形 (**I'm working**) と単純現在形 (**I work**)

8 内の語句を適切な形に変えて空所に入れ、文を完成させなさい。

1. Please be quiet. ....I'm working........ (I/work)
2. ....Do you go........ (you/go) to the movies a lot?
3. What .... (you/cook)?
4. Jack .... (play) the piano very well.
5. .... (I/leave) now. Goodbye!
6. .... (it/rain). Can I take this umbrella?
7. .... (I/not/watch) TV very much.
8. Excuse me, ... (we/look) for the museum.
9. What's this word? How .... (you/pronounce) it?

9 文法的に正しい方を下線部から選びなさい。

1. ~~"Are you speaking~~ / Do you speak English?" "Yes, a little." (Do you speak が正しい)
2. Sometimes we're going / we go away on weekends.
3. It's a nice day today. The sun is shining / shines.
4. (通りでKateに会いました) Hello, Kate. Where are you going / do you go?
5. How often are you taking / do you take a vacation?
6. Emily is a writer. She's writing / She writes children's books.
7. I'm never reading / I never read newspapers.
8. "Where are Michael and Megan?" "They're watching / They watch TV in the living room."
9. Lauren is in her office. She's talking / She talks to somebody.
10. What time are you usually having / do you usually have dinner?
11. John isn't at home right now. He's visiting / He visits some friends.
12. "Would you like some coffee?" "No, thanks. I'm not drinking / I don't drink coffee."

was/were と単純過去形 (I worked / did you work? など)　　　Units 10–12

10　空所に適切な形の動詞を1語入れて、文を完成させなさい。

1　I got up early and ......took...... a shower.
2　Tom was tired last night, so he .... to bed early.
3　I .... this key on the floor. Is it yours?
4　Kate got married when she .... 23.
5　Lauren is learning to drive. She .... her first lesson yesterday.
6　"I've got a new job."　"Yes, I know. David .... me."
7　"Where did you buy that book?"　"It was a present. Olivia .... it to me."
8　We .... hungry, so we had something to eat.
9　"Did you enjoy the movie?"　"Yes, I .... it was very good."
10　"Did Andy come to your party?"　"No, we .... him, but he didn't come."

11　Joe への質問と答えを読み、子供の頃についての文を作りなさい。

JOE

When you were a child . . .
Were you tall?　No.
Did you like school?　Yes.
Were you good at sports?　Yes.
Did you play soccer?　Yes.
Did you work hard at school?　No.
Did you have a lot of friends?　Yes.
Did you have a bike?　No.
Were you a quiet child?　No.

1　He wasn't tall.
2　He liked school.
3　He ....
4　...
5　...
6　...
7　...
8　...

12　右の答えを参考にして、質問文を完成させなさい。

1　......Did you have...... a nice vacation?　Yes, it was great, thanks.
2　......Where did you go......?　To the Bahamas.
3　.. there?　Five days.
4　.. the Bahamas?　Yes, very much.
5　..?　I have friends there, so I stayed with them.
6　.. good?　Yes, it was warm and sunny.
7　.. back?　Yesterday.

13　( ) 内の語句を使って文を完成させなさい。動詞は肯定形、否定形あるいは疑問形のうち適切な形にしなさい。

1　It was a good party. ......I enjoyed...... it. (I / enjoy)
2　"......Did you do...... the dishes?" (you / do)　"No, ...I didn't have...... time." (I / have)
3　"Did you call Matt?"　"No, I'm sorry. ...." (I / forget)
4　I like your new watch. Where .... it? (you / get)
5　I saw Emma at the party, but .... to her. (I / speak)
6　A: .... a nice weekend? (you / have)
　　B: Yes, I visited some friends of mine.
7　Josh wasn't well yesterday, so .... to work. (he / go)
8　"Is Sarah here?"　"Yes, ... five minutes ago." (she / arrive)
9　Where .... before he moved here? (Robert / live)
10　The restaurant wasn't expensive. .... very much. (the meal / cost)

単純過去形（I worked）と過去進行形（I was working）

14 単純過去形または過去進行形を用いて、文を完成させなさい。

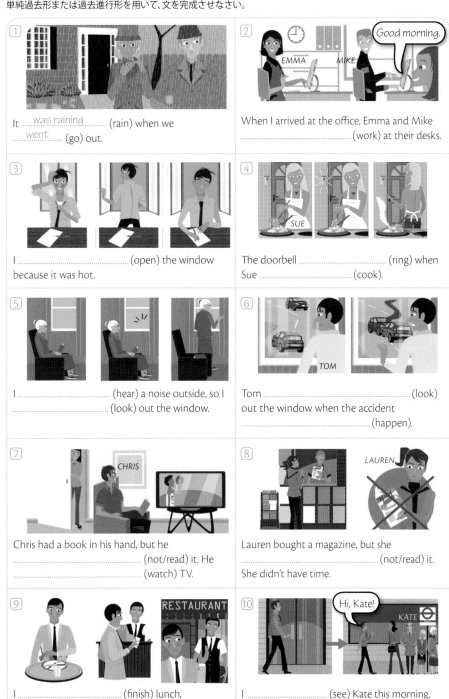

① It ...was raining... (rain) when we ...went... (go) out.

② When I arrived at the office, Emma and Mike .... (work) at their desks.

③ I .... (open) the window because it was hot.

④ The doorbell .... (ring) when Sue .... (cook).

⑤ I .... (hear) a noise outside, so I .... (look) out the window.

⑥ Tom .... (look) out the window when the accident .... (happen).

⑦ Chris had a book in his hand, but he .... (not/read) it. He .... (watch) TV.

⑧ Lauren bought a magazine, but she .... (not/read) it. She didn't have time.

⑨ I .... (finish) lunch, ... (pay) the check, and .... (leave) the restaurant.

⑩ I .... (see) Kate this morning. I .... (walk) down the street and she .... (wait) for the bus.

現在形と過去形

15 （　）内の動詞を以下のいずれかの形にして、文を完成させなさい。

単純現在形 (**I work/drive** など)　　　　現在進行形 (**I am working/driving** など)
単純過去形 (**I worked/drove** など)　　　過去進行形 (**I was working/driving** など)

1 You can turn off the TV. I ___*'m not watching*___ (not/watch) it.
2 Last night Jen ___*fell*___ (fall) asleep while she ___*was reading*___ (read).
3 Listen! Somebody _____ (play) the piano.
4 "Do you have my key?" "No, I _____ (give) it back to you."
5 David is very lazy. He _____ (not/like) to work hard.
6 Where _____ (your parents / go) on vacation last year?
7 I _____ (see) Diane yesterday. She _____ (drive) her new car.
8 A: _____ (you/watch) TV very much?
　 B: No, I don't have a TV.
9 A: What _____ (you/do) at 6:00 last Sunday morning?
　 B: I was in bed asleep.
10 Andy isn't at home very much. He _____ (go) out a lot.
11 I _____ (try) to find a job right now. It's not easy.
12 I'm tired this morning. I _____ (not/sleep) very well last night.

現在完了形 (**I have done / she has been** など)

16 現在完了形を用いて、イラストの会話文を完成させなさい。

17 空所に 1 ～ 3 語を入れて、文を完成させなさい。

1 Alex and Liz are married. They ....*have been*........... married for five years.
2 David has been watching TV ....*since*......... 5:00.
3 Justin is at work. He .... at work since 8:30.
4 "Did you just arrive in Miami?" "No, I've been here .... five days."
5 I've known Nicole .... we were in high school.
6 "My brother lives in Los Angeles." "Really? How long .... there?"
7 Sam has had the same job .... 20 years.
8 Some friends of ours are staying with us. They .... here since Monday.

18 🖉 自分自身について文を完成させなさい。

1 I've never ....*ridden a horse.*............
2 I've ....*been to Montreal*........... many times.
3 I've ....
   (once / twice / a few times / many times)
4 I haven't .... yet.
5 I've never ....
6 I've .... since ....
7 I've .... for ....

現在完了形（I have done など）と単純過去形（I did など）　　　Unit 19

19　空所に動詞の現在完了形または過去形を入れて、文を完成させなさい。肯定形または否定形にしなさい。

1　A: Do you like London?
　　B: I don't know. I _____haven't been_____ there.
2　A: Have you seen Kate?
　　B: Yes, I _____saw_____ her five minutes ago.
3　A: That's a nice sweater. Is it new?
　　B: Yes, I _____ it last week.
4　A: Are you tired this morning?
　　B: Yes, I _____ to bed late last night.
5　A: Is the new French movie good?
　　B: Yes, really good. I _____ it three times.
6　A: Do you like your new job?
　　B: I _____ yet. My first day is next Monday.
7　A: The weather isn't very nice today, is it?
　　B: No, but it _____ nice yesterday.
8　A: Was Emily at the party on Saturday?
　　B: I don't think so. I _____ her there.
9　A: Is your son still in school?
　　B: No, he _____ college two years ago.
10　A: Is Sofia married?
　　B: Yes, she _____ married for five years.
11　A: Have you heard of George Washington?
　　B: Of course. He _____ the first president of the United States.
12　A: How long does it take to make a pizza?
　　B: I don't know. I _____ a pizza.

20　（　）内の語句を使って文を完成させなさい。現在完了形または過去形にしなさい。

1　A: Have you been to Thailand?
　　B: Yes, _____I went there last year._____ (I / go / there / last year)
2　A: Do you like London?
　　B: I don't know. _____I've never been there._____ (I / never / there)
3　A: Where is Eric these days?
　　B: He's living in Chicago. He _____
　　(live / there / since last May)
4　A: Is Catherine still here?
　　B: No, _____
　　(she / leave / an hour ago)
5　A: New York is my favorite city.
　　B: It is? _____ ?
　　(how many times / you / there ?)
6　A: You look tired.
　　B: Yes, _____ (I / tired / all day)
7　A: I can't find my wallet. Have you seen it?
　　B: _____ (it / on the table / last night)
8　A: Do you know the Japanese restaurant on First Street?
　　B: Yes, _____ (I / eat / there a few times)
9　A: Hannah and Sue are here.
　　B: They are? _____ ?
　　(what time / they / get / here ?)

21 空所に現在完了形または単純過去形を入れて、文を完成させなさい。

1 A: .....*Have you been*..... to France?
  B: Yes, many times.
  A: When .... the last time?
  B: Two years ago.

FRANCE

2 A: Is this your car?
  B: Yes, it is.
  A: How long .... it?
  B: It's new. I .... it yesterday.

Is this your car?

3 A: Where do you live?
  B: On Maple Street.
  A: How long .... there?
  B: Five years. Before that ....
     on Mill Road.
  A: How long .... on Mill Road?
  B: About three years.

Where do you live?

4 A: What do you do?
  B: I work in a store.
  A: How long .... there?
  B: Nearly two years.
  A: What .... before that?
  B: I .... a taxi driver.

What do you do?

22 🕐 自分自身について文を完成させなさい。

1 (yesterday morning)   .....*I was late for work yesterday morning.*.....
2 (last night)   ....
3 (yesterday afternoon)   ....
4 (. . . days ago)   ....
5 (last week)   ....
6 (last year)   ....

現在形, 過去形, 現在完了形

23 空所に入るもっとも適切なものを選び、記号で答えなさい。

1 "_Is Sue working? (C)_" "No, she's on vacation."
   A Does Sue work? **B** Is working Sue? **C** Is Sue working? **D** Does work Sue?

2 "Where ....?" "In Dallas."
   A lives your uncle **B** does your uncle live **C** your uncle lives **D** does live your uncle

3 I speak Italian, but .... French.
   A I no speak **B** I'm not speaking **C** I doesn't speak **D** I don't speak

4 "Where's Tom?" ".............................. a shower at the moment."
   A He's taking **B** He take **C** He takes **D** He has taken

5 Why .... angry at me yesterday?
   A were you **B** was you **C** you were **D** have you been

6 My favorite movie is _Cleo's Dream_. .... it four times.
   A I'm seeing **B** I see **C** I was seeing **D** I've seen

7 I .... out last night. I was too tired.
   A don't go **B** didn't went **C** didn't go **D** haven't gone

8 Liz is from Chicago. She .... there all her life.
   A is living **B** has lived **C** lives **D** lived

9 My friend .... for me when I arrived.
   A waited **B** has waited **C** was waiting **D** has been waiting

10 "How long .... English?" "Six months."
   A do you learn **B** are you learning **C** you are learning **D** have you been learning

11 Joe is Canadian, but he lives in Peru. He has been there ....
   A for three years **B** since three years **C** three years ago **D** during three years

12 "What time ....?" "About an hour ago."
   A has Liz called **B** Liz has called **C** did Liz call **D** is Liz calling

13 What .... when you saw her?
   A did Sue wear **B** was Sue wearing **C** has Sue worn **D** was wearing Sue

14 "Can you drive?" "No, ... a car, but I want to learn."
   A I never drive **B** I'm never driving **C** I've never driven **D** I was never driving

15 I saw Samantha at the station when I was going to work this morning, but she
   .... me.
   A didn't see **B** don't see **C** hasn't seen **D** didn't saw

受動態

24 ( ) 内の動詞を適切な形に変えて、文を完成させなさい。

① 現在　　　　　以前

These houses ......*were built*......... (build)
20 years ago. Before that there was a
movie theater here, but the building
.... (damage) in a fire and
had to .... (tear down).

②

This bridge .... (build) in
1955. Now it .... (use)
by hundreds of people every day. The bridge
.... (paint) now.

③ 現在　　　　　以前

This street .... (call) Kennedy
Street. It used to .... (call)
Hill Street, but the name ....
(change) a few years ago.

④

This is a bicycle factory. Bicycles ....
.... (make) here since 1971.
It's the largest bicycle factory in the country.
Thousands of bicycles ....
(produce) here every year.

25 ( ) 内の動詞を適切な形に変えて、文を完成させなさい。

1 We ......*were invited*........ (invite) to the party, but we didn't go.
2 The museum is very popular. Every year it .... (visit) by thousands of people.
3 Many buildings .... (damage) in the storm last week.
4 A new road is going to .... (build) next year.
5 "Where's your jacket?"　"It .... (clean). It will be ready tomorrow."
6 She's famous now, but in a few years her name will .... (forget).
7 Milk should .... (keep) in a fridge.
8 .... (you / ever / bite) by a snake?
9 My bag .... (steal) from my car yesterday afternoon.

26 左の文と同じ意味になるように、文を完成させなさい。

1 Somebody stole my keys.　　　　　　......*My keys were stolen.*......
2 Somebody stole my car last week.　　My car ....
3 Somebody has eaten all the bananas.　All the ....
4 Somebody will repair the machine.　　The ....
5 Somebody is watching us.　　　　　　We ....
6 Somebody has to do the housework.　The ....

27 （　）内の動詞を能動態または受動態の形に変えて、文を完成させなさい。

1　They _____are building_____ (build) a new airport now.
2　I can't find my bag. I think it _____has been stolen_____ **or** _____was stolen_____ (steal).
3　I can't find my bag. Somebody _____ (take) it!
4　"How did you fall?"　"Somebody _____ (push) me."
5　"How did you fall?"　"I _____ (push)."
6　My watch is broken. It _____ (repair) at the moment.
7　Who _____ (invent) the camera?
8　When _____ (the camera / invent)?
9　These shirts are clean now. They _____ (wash).
10　These shirts are clean now. I _____ (wash) them.
11　The letter was for me, so why _____ (they/send) it to you?
12　The information will _____ (send) to you as soon as possible.

未来表現　　　　　　　　　　　　　　　　　　　　　　　　　　**Units 24–26**

28 空所に入るもっとも適切なものを選び、記号で答えなさい。

1　_____We're having (B)_____ a party next Sunday. I hope you can come.
　A We have　　　　　　　　　**B** We're having　　　　　　　　**C** We'll have

2　Do you know about Catherine? _____ her job. She told me last week.
　A She quits　　　　　　　　　**B** She's going to quit　　　　　**C** She'll quit

3　There's a program on TV that I want to watch. _____ in five minutes.
　A It starts　　　　　　　　　**B** It's starting　　　　　　　　**C** It will start

4　The weather is nice now, but I think _____ later.
　A it rains　　　　　　　　　　**B** it's raining　　　　　　　　**C** it will rain

5　"What _____ next weekend?"　"Nothing. I have no plans."
　A do you do　　　　　　　　**B** are you doing　　　　　　　**C** will you do

6　"When you see Jessica, can you ask her to call me?"　"OK, _____ her."
　A I ask　　　　　　　　　　　**B** I'm going to ask　　　　　　**C** I'll ask

7　"What would you like to drink, tea or coffee?"　"_____ tea, please."
　A I have　　　　　　　　　　**B** I'm going to have　　　　　　**C** I'll have

8　Don't take that magazine away. _____ it.
　A I read　　　　　　　　　　**B** I'm going to read　　　　　　**C** I'll read

9　Rachel is sick, so _____ to the party tomorrow night.
　A she doesn't come　　　**B** she isn't coming　　**C** she won't come

10　I want to meet Sarah at the station. What time _____?
　A does her train arrive　　**B** is her train going to arrive　　**C** is her train arriving

11　"Will you be home tomorrow night?"　"No, _____."
　A I go out　　　　　　　　　**B** I'm going out　　　　　　　**C** I'll go out

過去形, 現在形, 未来表現 (1)

29　(　) 内の語句を適切な形に変えて、文を完成させなさい。

1　A:　_Did you go_ (you/go) out last night?
　B:　No, ... (I/stay) home.
　A:　What .... (you/do)?
　B:　.. (I/watch) TV.
　A:　.. (you/go) out tomorrow night?
　B:　Yes, ... (I/go) to the movies.
　A:　What movie .... (you/see)?
　B:　.. (I/not/know).
　　　.. (I/not/decide) yet.

Are you visiting here?

2　A:　Are you visiting here?
　B:　Yes, we are.
　A:　How long .... (you/be) here?
　B:　.. (we/arrive) yesterday.
　A:　And how long .... (you/stay)?
　B:　Until the end of next week.
　A:　And .... (you/like) it here?
　B:　Yes, ... (we/have) a wonderful time.

3　A:　.. (I/go) out with Chris and Andy tonight.
　　　.. (you/want) to come with us?
　B:　Yes, where .... (you/go)?
　A:　To the Italian restaurant on North Avenue. .... (you/ever/eat)
　　　there?
　B:　Yes, ... (I/be) there two or three times. In fact, I
　　　.. (go) there last night, but I'd love to go again!

4　A:　.. (I/lose) my glasses again.
　　　.. (you/see) them?
　B:　.. (you/wear) them
　　　when .... (I/come) in.
　A:　Well, ... (I/not/wear)
　　　them now, so where are they?
　B:　.. (you/look) in the kitchen?
　A:　No, ... (I/go) and look now.

過去形, 現在形, 未来表現 (2)　　　　　　Units 3–19, 24–26, 50, 52, 96, 103

30　Rachel は親友の Carolyn について話をしています。(　)内の語句を適切な形に変えて、文を完成させなさい。

Carolyn

RACHEL

> Carolyn is my best friend. I remember very well the first time
> (1) .... (we/meet). It was our first day of high
> school, and (2) .... (we/sit) next to each other in the
> first class. (3) .... (we/not/know) any other
> students in our class, and so (4) .... (we/become)
> friends. We found that (5) .... (we/like) the same
> things, especially music and sports, and so (6) ....
> (we/spend) a lot of time together.
> (7) .... (we/finish) school five years ago, but
> (8) .... (we/meet) as often as we can. For the last six
> months, Carolyn (9) .... (be) in Mexico – right now
> (10) .... (she/work) in a school as a teaching
> assistant. (11) .... (she/come) back to the States
> next month, and when (12) .... (she/come) back,
> (13) .... (we/have) lots of things to talk about.
> (14) .... (it/be) really nice to see her again.

31　Nick と友人の Jon はボストン出身で、2 人は一緒に世界中を旅行しています。Nick と両親は、以下のようにメールで
やりとりをしています。(　)内の語句を適切な形に変えて文を完成させなさい。

Dear Mom and Dad,

We're in Los Angeles, the first stop on our round-the-world
trip! (1) ....*We arrived*.......... (we/arrive) here yesterday, and now
(2) .... (we/stay) at a hotel near the
airport. The flight was six hours, but (3) ....
(we/enjoy) it. (4) .... (we/watch) a
movie and (5) .... (sleep) for a few hours,
which is unusual for me – usually (6) ....
(I/not/sleep) well on planes.

Today is a rest day for us and (7) ....
(we/not/do) anything special, but tomorrow
(8) .... (we/go) to Hollywood
(9) .... (see) the movie studios.
(10) .... (we/not/decide) yet what
to do after Los Angeles. Jon (11) ....
(want) to drive up the coast to San Francisco, but I'd prefer
(12) .... (go) south to San Diego.

I hope all is well with you – (13) ....
(I/send) you another email next week.

Love,

Nick

NICK

SAN FRANCISCO

USA

LOS ANGELES

PACIFIC
OCEAN

SAN DIEGO

MEXICO

Dear Nick,

Thanks for your email. It's good to hear that (14) .... (you/have) a good time. We're fine – Ellie and Jo (15) .... (study) hard for their exams next month. Dad has been busy at work, and last week (16) .... (he/have) a lot of important meetings. He's a little tired – I think (17) .... (he/need) a good rest.

Keep in touch!

Love,
Mom

1 か月後

Hi Mom and Dad,

(18) .... (we/be) in California for a month now. (19) .... (we/get) back to Los Angeles yesterday after (20) .... (see) many wonderful places. I think the place (21) .... (I/like) most was Yosemite National Park – it's beautiful there and (22) .... (we/go) biking a lot. The day before (23) .... (we/leave), Jon (24) .... (have) an accident on his bike. Luckily (25) .... (he/not/injure), but the bike (26) .... (damage).

(27) .... (we/change) our travel plans since my last message: now (28) .... (we/leave) for Hawaii on Monday (not Tuesday). (29) .... (we/stay) there for a week before (30) .... (fly) to New Zealand. (31) .... (that/be) different, I'm sure!

All the best to Ellie and Jo for their exams.

Love,
Nick

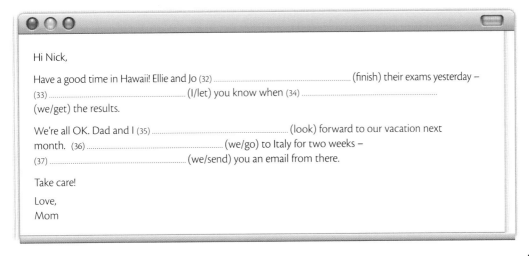

Hi Nick,

Have a good time in Hawaii! Ellie and Jo (32) .... (finish) their exams yesterday – (33) .... (I/let) you know when (34) .... (we/get) the results.

We're all OK. Dad and I (35) .... (look) forward to our vacation next month. (36) .... (we/go) to Italy for two weeks – (37) .... (we/send) you an email from there.

Take care!

Love,
Mom

-ing と「to + 動詞の原形」

32 空所に入るもっとも適切なものを選び、記号で答えなさい。

1 Don't forget _____to turn (B)_____ off the light before you go out.
   A turn   **B** to turn   **C** turning

2 It's late. I should _____ now.
   A go   **B** to go   **C** going

3 I'm sorry, but I don't have time _____ to you now.
   A for talking   **B** to talk   **C** talking

4 Eric is always in the kitchen. He enjoys _____ .
   A cook   **B** to cook   **C** cooking

5 We decided _____ away for a few days.
   A go   **B** to go   **C** going

6 You're making too much noise. Can you please stop _____?
   A shout   **B** to shout   **C** shouting

7 Would you like _____ to dinner on Sunday?
   A come   **B** to come   **C** coming

8 That bag is too heavy for you. Let me _____ you.
   A help   **B** to help   **C** helping

9 There's a swimming pool near my house. I go _____ every day.
   A to swim   **B** to swimming   **C** swimming

10 I need to go shopping _____ some food.
   A to buy   **B** for buy   **C** for buying

11 I'd love _____ a car like yours.
   A have   **B** to have   **C** having

12 Could you _____ me with this bag, please?
   A help   **B** to help   **C** helping

13 I don't mind _____ here, but I'd prefer to sit by the window.
   A sit   **B** to sit   **C** sitting

14 Do you want _____ you?
   A that I help   **B** me to help   **C** me helping

15 You should think carefully before _____ an important decision.
   A make   **B** to make   **C** making

16 I wasn't feeling very well, but the medicine made me _____ better.
   A feel   **B** to feel   **C** feeling

17 Should I call the restaurant _____ a table?
   A for reserve   **B** for reserving   **C** to reserve

18 Tom looked at me without _____ anything.
   A say   **B** saying   **C** to say

33 空所に適切な語句を入れて、イラストの内容に合った文を完成させなさい。

1. Can you pass ...the sugar..., please?

2. Do you have ....?
   No, I can't drive.

3. Do we have any milk?
   Yes, there's some in ....

4. What do you do?
   I'm ....

5. I don't feel very well. I don't want to go to ....

6. What did you do last night?
   I went to ....

7. Should we walk home?
   No, let's take ....

8. Can you play ....?
   Yes, but not very well.

9. I'm interested in ....

10. What's the difference between those cars?
    Nothing, they're ....

34 空所に **a/an/the** のいずれかを入れ、文を完成させなさい。不要の場合は **(-)** を記入しなさい。

1 Who is ......*the*..... best player on your team?
2 I don't watch ....*-*...... TV very often.
3 "Is there .....*a*...... bank near here?"   "Yes, at .....*the*..... end of this block."
4 I can't ride .... horse.
5 .... sky is very clear tonight.
6 Do you live here, or are you .... tourist?
7 What did you have for .... lunch?
8 Who was .... first president of .... United States?
9 I'm not feeling very well. I have .... headache.
10 I'm sorry, but I've forgotten your name. I can never remember .... names.
11 What time is .... next train to Boston?
12 Kate rarely sends .... emails. She prefers to call people.
13 "Where's Sue?"   "She's in .... backyard."
14 Excuse me, I'm looking for .... Majestic Hotel. Is it near here?
15 Kevin was sick .... last week, so he didn't go to .... work.
16 Everest is .... highest mountain in .... world.
17 I usually listen to .... radio while I'm having .... breakfast.
18 I like .... sports. My favorite sport is .... basketball.
19 Julia is .... doctor. Her husband is .... art teacher.
20 My apartment is on .... second floor. Turn left at .... top of .... stairs, and it's on
    .... right.
21 After .... dinner, we watched .... TV.
22 I've been to .... northern Mexico but not to .... south.

前置詞   **Units 101–106, 109**

35 空所に前置詞 (**in/for/by** など)を入れて、文を完成させなさい。

1 Olivia is studying math ......*in*..... college.
2 What is the longest river .... Europe?
3 Is there anything ....TV tonight?
4 We arrived .... the hotel after midnight.
5 "Where's Mike?"   "He's .... vacation."
6 Tom hasn't gotten up yet. He's still .... bed.
7 Nicole is away. She's been away .... Monday.
8 The next meeting is .... April 15.
9 We traveled across Canada .... train.
10 There's too much sugar .... my coffee.
11 Kevin lived in Las Vegas .... six months. He didn't like it very much.
12 Were there a lot of people .... the party?
13 I don't know any of the people .... this photo.
14 The train was very slow. It stopped .... every station.
15 I like this room. I like the pictures .... the walls.
16 "Did you paint that picture?"   "No, it was given to me .... a friend of mine."
17 I'm going away .... a few days. I'll be back .... Thursday.
18 Sofia has gone .... Italy. She's .... Milan right now.
19 Emma quit school .... sixteen and got a job .... a bookstore.

診断テスト

「診断テスト」は、自分の学習上の弱点を知るためのものです。この「診断テスト」で正しく解答できなかったユニットが、あなたが学習すべきユニットとなります。

それぞれの問題文中の空所に入るもっともふさわしい語句を、選択肢（A, B, C など）の中から選び、記号で答えてください。問題によっては複数の選択肢が正解となる場合もあります。

問題に正解できなかったり、正解してもなぜその答えになるのか明確にわからない場合は、問題の右側に示されているユニットを学習してください。

「診断テスト」の解答は、**p. 270「診断テスト解答」**で確認してください。

正解がわからない場合は、このユニットを学習します。	STUDY UNIT

現在形

1.1 .... Can I close the window? **1**
   A I cold   **B** I'm cold   **C** I have cold   **D** It has cold

1.2 Tom .... He's at work. **1**
   A isn't here   **B** not here   **C** doesn't here   **D** no is here

1.3 "... ?" "No, she's out." **2**
   A Is home your mother   **B** Does your mother home
   C Is your mother home   **D** Are your mother home

1.4 These shoes are nice. **2**
   A How much are they?   **B** How many are they?   **C** How much they are?
   D How much is they?

1.5 Look, there's Sarah. .... a brown coat. **3, 22**
   A She wearing   **B** She has wearing   **C** She is wearing   **D** She's wearing

1.6 You can turn off the TV. .... it. **3, 22**
   A I'm not watch   **B** I'm not watching   **C** I not watching   **D** I don't watching

1.7 "... today?" "Yes, he is." **4, 22**
   A Is working Ben   **B** Is work Ben   **C** Is Ben work   **D** Is Ben working

1.8 Look, there's Emily! **4, 22**
   A Where she is going?   **B** Where she go?   **C** Where's she going?
   D Where she going?

1.9 The earth .... around the sun. **5, 22**
   A going   **B** go   **C** goes   **D** does go   **E** is go

1.10 We .... late on weekends. **5, 22, 92**
   A often sleep   **B** sleep often   **C** often sleeping   **D** are often sleep

1.11 We .... TV very often. **6, 22**
   A not watch   **B** doesn't watch   **C** don't watch   **D** don't watching
   E watch not

1.12 "... the guitar?" "Yes, but I'm not very good." **7, 22**
   A Do you play   **B** Are you play   **C** Does you play
   D Do you playing   **E** Play you

1.13 I don't understand this sentence. What .... ? **7, 22**
   A mean this word   **B** means this word   **C** does mean this word
   D does this word mean   **E** this word means

257

STUDY UNIT

1.14 Please be quiet. ....
    A I working.   **B** I work.   **C** I'm working.   **D** I'm work.
8, 22

1.15 Tom .... a shower every morning.
    A takes   **B** taking   **C** is taking   **D** take
8

1.16 What .... on weekends?
    A do you usually   **B** are you usually doing   **C** are you usually do
    D do you usually do   **E** you do usually
7, 8, 22

1.17 Sarah isn't feeling well. .... a headache.
    A She have   **B** She have got   **C** She has   **D** She's got
9, 56

1.18 They .... any children.
    A don't have   **B** doesn't have   **C** no have   **D** haven't got   **E** hasn't got
9, 56

過去形

2.1 The weather .... last week.
    A is nice   **B** was nice   **C** were nice   **D** nice   **E** had nice
10

2.2 Why .... late this morning?
    A you was   **B** did you   **C** was you   **D** you were   **E** were you
10

2.3 Tony .... in a bank from 2005 to 2011.
    A work   **B** working   **C** works   **D** worked   **E** was work
11

2.4 Megan .... to the movies three times last week.
    A go   **B** went   **C** goes   **D** got   **E** was
11

2.5 I .... TV yesterday.
    A didn't watch   **B** didn't watched   **C** wasn't watched
    D don't watch   **E** didn't watching
12, 22

2.6 "How .... ?"   "I don't know. I didn't see it."
    A happened the accident   **B** did happen the accident
    C does the accident happen   **D** did the accident happen
    E the accident happened
12

2.7 What .... at 11:30 yesterday?
    A were you doing   **B** was you doing   **C** you were doing
    D were you do   **E** you was doing
13

2.8 Jack was reading a book when his phone ....
    A ringing   **B** ring   **C** rang   **D** was ringing   **E** was ring
14

2.9 I saw Emily and Sam this morning. They .... at the bus stop.
    A waiting   **B** waited   **C** were waiting   **D** was waiting
    E were waited
14

2.10 Dave .... in a factory. Now he works in a supermarket.
    A working   **B** works   **C** work   **D** use to work   **E** used to work
15

	STUDY UNIT

現在完了形

3.1 My sister .... by plane.　　**16, 22**
    A has never travel　　**B** has never traveled　　**C** is never traveled
    D has never been traveled　　**E** have never traveled

3.2 .... that woman before, but I can't remember where.　　**16, 22**
    A I see　　**B** I seen　　**C** I've saw　　**D** I've seen　　**E** I've seeing

3.3 "How long .... married?"　"Since 2007."　　**17**
    A you are　　**B** you have been　　**C** has you been　　**D** are you　　**E** have you been

3.4 "Do you know Lisa?"　"Yes, ... her for a long time."　　**17**
    A I knew　　**B** I've known　　**C** I know　　**D** I am knowing

3.5 David has been in Canada ....　　**18, 102**
    A for six months　　**B** since six months　　**C** six months ago　　**D** in six months

3.6 "When did Tom leave?"　".."　　**18**
    A For ten minutes　　**B** Since ten minutes　　**C** Ten minutes ago
    D In ten minutes

3.7 We .... a vacation last year.　　**19**
    A don't take　　**B** haven't taken　　**C** hasn't taken　　**D** didn't take
    E have taken

3.8 Where .... on Sunday?　I couldn't find you.　　**19**
    A you have been　　**B** were you　　**C** have you been　　**D** was you

受動態

4.1 This house .... 100 years ago.　　**20, 22**
    A is built　　**B** is building　　**C** was building　　**D** was built　　**E** built

4.2 We .... to the party last week.　　**20, 22**
    A didn't invite　　**B** didn't invited　　**C** weren't invited　　**D** wasn't invited
    E haven't been invited

4.3 "Where .... born?"　"In Cairo."　　**20**
    A you are　　**B** you were　　**C** was you　　**D** are you　　**E** were you

4.4 My car is at the garage.　It ....　　**21**
    A is being repaired　　**B** is repairing　　**C** have been repaired　　**D** repaired　　**E** repairs

4.5 I don't have my keys.　.. last week.　　**20**
    A They were stolen　　**B** They are stolen　　**C** They've stolen
    D They're being stolen

動詞の形

5.1 It .... , so we didn't need an umbrella.　　**22**
    A wasn't rained　　**B** wasn't rain　　**C** didn't raining　　**D** wasn't raining

5.2 Somebody .... this window.　　**23**
    A has broke　　**B** broke　　**C** breaked　　**D** broken

未来表現

6.1 Andrew .... tennis tomorrow.

A is playing　　**B** play　　**C** plays　　**D** is play

`24`

6.2 .... out tonight?

A Are you going　　**B** Are you go　　**C** Do you go　　**D** Go you
E Do you going

`24`

6.3 "What time is the concert tonight?"　"It .... at 7:30."

A is start　　**B** is starting　　**C** starts　　**D** start　　**E** starting

`24`

6.4 What .... to the wedding next week?

A are you wearing　　**B** are you going to wear　　**C** do you wear
D you are going to wear

`25`

6.5 .... to the movies on Saturday.　Do you want to come with us?

A We go　　**B** We'll go　　**C** We're going　　**D** We going

`26`

6.6 "... you tomorrow, OK?"　"OK, bye."

A I call　　**B** I calling　　**C** I'm calling　　**D** I'll call

`26`

6.7 I don't want my car anymore.　... it.

A I sell　　**B** I'll sell　　**C** I'm going to sell　　**D** I'll selling

`25, 26`

法助動詞と命令文

7.1 .... to the movies tonight, but I'm not sure.

A I'll go　　**B** I'm going　　**C** I may go　　**D** I might go

`27`

7.2 "... here?"　"Sure."

A Can I sit　　**B** Do I sit　　**C** May I sit　　**D** Can I to sit

`27, 28`

7.3 I'm having a party next week, but Eric and Rachel ....

A can't come　　**B** can't to come　　**C** can't coming　　**D** couldn't come

`28`

7.4 Before Maria came to the United States, she .... understand much English.

A can　　**B** can't　　**C** not　　**D** couldn't　　**E** doesn't

`28`

7.5 It's evening, and you haven't eaten anything all day.　You .... hungry.

A must　　**B** can　　**C** must be　　**D** can be　　**E** must to be

`29`

7.6 It's a good movie.　You .... go and see it.

A should to　　**B** should to go　　**C** must to　　**D** should　　**E** have

`30`

7.7 It's a nice day.　... for a walk?

A Do we go　　**B** We will go　　**C** Should we go　　**D** We go
E Go we

`30`

7.8 What time .... go to the dentist tomorrow?

A you must　　**B** you have to　　**C** have you to　　**D** do you have to

`31`

7.9   We .... walk home last night. There were no buses.   **31**
A have to   B had to   C must   D must to   E must have

7.10   We .... wait very long for the bus – it came in a few minutes.   **31**
A don't have to   B hadn't to   C didn't have to   D didn't had to
E mustn't

7.11   "....................................... some coffee?"   "No, thank you."   **32**
A Are you liking   B You like   C Would you like   D Do you like

7.12   I don't really want to go out. .... home.   **33**
A I rather stay   B I'd rather stay   C I'd rather to stay
D I'd prefer to stay

7.13   Please .... Stay here with me.   **34**
A don't go   B you no go   C go not   D you don't go

7.14   It's a nice day. .... out.   **34**
A Let's to go   B Let's go   C Let's going   D We go

There と it

8.1   Excuse me, ... a hotel near here?   **35**
A has there   B is there   C there is   D is it

8.2   .... a lot of accidents on this road. It's very dangerous.   **35**
A Have   B It has   C There have   D They are   E There are

8.3   I was hungry when I got home, but .... anything to eat.   **36**
A there wasn't   B there weren't   C it wasn't   D there hasn't been

8.4   .... two miles from our house to downtown.   **37**
A It's   B It has   C There is   D There are

8.5   .... true that you're moving to Dallas?   **37**
A Is there   B Is it   C Is   D Are you

助動詞

9.1   I haven't seen the movie, but my sister **38**
A does   B is   C has seen   D has   E hasn't

9.2   I don't like hot weather, but Sue **38**
A does   B doesn't   C do   D does like   E likes

9.3   "Nicole got married last week."   "....................................... ? Really?"   **39**
A Got she   B She got   C She did   D She has

9.4   You haven't met my mother, ... ?   **39**
A haven't you   B have you   C did you   D you have   E you haven't

9.5   Bill doesn't watch TV. He doesn't read newspapers, ...   **40**
A too   B either   C neither   D never

9.6 "I'd like to go to Australia." "..."
A So do I B So am I C So would I D Neither do I
E So I would

40

9.7 Sue .... much on weekends.
A don't B doesn't C don't do D doesn't do

41

疑問文

10.1 "When ....?" "I'm not sure. More than 100 years ago."
A did the telephone invent B has the telephone invented
C was invented the telephone D was the telephone invented
E the telephone was invented

42

10.2 "I broke my finger last week." "How .... that?"
A did you B you did C you did do D did you do

42

10.3 Why .... me last night? I was waiting for you to call.
A didn't you call B you not call C you don't call D you didn't call

42

10.4 "Who .... in this house?" "I don't know."
A lives B does live C does lives D living

43

10.5 What .... when you told him the story?
A said Kevin B did Kevin say C Kevin said D did Kevin said

43

10.6 "Tom's father is in the hospital." ".."
A In which hospital he is? B In which hospital he is in?
C Which hospital he is in? D Which hospital is he in?

44

10.7 Did you have a good vacation? ....
A How was the weather like? B What was the weather like?
C What the weather was like? D Was the weather like?

44

10.8 .... taller – Joe or David?
A Who is B What is C Which is D Who has

45

10.9 There are four umbrellas here. .... is yours?
A What B Who C Which D How E Which one

45, 73

10.10 How long .... to cross the Atlantic by ship?
A is it B does it need C does it take D does it want

46

10.11 I don't remember what .... at the party.
A Anna was wearing B was wearing Anna C was Anna wearing

47

10.12 "Do you know ....?" "Yes, I think so."
A if Jack is home B is Jack home C whether Jack is home
D that Jack is home

47

間接話法

11.1 I saw Eric a week ago. He said that .... me, but he didn't.

  A he call **B** he calls **C** he'll call **D** he's going to call

  E he would call

48

11.2 "Why did Tim go to bed so early?" "He ...."

  A said he was tired **B** said that he was tired C said me he was tired

  D told me he was tired **E** told that he was tired

48

-ing と「to + 動詞の原形」

12.1 You shouldn't .... so hard.

  A working **B** work **C** to work **D** worked

49

12.2 It's late. I .... now.

  A must to go **B** have go **C** have to going **D** have to go

49

12.3 Rachel decided .... her car.

  A sell **B** to sell **C** selling **D** to selling

50

12.4 I don't mind .... early.

  A get up **B** to get up **C** getting up **D** to getting up

50

12.5 Do you like .... early?

  A get up **B** to get up **C** getting up **D** to getting up

50

12.6 Do you want .... you some money?

  A me lend **B** me lending **C** me to lend **D** that I lend

51

12.7 He's very funny. He makes ....

  A me laugh **B** me laughing **C** me to laugh **D** that I laugh

51

12.8 Sofia went to the store .... some fruit.

  A for get **B** for to get **C** for getting **D** to get **E** get

52

Go, get, do, make, have （基本的な動詞を用いた表現）

13.1 The water looks nice. I'm going ....

  A for a swim **B** on a swim **C** to swimming **D** swimming

53

13.2 I'm sorry your mother is sick. I hope she .... better soon.

  A has **B** makes **C** gets **D** goes

54

13.3 Kate .... the car and drove away.

  A went into **B** went in **C** got in **D** got into

54

13.4 "Should I open the window?" "No, it's OK. I'll .... it."

  A do **B** make **C** get **D** open

55

13.5 I'm sorry. I .... a mistake.

  A did **B** made **C** got **D** had

55

13.6 .... enough time to do everything you wanted to do?

  A Have you **B** Had you **C** Do you have **D** Did you have

56

代名詞と所有格

14.1 I don't want this book. You can have ....
A it **B** them **C** her **D** him
57, 60

14.2 Sue and Kevin are going to the movies. Do you want to go with .... ?
A her **B** they **C** them **D** him
57, 60

14.3 I know Amy, but I don't know .... husband.
A their **B** his **C** she **D** her
58, 60

14.4 Hawaii is famous for .... beaches.
A his **B** its **C** it's **D** their
58

14.5 I didn't have an umbrella, so Emily gave me ....
A her **B** hers **C** her umbrella **D** she's
59, 60

14.6 I went to the movies with a friend of ....
A mine **B** my **C** me **D** I **E** myself
59, 60

14.7 We had a good vacation. We enjoyed ....
A us **B** our **C** ours **D** ourself **E** ourselves
61

14.8 Kate and Nicole are good friends. They know .... well.
A each other **B** them **C** themselves **D** theirselves
61

14.9 Have you met .... ?
A the wife of Mr. Black **B** Mr. Black wife **C** the wife Mr. Black
D Mr. Black's wife **E** the Mr. Black's wife
62

14.10 Have you seen .... ?
A the car of my parents **B** my parent's car **C** my parents' car
D my parents car
62

A と the

15.1 I'm going to buy ....
A hat and umbrella **B** a hat and a umbrella
C a hat and an umbrella **D** an hat and an umbrella
63, 65

15.2 "What do you do?" " ...."
A I dentist **B** I'm a dentist **C** I'm dentist **D** I do dentist
63

15.3 I'm going shopping. I need ....
A some new jeans **B** a new jeans **C** a new pair of jeans
D a new pair jeans
64

15.4 I like the people here. .... very friendly.
A She is **B** They are **C** They is **D** It is **E** He is
64

15.5 We can't get into the house without ....
A some key **B** a key **C** key
65

15.6 Where can I get .... about hotels here?
A some information **B** some informations **C** an information
66

15.7	We enjoyed our vacation. .... was very nice.
	A Hotel　　**B** A hotel　　**C** An hotel　　**D** The hotel

67, 68

15.8　The table is in ....
　　　A middle of room　　**B** middle of the room
　　　C the middle of the room　　**D** the middle of room

68

15.9　What did you have for .... ?
　　　A the breakfast　　**B** breakfast　　**C** a breakfast

68

15.10　I finish .... at 5:00 every day.
　　　A the work　　**B** work　　**C** a work

69

15.11　I'm tired. I'm going ....
　　　A in bed　　**B** in the bed　　**C** to a bed　　**D** to the bed　　**E** to bed

69

15.12　We don't eat .... very often.
　　　A the meat　　**B** some meat　　**C** a meat　　**D** meat

70

15.13　...................................... is in New York.
　　　A The Times Square　　**B** Times Square

71

15.14　My friends are staying at ....
　　　A the Regent Hotel　　**B** Regent Hotel

71

限定詞と代名詞

16.1　"I'm going on vacation next week."　"Oh, ... nice."
　　　A it's　　**B** this is　　**C** that's

72

16.2　"Is there a bank near here?"　"Yes, there's .... on the corner."
　　　A some　　**B** it　　**C** one　　**D** a one

73

16.3　This cup is dirty. Can I have .... ?
　　　A clean one　　**B** a clean one　　**C** clean　　**D** a clean

73

16.4　I'm going shopping. I'm going to buy .... clothes.
　　　A any　　**B** some

74

16.5　"Where's your luggage?"　"I don't have . ... "
　　　A one　　**B** some　　**C** any

74

16.6　Tracey and Jeff ....
　　　A have no children　　**B** don't have no children
　　　C don't have any children　　**D** have any children

75, 76

16.7　"How much money do you have?"　" ...."
　　　A No　　**B** No one　　**C** Any　　**D** None

75

16.8　There is .... in the room. It's empty.
　　　A anybody　　**B** nobody　　**C** anyone　　**D** no one

76, 77

16.9　"What did you say?"　" ...."
　　　A Nothing　　**B** Nobody　　**C** Anything　　**D** Anybody

76, 77

	STUDY UNIT

16.10   I'm hungry. I want ....
        A something for eat   **B** something to eat   **C** something for eating
      77

16.11   It rained .... last week.
        A all day   **B** all days   **C** every days   **D** every day
      78

16.12   .... friends.
        A Everybody need   **B** Everybody needs   **C** Everyone need   **D** Everyone needs
      78

16.13   .... children like to play.
        A Most   **B** The most   **C** Most of   **D** The most of
      79

16.14   I like .... those pictures.
        A both   **B** both of   **C** either   **D** either of
      80

16.15   I haven't read .... these books.
        A neither   **B** neither of   **C** either   **D** either of
      80

16.16   Do you have .... friends?
        A a lot of   **B** much   **C** many   **D** much of   **E** many of
      81

16.17   We like movies, so we go to the movies ....
        A a lot of   **B** much   **C** many   **D** a lot
      81

16.18   There were .... people in the theater. It was almost empty.
        A a little   **B** few   **C** little   **D** a few of
      82

16.19   They have .... money, so they're not poor.
        A a little   **B** a few   **C** few   **D** little   **E** little of
      82

形容詞と副詞

17.1   I don't speak any ....
        A foreign languages   **B** languages foreign   **C** languages foreigns
      83

17.2   He ate his dinner very ....
        A quick   **B** quicker   **C** quickly
      84

17.3   You speak English very ....
        A good   **B** fluent   **C** well   **D** slow
      84

17.4   Helen wants ....
        A a more big car   **B** a car more big   **C** a car bigger   **D** a bigger car
      85

17.5   "Do you feel better today?" "No, I feel ...."
        A good   **B** worse   **C** more bad   **D** more worse
      85

17.6   Athens is older .... Rome.
        A as   **B** than   **C** that   **D** of
      86

17.7   I can run faster ....
        A than him   **B** that he can   **C** than he can   **D** as he can   **E** as he
      86

正解がわからない場合は、このユニットを学習します。

17.8 Tennis isn't .... soccer. **87**

A popular as   **B** popular than   **C** as popular than   **D** so popular that
E as popular as

17.9 The weather today is the same .... yesterday. **87**

A as   **B** that   **C** than   **D** like

17.10 The Best West Motel is .... in town. **88**

A the more expensive motel   **B** the most expensive motel
C the motel most expensive   **D** the motel the more expensive
E the motel more expensive

17.11 The movie was very bad. I think it's the .... movie I've ever seen. **88**

A worse   **B** baddest   **C** most bad   **D** worst   **E** more worse

17.12 Why don't you buy a car? You've got **89**

A enough money   **B** money enough   **C** enough of money

17.13 Is your English .... a conversation? **89**

A enough good to have   **B** good enough for have   **C** enough good for
D good enough to have

17.14 I'm .... out. **90**

A too tired for go   **B** too much tired for going   **C** too tired to go
D too much tired to go

語順

18.1 Sue .... They're very nice. **91**

A bought yesterday some new shoes   **B** bought some new shoes yesterday
C yesterday bought some new shoes

18.2 .... coffee in the morning. **92**

A I drink always   **B** Always I drink   **C** I always drink

18.3 .... during the day. **92**

A They are at home never   **B** They are never at home
C They never are at home   **D** Never they are at home

18.4 "Where's Emma?" "She ...." **93**

A isn't here yet   **B** isn't here already   **C** isn't here still

18.5 I locked the door, and I gave **94**

A Sarah the keys   **B** to Sarah the keys   **C** the keys Sarah
D the keys to Sarah

接続詞と節

19.1 I can't talk to you now. I'll talk to you later when .... more time. **96**

A I'll have   **B** I had   **C** I have   **D** I'm going to have

19.2 .... late tonight, don't wait for me. **97**

A If I'm   **B** If I'll be   **C** When I'm   **D** When I'll be

19.3 I don't know the answer. If I .... the answer, I'd tell you.
A know　　B would know　　C have known　　D knew

98

19.4 I like that jacket. .... it if it wasn't so expensive.
A I buy　　B I'll buy　　C I bought　　D I'd bought　　E I'd buy

98

19.5 Emma lives in a house .... is 100 years old.
A who　　B that　　C which　　D it　　E what

99

19.6 The people .... work in the office are very friendly.
A who　　B that　　C they　　D which　　E what

99

19.7 Did you find the books .... ?
A who you wanted　　B that you wanted　　C what you wanted
D you wanted　　E you wanted it

100

19.8 I met .... can speak six languages.
A a woman who　　B a woman which　　C a woman　　D a woman she

100

前置詞

20.1 Bye! See you ....
A Friday　　B at Friday　　C in Friday　　D on Friday

101

20.2 Hurry! The train leaves .... five minutes.
A at　　B on　　C from　　D after　　E in

101

20.3 "How long will you be away?"　"... Monday."
A On　　B To　　C Until　　D Till　　E Since

102

20.4 We played basketball yesterday. We played .... two hours.
A in　　B for　　C since　　D during

103

20.5 I always have breakfast before .... to work.
A I go　　B go　　C to go　　D going

103

20.6 Write your name .... the top of the page.
A at　　B on　　C in　　D to

104

20.7 There are a lot of apples .... those trees.
A at　　B on　　C in　　D to

104

20.8 What's the largest city .... the world?
A at　　B on　　C in　　D of

105

20.9 The office is .... the second floor.
A at　　B on　　C in　　D to

105

20.10 I met a lot of people .... the party.
A on　　B to　　C in　　D at

106

20.11 I want to go .... Mexico next year. **106**
A at **B** on **C** in **D** to

20.12 What time did you arrive .... the hotel? **106**
A at **B** on **C** in **D** to

20.13 "Where is Dan in this picture?" "He's .... Ben." **107**
A at front of **B** in the front of **C** in front of **D** in front from

20.14 I jumped .... the wall into the yard. **108**
A on **B** through **C** across **D** over **E** above

20.15 Megan isn't at work this week. She's .... vacation. **109**
A on **B** in **C** for **D** to **E** at

20.16 Do you like traveling .... ? **109**
A with train **B** with the train **C** in train **D** on train **E** by train

20.17 I'm not very good .... telling stories. **110**
A on **B** with **C** at **D** in **E** for

20.18 Tom left without .... goodbye. **110**
A say **B** saying **C** to say **D** that he said

20.19 I have to call .... tonight. **111**
A with my parents **B** to my parents **C** at my parents **D** my parents

20.20 "Do you like eating in restaurants?" "Sometimes. It depends .... the restaurant." **111**
A in **B** at **C** of **D** on **E** over

句動詞

21.1 A car stopped and a woman got **112**
A off **B** down **C** out **D** out of

21.2 It was cold, so I **113**
A put on my coat **B** put my coat on **C** put the coat on me
D put me the coat on

21.3 I have Rachel's keys. I have to .... to her. **113**
A give back **B** give them back **C** give back them **D** give it back

診断テスト 解答
(p. 257 より)

現在形

1.1	B
1.2	A
1.3	C
1.4	A
1.5	C, D
1.6	B
1.7	D
1.8	C
1.9	C
1.10	A
1.11	C
1.12	A
1.13	D
1.14	C
1.15	A
1.16	D
1.17	C, D
1.18	A, D

過去形

2.1	B
2.2	E
2.3	D
2.4	B
2.5	A
2.6	D
2.7	A
2.8	C
2.9	C
2.10	E

現在完了形

3.1	B
3.2	D
3.3	E
3.4	B
3.5	A
3.6	C
3.7	D
3.8	B

受動態

4.1	D
4.2	C
4.3	E
4.4	A
4.5	A

動詞の形

5.1	D
5.2	B

未来表現

6.1	A
6.2	A
6.3	C
6.4	A, B
6.5	C
6.6	D
6.7	C

法助動詞と命令文

7.1	C, D
7.2	A, C
7.3	A
7.4	D
7.5	C
7.6	D
7.7	C
7.8	D
7.9	B
7.10	C
7.11	C
7.12	B, D
7.13	A
7.14	B

There と it

8.1	B
8.2	E
8.3	A
8.4	A
8.5	B

助動詞

9.1	D
9.2	A
9.3	C
9.4	B
9.5	B
9.6	C
9.7	D

疑問文

10.1	D
10.2	D
10.3	A
10.4	A
10.5	B
10.6	D
10.7	B
10.8	A
10.9	C, E
10.10	C
10.11	A
10.12	A, C

間接話法

11.1	E
11.2	A, B, D

-ing と「to + 動詞の原形」

12.1	B
12.2	B
12.3	B
12.4	C
12.5	B, C
12.6	C
12.7	A
12.8	D

Go, get, do, make, have (基本的な動詞を用いた表現)

13.1	A, D
13.2	C
13.3	C, D
13.4	A, D
13.5	B
13.6	D

代名詞と所有格

14.1	A
14.2	C
14.3	D
14.4	B
14.5	B, C
14.6	A
14.7	E
14.8	A
14.9	D
14.10	C

A と the

15.1	C
15.2	B
15.3	A, C
15.4	B
15.5	B
15.6	A
15.7	D
15.8	C
15.9	B
15.10	B
15.11	E
15.12	D
15.13	B
15.14	A

索引

各項目の右に示した数字はユニットの番号を表します。ページ番号ではありません。

法助動詞（will/can/might など）
26–31, 49A
modal auxiliaries: will, can,
might, mustなどのように、動
詞の原形の前に置き、「…だろ
う、できる、かもしれない、しな
ければならない」のように、話し
手の気持ちを付け加えます。

未来表現 24–26
future: will＋動詞の原形、be
going to＋動詞の原形、現在進
行形、単純現在形などのよう
に、未来時に関連して用いられ
る動詞表現全般を指し示しま
す。現在形、過去形と同じよう
に「未来形」のような動詞の活
用形があるわけではないので、

本書では「未来表現」のように
言及しています。
I'm working tomorrow.（現在
進行形） 24
The concert starts at 7:30.（単
純現在形） 24C
(I'm) going to (do …) 25
will 26
when/before/while … など,
時を表す節内の未来表現 96B
if 節内の未来表現 97B
名詞（可算名詞と不可算名詞）
65–66
命令文（do this / don't do that
など） 34
目的語
動詞の後ろに置かれて、動詞に
対し「…を／に」のような意味

関係を持つ名詞句を「目的語」
と呼びます。代名詞が目的語と
なると、me/us/you/him/her/
them のような「目的格」とな
ります。代名詞は前置詞の後ろ
に置かれる場合にも同じように
「目的格」となるので、前置詞
の後ろに置かれた名詞句につい
ても「目的語」と呼びます。関
係代名詞が直前の名詞句（先行
詞）について動詞の目的語であ
ること示す場合、関係代名詞は
省略できます。前置詞の目的語
であることを示す場合は普通省
略します。

Basic
Grammar
in Use

マーフィーの
ケンブリッジ英文法
（初級編）第4版

Raymond Murphy 著

William R. Smalzer, Joseph Chapple 執筆協力

渡辺 雅仁・田島 祐規子・ドナルドソン 友美 訳

CAMBRIDGE
UNIVERSITY PRESS

練習問題 解答

本書の練習問題の中には、自由に自分の考えを述べるものもあります。その場合でも解答例が与えられていますが、できれば英語のネイティブスピーカーや、先生や友人に確認してもらいましょう。なお解答中にある or や / , （ ）は 入れ換え可能を示します。解答中の短縮形については付録 4 (p. 232) を参照してください。

UNIT 1

1.1
2 they're
3 it isn't / it's not
4 that's
5 I'm not
6 you aren't / you're not

1.2
2 'm/am   6 are
3 is   7 is … are
4 are   8 'm/am … is
5 's/is

1.3
2 I'm / I am   5 It's / It is
3 He's / He is   6 You're / You are
4 they're / they   7 She's / She is
   are   8 Here's / Here is

1.4
解答例
1 My name is Robert.
2 I'm from Brazil.
3 I'm 25.
4 I'm a cook.
5 My favorite colors are black and white.
6 I'm interested in plants.

1.5
2 They're/are cold.
3 He's/is hot.
4 He's / He is scared.
5 They're / They are hungry.
6 She's / She is angry.

1.6
2 It's/is windy today.   *or*
   isn't / 's not windy today.
3 My hands are cold.   *or*
   My hands aren't / are not cold.
4 Brazil is a very big country.
5 Diamonds aren't / are not cheap.
6 Quebec isn't / is not in the United States.
8 I'm / I am hungry.   *or*   I'm not / I am not hungry.
9 I'm / I am in bed.   *or*   I'm not / I am not in bed.
10 I'm / I am interested in politics.   *or*   I'm not / I am not interested in politics.

UNIT 2

2.1
2 F   6 E
3 H   7 B
4 C   8 I
5 A   9 D

2.2
3 Is your job interesting?
4 Are the stores open today?
5 Where are you from?
6 Are you interested in sports?
7 Is the train station near here?
8 Are your children at school?
9 Why are you late?

2.3
2 Where's / Where is
3 How old are
4 How much are
5 What's / What is
6 Who's / Who is
7 What color are

2.4
2 Are you Australian?
3 How old are you?
4 Are you a teacher?
5 Are you married?
6 Is your wife a lawyer?
7 Where's / Where is she from?
8 What's / What is her name?
9 How old is she?

2.5
2 Yes, I am.   *or*   No, I'm not.
3 Yes, it is.   *or*   No, it isn't. / No, it's not.
4 Yes, they are.   *or*   No, they aren't. / No, they're not.
5 Yes, it is.   *or*   No, it isn't. / No, it's not.
6 Yes, I am.   *or*   No, I'm not.

UNIT 3

3.1
2 's/is waiting
3 're/are playing
4 He's / He is lying
5 They're / They are having
6 She's / She is sitting

3.2
2 's/is cooking
3 're/are standing
4 's/is swimming
5 're/are staying
6 's/is taking
7 're/are building
8 'm/am leaving

3.3
3 She's / She is sitting on the floor.
4 She isn't / She's not reading a book.
5 She isn't / She's not playing the piano.
6 She's / She is laughing.
7 She's / She is wearing a hat.
8 She isn't / She's not drinking coffee.

3.4
3 I'm sitting on a chair.   *or*   I'm not sitting on a chair.
4 I'm eating.   *or*   I'm not eating.
5 It's raining.   *or*   It isn't raining. / It's not raining.
6 I'm studying English.
7 I'm listening to music.   *or*   I'm not listening to music.
8 The sun is shining.   *or*   The sun isn't shining.
9 I'm wearing shoes.   *or*   I'm not wearing shoes.
10 I'm not reading a newspaper.

UNIT 4

4.1
2 Are you leaving now?
3 Is it raining?
4 Are you enjoying the movie?
5 Is that clock working?
6 Are you waiting for a bus?

4.2
2 Where is she going?
3 What are you eating?
4 Why are you crying?
5 What are they looking at?
6 Why is he laughing?

4.3

3 Are you listening to me?
4 Where are your friends going?
5 Are your parents watching TV?
6 What is Jessica cooking?
7 Why are you looking at me?
8 Is the bus coming?

4.4

2 Yes, I am. *or* No, I'm not.
3 Yes, I am. *or* No, I'm not.
4 Yes, it is. *or* No, it isn't. / No, it's not.
5 Yes, I am. *or* No, I'm not.
6 Yes, I am. *or* No, I'm not.

UNIT 5

5.1

2	thinks	5	has
3	flies	6	finishes
4	dances		

5.2

2	live	5	They go
3	She eats	6	He sleeps
4	He plays		

5.3

2	open	7	costs
3	closes	8	cost
4	teaches	9	boils
5	meet	10	like … likes
6	washes		

5.4

2 I never go to the movies.
3 Hannah always works hard.
4 Children usually like chocolate.
5 Julia always enjoys parties.
6 I often forget people's names.
7 Nick never watches TV.
8 We usually have dinner at 6:30.
9 Jenn always wears nice clothes.

5.5

解答例

2 I sometimes read in bed.
3 I often get up before 7:00.
4 I never go to work by bus.
5 I always drink coffee in the morning.

UNIT 6

6.1

2 Anna doesn't play the piano very well.
3 They don't know my phone number.
4 We don't work very hard.

5 Mike doesn't have a car.
6 You don't do the same thing every day.

6.2

1 Carol doesn't like classical music. I like (*or* I don't like) classical music.
2 Bill and Rose don't like boxing. Carol likes boxing. I like (*or* I don't like) boxing.
3 Bill and Rose like horror movies. Carol doesn't like horror movies. I like (*or* I don't like) horror movies.

6.3

解答例

2 I never go to the theater.
3 I don't ride a bike very often.
4 I never eat in restaurants.
5 I travel by train a lot.

6.4

2 doesn't use
3 don't go
4 doesn't wear
5 don't know
6 doesn't cost
7 don't see

6.5

3 don't know
4 doesn't talk
5 drinks
6 don't believe
7 like
8 doesn't eat

UNIT 7

7.1

2 Do you play tennis?
3 Does Emily live near here?
4 Do Tom's friends play tennis? / Do they play tennis?
5 Does your brother speak English? / Does he speak English?
6 Do you do yoga every morning?
7 Does Eric often travel on business? / Does he often travel on business?
8 Do you want to be famous?
9 Does Anna work hard? / Does she work hard?

7.2

3 How often do you watch TV?
4 What do you want for dinner?

5 Do you like football?
6 Does your brother like football?
7 What do you do in your free time?
8 Where does your sister work?
9 Do you always have breakfast?
10 What does this word mean?
11 Does it snow here in the winter?
12 What time do you usually go to bed?
13 How much does it cost to call Mexico?
14 What do you usually have for breakfast?

7.3

2 Do you enjoy / Do you like
3 do you start
4 Do you work
5 do you get
6 does he do
7 does he teach
8 Does he enjoy / Does he like

7.4

2 Yes, I do. *or* No, I don't.
3 Yes, I do. *or* No, I don't.
4 Yes, it does. *or* No, it doesn't.
5 Yes, I do. *or* No, I don't.

UNIT 8

8.1

2 No, she isn't.
Yes, she does.
She's playing the piano.
3 Yes, he does.
Yes, he is.
He's washing a window.
4 No, they aren't.
Yes, they do.
They teach.

8.2

2	don't	6	do
3	are	7	does
4	does	8	doesn't
5	's/is … don't		

8.3

4 's/is singing
5 She wants
6 do you use
7 you're / you are sitting
8 I don't / I do not understand
9 I'm / I am going ... Are you coming
10 does your father finish
11 I'm not / I am not listening
12 He's / He is cooking
13 doesn't usually drive ... usually walks
14 doesn't like ... She prefers

UNIT 9

9.1

3 He has a new job.
4 Do you have an umbrella?
5 We have a lot of work to do.
6 I don't have your phone number.
7 Does your father have a car?
8 How much money do we have?

9.2

2 I haven't got many clothes.
3 Has Tom got a brother?
4 How many children have they got?
5 Have you got any questions?
6 Sam hasn't got a job.

9.3

2 He has a bike.
3 He doesn't have a dog.
4 He has a cell phone.
5 He doesn't have a watch.
6 He has two brothers and a sister.

解答例

7 I don't have a dog.
8 I have a bike.
9 I have one sister and one brother.

9.4

3 has
4 don't have
5 have
6 don't have
7 doesn't have

9.5

2 has a lot of friends.
3 doesn't have a key.

4 don't have much time.
5 has six legs.
6 don't have a job.

UNIT 10

10.1

2 Jack and Kate were at the movies.
3 Sue was at the station.
4 Mr. and Mrs. Hall were in/at a restaurant.
5 Ben was at the beach.
6 (解答例) I was at work.

10.2

2 is ... was
3 'm/am
4 was
5 were
6 're/are
7 Was
8 was
9 are ... were

10.3

2 wasn't ... was
3 was ... were
4 "**Were** Kate and Bill at the party?" "Kate **was** there, but Bill **wasn't**. *or* "Kate **wasn't** there, but Bill **was**."
5 were
6 weren't ... were

10.4

2 Was your exam difficult?
3 Where were Sue and Chris last week?
4 How much was your new camera?
5 Why were you angry yesterday?
6 Was the weather nice last week?

UNIT 11

11.1

2 opened
3 started ... ended
4 wanted
5 happened
6 rained
7 enjoyed ... stayed
8 died

11.2

2 got   9 checked
3 had   10 had
4 left   11 waited
5 drove   12 departed
6 got   13 arrived
7 parked   14 took
8 walked

11.3

2 lost her keys
3 met her friends
4 bought a newspaper
5 went to the movies
6 ate an orange
7 took a shower
8 came (to see us)

11.4

2 just got up.
3 just bought a (new) car.
4 just started.

UNIT 12

12.1

2 didn't   4 didn't have
   work   5 didn't do
3 didn't go

12.2

2 Did you enjoy the party?
3 Did you have a nice vacation?
4 Did you finish work early?
5 Did you sleep well last night?

12.3

2 I got up before 7:00. *or* didn't get up before 7:00.
3 I took a shower. *or* I didn't take a shower.
4 I bought a magazine. *or* I didn't buy a magazine.
5 I ate meat. *or* I didn't eat meat.
6 I went to bed before 10:30. *or* I didn't go to bed before 10:30.

12.4

2 did you get to work
3 Did you win
4 did you go
5 did it cost
6 Did you go to bed late
7 Did you have a nice time
8 did it happen / did that happen

12.5

2	bought	6	didn't have
3	Did it rain	7	did you do
4	didn't stay	8	didn't know
5	opened		

UNIT 13

13.1

2　Jack and Kate were at the movies. They were watching a movie.

3　Tom was in his car. He was driving.

4　Amanda was at the station. She was waiting for a train.

5　Mr. and Mrs. Hall were in the park. They were walking.

6　(解答例) I was at a café. I was having coffee with some friends.

13.2

2　she was playing tennis.

3　she was reading a/the newspaper.

4　she was cooking (lunch).

5　she was having/eating breakfast.

6　she was cleaning the kitchen.

13.3

2　What were you doing

3　Was it raining

4　Why was Sue driving

5　Was Tom wearing

13.4

2　He was carrying a bag.

3　He wasn't riding a bike.

4　He wasn't going home.

5　He was wearing a hat.

6　He wasn't carrying an umbrella.

7　He wasn't going to the dentist.

8　He was eating an ice cream cone.

UNIT 14

14.1

1　happened ... was painting ... fell

2　arrived ... got ... were waiting

3　was walking ... met ... was going ... was carrying ... stopped

14.2

2　was studying

3　Did Eric call ... called ... was having

4　didn't go

5　were you driving ... stopped ... wasn't driving

6　Did your team win ... didn't play

7　did you break ... were playing ... hit ... broke

8　Did you see ... was wearing

9　were you doing ... was sleeping ...

10　lost ... did you get ... climbed

UNIT 15

15.1

2　He used to play soccer.

3　She used to be a taxi driver.

4　They used to live in the country.

5　He used to wear glasses.

6　This building used to be a hotel.

15.2

2　She used to play volleyball.

3–6

She used to go out three or four nights a week. / She used to go out a lot.

She used to play a musical instrument. / She used to play the guitar.

She used to read a lot. / She used to like to read.

She used to take two or three trips a year. / She used to travel a lot.

15.3

3	used to have	7	watches
4	used to be	8	used to live
5	go/commute	9	get
6	used to eat	10	did you use to work

UNIT 16

16.1

3　Have you ever been to South Korea?

4　Have you ever lost your passport?

5　Have you ever flown in a helicopter?

6　Have you ever won a race?

7　Have you ever been to Peru?

8　Have you ever driven a bus?

9　Have you ever broken your leg?

16.2

Lauren:

2　She's / She has been to South Korea once.

3　She's / She has never won a race.

4　She's / She has flown in a helicopter a few times.

You (解答例):

5　I've / I have never been to New York.

6　I've / I have played tennis many times.

7　I've / I have never driven a truck.

8　I've / I have been late for work a few times.

16.3

2–6

She's / She has done a lot of interesting things.

She's / She has traveled all over the world. *or*

She's / She has been all over the world.

She's / She has been married three times.

She's / She has written 10 books.

She's / She has met a lot of interesting people.

16.4

3　Have you ever written

4　she's / she has never met

5　they've / they have read

6　I've / I have never been ... my brother has been

7　She's / She has seen ... I've / I have never seen

8　I've / I have traveled

UNIT 17

17.1

3　've/have been

4　's/has been

5　've/have lived　*or*　've/have been living

6　's/has worked　*or*　's/has been working

7　's/has had

8　've/have been studying

17.2

2　How long have they been there *or* ... been in Brazil?

3　How long have you known her? *or* ... known Emma?

4　How long has she been studying Italian?

5　How long has he lived / been living in Seattle?

6　How long have you been a teacher?

7　How long has it been raining?

17.3

2 She has lived in South Korea all her life.
3 They have been on vacation since Sunday.
4 The sun has been shining all day.
5 She has been waiting for 10 minutes.
6 He has had a beard since he was 20.

17.4

2 I know
3 I've known
4 have you been waiting
5 works
6 She has been reading
7 have you lived
8 I've had
9 is ... He has been

UNIT 18

18.1

3 for   6 for
4 since   7 for
5 since   8 for ... since

18.2

解答例

2 A year ago.
3 A few weeks ago.
4 Two hours ago.
5 Six months ago.

18.3

3 for 20 years.
4 20 years ago.
5 an hour ago.
6 a few days ago.
7 for six months.
8 for a long time

18.4

2 Jack has been here since Tuesday.
3 It's been raining for an hour.
4 I've known Sue since 2008.
5 Emily and Matthew have been married for six months.
6 Liz has been studying medicine for three years.
7 David has played / has been playing the piano since he was seven years old.

18.5

解答例

2 I've been to New York three times.

3 I've been studying English for six months.
4 I've known Chris for a long time.
5 I've had a headache since I got up this morning.

UNIT 19

19.1

2 've/have invited
3 Have you seen
4 has changed
5 have you decided
6 have gone up
7 Have you finished
8 've/have fixed
9 's/has stopped

19.2

3 OK (Did you see でも正解)
4 Vicky bought
5 OK (I decided でも正解)
6 I decided
7 The weather wasn't good.
8 Steve's grandmother died

19.3

2 The train hasn't left yet.
3 He hasn't opened it yet.
4 The movie hasn't started yet.

19.4

2 Have (you) met your new neighbors yet?
3 Have you booked your flight yet?
4 Has the meeting finished yet?

UNIT 20

20.1

3 Glass is made from sand.
4 The windows are washed every two weeks.
5 This word isn't / is not used very often.
6 Are we allowed to park here?
7 How is this word pronounced?
9 The house was painted last month.
10 My phone was stolen a few days ago.
11 Three people were injured in the accident.
12 When was this bridge built?
13 I wasn't / was not woken up by the noise.
14 How were these windows broken?
15 Were you invited to Jon's party last week?

20.2

2 Soccer is played in most ...
3 Why was the email sent to ... ?
4 ... where movies are made.
5 Where were you born?
6 How many languages are spoken ... ?
7 ... but nothing was stolen.
8 When was the bicycle invented?

20.3

3 is made
4 were damaged
5 was given
6 are shown
7 were invited
8 was made
9 was stolen ... was found

20.4

2 Isabela was born in São Paulo.
3 Her parents were born in Rio de Janeiro.
4 I was born in ...
5 My mother was born in ...

UNIT 21

21.1

2 A bridge is being built.
3 The windows are being washed/ cleaned.
4 The grass is being cut.

21.2

3 The window has been broken.
4 The roof is being repaired.
5 The car has been damaged.
6 The houses are being torn down.
7 The trees have been cut down.
8 They have been invited to a party.

21.3

3 has been repaired / was repaired
4 was repaired
5 are made
6 were they built
7 Is the photocopier being used (or Is anybody using the photocopier)
8 are they called
9 were stolen
10 was damaged ... hasn't / has not been repaired

5

UNIT 22

22.1
3	are	7	do
4	Does	8	Is
5	Do	9	does
6	Is	10	Are

22.2
2 don't
3 'm/am not
4 isn't
5 don't
6 doesn't
7 'm/am not
8 're not / aren't

22.3
2	Did	7	were
3	were	8	Has
4	was	9	did
5	Has	10	have
6	did		

22.4
2	was	6	've/have
3	Have	7	is
4	are	8	was
5	were	9	has

22.5
3	eaten	8	understand
4	enjoying	9	listening
5	damaged	10	pronounced
6	use	11	open
7	gone		

UNIT 23

23.1
3	said	10	happened
4	brought	11	heard
5	paid	12	put
6	enjoyed	13	caught
7	bought	14	watched
8	sat	15	understood
9	left		

23.2
2	began	begun
3	ate	eaten
4	drank	drunk
5	drove	driven
6	spoke	spoken
7	wrote	written
8	came	come
9	knew	known
10	took	taken
11	went	gone
12	gave	given
13	threw	thrown
14	got	gotten

23.3
3	slept	10	built
4	saw	11	learned
5	rained	12	ridden
6	lost ... seen	13	known
7	stolen	14	fell ... hurt
8	went	15	ran ... run
9	finished		

23.4
2	told	8	spoken
3	won	9	cost
4	met	10	driven
5	woken up	11	sold
6	swam	12	flew
7	thought		

UNIT 24

24.1
2 Dan is going to the movies.
3 Rachel is meeting Dave.
4 Karen is having lunch with Will.
5 Sue and Tom are going to a party.

24.2
2 Are you working next week?
3 What are you doing tomorrow night?
4 What time are your friends coming?
5 When is Liz going on vacation?

24.3
解答例
3 I'm going away this weekend.
4 I'm playing basketball tomorrow.
5 I'm meeting a friend tonight.
6 I'm going to the movies on Thursday night.

24.4
3 Karen is getting
4 are going ... are they going
5 ends
6 I'm not going
7 I'm going ... We're meeting
8 are you getting ... leaves
9 does the movie begin
10 are you doing ... I'm working

UNIT 25

25.1
2 I'm going to take a bath.
3 I'm going to buy a car.
4 We're going to play soccer.

25.2
3 'm/am going to walk
4 's/is going to stay
5 'm/am going to eat
6 're/are going to give
7 's/is going to lie down
8 Are you going to watch
9 is ... going to do

25.3
2 The shelf is going to fall (down).
3 The car is going to turn left.
4 He's/is going to kick the ball.

25.4
解答例
1 I'm going to call Maria tonight.
2 I'm going to get up early tomorrow.
3 I'm going to buy some shoes tomorrow.

UNIT 26

26.1
2	she'll be	5	she's
3	she was	6	she was
4	she'll be	7	she'll be

26.2
2 'll/will
3 won't
4 'll/will
5 won't
6 'll/will

26.3
2 I'll do
3 I'll have
4 I'll sit
5 I'll eat
6 I'll stay
7 I'll show

26.4
2 I think I'll have
3 I don't think I'll play
4 I think I'll buy
5 I don't think I'll buy it

26.5

2 I'll do
3 I watch
4 will lend
5 Are you going out
6 I'll be
7 is going to buy
8 will pass
9 I'm meeting

UNIT 27

27.1

2 I might see you tomorrow.
3 Sarah might forget to call.
4 It might snow today.
5 I might be late tonight.
6 Tony might not be here next week.
7 I might not have time to go out.

27.2

2 I might take a trip. / I might go on a trip.
3 I might see her on Monday.
4 I might have fish.
5 I might take a taxi.
6 I might buy/get a new car.

27.3

3 He might get up early.
4 He isn't / He's not working tomorrow.
5 He might be at home tomorrow morning.
6 He might watch TV.
7 He's going out in the afternoon.
8 He might go shopping.

27.4

解答例

1 I might read a newspaper.
2 I might go out with some friends at night.
3 I might have an egg for breakfast.

UNIT 28

28.1

2 Can you ski?
3 Can you play chess?
4 Can you run 10 kilometers?
5 Can you drive (a car)?
6 Can you ride (a horse)?

解答例

7 I can/can't swim.
8 I can/can't ski.
9 I can/can't play chess.

10 I can/can't run 10 kilometers.
11 I can/can't drive (a car).
12 I can/can't ride (a horse).

28.2

2 can see
3 can't hear
4 can't find
5 can speak

28.3

2 couldn't eat
3 can't decide
4 couldn't find
5 can't go
6 couldn't go

28.4

2 Can/Could you pass the salt (please)?
3 Can/Could I have these postcards (please)?
4 Can/Could you turn off the radio (please)?
5 Can/Could I borrow your newspaper (please)?
6 Can/Could I use your pen (please)?

UNIT 29

29.1

2 must be tired
3 must be good
4 must be very happy
5 must be for you
6 must be in the kitchen

29.2

2 must like
3 must have
4 must drink
5 must work

29.3

3 must not
4 must
5 must not
6 must not
7 must

29.4

3 must
4 must not
5 must not
6 must
7 must

29.5

2 had to know
3 must wear
4 must not miss
5 had to take
6 must be
7 must not feed
8 had to go

UNIT 30

30.1

2 You should go
3 You should eat
4 you should visit
5 you should wear
6 You should read

30.2

2 He shouldn't eat so much.
3 She shouldn't work so hard.
4 He shouldn't drive so fast.

30.3

2 Do you think I should learn (to drive)?
3 Do you think I should get another job?
4 Do you think I should invite Ryan (to the party)?

30.4

3 I think you should sell it.
4 I think she should take a trip.
5 I don't think they should get married.
6 I don't think you should go to work.

30.5

2 F
3 B
4 E
5 C
6 A

UNIT 31

31.1

2 have to take
3 has to read
4 have to speak
5 has to travel
6 have to hit

31.2

2 have to go
3 had to buy
4 have to change
5 had to answer
6 have to wake
7 have to take

31.3

2 did he have to wait

3 does she have to go

4 did you have to pay

5 do you have to do

6 did they have to leave early

7 does he have to go (to Moscow)

31.4

2 doesn't have to wait

3 didn't have to get up early

4 doesn't have to work (so) hard

5 don't have to leave now

6 didn't have to tell me something I already know

31.5

解答例

2 I have to go to work every day.

3 I had to go to the dentist yesterday.

4 I have to go shopping tomorrow.

5 I had to take the bus to work last week.

6 I had to go to bed at 9:00 when I was younger.

UNIT 32

32.1

2 Would you like an apple?

3 Would you like some coffee? / ... a cup of coffee?

4 Would you like some cheese? / ... a piece of cheese?

5 Would you like a sandwich?

6 Would you like some cake? / ... a piece of cake?

32.2

2 Would you like to play tennis tomorrow?

3 Would you like to come to a concert next week?

4 Would you like to borrow my umbrella?

32.3

2 Do you like

3 Would you like

4 would you like

5 Would you like

6 I like

7 would you like

8 Would you like

9 Do you like

10 I'd like

11 I'd like

12 do you like

UNIT 33

33.1

2 I'd rather read

3 I'd rather have

4 I'd rather wait

33.2

2 would you rather have/eat dinner

3 would you rather have/drink

4 would you rather watch

5 would you rather call him

33.3

2 take

3 to go

4 get/have/find

5 carry/do

6 see / call / talk to / speak to ... to send / to write

33.4

2 I'd rather be a journalist than a schoolteacher. *or* ... be a schoolteacher than a journalist.

3 I'd rather live in a big city than (in) a small town. *or* ... live in a small town than (in) a big city.

4 I'd rather have a small house than a big house. *or* ... have a big house than a small house.

5 I'd rather study electronics than philosophy. *or* ... study philosophy than electronics.

6 I'd rather watch a soccer game than a movie. *or* ... watch a movie than a soccer game.

UNIT 34

34.1

3 Don't buy

4 Smile

5 Don't sit

6 Have

7 Don't forget

8 Sleep

9 Be ... Don't drop

34.2

2 let's take the bus

3 let's watch TV

4 let's go to a restaurant

5 let's wait a little

34.3

3 No, let's not go out.

4 No, don't close the window.

5 No, don't call me (tonight).

6 No, let's not wait for Andy.

7 No, don't turn on the light.

8 No, let's not take a taxi.

UNIT 35

35.1

3 There's / There is a hospital.

4 There isn't a swimming pool.

5 There are two movie theaters.

6 There isn't a university.

7 There aren't any big hotels.

35.2

解答例

3 There is a university in ...

4 There are a lot of big stores.

5 There isn't an airport.

6 There aren't many factories.

35.3

2 There's / There is

3 is there

4 There are

5 are there

6 There isn't

7 Is there

8 Are there

9 There's / There is ... There aren't

35.4

2–6

There are eight planets in the solar system.

There are five players on a basketball team.

There are twenty-six letters in the English alphabet.

There are thirty days in September.

There are fifty states in the United States.

35.5

2 It's

3 There's

4 There's ... Is it

5 Is there ... there's

6 It's

7 Is there

UNIT 36

36.1

2 There was a carpet

3 There were three pictures

4 There was a small table

5 There were some flowers

6 There were some books

7 There was an armchair

8 There was a sofa

36.2

3 There was   7 Were there
4 Was there   8 There wasn't
5 there weren't   9 There was
6 There wasn't   10 there weren't

36.3

2 There are
3 There was
4 There's / There is
5 There's been / There has been
   or There was
6 there was
7 there will be
8 there were … there are
9 There have been
10 there will be   *or*   there are

UNIT 37

37.1

2 It's cold.
3 It's windy.
4 It's sunny/clear. *or* It's a
   nice day.
5 It's snowing.
6 It's cloudy.

37.2

2 It's / It is
3 Is it
4 is it … it's / it is
5 It's / It is
6 Is it
7 is it
8 It's / It is
9 It's / It is

37.3

2 How far is it from the hotel to
   the beach?
3 How far is it from New York
   to Washington?
4 How far is it from your house to
   the airport?

37.4

3 It
4 It … It
5 There
6 it
7 It … there
8 It

37.5

2 It's nice to see you again.
3 It's impossible to work here.
4 It's easy to make friends.

5 It's interesting to visit
   different places.
6 It's dangerous to go out alone

UNIT 38

38.1

2 is   5 will
3 can   6 was
4 has

38.2

2 'm not   5 isn't
3 weren't   6 hasn't
4 haven't

38.3

3 doesn't   6 does
4 do   7 don't
5 did   8 didn't

38.4

解答例
2 I like sports, but my sister doesn't.
3 I don't eat meat, but Jenny does.
4 I'm American, but my husband
   isn't.
5 I haven't been to Japan, but Jenny
   has.

38.5

2 wasn't   7 has
3 is   8 do
4 does   9 wasn't
5 can't   10 will
6 did   11 might

38.6

2 Yes, I do.   *or* No, I don't.
3 Yes, I do.   *or* No, I don't.
4 Yes, it is.   *or* No, it isn't.
5 Yes, I am.   *or* No, I'm not.
6 Yes, I do.   *or* No, I don't.
7 Yes, I will. *or* No, I won't.
8 Yes, I have. *or* No, I haven't.
9 Yes, I did.   *or* No, I didn't.
10 Yes, I was. *or* No, I wasn't.

UNIT 39

39.1

2 You do?   5 I do?
3 You didn't? 6 She did?
4 She doesn't?

39.2

3 You did?   7 There is?
4 She can't?   8 You aren't?
5 You were?   9 You did?
6 You didn't? 10 She does?

11 You won't?   12 It isn't?

39.3

2 aren't they   5 don't you
3 wasn't she   6 doesn't he
4 haven't you   7 won't you

39.4

2 are you   6 didn't she
3 isn't she   7 was it
4 can't you   8 doesn't she
5 do you   9 will you

UNIT 40

40.1

2 either   5 either
3 too   6 either
4 too   7 too

40.2

2 So am I.
3 So have I.
4 So do I.
5 So will I.
6 So was I.
7 Neither can I.
8 Neither did I.
9 Neither have I.
10 Neither am I.
11 Neither do I.

40.3

1 So am I.
2 So can I.   *or* I can't.
3 Neither am I. *or* I am.
4 So do I.   *or* I don't.
5 Neither do I. *or* I do.
6 So did I.   *or* I didn't.
7 Neither have I. *or* I have.
8 Neither do I. *or* I do.
9 So am I.   *or* I'm not.
10 Neither have I. *or* I have.
11 Neither did I. *or* I did.
12 So do I.   *or* I don't.

UNIT 41

41.1

2 They aren't / They're not
   married.
3 I didn't have dinner.
4 It isn't cold today.
5 We won't be late.
6 You shouldn't go.

41.2

2　I don't like cheese.
3　They didn't understand.
4　He doesn't live here.
5　Don't go away!
6　I didn't do the dishes.

41.3

2　They haven't arrived.
3　I didn't go to the bank.
4　He doesn't speak Japanese.
5　We weren't angry.
6　He won't be happy.
7　Don't call me tonight.
8　It didn't rain yesterday.
9　I couldn't hear them.
10　I don't believe you.

41.4

2　'm not / am not
3　can't
4　doesn't
5　isn't / 's not
6　don't ... haven't
7　Don't
8　didn't
9　haven't
10　won't
11　didn't
12　weren't
13　hasn't
14　shouldn't

41.5

3　He wasn't born in Los Angeles.
4　He doesn't like Los Angeles.
5　He'd like to live someplace else.
6　He can drive.
7　He hasn't traveled abroad.
8　He doesn't read a newspaper.
9　He isn't interested in politics.
10　He usually watches TV at night.
11　He didn't watch TV last night.
12　He went out last night.

UNIT 42

42.1

3　Were you late this morning?
4　Has Kate seen that movie?
5　Will you be here tomorrow?
6　Is Sam going out tonight?
7　Do you like your job?
8　Does Nicole live near here?
9　Did you enjoy the movie?
10　Did you have a good vacation?

42.2

2　Do you use it a lot?
3　Did you use it yesterday?
4　Do you enjoy driving?
5　Are you a good driver?
6　Have you ever had an accident?

42.3

3　What are the children doing?
4　How is cheese made?
5　Is your sister coming to the party?
6　Why don't you tell the truth?
7　Have your guests arrived yet?
8　What time does your plane leave?
9　Why didn't Emma go to work?
10　Was your car damaged in the accident?

42.4

3　What are you reading?
4　What time did she go to bed?
5　When are they going (on vacation)?
6　Where did you see him?
7　Why can't you come (to the party)?
8　How many times have you been there? / ... to Canada?
9　How much (money) do you need?
10　Why doesn't she like you?
11　How often does it rain?
12　When did you do it? / ... the shopping?

UNIT 43

43.1

2　What fell off the shelf?
3　Who wants to see me?
4　Who took your umbrella? / Who took it?
5　What made you sick?
6　Who's / Who is coming?

43.2

3　Who did you call?
4　What happened last night?
5　Who knows the answer?
6　Who did the dishes?
7　What did Emma/she do?
8　What woke you up?
9　Who saw the accident?
10　Who did you see?
11　Who has your pen / it?
12　What does this word / it mean?

43.3

2　Who called you?
　　What did she want?
3　Who did you ask?
　　What did he say?
4　Who got married last week?
　　Who told you?
5　Who did you meet?
　　What did she tell you?
6　Who won?
　　What did you do (after the game)?
7　Who gave you a book?
　　What did Catherine give you?

UNIT 44

44.1

2　What are you looking for?
3　Who did you go to the movies with?
4　What/Who was the movie about?
5　Who did you give the money to?
6　Who was the book written by?

44.2

2　What are they looking at?
3　Which restaurant is he going to?
4　What are they talking about?
5　What is she listening to?
6　Which bus are they waiting for?

44.3

2　Which hotel did you stay at?
3　Which team does he belong to? / ... play for?
4　Which school did you go to?

44.4

2　What is the food like?
3　What are the people like?
4　What is the weather like?

44.5

2　What was the movie like?
3　What were the classes like?
4　What was the hotel like?

UNIT 45

45.1

3　What color is it?
4　What time did you
5　What type of music do you like?
6　What kind of car do you want (to buy)?

45.2

2 Which coat
3 Which movie/film
4 Which bus

45.3

3	Which	8	Who
4	What	9	What
5	What	10	Which
6	Which	11	What
7	Which		

45.4

2 How far
3 How old
4 How often
5 How deep
6 How long

45.5

2 How heavy is this box?
3 How old are you?
4 How much did you spend?
5 How often do you watch TV?
6 How far is it from New York to Los Angeles?

UNIT 46

46.1

2 How long does it take to get from Houston to Mexico City by car?
3 How long does it take to get from Tokyo to Kyoto by train?
4 How long does it take to get from JFK Airport to Manhattan by bus?

46.2

解答例

2 It takes ... hours to fly from ... to Australia.
3 It takes ... years to become a doctor in ... .
4 It takes ... to walk from my home to the nearest supermarket.
5 It takes ... to get from my house to the nearest airport.

46.3

2 How long did it take you to walk to the station?
3 How long did it take him/Tom to paint the bathroom?
4 How long did it take you to learn to ski?
5 How long did it take them to repair the car?

46.4

2 It took us 20 minutes to walk/get home.
3 It took me six months to learn to drive.
4 It took Mark/him three hours to drive/get to Houston.
5 It took Lisa/her a long time to find/get a job.
6 It took me ... to ...

UNIT 47

47.1

2 I don't know where she/Sue is.
3 I don't know how old it is.
4 I don't know when he'll / Matt will be here.
5 I don't know why he was angry.
6 I don't know how long she/Emily has lived here.

47.2

2 where she/Susan works
3 what he/Michael said
4 why he went home early
5 what time the meeting begins
6 how the accident happened

47.3

2 are you
3 they are
4 the museum is
5 do you want
6 elephants eat
7 it is

47.4

2 Do you know if/whether they are married?
3 Do you know if/whether Sue knows Bill?
4 Do you know if/whether Josh will be here tomorrow?
5 Do you know if/whether he passed his exam?

47.5

2 Do you know where Hannah is?
3 Do you know if/whether she is / she's working today?
4 Do you know what time she starts work?
5 Do you know if/whether the banks are open tomorrow?
6 Do you know where Sarah and Tom live?
7 Do you know if/whether they went to Megan's party?

47.6

解答例

2 Do you know what time the bus leaves?
3 Excuse me, can you tell me where the station is?
4 I don't know what I'm going to do tonight.
5 Do you know if there's a restaurant near here?
6 Do you know how much it costs to rent a car?

UNIT 48

48.1

2 She said (that) she was very busy.
3 She said (that) she couldn't go to the party.
4 He said (that) he had to go out.
5 He said (that) he was learning Russian.
6 She said (that) she didn't feel very well.
7 They said (that) they'd / they would be home late.
8 She said (that) she'd / she had never played soccer.
9 She said (that) she was going to buy a guitar.
10 They said (that) they didn't have a key.

48.2

2 She said (that) she wasn't hungry.
3 he said (that) he needed it.
4 she said (that) she didn't want to go.
5 She said (that) I could have it.
6 He said (that) he would send me a postcard. / ... he'd send ...
7 Jessica said (that) he had gone home. / ... he'd gone home.
   or Jessica said he went home.
8 He said (that) he wanted to watch TV.
9 She said (that) she was going to the movies.

48.3

3	said	7	said
4	told	8	told
5	tell	9	tell
6	say	10	say

11

UNIT 49

49.1

3	call	7	call Dan
4	call Dan	8	to call Dan
5	to call Dan	9	call Dan
6	to call Dan	10	call Dan

49.2

3 get
4 going
5 watch
6 flying
7 listening
8 eat
9 waiting
10 wear
11 doing ... staying

49.3

4 to go
5 rain
6 to leave
7 help
8 studying
9 to go
10 wearing
11 to stay
12 taking
13 to have
14 hear
15 go
16 listening
17 to walk
18 to know
19 borrow
20 take

UNIT 50

50.1

3 to see
4 to swim
5 cleaning
6 to ask
7 visiting
8 going
9 to be
10 waiting
11 to do
12 to speak
13 to go
14 crying / to cry
15 to work ... talking

50.2

2 to help
3 to see
4 reading
5 to lose
6 to send
7 raining
8 to go
9 watching / to watch
10 to wait

50.3

2 going / to go to museums
3 to go
4 driving / to drive
5 to go (there)
6 traveling by train
7 walking

50.4

解答例
1 I enjoy cooking.
2 I don't like driving / to drive.
3 If it's a nice day tomorrow, I'd like to have a picnic by the lake.
4 When I'm on vacation, I like to do / doing very little.
5 I don't mind traveling alone, but I prefer to travel with somebody.
6 I wouldn't like to live in a big city.

UNIT 51

51.1

2 I want you to listen carefully.
3 I don't want you to be angry.
4 Do you want me to wait for you?
5 I don't want you to call me tonight.
6 I want you to meet Sarah.

51.2

2 A woman told me to turn left after the bridge.
3 I advised him to go to the doctor.
4 She asked me to help her.
5 I told him to come back in 10 minutes.
6 Andy let me use his phone.
7 I told her not to call before 8:00.
8 Anna's mother taught her to play the piano.

51.3

2 to repeat
3 wait
4 to arrive
5 to get
6 go
7 borrow
8 to tell
9 to make/get
10 think

UNIT 52

52.1

2–4
I went to a coffee shop to meet a friend.
I went to the drugstore to get some medicine.
I went to the supermarket to buy some food.

52.2

2 to read the newspaper
3 to open this door
4 to get some fresh air
5 to wake him up
6 to see who it was

52.3

解答例
2 I don't have time to talk to you now.
3 I called Anna to tell her about the party.
4 I'm going out to do some shopping.
5 I borrowed some money to buy a car.

52.4

2	to	7	to
3	to	8	to
4	for	9	for
5	to	10	for
6	for	11	to

52.5

2 for the movie to begin
3 for it to arrive
4 for you to tell me

UNIT 53

53.1

3 to
4 – (何も入らない)
5 for
6 to

7 on ... to
8 for
9 on
10 to
11 – (何も入らない)
12 on
13 for
14 on

53.2
2 went fishing
3 goes swimming
4 going skiing
5 go shopping
6 went jogging/running

53.3
2 to college
3 shopping
4 to bed
5 home
6 skiing
7 riding
8 for a walk
9 on vacation ... to Hawaii

UNIT 54

54.1
2 get your boots
3 get a doctor
4 get another one
5 gets the job
6 get some milk
7 get a ticket
8 gets a good salary
9 get a lot of rain
10 get a new computer

54.2
2 getting dark
3 getting married
4 getting ready
5 getting late

54.3
2 get wet
3 got married
4 gets angry
5 got lost
6 get old
7 got better

54.4
2 got to New York at 12:00.
3 I left the party at 11:15 and got home at midnight.

4 (解答例) I left home at 8:30 and got to the airport at 10:00.

54.5
2 got off
3 got out of
4 got on

UNIT 55

55.1
2	do	7	do
3	make	8	make
4	made	9	making
5	did	10	do
6	do	11	doing

55.2
2 They're / They are doing (their) homework.
3 He's / He is doing the grocery shopping. *or* He's / He is grocery shopping. *or* He's /He is doing the shopping. *or* He's / He is shopping.
4 They're / They are doing (their) laundry.
5 She's / She is making a phone call.
6 He's / He is making the/his bed.
7 She's / She is doing/washing the dishes.
8 He's / He is making a (shopping) list.
9 They're / They are making a movie.
10 He's / He is taking a picture/ photo.

55.3
2	make	8	make
3	do	9	do
4	do	10	making
5	made	11	made
6	did	12	make ... do
7	do		

UNIT 56

56.1
3 He doesn't have / hasn't got
4 Ben had
5 Do you have / Have you got
6 we didn't have
7 She doesn't have / hasn't got
8 Did you have

56.2
2 She's / She is having a cup of tea.
3 He's / He is having breakfast.
4 They're / They are having dinner.
5 They're / They are having fun.
6 They're / They are having an argument.

56.3
3 Have a good/great trip!
4 Did you have a nice/ good weekend?
5 Did you have a nice/ good vacation?
6 Have a great/good time! *or* Have fun!
7 Are you going to have a (birthday) party? *or* Are you having a (birthday) party?

56.4
2 have something to eat
3 had a glass of water
4 had a bad dream
5 had an accident
6 have a baby

UNIT 57

57.1
2	him	5	him
3	them	6	them
4	her	7	her

57.2
2 I ... them
3 he ... her
4 they ... us
5 we ... him
6 she ... them
7 they ... me
8 she ... you

57.3
2 I like him.
3 I don't like it.
4 Do you like it?
5 I don't like her.
6 Do you like them?

57.4
2	him	9	me
3	them	10	her
4	they	11	them
5	us	12	he ... it
6	it		
7	She		
8	them		

57.5

2 Can you give it to him?
3 Can you give them to her?
4 Can you give it to me?
5 Can you give it to them?
6 Can you give them to us?

UNIT 58

58.1

2 her hands
3 our hands
4 his hands
5 their hands
6 your hands

58.2

2 They live with their parents.
3 We live with our parents.
4 Sarah lives with her parents.
5 I live with my parents.
6 John lives with his parents.
7 Do you live with your parents?
8 Most children live with their parents.

58.3

2	their	6	their
3	his	7	her
4	his	8	their
5	her		

58.4

2	his	8	her
3	Their	9	their
4	our	10	my
5	her	11	Its
6	my	12	His … his
7	your		

58.5

2 my key
3 Her husband
4 your coat
5 their homework
6 his name
7 Our house

UNIT 59

59.1

2	mine	6	yours
3	ours	7	mine
4	hers	8	his
5	theirs		

59.2

2 yours
3 my … Mine

4 Yours … mine
5 her
6 My … hers
7 their
8 Ours

59.3

3 friend of hers
4 friends of ours
5 friend of mine
6 friend of his
7 friends of yours

59.4

2 Whose camera is this?
It's hers.
3 Whose gloves are these?
They're mine.
4 Whose hat is this?
It's his.
5 Whose money is this?
It's yours.
6 Whose bags are these?
They're ours.

UNIT 60

60.1

2 Yes, I know **her**, but I can't remember **her name**.
3 Yes, I **know them**, but I **can't remember their** names.
4 Yes, I **know you**, but I **can't remember your name**.

60.2

2 He invited us to stay with **him** at his house.
3 They invited us to stay with **them at their** house.
4 I invited them to stay **with me at my** house.
5 She invited us to stay **with her at her** house.
6 Did you invite him **to stay with you at your** house?

60.3

2 I gave her my phone number, and she gave me **hers**.
3 He gave me his phone number, and I gave **him mine**.
4 We gave them **our** phone number, and they gave **us theirs**.
5 She gave him **her** phone number, and he gave **her his**.
6 You gave us **your** phone number, and we gave **you ours**.

7 They gave you **their** phone number, and you gave **them yours**.

60.4

2 them
3 him
4 our
5 yours
6 us
7 her
8 their
9 mine

UNIT 61

61.1

2	myself	6	himself
3	herself	7	yourself
4	themselves	8	yourselves
5	myself		

61.2

2 When I saw him, he **was by himself**.
3 Don't **go out by yourself**.
4 I **went to the movies by myself**.
5 My sister **lives by herself**.
6 Many people **live by themselves**.

61.3

2 They can't see each other.
3 They call each other a lot.
4 They don't know each other.
5 They're / They are sitting next to each other.
6 They gave each other presents / a present.

61.4

3	each other	7	each other
4	yourselves	8	each other
5	us	9	them
6	ourselves	10	themselves

UNIT 62

62.1

3 Blanca is **Pedro's** wife.
4 Alberto is Julia's **brother**.
5 Alberto is **Daniel's** uncle.
6 Julia is **Paul's** wife.
7 Blanca is Daniel's **grandmother**.
8 Julia is Alberto's **sister**.
9 Paul is **Julia's** husband.
10 Paul is Daniel's **father**.
11 Daniel is **Alberto's** nephew.

62.2

2 Andy's   5 Rachel's
3 Dave's   6 Alice's
4 Jane's

62.3

3 OK
4 Simon's phone number
5 My brother's job
6 OK
7 OK
8 Paula's favorite color
9 your mother's birthday
10 My parents' house
11 OK
12 OK
13 Lauren's party
14 OK

UNIT 63

63.1

2 a   5 a   8 an
3 a   6 an   9 an
4 an   7 a

63.2

2 a vegetable
3 a game
4 a tool
5 a mountain
6 a planet
7 a fruit
8 a river
9 a flower
10 a musical instrument

63.3

2 He's a sales clerk.
3 She's an architect.
4 He's a taxi driver.
5 He's an electrician.
6 She's a photographer.
7 She's a nurse.
8 I'm a/an …

63.4

2–8
Tom never wears a hat.
I can't ride a bike.
My brother is an artist.
Rebecca works in an office.
Jane wants to learn a
foreign language.
Mike lives in an old house.
Tonight I'm going to a party.

UNIT 64

64.1

2 boats
3 women
4 cities
5 umbrellas
6 addresses
7 knives
8 sandwiches
9 families
10 feet
11 holidays
12 potatoes

64.2

2 teeth   5 fish
3 people   6 leaves
4 children

64.3

3 … with a lot of beautiful **trees**.
4 … with two **men.**
5 OK
6 … three **children.**
7 Most of my **friends** are
   students.
8 He put on his **pajamas …**
9 OK
10 Do you know many **people …**
11 Where did you get **them**?
12 … full of **tourists**.
13 OK
14 **These scissors aren't** …

64.4

2 are   7 Do
3 don't   8 are
4 watch   9 them
5 were   10 some
6 live

UNIT 65

65.1

3 a pitcher
4 water
5 toothpaste
6 a toothbrush
7 an egg
8 money
9 a wallet
10 sand
11 a bucket
12 an envelope

65.2

3 … **a** hat.
4 … **a** job?
5 OK
6 … **an** apple …
7 … **a** party …
8 … **a** wonderful thing.
9 … **an** island.
10 … **a** key.
11 OK
12 … **a** good idea.
13 … **a** car?
14 … **a** cup of coffee?
15 OK
16 … **an** umbrella

65.3

2 a piece of wood
3 a glass of water
4 a bar of soap
5 a cup of tea
6 a piece of paper
7 a bowl of soup
8 a loaf of bread
9 a jar of honey

UNIT 66

66.1

2 a newspaper/paper, some
   flowers / a bunch of flowers,
   and a pen.
3 some bananas, some eggs,
   and some bread / a loaf
   of bread.
4 some toothpaste / a tube of
   toothpaste, some soap /
   a bar of soap, and a comb.

66.2

2 Would you like some coffee? /
   … a cup of coffee?
3 Would you like some
   cookies? / … a cookie?
4 Would you like some bread?
   (or … a piece of bread? /
   a slice of bread?)
5 Would you like a sandwich?
6 Would you like some cake? /
   (or … a piece of cake? /
   slice of cake?)

66.3

2 some … some
3 some
4 a … some
5 an … some
6 a … a … some

7　some

8　some

9　some ... a

66.4

2　eyes

3　hair

4　information

5　chairs

6　furniture

7　job

8　wonderful weather

UNIT 67

67.1

3　a

4　the

5　an

6　the ... the

7　a ... a

8　a ... a

9　... **a** student ... **a** journalist ... **an** apartment near **the** college ... **The** apartment is ...

10　... two children, **a** boy and **a** girl. **The** boy is seven years old, and **the** girl is three ... in **a** factory ... doesn't have **a** job ...

67.2

2　**the** airport

3　**a** cup

4　**a** nice picture

5　**the** dictionary

6　**the** floor

67.3

2　... send me **a** postcard.

3　What is **the** name of ...

4　... **a** very big country.

5　What is **the** largest ...

6　... **the** color of **the** carpet.

7　... **a** headache.

8　... **an** old house near **the** station.

9　... **the** name of **the** director of **the** movie ...

UNIT 68

68.1

3　... **the** second floor.

4　... **the** moon?

5　... **the** best hotel in this town?

6　OK

7　... **the** football stadium?

8　... **the** end of May.

9　OK

10　... **the** first time I met her.

11　OK

12　... from **the** Internet.

13　OK

14　... on **the** top shelf on **the** right.

15　... in **the** country about 10 miles from **the** nearest town.

68.2

2　the same time

3　the same age

4　the same color

5　the same problem

68.3

2　**the** guitar

3　breakfast

4　TV

5　**the** ocean

6　**the** bottom

68.4

2　**the** name

3　**The** sky

4　TV

5　**The** police

6　**the** capital

7　lunch

8　**the** middle

UNIT 69

69.1

2　**the** movies

3　jail/prison

4　**the** airport

5　home

6　**the** hospital

69.2

3　school

4　**the** station

5　home

6　bed

7　**the** post office

69.3

2　**the** movies

3　go to bed

4　go to jail/prison

5　go to **the** dentist

6　go to college

7　go to **the** hospital / are taken to **the** hospital

69.4

3　**the** doctor

4　OK

5　OK

6　OK

7　**the** bank

8　OK

9　OK

10　OK

11　**the** station

12　OK

13　**the** hospital

14　OK

15　**the** theater

UNIT 70

70.1

解答例

2　I don't like dogs.

3　I hate museums.

4　I love big cities.

5　I don't like tennis.

6　I love chocolate.

7　I don't like computer games.

8　I hate parties.

70.2

解答例

2　I'm not interested in politics.

3　I know a lot about sports.

4　I don't know much about art.

5　I don't know anything about astronomy.

6　I know a little about economics.

70.3

3　friends

4　parties

5　**The** stores

6　**the** milk

7　milk

8　basketball

9　buildings

10　**The** water

11　cold water

12　**the** salt

13　**the** people

14　Vegetables

15　**The** houses

16　**the** words

17　pictures

18　**the** pictures

19　English ... international business

20　Money ... happiness

UNIT 71

71.1

3　Sweden

4　**The** Amazon

5   Asia
6   **The** Pacific
7   **The** Rhine
8   Kenya
9   **The** United States
10 **The** Andes
11 Bangkok
12 **The** Alps
13 **The** Red Sea
14 Jamaica
15 **The** Bahamas

71.2
3   OK
4   **the** Philippines
5   **the** south of France
6   **the** Washington Monument
7   OK
8   **the** Museum of Art
9   OK
10 Belgium is smaller than
    the Netherlands.
11 **the** Mississippi … **the** Nile
12 **the** National Gallery
13 **the** Park Hotel near Central Park
14 OK
15 **The** Rocky Mountains are in
    North America.
16 OK
17 **the** United Kingdom
18 **the** west of Ireland
19 **the** University of Michigan
20 **The** Panama Canal joins
    the Atlantic Ocean and
    the Pacific Ocean.

UNIT 72

72.1
2   that house
3   these postcards
4   those birds
5   this seat
6   These dishes

72.2
2   Is that your umbrella?
3   Is this your book?
4   Are those your books?
5   Is that your bicycle/bike?
6   Are these your keys?
7   Are those your keys?
8   Is this your watch?
9   Are those your glasses?
10 Are these your gloves?

72.3
2   that's   6   this is
3   This is   7   That's
4   That's   8   that's
5   that

UNIT 73

73.1
2   I don't need one
3   I'm going to get one
4   I don't have one
5   I just had one
6   there's one on First Avenue

73.2
2   a new one
3   a better one
4   an old one
5   a big one
6   a different one

73.3
2   Which ones?
    The green ones.
3   Which one?
    The one with a/the red door.
4   Which ones?
    The ones on the top shelf.
5   Which one?
    The black one.
6   Which one?
    The one on the wall.
7   Which one?
    The tall one with long hair.
8   Which ones?
    The yellow ones.
9   Which one?
    The one with a/the mustache
    and glasses.
10 Which ones?
    The ones I took at the party
    last week.

UNIT 74

74.1
2   some
3   any
4   any
5   any
6   some
7   any
8   some
9   some
10 any … any
11 some … any
12 some

74.2
2   some questions
3   any pictures
4   any foreign languages
5   some friends
6   some milk
7   any batteries
8   some fresh air
9   some fruit
10 any help

74.3
3   I have some
4   I don't have any
5   I didn't buy any
6   I bought some
7   I didn't drink any

74.4
2   something
3   anything
4   anything
5   Somebody/Someone
6   anything
7   anybody/anyone
8   something
9   anything
10 anybody/anyone

UNIT 75

75.1
2   There are no stores near here.
3   Sofia has no free time.
4   There is no light in this room.
6   There isn't any milk in the fridge.
7   There aren't any buses today.
8   Tom doesn't have any brothers
    or sisters. / Tom hasn't got any
    brothers or sisters.

75.2
2   any   8   no
3   any   9   any
4   no   10 no
5   any   11 None
6   no   12 any
7   any

75.3
2   no money
3   any questions
4   no friends
5   no difference
6   any furniture
7   no idea
8   any heating
9   no line

75.4
解答例
2 Three.
3 Two cups.
4 None.
5 None.

UNIT 76

76.1
2 There's nobody in the office.
3 I have nothing to do.
4 There's nothing on TV.
5 There was no one at home.
6 We found nothing.

76.2
2 There wasn't anybody on the bus.
3 I don't have anything to read.
4 I don't have anyone to help me.
5 She didn't hear anything.
6 We don't have anything for dinner.

76.3
3a Nothing.
4a Nobody. / No one.
5a Nobody. / No one.
6a Nothing.
7a Nothing.
8a Nobody. / No one.
3b I don't want anything.
4b I didn't meet anybody/ anyone.   *or*   met nobody / no one.
5b Nobody / No one knows the answer.
6b I didn't buy anything.   *or* I bought nothing.
7b Nothing happened.
8b Nobody / No one was late.

76.4
3 anything
4 Nobody / No one
5 Nothing
6 anything
7 anybody / anyone
8 nothing
9 anything
10 anything
11 nobody / no one
12 anything

13 Nothing
14 Nobody / No one … anybody/ anyone

UNIT 77

77.1
2 something
3 somewhere
4 somebody/someone

77.2
2a Nowhere.
3a Nothing.
4a Nobody. / No one.
2b I'm not going anywhere.
3b I don't want anything.
4b I'm not looking for anybody/ anyone.

77.3
3 anything
4 anything
5 somebody/someone
6 something
7 anybody/anyone … nobody / no one
8 anything
9 Nobody / No one
10 anybody/anyone
11 Nothing
12 anywhere
13 somewhere
14 anything
15 anybody/anyone

77.4
2 anything to eat
3 nothing to do
4 anywhere to sit
5 something to drink   *or* anything to drink (*See Unit 74B for* **some** *and* **any** *in questions.*)
6 nowhere to park
7 something to read
8 somewhere to stay

UNIT 78

78.1
2 Every day
3 every time
4 Every room
5 every word

78.2
2 every day
3 all day

4 every day
5 all day
6 all day
7 every day

78.3
2 every   6 all
3 all   7 every
4 all   8 all
5 Every   9 every

78.4
2 everything
3 Everybody/Everyone
4 everything
5 everywhere
6 Everybody/Everyone
7 everywhere
8 Everything

78.5
2 is
3 has
4 likes
5 has   *or*   is
6 was
7 makes
8 Is … Does

UNIT 79

79.1
3 Some
4 Most of
5 Most
6 any of
7 all   *or*   all of
8 None of
9 any of
10 Most
11 most of
12 Some
13 All   *or*   All of
14 some of
15 most of

79.2
2 All of them.
3 Some of them.
4 None of them.
5 Most of them.
6 None of it.

79.3

3   Some people …

4   Some of **the** questions …   *or*
    Some questions …

5   OK

6   All insects …

7   OK (*or* … all **of** these books)

8   Most of **the** students …   *or*
    Most students …

9   OK

10   … most of **the** night

UNIT 80

80.1

3   Both
4   Neither
5   Neither
6   both
7   Either
8   neither of
9   Neither
10   either of
11   Both
12   neither of
13   Both
14   either of

80.2

2   Both windows are open.

3   Neither man is wearing a hat.   *or*
    Neither of them is wearing …

4   Both men have (got) beards.   *or*
    Both of them have …

5   Both buses go to the airport.   *or*
    … are going to the airport.

6   Neither answer / Neither of the
    answers is right.

80.3

3   Both of them are students.

4   Neither of them has a car. /
    … has got a car.

5   Both of them live in Boston.

6   Both of them like to cook.

7   Neither of them can play
    the piano.

8   Both of them eat seafood

9   Neither of them is interested
    in sports.

UNIT 81

81.1

2   many
3   much
4   many
5   many
6   much
7   much
8   many
9   How many
10   How much
11   How much
12   How many

81.2

2   much time

3   many countries

4   many people

5   much luggage

6   many times

81.3

2   a lot of interesting things

3   a lot of accidents

4   a lot of fun

5   a lot of traffic

81.4

3   a lot of snow

4   OK

5   a lot of money

6   OK

7   OK

8   a lot

81.5

3   She plays tennis a lot.

4   doesn't use his car much.
    (*or* … a lot.)

5   He doesn't go out much.
    (*or* … a lot.)

6   She travels a lot.

UNIT 82

82.1

2   a few
3   a little
4   a few
5   a little
6   a few

82.2

2   a little milk

3   A few days

4   a little Russian

5   a few friends

6   a few times

7   a few chairs

8   a little fresh air

82.3

2   very little coffee

3   very little rain

4   very few hotels

5   very little time

6   Very few people

7   very little work

82.4

2   A few
3   a little
4   little
5   few
6   a little
7   few

82.5

2   … **a** little luck

3   … **a** few things

4   OK

5   … **a** few questions

6   … **few** people

7   OK

UNIT 83

83.1

2   I like that green jacket.

3   Do you like classical music?

4   I had a wonderful trip.

5   We went to a Japanese
    restaurant.

83.2

2   dark clouds

3   long vacation

4   hot water

5   fresh air

6   sharp knife

7   dangerous job

83.3

2   It looks new.

3   I feel sick.   *or*   I feel
    terrible.

4   You look surprised.

5   They smell nice.

6   It tastes terrible.

83.4

2   It doesn't look new.

3   You don't sound American.

4   I don't feel cold.

5   They don't look heavy.

6   Maybe, but it doesn't
    taste good.

UNIT 84

84.1

2   badly
3   quietly
4   angrily
5   fast
6   dangerously

84.2

2   work hard

3   sleep well

4   win easily

5   Think carefully

6   know … well …

7   explain … clearly

8   Come quickly

84.3

2   angry
3   slowly
4   slow
5   careful
6   hard
7   suddenly
8   quiet
9   badly
10   nice (*See
    Unit 83C.*)
11   quickly

84.4

2 well   5   well

3 good   6   good ... good

4 well

UNIT 85

85.1

2 bigger

3 slower

4 more expensive

5 higher

6 more dangerous

85.2

2 stronger

3 happier

4 more modern

5 more important

6 better

7 larger

8 more serious

9 prettier

10 more crowded

85.3

2 hotter/warmer

3 more expensive

4 worse

5 farther

6 more difficult *or* harder

85.4

3 taller

4 harder

5 more comfortable

6 better

7 nicer

8 heavier

9 more interested

10 warmer

11 better

12 bigger

13 more beautiful

14 sharper

15 more polite

16 worse

UNIT 86

86.1

3 Liz is taller than Ben.

4 Liz starts work earlier than Ben.

5 Ben works harder than Liz.

6 Ben has more money than Liz. / Ben has got more money ...

7 Liz is a better driver than Ben.

8 Ben is more patient than Liz.

9 Ben is a better dancer than Liz.

10 Liz is more intelligent than Ben.

11 Liz speaks Spanish better than Ben. / Liz speaks better Spanish than Ben. / Liz's Spanish is better than Ben's.

12 Ben goes to the movies more than Liz. / ... more often than Liz.

86.2

2 You're older than her. / ... than she is.

3 You work harder than me. / ... than I do.

4 You watch TV more than him. / ... than he does.

5 You're / You are a better cook than me. / ... than I am.
or ... cook better than me. / ... than I do.

6 You know more people than us. / ... than we do.

7 You have more money than them. / ... than they do.

8 You can run faster than me. / ... than I can.

9 You've/have been here longer than her. / ... than she has.

10 You got up earlier than them. / ... than they did.

11 You were more surprised than him. / ... than he was.

86.3

2 Jack's mother is much younger than his father.

3 My camera cost a little more than yours. / ... than your camera.
or My camera was a little more expensive than ...

4 I feel much better today than yesterday. / ... than I did yesterday. / ... than I felt yesterday.

5 It's a little warmer today than yesterday. / ... than it was yesterday.

6 Sarah is a much better volleyball player than me. / ... than I am. *or* Sarah plays volleyball much better than me. / ... than I do.

UNIT 87

87.1

2 A is longer than B, but not as long as C.

3 C is heavier than A, but not as heavy as B.

4 A is older than C, but not as old as B.

5 B has more money than C, but not as much as A. *or* ... but less (money) than A.

6 C works harder than A, but not as hard as B.

87.2

2 Your room isn't as big as mine. / ... as my room.

3 I didn't get up as early as you. / ... as you did.

4 They didn't play as well as us. / ... as we did.

5 You haven't been here as long as me. / ... as I have.

6 He isn't as nervous as her. / ... as she is.

87.3

2 as   6 than

3 than   7 as

4 than   8 than

5 as

87.4

2 Julia lives on the same street as Laura.

3 Julia got up at the same time as Andy.

4 Andy's car is the same color as Laura's.

UNIT 88

88.1

2 C is longer than A.
D is the longest.
B is the shortest.

3 D is younger than C.
C is the oldest.
B is the youngest.

4 D is more expensive than A.
C is the most expensive.
A is the cheapest.

5 A is better than C.
A is the best.
D is the worst.

88.2

2 the happiest day

3 the best movie

4 the most popular singer

5 the worst mistake

6 the prettiest city

7 the coldest day

8 the most boring person

88.3

2 is the highest mountain in the world.

3–6

Brazil is the largest country in South America.

Alaska is the largest state in the United States.

The Nile is the longest river in Africa. / … in the world.

Jupiter is the largest planet in the solar system.

UNIT 89

89.1

2 enough chairs
3 enough paint
4 enough wind

89.2

2 The car isn't big enough.
3 His legs aren't long enough.
4 He isn't strong enough.

89.3

3 old enough
4 enough time
5 big enough
6 eat enough
7 enough space
8 tired enough
9 practice enough

89.4

2 sharp enough to cut
3 warm enough to go
4 enough bread to make
5 well enough to win
6 enough time to read

UNIT 90

90.1

2 too heavy   5 too big
3 too low   6 too crowded
4 too fast

90.2

3 enough
4 too many
5 too
6 enough
7 too much
8 enough
9 too
10 too many
11 too much

90.3

3 It's too far.
4 It's / It is too expensive.
5 It's not / isn't big enough.
6 It was too difficult.
7 It's not / isn't good enough.
8 I'm / I am too busy.
9 It was too long.

90.4

2 It's too early to go to bed.
3 They're too young to get married.
4 It's too dangerous to go out at night.
5 It's too late to call Sue (now).
6 I was too surprised to say anything.

UNIT 91

91.1

3 I like this picture very much.
4 Tom started his new job last week.
5 *OK*
6 Jenn bought a present for her friend.   *or*   Jenn bought her friend a present.
7 I drink three cups of coffee every day.
8 *OK*
9 I borrowed 50 dollars from my brother.

91.2

2 I bought a new computer last week.
3 Matt finished his work quickly.
4 Emily doesn't speak French very well.
5 I did a lot of shopping yesterday.
6 Do you know New York well?
7 We enjoyed the party very much.
8 I explained the problem carefully.
9 We met some friends at the airport.
10 Did you buy that jacket in Canada?
11 We do the same thing every day.
12 I don't like football very much.

91.3

2 I arrived at the hotel early.
3 Julia goes to Puerto Rico every year.
4 We have lived here since 2012.
5 Sue was born in Florida in 1990.
6 Mike didn't go to work yesterday.
7 Samantha went to a wedding last weekend.
8 I had my breakfast in bed this morning.
9 Jessica is going to college in September.
10 I saw a beautiful bird in the yard this morning.
11 My parents have been to Tokyo many times.
12 I left my umbrella in the restaurant last night.
13 Are you going to the movies tomorrow night?
14 I took the children to school this morning.

UNIT 92

92.1

2 He always gets up early.
3 He's / he is never late for work.
4 He sometimes gets angry.
5 He rarely goes swimming.
6 He's / He is usually at home in the evenings.

92.2

2 Jessica is always polite.
3 I usually finish work at 5:00.
4 Sarah just started a new job.
5 I rarely go to bed before midnight.
6 The bus isn't usually late.
7 I don't often eat fish.
8 I will never forget what you said.
9 Have you ever lost your passport?
10 Do you still work in the same place?
11 They always stay at the same hotel.
12 Liz doesn't usually work on Saturdays.
13 Is Megan already here?
14 What do you usually have for breakfast?
15 I can never remember his name.

92.3

2 Yes, and I also speak French.

3 Yes, and I'm also hungry.

4 Yes, and I've also been to Guatemala.

5 Yes, and I also bought some books.

92.4

1 They both play soccer.
They're / They are both students.
They've both got /
They both have cars.

2 They're / They are all married.
They were all born in Colombia.
They all live in Miami.

UNIT 93

93.1

2 Do you still have an old car?

3 Are you still a student?

4 Are you still studying Japanese?

5 Do you still go to the movies a lot?

6 Do you still want to be a teacher?

93.2

2 He was looking for a job.
He's / He is still looking (for a job).
He hasn't found a job / He didn't find a job yet.

3 She was asleep.
She's / She is still asleep.
She hasn't woken up yet. / She didn't wake up yet. / She isn't awake yet. *or* She hasn't gotten up yet. / She didn't get up yet. / She isn't up yet.

4 They were having dinner. /
... were eating (dinner).
They're / They are still having dinner. / ... still eating (dinner).
They haven't finished (dinner) yet. / They haven't finished eating (dinner) yet. / They didn't finish (dinner) yet. / They didn't finish eating (dinner) yet.

93.3

2 Is Jessica here yet? *or* Has Jessica arrived/come yet? *or* Did Jessica arrive/come yet?

3 Have you gotten the results of your blood test yet? / Did you get ... / Have you received the ... / Did you receive ... / Do you have the ...

4 Have you decided where to go (for vacation) yet? *or* Did you decide ... *or* Do you know where you're going (for vacation) yet?

93.4

3 She's / She has already gone/ left *or* already left.

4 I already have one. *or* I've / I have already got one.

5 I've / I have already paid it. *or* already paid it.

6 No, he already knows.

UNIT 94

94.1

2 He gave it to Gary.

3 He gave them to Sarah.

4 He gave it to his sister.

5 He gave them to Robert.

6 He gave it to a neighbor.

94.2

2 I gave Joanna a plant.

3 I gave Richard a tie.

4 I gave Emma some chocolates. / ... a box of chocolates.

5 I gave Rachel some flowers. / ... a bouquet of flowers.

6 I gave Kevin a wallet.

94.3

2 Can you lend me an umbrella?

3 Can you give me your address?

4 Can you lend me 20 dollars?

5 Can you send me some more information?

6 Can you show me the letter?

94.4

2 lend you some money

3 send the bill to me

4 buy you a present

5 pass me the sugar

6 give it to her

7 showed the police officer my driver's license

UNIT 95

95.1

3–7

I went to the window and (I) looked out.
I wanted to call you, but I didn't have your number.
I jumped into the river and (I) swam to the other side.

I usually drive to work, but I took the bus this morning.
Do you want me to come with you, or should I wait here?

95.2

解答例

2 because it was raining. / because the weather was bad.

3 but it was closed.

4 so he didn't eat anything. / so he didn't want anything to eat.

5 because there was a lot of traffic. / because the traffic was bad.

6 goodbye, got into her car, and drove off/away.

95.3

解答例

3 I went to the movies, but the movie wasn't very good.

4 I went to a coffee shop and met some friends of mine.

5 There was a movie on television, so I watched it.

6 I got up in the middle of the night because I couldn't sleep.

UNIT 96

96.1

2 When I'm tired, I like to watch TV.

3 When I knocked on the door, there was no answer.

4 When I go on vacation, I always go to the same place.

5 When the program ended, I turned off the TV.

6 When I got to the hotel, there were no rooms.

96.2

2 when they heard the news.

3 they went to live in France.

4 while they were away.

5 before they came here

6 somebody broke into the house.

7 they didn't believe me.

96.3

2 I finish

3 it's

4 I'll be ... she leaves

5 stops

6 We'll come ... we're

7 I come ... I'll bring

8   I'm
9   it gets
10 I'll tell … I'm

96.4
解答例
2   you finish your work
3   I'm going to buy a motorcycle
4   you get ready
5   I won't have much free time
6   I come back

UNIT 97

97.1
2   If you pass the driving test, you'll get your license.
3   If you fail the driving test, you can take it again.
4   If you don't want this magazine, I'll throw it away.
5   If you want those pictures, you can have them.
6   If you're busy now, we can talk later.
7   If you're hungry, we can have lunch now.
8   If you need money, I can lend you some.

97.2
2   I give
3   is
4   I'll call
5   I'll be … get
6   Will you go … they invite

97.3
解答例
3   you're busy.
4   you'll feel better in the morning.
5   you're not watching it.
6   she doesn't practice.
7   I'll go and see Chris.
8   the weather is good.
9   it rains today.

97.4
2   When
3   If
4   If
5   if
6   When
7   if
8   when … if

UNIT 98

98.1
3   wanted
4   had
5   were/was
6   didn't enjoy
7   could
8   tried
9   didn't have

98.2
3   I'd go / I would go
4   she knew
5   we had
6   you won
7   I wouldn't / would not stay
8   we lived
9   It would be
10 the salary was/were
11 I wouldn't / would not know
12 would you change

98.3
2   I'd watch it / I would watch it
3   we had some pictures on the wall
4   the air would be cleaner
5   every day was/were the same
6   I'd be bored / I would be bored
7   we had a bigger house / we bought a bigger house
8   we would/could buy a bigger house

98.4
解答例
2   If I could go anywhere in the world, I'd go to Antarctica.
3   I wouldn't be very happy if I didn't have any friends.
4   I'd buy a house if I had enough money.
5   If I saw an accident in the street, I'd try and help.
6   The world would be a better place if there were no guns.

UNIT 99

99.1
2   A butcher is a person who sells meat.
3   A musician is a person who plays a musical instrument.
4   A patient is a person who is sick in the hospital.
5   A dentist is a person who takes care of your teeth.

6   A fool is a person who does stupid things.
7   A genius is a person who is very intelligent.
8   A liar is a person who doesn't tell the truth.

99.2
2   The woman who opened the door was wearing a yellow dress.
3   Most of the students who took the test passed (it).
4   The police officer who stopped our car wasn't very friendly.

99.3
2   who
3   which
4   which
5   who
6   which
7   who
8   who
9   which
    すべての解答において that でも正解

99.4
3   … a machine that/which makes coffee.
4   OK (which でも正解)
5   … people who/that never stop talking.
6   OK (who でも正解)
7   OK (that でも正解)
8   … the sentences that/which are wrong.
9   … a car that/which cost $60,000.

UNIT 100

100.1
2   I lost the pen you gave me.
3   I like the jacket Sue is wearing.
4   Where are the flowers I gave you?
5   I didn't believe the story he told us.
6   How much were the oranges you bought?

100.2
2   The meal you cooked was excellent.
3   The shoes I'm wearing aren't very comfortable.
4   The people we invited to dinner didn't come.

100.3

2　Who are the people you were talking to?

3　Did you find the keys you were looking for?

4　Where is the party you're going to?

5　What's the name of the movie you were talking about?

6　What's that music you're listening to?

7　Did you get the job you applied for?

100.4

2　What's the name of the restaurant where you had dinner?

3　How big is the town where you live?

4　Where exactly is the hospital where you work?

UNIT 101

101.1

2　at
3　in
4　at
5　in
6　in
7　at
8　in
9　at
10　in ... at

101.2

3　at
4　on
5　in
6　in
7　on
8　on
9　at
10　on
11　at
12　in
13　on
14　on
15　at
16　at
17　on
18　in

101.3

3　B
4　A
5　both

6　A
7　B
8　B
9　both
10　both
11　B
12　both

101.4

2　I'll call you in three days.

3　My exam is in two weeks. / ... in 14 days.

4　Tom will be here in half an hour. / ... in 30 minutes.

101.5

3　in
4　– (何も入らない)
5　– (何も入らない)
6　in
7　on
8　– (何も入らない)
9　– (何も入らない)
10　– (何も入らない)
11　in
12　at

UNIT 102

102.1

2　Alex lived in Canada **until** 2013.

3　Alex has lived in Japan **since** 2013.

4　Megan lived in South Korea **until** 2015.

5　Megan has lived in Australia **since** 2015.

6　Beth worked in a restaurant **from** 2014 **to** 2016.

7　Beth has worked in a hotel **since** 2016.

8　Adam was a teacher **from** 2006 to 2012.

9　Adam has been a journalist **since** 2012.

11　Alex has lived in Japan for ... years.

12　Megan has lived in Australia for ... years.

13　Beth worked in a restaurant for two years.

14　Beth has worked in a hotel for ... years.

15　Adam was a teacher for six years.

16　Adam has been a journalist for ... years.

102.2

2　until
3　for
4　since
5　Until
6　for
7　for
8　until
9　since
10　until
11　for
12　until
13　Since
14　for

UNIT 103

103.1

2　after lunch
3　before the end
4　during the course
5　before they went to Mexico
6　during the night
7　while you're waiting
8　after the concert

103.2

3　while
4　for
5　while
6　during
7　while
8　for
9　during
10　while

103.3

2　eating
3　answering
4　taking
5　finishing/doing
6　going/traveling

103.4

2　John worked in a bookstore for two years after finishing high school.

3　Before going to sleep, I read for a few minutes.

4　After walking for three hours, we were very tired.

5　Let's have a cup of coffee before going out.

UNIT 104

104.1

2　In the box.
3　On the box.
4　On the wall.
5　At the bus stop.
6　In the field.
7　On the balcony.

8　In the pool.
9　At the window.
10　On the ceiling.
11　On the table.
12　At the table.

104.2
2　in
3　on
4　in
5　on
6　at
7　in
8　in
9　at
10　at
11　in
12　at
13　on
14　at
15　on the wall … in the living room

UNIT 105

105.1
2　At the airport.
3　In bed.
4　On a ship.
5　In the sky.
6　At a party.
7　At the doctor's.
8　On the second floor.
9　At work.
10　On a plane.
11　In a taxi.
12　At a wedding.

105.2
2　in
3　in
4　at
5　on
6　in
7　in
8　at
9　in
10　in
11　on
12　on
13　at
14　in
15　on
16　at

UNIT 106

106.1
2　to
3　in
4　to
5　in
6　to
7　to
8　in

106.2
3　to
4　to
5　(at) home … to work
6　at
7　– (何も入らない)
8　to
9　at
10　at a restaurant … to the hotel

106.3
2　to
3　to
4　in
5　to
6　to
7　at
8　to
9　to
10　at
11　at
12　to Maria's house … (at) home
13　– (何も入らない)
14　meet at the party … go to the party

106.4
1　to
2　– (何も入らない)
3　at
4　in
5　to
6　– (何も入らない)

106.5
解答例
2　Yesterday I went to work.
3　At 11:00 yesterday morning I was at work.
4　One day I'd like to go to Alaska.
5　I don't like going to parties.
6　At 9:00 last night I was at a friend's house.

UNIT 107

107.1
2　next to / by
3　in front of
4　between
5　next to / by
6　in front of
7　behind
8　on the
9　in the

107.2
2　behind
3　above
4　in front of
5　on
6　by / next to
7　below/under
8　above
9　under
10　by / next to
11　across from
12　on

107.3
2　The fountain is in front of the theater.
3　The bank/bookstore is across from the theater.　or　Tony's office is across from the theater.　or　The theater is across from …
4　The bank/supermarket is next to the bookstore.　or　The bookstore is next to the …
5　Tony's office is above the bookstore.
6　The bookstore is between the bank and the supermarket.

UNIT 108

108.1
2　Go under the bridge.
3　Go up the hill.
4　Go down the steps.
5　Go along this street.
6　Go into the hotel.
7　Go past the hotel.
8　Go out of the hotel.
9　Go over the bridge.
10　Go through the park.

108.2

2 off
3 over
4 out of
5 across
6 around
7 through
8 on
9 around
10 into ... through

108.3

1 out of
2 around
3 in
4 from ... to
5 around
6 on/over
7 over
8 from/out of

UNIT 109

109.1

2 on time
3 on vacation
4 on the phone
5 on TV

109.2

2 by
3 with
4 about
5 on
6 by
7 at
8 on
9 with
10 **about** grammar ... **by** Vera P. Bull

109.3

1 with
2 without
3 by
4 about
5 at
6 by
7 on
8 with
9 at
10 by
11 about
12 by
13 on

14 with
15 by
16 by

UNIT 110

110.1

2 in
3 to
4 at
5 with
6 of

110.2

2 at
3 to
4 about
5 of
6 of
7 from/than
8 in
9 for
10 about
11 of
12 at

110.3

2 interested in going
3 good at getting
4 fed up with waiting
5 sorry for/about waking
6 Thank you for waiting.

110.4

2 Sue walked past me without looking at me.
3 Don't do anything without asking me first.
4 I went out without locking the door.

110.5
解答例
2 I'm scared of the dark.
3 I'm not very good at drawing.
4 I'm not interested in cars.
5 I'm fed up with living here.

UNIT 111

111.1

2 to
3 for
4 to
5 at
6 for

111.2

2 to
3 of
4 to
5 for
6 for
7 of/about

8 for
9 on
10 to
11 at
12 for
13 to
14 – (何も入らない)
15 to
16 on
17 – (何も入らない)
18 of/about
19 at
20 of
21 for
22 – (何も入らない)

111.3
解答例
3 It depends on the program.
4 It depends (on) what it is.
5 It depends on the weather.
6 It depends (on) how much you want.

UNIT 112

112.1

2 went in
3 looked up
4 rode off/away
5 turned around
6 got off
7 sat down
8 got out

112.2

2 away
3 around
4 out ... back
5 down
6 around
7 back
8 in
9 up
10 away ... back

112.3

2 Hold on
3 slowed down
4 takes off
5 get along
6 speak up
7 breaks down
8 fall over / fall down
9 work out
10 gave up
11 went off

UNIT 113

113.1

2   She took off her hat.   *or*
    She took her hat off.

3   He put down his bag.   *or*
    He put his bag down.

4   She picked up the magazine.   *or*
    She picked the magazine up.

5   He put on his sunglasses.   *or*
    He put his sunglasses on.

6   She turned off the faucet.   *or*
    She turned the faucet off.

113.2

2   He put his jacket on.
    He put it on.

3   She took off her glasses.
    She took them off.

4   I picked the phone up.
    I picked it up.

5   They gave the key back.
    They gave it back.

6   We turned off the lights.
    We turned them off.

113.3

2   take it back
3   picked them up
4   turned it off
5   bring them back

113.4

3   knocked over
4   look it up
5   throw them away
6   tried on
7   showed me around
8   gave it up   *or*   gave up
9   fill it out
10 put your cigarette out

補足練習問題 解答
(p. 238 より)

1

3. Kate is a doctor.
4. The children are asleep.
5. Gary isn't hungry.
6. The books aren't on the table.
7. The hotel is near the station.
8. The bus isn't full.

2

3. she's / she is
4. Where are
5. Is he
6. It's / It is
7. I'm / I am *or* No, I'm not. I'm a student.
8. What color is
9. Is it
10. Are you
11. How much are they?

3

3. He's / He is taking a shower.
4. Are the children playing?
5. Is it raining?
6. They're / They are coming now.
7. Why are you standing here? I'm / I am waiting for somebody.

4

4. Sam doesn't want
5. Do you want
6. Does Helen live
7. Sarah knows
8. I don't travel
9. do you usually get up
10. They don't go out
11. Tom always leaves
12. does Julia do … She works

5

3. She's / She is a student.
4. She doesn't have a car. *or* She hasn't got a car.
5. She goes out a lot.
6. She has a lot of friends. *or* She's got / She has got a lot of friends.
7. She doesn't like Houston.
8. She likes to dance.
9. She isn't / She's not interested in sports.

6

1. Are you married?
   Where do you live?
   Do you have any children? *or*
   Have you got any children?
   How old is she?
2. How old are you?
   What do you do? / Where do you work? / What's your job?
   Do you like/enjoy your job?
   Do you have a car? *or* Have you got a car?
   Do you (usually) go to work by car?
3. What's his name?
   What does he do? / What's his job?
   Does he live/work in New York?

7

4. Liz is 32 years old.
5. I have / I've got two sisters.
6. We often watch TV at night.
7. Jane never wears a hat.
8. My car has a flat tire. *or*
   My car has got a flat tire.
9. These flowers are beautiful.
10. Mary speaks German very well.

8

3. are you cooking
4. plays
5. I'm leaving
6. It's raining
7. I don't watch
8. we're looking
9. do you pronounce

9

2. we go
3. shining
4. are you going
5. do you take
6. She writes
7. I never read
8. They're watching
9. She's talking
10. do you usually have
11. He's visiting
12. I don't drink

10

2. went
3. found
4. was
5. had/took
6. told
7. gave
8. were
9. thought
10. invited/asked

11

3. He was good at sports.
4. He played soccer.
5. He didn't work hard at school.
6. He had a lot of friends.
7. He didn't have a bike.
8. He wasn't a quiet child

12

3. How long were you there? / How long did you stay there?
4. Did you like/enjoy the Bahamas?
5. Where did you stay?
6. Was the weather good?
7. When did you get/come back?

13

3. I forgot
4. did you get
5. I didn't speak
6. Did you have
7. he didn't go
8. she arrived
9. did Robert live
10. The meal didn't cost

14

2. were working
3. opened
4. rang … was cooking
5. heard … looked
6. was looking … happened
7. wasn't reading … was watching
8. didn't read
9. finished … paid … left
10. saw … was walking … was waiting